# その場で関わる心理臨床

多面的体験支援アプローチ

田嶌誠一 著
TAJIMA SEIICHI

遠見書房

# まえがき

　心理臨床はこのままで大丈夫だろうかという危機感が，本書を刊行する最も大きな動機である。私は 2016 年 3 月に定年退職である。そういう年齢の者がこういうことを書くのは天につばするようなものであるが，それでもそう書かずにはいられない。定年退職を迎えるにあたって，本来ならこれまでの自分の仕事の集大成か，包括的なものを出すのが普通なのではないかとも考えた。しかし，私は現在の心理臨床に最も強調しておきたいことをハイライトにしたものを書くことにした。それが本書である。

　本書のタイトルにあるように「その場で関わる心理臨床」という視点がもっともっと重視されるべきだというのが本書での私の主張である。

　私の仕事については，この数年ですでにまとめたので，その点では思い残すことはない──はずであった。ところが，2016 年 3 月の定年退職を前にして，後に続く人たちに理解してもらう努力を果たして十分にしてきただろうかと自問することとなった。やはりもう少し自分の仕事を理解してもらいやすいように努力してみようと考えた。そのために，出版を計画したのが本書である。

　前著でも書いたように，私の心理臨床の仕事は，便宜上おおよそ 3 つに分けることができる。イメージ療法を中心としたもの（内面探求型アプローチ），ネットワークを活用した多面的アプローチ（ネットワーク活用型アプローチ）に関するもの，そして児童養護施設等における暴力問題への対応のためのシステム形成型アプローチである。

　本書では，それらを包括するものとして，「多面的体験支援アプローチ」と呼ぶことにして，そのうち生活場面における体験支援的アプローチについて主に述べることにした。その中心にあるのが「その場で関わる心理臨床」で，私が現在最も力を注いでいる児童養護施設等での暴力問題へのシステム形成型アプローチについては少しの紹介に留めた。

　「その場で関わる心理臨床」を取り上げたのは，ひとつには密室型の個人心理療法やカウンセリングの不十分さを理解してもらうのに最もわかりやすいし，また最も日々の臨床に役立つものであるように思うからである。いまひとつには，この理解なくしてシステム形成型アプローチへの理解はとてもおぼつかないからでもある。その意味で，私が展開してきたアプローチのいわば要をなすものであると言えるかもしれない。

　とはいえ，書き下ろしというわけにはいかず，具体的には，これまで書いたものや講演録などを編集することとした。ただし，単なる寄せ集めにならないよう

に，本書のテーマに沿って，全体として一貫したものになるように構成し，さらに必要に応じて新たに書き下ろし，加筆・修正を行った。本書で私がこれまで述べてきたアプローチの臨床の実際がこれまでになく具体的に理解していただけるだろうし，これまでになくはっきりとした主張を展開していることがおわかりいただけるものと思う。また，章の合間にこれまで書いたエッセイや書評等の短文を入れた。それらも短文ながら本書に生彩をもたらすものとなると思う。

本書の出版は，現在の心理臨床の動向への不満が背景にあるが，それは同時に今後の心理臨床への私の期待があるからだとも言えよう。なお，本書とは別に退職にあたって，私の仕事に影響を受けた人たちの仕事を紹介するために，私の編著でもう1冊別の出版社から2016年2月に出版する予定である（『現実に介入しつつ心に関わる―展開編』金剛出版）。私の仕事の展開とさらなる可能性に関心のある方は，本書と併せてお読みいただければと思う。

本書の出版は，遠見書房社長山内俊介氏の存在がなければあり得なかった。山内氏には氏が金剛出版にお勤めの頃から大変お世話になったが，本書の構想は山内氏と話しているうちに浮かんだものである。記して，深く感謝申し上げる次第である。


台南の「はむ家」にて　2015年末


田嶌　誠一

目　次

# その場で関わる心理臨床＊目次

まえがき　3

## 第1章
## 「その場で関わる心理臨床」と「体験支援的アプローチ」
・・・・・・・・・・・・・・・・・・・・・・・・・・・・・・・・・・・・・・・・・・・ **13**

　　Ⅰ　「その場で関わる心理臨床」　13
　　Ⅱ　心理臨床のパラダイムの転換—その理論的背景　15
　　Ⅲ　実践のための基本的視点　21

　　　　エッセイ
　　　　精神分析批判——私からみた精神分析　30

## 第2章
## 暴力を伴う深刻な事例との「つきあい方」　　**33**

　　Ⅰ　はじめに　34
　　Ⅱ　事　　例　34
　　Ⅲ　考　　察　41

　　　　エッセイ
　　　　村田豊久先生飲酒記　50

## 第3章
## 不登校の理解と対応　・・・・・・・・・・・・・・・・・・・・・・・・・・・・ **52**
——1．家庭訪問の実際と留意点

　　Ⅰ　はじめに　52
　　Ⅱ　カウンセラーや精神科医が見落としやすいこと　53
　　Ⅲ　家庭訪問の有用性　53

その場で関わる心理療法

IV　関わりの目標と基本方針　54

V　外部にチャンネルを持つための工夫とネットワークの活用
　　57

## 第4章

# 不登校の理解と対応 ・・・・・・・・・・・・・・・・・・・・・・・・・・・・・・・ **62**

——2．当事者の体験発表

I　はじめに　63

II　体験発表　63

III　質　　疑　69

## 第5章

# 不登校の理解と対応 ・・・・・・・・・・・・・・・・・・・・・・・・・・・・・ **75**

——3．「希望を引き出し応援する」

I　はじめに　75

II　関わる側が希望を持つこと　76

III　希望を引き出し応援する　80

IV　「密室型援助」から「ネットワーク援助型援助」へ　84

V　ネットワーク活用型援助の過程　88

VI　関わりの基本的姿勢　91

VII　援助のための具体的目標　93

VIII　適応指導教室での変化過程　96

IX　家庭訪問の原則　98

X　おわりに　100

## 第6章

# 発達障害とその周辺 ・・・・・・・・・・・・・・・・・・・・・・・・・・・・・**101**

I　「その場で関わる心理臨床」と発達障害　101

II　発達障害児および発達障害サスペクト児への対応　103

III　学校や施設等における2つの重要な視点　113

IV　「個と集団という視点」からのアプローチの実際　118

V　寄り添うことと叱ること：懲戒権の濫用に注意　125

VI　発達障害児のプレイセラピー等にあたっての留意点　126

VII　発達障害児と服薬との関係　127

### エッセイ
障害児（者）とのつきあい　130

目　次

第7章

# 学校・学級での問題行動 ‥‥‥‥‥‥‥‥‥‥‥‥‥‥‥133
——暴力と離席，学級崩壊，反抗性集団化

　　Ⅰ　深刻な問題行動への対応の基本　133
　　Ⅱ　暴力と離席への対応　134
　　Ⅲ　学級崩壊への対応　139
　　Ⅳ　反抗性集団化への対応　147
　　Ⅴ　発達障害児の場合の留意点　151
　　Ⅵ　おわりに　151

　　　　書　　評
　　　『セラピストのための面接技法——精神療法の基本と応
　　　用』成田善弘著　153

第8章

# 学校のいじめ，施設の暴力 ‥‥‥‥‥‥‥‥‥‥‥‥‥155
——それがつきつけているもの

　　Ⅰ　はじめに　155
　　Ⅱ　学校と施設——その両方の経験から　156
　　Ⅲ　現場のニーズを汲み取る，応える　157
　　Ⅳ　いじめ対応の難しさ——その2つの要因　159
　　Ⅴ　児童養護施設等における暴力　161
　　Ⅵ　3種の暴力は関連している　164
　　Ⅶ　構造も含めた対応　170
　　Ⅷ　いじめの定義　173
　　Ⅸ　攻撃性の法則　176

　　　　臨床家のためのこの1冊
　　　『思春期という節目』八ッ塚実著　181

第9章

# いじめの事例 ‥‥‥‥‥‥‥‥‥‥‥‥‥‥‥‥‥‥‥187
——現実に介入しつつ心に関わる

　　Ⅰ　はじめに　187
　　Ⅱ　事例——現実に介入しつつ内面に関わることが必要であった
　　　いじめの事例　187

Ⅲ　考　　察　192

**書　評**
『マインド・コントロールの恐怖』スティーヴン・ハッ
サン著，浅見定雄訳　193

## 第 10 章

### 学校・施設等における人間環境臨床心理学的アプローチ　196

Ⅰ　人間環境臨床心理学的アプローチとは　196
Ⅱ　人間環境臨床心理学的アプローチの方法　199
Ⅲ　人間環境臨床心理学的アプローチの実践　203
Ⅳ　不登校（登校拒否）への人間環境臨床心理学的アプローチ
　213
Ⅴ　おわりに　216

**エッセイ**
そこにいられるようになるだけで　219

## 第 11 章

### 対人援助のための連携の臨床心理学的視点　‥‥‥‥‥‥220
──ネットワーク活用型援助にあたって心得ておくと役立つこと

Ⅰ　はじめに　220
Ⅱ　一人で抱え込まないことと連携をはばむもの　220
Ⅲ　「分断化・対立化」に陥らないための対応の基本　224

**エッセイ**
三大学院の頃　228

## 第 12 章

### 多少の理論的考察　‥‥‥‥‥‥‥‥‥‥‥‥‥‥‥‥230
──臨床心理行為の現状と課題

Ⅰ　臨床心理行為とは　230
Ⅱ　多様な介入のレベルと方法：「（臨床）心理援助」の３つの層
　237
Ⅲ　臨床心理行為と学派　245
Ⅳ　法律の基礎知識　246

目　　次

エッセイ
成長の兆しとしてのキレること　251


第 13 章
**その場で関わる心理臨床を超えて** ・・・・・・・・・・・・・・・・・・・・・**255**
──その１．安全委員会方式の実践

　　Ⅰ　はじめに　255
　　Ⅱ　２レベル３種の暴力　256
　　Ⅲ　子ども間暴力（児童間暴力）　257
　　Ⅳ　３種の暴力に関する調査　259
　　Ⅴ　暴力問題解決のための視点　260
　　Ⅵ　暴力問題解決の取り組み──仕組みづくりの一例としての安
　　　全委員会方式の紹介　261
　　Ⅶ　おわりに　262


エッセイ
「成長の兆しとしてのキレること」という視点の限界
267


第 14 章
**その場で関わる心理臨床を超えて** ・・・・・・・・・・・・・・・・・・・・・**271**
──２．児童福祉法改正と施設内虐待の行方〜このままでは覆い隠されてし
まう危惧をめぐって〜

　　Ⅰ　はじめに　272
　　Ⅱ　施設内暴力・施設内虐待の深刻さと広がり　273
　　Ⅲ　国はどう対応してきたか　274
　　Ⅳ　社会的養護における安心・安全の実現に向けて　280
　　Ⅴ　「いじめ防止対策推進法」と「被措置児童等虐待の防止」　286
　　Ⅵ　取り組みの優先順位の重要性　287
　　Ⅶ　ファミリーホームへの提言　288
　　Ⅷ　社会的養護における安心・安全の実現　289
　　Ⅸ　おわりに　290


エッセイ
もうひとつの人生　293

## 第 15 章

### その場で関わる心理臨床を超えて ·················296

—— 3．NPO 法人九州大学こころとそだちの相談室「こだち」の取り組み

Ⅰ　はじめに　296
Ⅱ　活動内容　297
Ⅲ　おわりに　299

**エッセイ**
外来心理教育相談室における居場所づくり　300

## 終　章

### くりかえし，くりかえし，その先に ·················306

Ⅰ　くりかえし，くりかえし，その先に　306
Ⅱ　システム形成の必要性とその困難さ　308
Ⅲ　よくある批判・疑問　310

**エッセイ**
いじめ・暴力と「専門家によるネグレクト」　311

あとがき　318
索　引　319
初出一覧　325

# その場で関わる心理臨床

——多面的体験支援アプローチ

# 第1章

# 「その場で関わる心理臨床」と
# 「体験支援的アプローチ」

## Ⅰ 「その場で関わる心理臨床」

　「事件は会議室で起きてるんじゃない‼　現場で起きてるんだ‼」——織田裕二扮する青島刑事が叫ぶ,『踊る大捜査線』という映画の中の名シーンである。それをまねて言えば,「問題は面接室の中で起きてるんじゃない‼　生活の中で起きてるんだ‼」と訴えたくなることが少なくない。

　私は心理療法やカウンセリングと呼ばれるものが専門である。なんらかの心理的問題を抱えた相談者が,相談にみえる。通常は1週間に1回程度の頻度で定期的に面接室でお会いして,じっくり話を聴くということになる。そして,通常,面接室から出ることはない。

　しかし,定期的面接によるよりも,生活の中で起きていることなら,生活の中で関わるという形で援助するのがごく自然であり,また大変効果的である,というのが私の主張である。それを私は,「その場で関わる心理臨床」または「その場で関わる援助」と呼んでおきたい。私のこれまでの心理臨床の経験から,それについて具体的に示すのが本書の目的である。

### その場で関わる心理臨床とは

　その場で関わる心理臨床とは,要するに,その場で本人に必要と考えられる体験ができるように援助することを言う。具体的にはどういうことを行うのかと言えば,その場で「教える,ほめる,叱る,止める,遊ぶ,守る,言語化を促す,やってみせる,喜んでみせる,他者とつなぐ,場とつなぐ,仲間づくり,集団づくり」等のさまざまな対応を行うのである。誤解のないように言えば,ここで言う「その場で関わる心理臨床」とは,セラピストが直接関わることだけをさすも

のではない。セラピストが直接関わることもあれば，ネットワークを活用して，周囲の教師や保護者等に関わってもらうこともある。つまり「その場で関わる心理臨床」は「その場で関わってもらう心理臨床」やそれを可能にする場を準備することも含むものである。

　専門外の方から見れば，「生活のその場で関わる」ことはごく当然の発想であると思われるであろうが，心理臨床の専門家からは，相当に反発されることだろう。相当程度に理解のある方でも，面接室での対応が基本であるが，時には面接室から出ることも必要なことがある，というものであろう。しかし，ここでの私の主張はもっと過激なものである。生活の中での関わりの方が基本であるというものである。むろん，面接室での面接が必要ないというわけでは決してないし，面接室での面接に終始することも必要な場合があるだろう。「その場で関わる心理臨床」ではかえって難しく，面接室での面接が有効かつ必要な場合もある。

### その場で関わる心理臨床が基本

　それでも，なぜ生活の中での関わりが基本であると主張するのかと言えば，多くの場合それが非常に効果的だと考えているからである。したがって，優先順位としてはまず生活の中でのその場での援助的関わりの必要性が十分に検討されるべきである。そして，そうした関わりの可能性が十分に検討された後に，それだけでは無理，またはそれでは無理という見立てや判断から面接室での定期的面接が実施されるのがより効果的であり，より現実的であると私は考えている。

### 生活における関係を育む，生活における学びを支援する

　生活の中でのその場での関わりが非常に有効であるだけでなく，そのこととも関係が深いことであるが，実はいまひとつ重要な理由がある。それは，その場での関わりはその場でのさまざまな関係に介入することができ，その人の生活におけるさまざまな関係を育むこと，さらには生活におけるさまざまな学びを支援することができやすいということである。

　私はさまざまなネットワークを活用したアプローチ（「ネットワーク活用型アプローチ」）による援助活動を行ってきた。そこでは，問題が改善するばかりではなく，しばしば教師と生徒の関係，生徒間の関係，親子の関係などさまざまな関係が育つことになる。また，私が長年行ってきた心理臨床活動にさまざまな場での「居場所づくり」（田嶌，1998, 2001a；田中・田嶌，2004）がある。そこはさまざまな関係が育つ場でもある。さらに言えば，場と人との関係もまた育つのである。

　ここで重要なことは，このような日常での関係は，面接室内でのセラピストとクライエントとの関係では代替できない性質のものであるということである。

　このことは大人でもあてはまるが，成人期に向かっての発達途上にある子ども

にとっては，さらに決定的に重要である。すでにある程度の体験の蓄積がある大人と比べ，子どもたちは，発達に向けて現実の人間関係の体験がどうしても必要だからである。

　人が困難にぶつかり，それをなんとか切り抜けられるのは，ある程度の体験の蓄積があり，それをなんらかの形で活用しているからである。したがって，そのような体験の蓄積がいまだ少ない子どもへの発達援助や発達障害児への援助ではとりわけ有用である。また，いじめや虐待など，過酷な現実がなお続いている場合もとりわけ重要である。

　本書では，「その場で関わる心理臨床」の有効性・必要性を主張するに留まらず，人が悩んでいる問題行動を，その人の現実の生活文脈から切り離して見立て，関わることの危うさに警鐘を鳴らしたいのである。

## Ⅱ　心理臨床のパラダイムの転換──その理論的背景

### 「主体と環境とのより適合的な関係」

　ここで主張したいのは，心理臨床のパラダイムの転換が必要であるということである。心理臨床のパラダイムがもっとふくらみを持ったものに転換することが必要である。

　まず，目指す目標は「主体と環境とのより適合的な関係」である。必ずしも「変わるべきは個人」ということではなく，現実の環境の側が変わるべき場合もある。したがって，心理臨床家がもっぱら内面にのみ関わるという姿勢ではなく，「現実に介入しつつ心に関わる」（田嶌，2009）という姿勢が必要である。そして，現実が過酷な場合は，まずはその現実がある程度変わることが必要である。それなしにこころのケアも何もあったものではないだろう。したがって，心理士にもまずそのための関わりが，必要とされるのである。

　現実が過酷である場合，緊急介入や危機介入といった視点から，「その場で関わる心理臨床」の必要性は比較的理解されやすいだろう。しかし，現実がさほど過酷であるわけではなく，したがって緊急に介入する必要があるように思われない場合でも，「その場で関わる心理臨床」が基本であるべきであるというのが，私の主張である。

### 「生活における体験」を基本と考える

　つまり，個人面接を基本と考えるのではなく，日常生活における体験を基本と考えることが重要なのである。すなわち，本人にとって日常生活でどういう体験が必要なのかという視点に立つことである。そこでは日常生活における支援が基

本であり，順番としては，そこを十分に検討しつつ，さらに必要があれば個人面接をということになる。

## 生活における関係を育む

その場で関わる心理臨床では，その人の生活におけるさまざまな関係を育むことができやすい。面接室での面接によって現実のさまざまな人間関係に影響を与えることは不可能ではないにせよ，より間接的でしかも極めて限定的な関係への影響に留まるものと考えられる。しかも，ここで重要なことは，このような日常での関係は，面接室内でのセラピストとクライエントとの関係では基本的には代替できない性質のものであるということである。

## その場で関わる心理臨床の発想と展開

その場で関わる心理臨床は，あらかじめ理論的見通しを持って始まったものではない。実は私自身は，すぐにこのような認識に至ったわけでは決してない。私は若い頃の 10 年程は密室での心理療法，それも治療構造（面接構造）をかなり固く守る臨床を基本としてきた。心理療法や心理臨床とはそれこそが王道であると考えていたのである。心が危うく，面接で混乱しやすいより重篤な患者さんに面接を行うためには，通常の面接構造だけでは不十分で，面接という枠にさらに二重の枠をつくる工夫を行うなどをしていた。壺イメージ法はそういう発想から生まれた技法である。

しかし，臨床経験を積み，現場でいろいろな事例に関わるうちに，援助が必要な人ほど相談意欲がないことが多いと感じることが多々あった。実際，臨床領域では，助けが必要な人ほど，相談に行かないという傾向があるよう思う。

たとえば，不登校では，学校には行かない，行けないが，外来の相談室には毎週通ってくるという不登校の子は，まだまだ力がある子であり，もっと心配なのは，保護者もさして困っていないが，長期に渡って自宅にひきこもっている子である。スクールカウンセラーをしていた頃は，相談意欲のない（ように見える）事例は，そもそも本人や家族が相談に来ないのだから，こちらが行くしかないと考え，私が家庭訪問をしたり，教師に家庭訪問を勧めたりしていた。

また，たとえば，保護者がわが子をバットで殴ったなどといった緊急に介入する必要がある場合も面接室を出ていくこととなった。いわゆる危機介入である。

当初は，あくまでも現場の事情から，やむを得ず行うといった感じであった。ところが，だんだんと相談意欲のある人や危機的状況にあるわけではない人たちでも「その場で関わる心理臨床」がしばしば有効であることがわかってきた。たとえば，不登校の子たちとは，ほとんど密室での面接をしなくとも教師や保護者に関わり方を助言するだけで十分な効果が上がることが多いことを知ったのであ

第 1 章　「その場で関わる心理臨床」と「体験支援的アプローチ」

る。

　さらには，私はさまざまな場で「居場所づくり」を行ってきた。そこではさまざまな関係が育まれる。子どもたち同士の関係が生まれ，展開するし，さらには教師や保護者らの大人との関係も育まれるのである。そのような関係は，セラピストとの関係では代替できない性質のものである。それらの経験から，その場で関わる心理臨床では，単に問題や悩みの解決に有効であるに留まらず，さまざまな成長促進的な日常の関係を育むことができるということを明確に認識するようになってきたのである。

　「その場で関わる心理臨床」が，危機介入といったものとは異なるものであることが，おわかりいただけただろうか。正確に言えば，危機介入も含む，日常での関わりによる心理臨床であると言えよう。

## 「体験支援的アプローチ」と「その場で関わる心理臨床」

　心理臨床において，従来あまりにも面接室での関わりが主とされすぎたと私は考えているため，本章でも「その場で関わる心理臨床」ないし「その場で関わる心理援助」ということを強調してきたが，実際にはそれを中心としつつも，もっと幅広い視点と技法が必要である。それを私は「つきあい方」（田嶌, 1991, 1995b他）ないし「体験支援的アプローチ」（田嶌, 2009）と呼んでいる。私はこれまで自分のアプローチをさまざまな名称で呼んできたので，この際現時点での理論的な整理もしておきたい。

## 「体験支援的アプローチ」：「体験の蓄積」と「体験の整理」と「体験の活用」

　ごく簡単に言えば，人が困難にぶつかり，それをなんとか切り抜けられるのは，ある程度の「体験の蓄積」があり，さらにはそれをなんらかの形で整理し，活用しているからである。すなわち，「体験の整理」「体験の活用」ができているからである。

　そこで，こうした視点から体験の蓄積と整理と活用を支援するアプローチを私は「体験支援的アプローチ」と呼んでいる。すなわち，この「体験支援的アプローチ」では，今どのような体験が必要か，今後どのような体験を積んでいくことが必要か，さらには，将来に向けてそれらの体験を整理し活用できる力を育むためにどのような援助が必要かということを見立て，そのような体験ができるように援助していくアプローチである。そのような体験には，①生活における体験の支援，と②面接室における体験の支援，とがあるが，「その場で関わる心理臨床」とは，生活における体験支援的アプローチのことである（表 1-1）。

## 体験支援的アプローチの基本的視点：人は誰しも育ちたがっている

その場で関わる心理療法

表 1-1　体験支援的アプローチ

```
1. 生活における体験の支援
　（含. その場で関わる心理臨床）
　　　↓↓　　　　　↑↑
2. 面接室における体験の支援
```

　子どもであれ大人であれ，人は誰しも育ちたがっているものである。相談意欲がなかったり，困っているようには見えなかったりしていてもそうなのである。非行少年や問題行動をくりかえしている子もそうである。彼らも，そうした事態に決して満足しているわけではない。その満足していない側面に育ちたがっている力が潜んでいるのである。このことは，従来は自己成長力や自己実現欲求などと呼ばれてきたものである。ここでは，「育ちたがっている力」「育とうとする力」と呼んでおきたい。このことは従来，心理臨床では「自己治癒力」「自己回復力」「自己成長力」と呼ばれてきたものと関係したことである。しかし，ここではより発達的な視点から，こう呼んでいきたい。

　念のために言えば，育ちたがっているのは子どもや人生の前半の人たちだけではない，人生の後半にいる人たちもそうなのである。「生涯発達」という視点の重要性はそのことを示したことにある。

　体験支援的アプローチとは，この育とうとする力に寄り添おうとするものである。したがって，望ましい姿を一方的に思い描き，まるで鋳型にはめこむように，無理やりその方向に伸ばそうとするのではなく，この育ちたがっている力をキャッチし，引き出し，育むことが重要である。

　そのために重要なのは，さまざまな主体の自助活動を引き出すことであるが，中でもとりわけ重要なのは，いわば「自己育成力」，すなわち「自分で自分を育む力」を育むことである。

　「体験支援的アプローチ」は，多くの場合多面的な視点と関わりが必要であり，その意味では本書で述べる体験支援的アプローチは通常，「多面的体験支援アプローチ」であると言えよう。そこで，本書では「体験支援的アプローチ」と「多面的体験支援アプローチ」とを特に厳密に区別して用いることはしないことにしたい。

　体験にはいろいろな定義・理論があるようだが，ここでは体験とは「身を持って経験すること」であり，経験に比べより実感を伴うものと考えている。私は若い頃から一般の心理療法に比べ，言葉ではなくもっと実感的なものを重視した心理臨床をわりと実践してきた。そして，個々のアプローチについては，多面的アプローチとか，ネットワーク活用型アプローチ，システム形成型アプローチ，人間環境臨床心理学などと呼んだりしてきた。このうち私のアプローチを包括する

第1章 「その場で関わる心理臨床」と「体験支援的アプローチ」

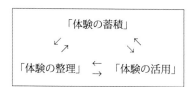

図 1-1　体験支援的アプローチ――「体験の蓄積と整理と活用」

名称としては,多面的アプローチと呼んできた。

　類似したものとしては,村瀬の統合的アプローチ(村瀬,2003他)というりっぱな名称のものがある。私にはりっぱすぎてそういう語を使うのはためらわれた。だいいち,統合というならば,何と何とをどのように統合するのかが問われるはずである。そこで,私のアプローチを包括する名称としては,現時点では体験支援的アプローチまたは多面的体験支援アプローチと呼ぶのがよりふさわしいのではないかと考えている。

　ここでのキーワードは,「その場で関わる心理臨床」に加えて,「**体験の蓄積**」(當眞,2008;田嶌,2011a)と「**体験の整理**」と「**体験の活用**」(田嶌,2011a)である。そして,この「**体験の蓄積と整理と活用**」とは相互に関連しているということになる(図1-1)。通常は,「体験の蓄積→体験の整理→体験の活用」というのが順当な流れであろうが,相互の関連はそれだけに限らない。

　実は,この「体験の蓄積と整理と活用」では,私がこれまで主張してきた体験様式(体験の仕方)や心的構え(田嶌,1987,2002,2011b)という主体の活動が背後にあるが,煩雑になるのでそのことを指摘しておくに留めたい。拙論や成瀬の論(1987)を参照していただきたい。また,私の心理臨床については,『現実に介入しつつ心に関わる―展開編』(金剛出版,2016年刊行予定)において當眞と杉原が論じる予定である。

　[なお,増井(1999)は悩みや心の問題に対処するために考案した方法を「心の整理学」と呼んでいるし,加藤(2009)も「心の整理学」という語を用いている。また,私はイメージ療法における体験様式の変化を,「拒否・拘束,観察,直面,体験,受容,吟味」と呼び,成功した心理療法では同様の変化が起こっているものと考えられると述べ(田嶌,1987,1990,1992,1996),さらに「動作」や「体験」においても同様であると指摘し,「動作拒否・拘束,動作観察,動作直面,動作体験,動作受容,動作吟味」と述べた(1996,2003b)。その後,山中(2000)は,動作における体験様式の変化として,「動作無視,動作観察,動作直面,動作体験,動作活用,動作努力」としている(山中,2000)。さらに,山中(2013)では体験と心的構えについて論じ,体験無視,体験観察,体験直面,体験,体験活用,体験努力と述べている。]

　面接場面におけるアプローチについても私はイメージや動作などの体験を重視

する技法をわりとよく用いてきた。それについては，本書ではわずかに触れるに留めるので，拙著（田嶌，1987, 1992, 2011b）をご参照いただきたい。本書では，「その場で関わる心理臨床」，すなわち体験支援的アプローチのうち，生活場面でのアプローチを中心に述べることにしたい。

この「体験の蓄積と整理と活用をめざす体験支援的アプローチ」は原因究明的アプローチや育て直しといったアプローチとは対照的なアプローチである。

たとえば，不登校の子どもたちについて言えば，なぜ不登校状態に陥ったかということよりも，あくまでも今後どのような体験を積むのが必要かということを考えるということになる。不登校の子たちに最も重要なのは，他者と「遊べるようになる」体験であると，私は考えている（田嶌，2005）。たとえなぜ不登校状態に陥ったかという原因や要因を考える場合でも，それは「どのような体験が必要か」を考える参考にするという視点から考えるわけである。

さらには，児童養護施設等の施設の子どもたちについて考えてみよう。児童養護施設等の施設の子どもたちにとっては，どのような生活を送ることが重要なのだろうか，生活においてどのような体験を蓄積していくことが大事なのだろうか。

それは，なんといっても暴力に脅かされることのない安心・安全な生活ということである。そのためには，暴力から守ってもらえること，暴力を振るっても，暴力を使わないで抑えてもらえること，こういう体験を重ねること，これこそが土台である。

最近では，要保護児童にとって，愛着（アタッチメント）の重要性が注目されているが，真の愛着を育むには，暴力から守り抜かれる安心・安全な生活がその土台に必要である。

そうした土台の上に，心理療法や各種の専門的介入が図られるのが自然であり，また効果的でもあると私は考えている。さもなければ，あらゆる専門的働きかけは，いわば「食事を与えずに，ビタミン剤を投与する」ようなことになりかねない。

「発生過程（生成過程）」と「解決過程（修正過程）」は異なる

このことは，大変重要なことなので，いま少し述べておきたい。

わが国の著名な精神医学者中井久夫の名言に，「発症の論理と治癒の論理は異なる」というのがある。「発病過程と回復過程は似ているところもあるけれども，後者は前者の逆過程ではない」（中井，1982）との指摘である。これは統合失調症等の治療経験から言及されたものであるが，「病」を「問題」に置き換えれば，「（似ている場合もあるだろうが）問題の発生過程と解決過程は異なる」ということになろう。

どのような体験を蓄積していくことが必要なのかということは，人により問題

第1章 「その場で関わる心理臨床」と「体験支援的アプローチ」

表1-2 生活の場での多面的体験支援アプローチ
——「体験の蓄積・整理・活用」のために

①その場で関わる
②希望を引き出し応援する
③複数で支援する
 ：ネットワークの活用（複数で抱える，
　ネットワーク活用型援助）
④仕組みづくり（システム形成）

により異なるが，重要なのは日常生活での「体験の蓄積・整理・活用」ということである。その意味では，「その場で関わる心理臨床」とは，生活における体験支援的アプローチのことである。日常生活での「体験の蓄積・整理・活用」には，生活日課やネットワークや居場所づくりなどを通して，体験を準備し方向づけるための構造化（「体験準備のための構造化」）がある程度は必要となるものと考えられる。

「体験の蓄積・整理・活用」のために

「体験の蓄積・整理・活用」にあたって重要なことは（表1-2），①その場で関わる，②希望を引き出し応援する，③複数で支援することであると，私は考えている。なお，②～③のいずれにおいても，「その場で関わる」ことが基本となる。時に，面接室等での関わりが必要であるにしてもである。

また，③の「複数で支援する」は，私がこれまで主張してきた「ネットワークの活用」（田嶌，1995a），「複数で抱える」（田嶌，1991），「ネットワーク活用型アプローチ」（田嶌，2009）などを含むものである。さらには，第6，7章で述べる複数応援方式や「応援する会」も現場での極めて有用な複数で支援する方法である。

なお，④仕組みづくり（システム形成）による体験支援については，第13章で述べる。また，これについては，さらに第14章，15章，そして終章もご参照いただきたい。

## III 実践のための基本的視点

「その場で関わる心理臨床」の実践において，私が重要だと考えていることを以下に簡単に述べておきたい。

先に，子どもであれ大人であれ，人は誰しも育ちたがっているものであり，体験支援的アプローチとは，その育とうとする力に寄り添おうとするものであると

述べた。育ちたがっている力をキャッチし，引き出し，育むことが重要であるとも述べた。

　この育ちたがっている力をキャッチし，引き出し，育むためには，以下の視点が重要である。


## 1．希望を引き出し応援する

　私は養育であれ対人援助であれ，その基本は「希望を引き出し応援する」ことだと考えている（田嶌，2005, 2009, 2011a）。このことは，発達障害であれ，反応性愛着障害であれ，特に障害を抱えていない子であれ，大人であれ，子どもであれ，誰であれ同様であると考えている。

　児童養護施設の子の例を挙げよう。

　もうずいぶん前のことだが，ある児童養護施設に入所している小学校6年生の子が不登校になったということで，職員に連れられ，私のところにやってきた。学校で友達もあまりいないらしく，最近学校を休みがちで，学校は面白くないと言っているとのことであった。家庭でひどい虐待を受けて，小2で入所したとのことである。

### 「お母さんと暮らせたら幸せ」

　無理やり連れてこられたというほどではないにせよ，緊張した面持ちだった。私はその子に，〈将来，どんなふうになりたい？〉と聞いた。その子は，即座に「幸せになりたい」と答えた。小学生からすぐにこういう答えが返ってくるとは思っていなかったので，私は軽いショックを受けながら，なおも尋ねた。〈どんなふうになれたら，幸せかねえ？〉。すると，その子はまたも即座に答えた。「お母さんと一緒に暮らせたら幸せ」。そこで私は〈ああ，そうかあ。よし，幸せになろう，私は応援するから〉と励ました。

　この子の表情が，少し和んできた。

　母を慕う子どもの気持ちは，あまりにも切ない。子どもたちは，それぞれ事情があって施設に入所しているわけだが，その事情は通常過酷なものである。この子もまたそうであった。この子は将来，お母さんと暮らせるようになるだろうか。その見込みは，正直言って，難しい。そもそも，この子が将来お母さんと一緒に暮らすことが本当に，この子にとって幸せなのかは，はなはだ疑問である。それでも，私は，〈応援する〉と言ったのである。次いで，私は言った。〈いつかお母さんと暮らせるようになるにはね，君が力をつけないといけない。大きくなって，仕事してちゃんとお金を稼げるようになれば，将来お母さんと一緒に暮らせるかもしれない〉〈そうなるためには，高校くらいはぜひ卒業した方がいい。とりあえずは，すぐにではなくてもいいから，そのうち休まないで学校に行けるようになろうよ〉

第1章 「その場で関わる心理臨床」と「体験支援的アプローチ」

## 元気になることが大事

　次いで、私は不登校の子たちや保護者にいつも言っていることを伝えた。〈とりあえずは、学校に行く行かないよりも元気になることが大事。元気になるための工夫をいろいろやってみよう〉

　ここで重要なのは、学校、特に担任の先生の関わりである。私は次の週に、学校を訪問し、担任の先生にお会いした。担任は若い女性の先生で、まだ教師3年目とのことで、不登校の子を担当するのは初めてのことでとまどっておられた。私は2つのことをお願いした。ひとつは、定期的に放課後、施設を訪問してもらうこと。ただし、学校に来るようにとは言わないこと。また、2つ目は、たとえば、同じ班に友達ができるなど、この子が学校で居心地がよくなるような配慮をしていただきたいとお願いした。

　このように、私は担任の先生や職員に助言をして、ネットワーク活用型援助（田嶌，2005, 2009）を行い、この子は元気になっていった。詳細は省くが、この子はまもなく学校に登校するようになり「学校は楽しい」と語るようになった。

　その後も、面接という形ではなく、折に触れ、この子と関わりを持ち続けた。暴力や窃盗など何度も非行系の問題行動をくりかえしたので、何度かこの子のもとに駆けつけ、私は言った。〈幸せになろう、お母さんと暮らせるようになろうや、そう言ってたじゃないか〉と。「あ！……忘れてた……あきらめかけてた」。こういう会話を何度かくりかえした。この子は結局、高校をなんとか卒業し、現在は暴力を振るうこともなく、窃盗もせずになんとか働いて自立している。こうした関わりの過程で、家庭や施設でいかに悲惨な目にあってきたかも、かなり語るようになった。

## 希望をテコに生きる力を育む

　ところで、この子は、事情があって現在お母さんとは暮らせてはいない。また、お母さんと暮らすのが、本当に幸せなのかどうかもわからない。それでも、希望を引き出し、応援していくことが、この子が自立する力をつけるのに、助けとなったと言えよう。この子は、お母さんと一緒に暮らせてはいないものの、時々お母さんとは会っている。生きる力をつけていく過程で、この子の「お母さんと一緒に暮らしたい」という夢は、難しい現実にぶつかり、「時々会う」という形で折り合いをつけたのである。

　「希望をテコにする」とは言っても、遠い将来の希望だけで前向きの生き方ができるわけでは決してない。当面の希望を引き出すことも重要である。この子は、女の子にもてたいというわかりやすい動機でギターを始めた。欲がからむと上達が早い。めきめき上達し、仲間とバンドを結成し、将来東京に出て歌手になりたいと語るようになった。別の子はケンカが強くなりたいということで、ボクシングを始めた。かなりのレベルに達し、さらにプロのライセンスをとってプロボク

サーになりたいと語るようになった。残念ながら，現在2人とも，歌手にもプロボクサーにもなれなかった。しかし，それがその子たちの現在を支え，近い将来を支え，生きる力を育むことに役立ったのである。

### 成長のエネルギーを引き出す

その希望が実現するとは限らないし，実現するのが本人にとって本当にいいことなのかどうかもわからない。それでも，私たちの役割とは，こうした子どもたちの切実な希望をテコにして，成長のエネルギーを引き出し，「生きる力」をつける支援をしていくことにあると私は考えている。ここでいう「生きる力」には，本当はどうするのが自分にとっていいことかを「選択できる力」をつけることも含まれている。

「希望をテコにする」とはいっても，遠い将来の希望だけで前向きの生き方ができるわけでは決してない。先にも述べたように，近い将来の希望や意欲を育むことや，当面の楽しみや好きなこと得意なことを育むことも重要である。

### 「夢のような希望」から「現実的な希望へ」

希望は最初から，「現実的な希望」であることはない。希望は，夢または「夢のような希望」から始まる。このような幼い頃に抱く夢や夢のような希望はそのまま実現することは通常はない。ほとんどの場合，現実にぶつかって壊れる。現実との折り合いをどこかでつける「健全なあきらめ」（田嶌, 1991, 2002, 2009）が重要になる。

夢が「現実」にぶつかり，形を変えて，徐々に現実的な希望になってゆく。私たちの役割は，「生きる力」をつけるべく応援しつつその過程に寄り添うことに他ならない，と私は考えている。

なお，「健全なあきらめ」については，いま少し説明が必要であろう。

私が好きな言葉に，「変わるものを変えようとする勇気，変わらないものを受け入れる寛容さ，このふたつを取り違えない叡智」というのがある。

自己や外界の現実に対してあまりにも高い要求や願望を持っていて，そのことがその人を苦しめている場合が少なくないように思われる。あるいはそうではないにせよ，変えるにはあまりにも困難な状況であったりする。そのような場合，自分の資質や心性にせよ，あるいは外界の現実にせよ，変わらない場合にはそれをあきらめ，受け容れることでしばしば道が開けるものである。このことは，従来の語では「（現実や自己の）受容」とか「あるがまま」というのが関係の深い語であろう。しかし，この語はあまりにもりっぱすぎるし，何よりも体験している本人の実感にそぐわない場合が多いのではないかと思われる。

代わって，挙げておきたいのが「健全なあきらめ」という語というわけである。「健全な絶望」というものはあり得ないにせよ，「健全なあきらめ」ならあり得るであろう。これが実現された時，その人の内面にはある種の安堵感やこころの安

第1章 「その場で関わる心理臨床」と「体験支援的アプローチ」

らぎが生じるが，同時にそこにはしばしば哀しみや切なさのようなものが内包されているものである。「受容」や「あるがまま」という語では，この哀しみや切なさのニュアンスが抜け落ちてしまうように思われる。また「健全なあきらめ」は，非現実的誇大的な願望ではなく，ささやかではあっても現実をふまえた希望を伴うものである。

『広辞苑』によれば，「あきらむ（明らむ）」とは，「明らかに見究める」ことであり，その意から「あきらむ（諦める）」とは，「思い切る，断念する」ことであるとされている。すなわち，「明らかに見究める」が「あきらめる」になったものと考えられる。

「明らかに見究める」という心の作業を十分に行うことを通して，私たちは「健全なあきらめ」に達することができるのである。

## 2．自助のための注文と工夫を引き出す

対人援助にあたっては，本人なりの希望・目標を共有し，それに向けてより適切な自助努力を引き出すことが基本である。そのために心がけておくと有用なのが，「自助のための注文」と「自助のための工夫」を引き出すことである。「自助のための注文をつける能力」と「自助のための工夫する能力」（田嶌，1987，1992，2001a）を育成するという視点から関わるのである。

先に，人は育ちたがっていると述べ，さらには本人自身の「自己育成力を育む」ことが重要であると述べた。「自助のための注文」と「自助のための工夫」はこの「自己育成力」を育むための有力な基本的視点である。

そのために，自分がより元気になるためには，周囲にどのような対応をしてもらうことが役立ちそうかについて援助者や周囲の人に「注文をつけられる」ように配慮するわけである。さらには，本人自身がより元気になり，外界に働きかけたり，何かをより実行しやすくするための本人自身の工夫を引き出すように配慮するのである。

しかし，自分のニーズを自覚できなかったり，表現できないことも少なくない。また，乳幼児や重度の障害児など，そもそも自助のための注文というのが無理な場合もある。それらの場合，相手の身になって，ニーズを汲み取ることが必要となる。先に述べたように，人はみな育ちたがっている。その育ちたがっているニーズを汲むことが重要である。言葉にならない「潜在的な自助のための注文」を聴く姿勢が必要である。

## 3．安心・安全は成長の基盤

対人援助であれ，養育であれ，希望を引き出し応援することが基本だと述べた。しかし，それには条件が必要である。それは，本人自身が安心・安全な生活が日々

送れているかどうかということである。たとえば，毎日毎日暴力にさらされ怖い思いをしていたのでは，将来の希望も何もあったものではない。換言すれば，暴力や威圧にさらされている子にとっては当面の安心・安全こそが切実なニーズであり，それが実現しないことには，将来の希望を育むどころではないということである。

逆に，子どもたちは安心・安全が守られると，「伸びようとする力」がものすごく出てくる。それは，被害児だけでなく，加害児もそうなのである。被害児にとっても加害児にとっても，「安心・安全は成長の基盤」なのである。

### 4.「問題行動」は自助努力やSOSの現れである

いわゆる問題行動と言われているものは，基本的に本人なりの自助努力や救助を求めるSOSの現れであるという側面がある。適切なものとは言えないものの，そこには本人なりになんとかしようという自助努力やSOSが含まれているものである。

#### 問題行動とは

いわゆる問題行動と呼ばれているものは，基本的にはその子なりの「自助努力の現れ」や「成長の兆し」やSOSである。それがどの程度成功しているか，そしてどの程度適切であるかということはあるにせよ，その子なりになんとかしたいという自助努力の現れやその子なりの成長の兆しである。

そういう視点からいわゆる問題行動というものを捉えることが問題行動の支援には有用である。

小学5年生の男の子の母親から，この子が最近になって教室で他の生徒に対してしばしば物を投げるなど「キレてしまう」ので困っているという相談があった。よく話をうかがってみると，この子はもともとはおとなしい子で，従来から同級生からいわゆるちょっかいを出されることが多く，以前は静かに泣いて，特に反抗することはなかったという。

次に，別の小学校3年生の男の子のことである。最近，嘘をつくことが多いというのである。よく聴いてみると，この子もこれまではおとなしい子で，引っ込み思案で，他の子たちにうまく関われない子だったという。

2人とも，学校でも家庭でも，最近の「キレること」「嘘をつくこと」は，もっぱら困った問題としてのみ見られていた。

しかし，「キレる子」について言えば，これまで我慢してきた人が「キレる」というのは，キレないでひたすら我慢する，あるいは直接の関係はない人に当たるとかいうのに比べると「キレる」ことができるようになったのだという見方もできる。「嘘をつく」子について言えば，友達に自分から話しかけることもできなかったが，最近では，嘘を使って話しかけることができるようになったのだとも考

第1章 「その場で関わる心理臨床」と「体験支援的アプローチ」

えられる。

### 成長の兆しとしての「問題行動」

どちらも，不器用な自己主張という面がある。少なくとも我慢してきた人にとってはキレることは，新しい反応レパートリーができるようになってきたということになる。そして嘘をつくようになった子は自分から話しかけるという，新しい反応レパートリーが加わったことになる。その意味では，単に問題行動としてのみ見るよりも，その子なりの「自助努力の現れ」「成長の兆し」として捉えることが重要である。「自助努力としてのキレること」「成長の兆しとしてのキレること」，「自助努力としての嘘をつくこと」「成長の兆しとしての嘘をつくこと」ということであり，発達・成長の過程で起こることとして見るわけである。

単に問題行動として見る場合，それは一刻も早くひたすらなくすべき悪いものという見方になりがちであるが，自助努力や成長の兆しとして見る場合，次のより適切な努力やさらなる成長へと支援するということになる。本書のテーマから言えば，次のさらなる学びや成長につながるような「体験支援的アプローチ」が必要ということになる。ここではこうした視点が重要であることを述べるに留め，このテーマについてはさらにエッセイ（p.251, p.267）で論じる。

### 5．ネットワークを活用する：多面的アプローチ
### ネットワークの見立てと活用

多様な経験が必要な子どもたちの支援や難しい問題の支援には，「複数で支援する」,「支援チームをつくって支援する」ことを心がけたい。その場で関わるにしても，すべて一人でしなければならないということはない。日常生活の場では，働きかける多様なチャンスと豊かなチャンネルがたくさんある。そこへネットワークを活用して援助的介入を行うことが重要であると考える。すなわち，ネットワークを活用した多面的アプローチが重要なのである。そこで必要なのは，従来の個人の心理・病理の見立てだけでなく，ネットワークとコミュニティの視点からのアセスメント，すなわち問題や悩みを学級や家族，地域等の集団の場における個人の生活，個人と個人の相互作用のありようの問題としてみることである。つまり，その個人の心理診断だけではなく，その人がいかなるネットワークの中で生活しているのかといういわば「ネットワークの見立て・心理アセスメント（心理診断）」が基本的に重要なことであり，援助に際してはそれに基づいて，「ネットワーキング（ネットワークづくりとその活用）」,「場をつくる，場を支える」という観点から介入のアイデアを練ることが必要であると筆者は考えている(田嶌，1995, 2001b, 2003)。なお，ここでいうネットワークとは公的・私的・民間のいずれも含むものであり，また顕在的なものだけでなく潜在的なものも含めてみることが必要である。

27

## 動きながら考える

　こうした方式の実践にあたっては，面接室にじっとしているのではなく，面接室から出て行き「動きながら考える（見立てる）」（あるいは「動く→考える→動く」）という姿勢である（田嶌，1995）。そして，「ネットワークの見立て・心理アセスメント（心理診断）」と「ネットワーキングによる援助のための働きかけ」とはしばしばほとんど同時進行となることが多い。

　自分が動くのではなく，協力者に「動いてもらう」ことである。たとえば，学校現場であれば，教師や保護者に動いてもらうことが多い。すなわち，「動いてもらいながら，見立てる」，あるいは「動いてもらう→（反応をみる）→見立てる→動いてもらう→」という姿勢である。

　述べておきたい理論的なことはまだまだあるが，このくらいにしておこう。実は，この「体験の蓄積・整理・活用」では，私がこれまで主張してきた体験様式（体験の仕方）や心的構え（田嶌，1987, 2002, 2011b）という主体の活動が背後にあるが，それについても煩雑になるので，ここではそのことを指摘しておくに留めておきたい。こうしたアプローチの有効性を実感してもらうことが何よりも重要と考えるからである。理論的なことは，さらに第12章で取り上げることとして，次章からは具体的な事例を通して述べていくこととしよう。

### 引用文献

加藤諦三（2009）心の整理学．PHP研究所．
増井武士（1999）迷う心の「整理学」．講談社．
中井久夫（1982）精神科治療の覚書．日本評論社．
田匌誠一編著，成瀬悟策監修（1987）壺イメージ療法——その生い立ちと事例研究．創元社．
田匌誠一（1991）青年期境界例との「つきあい方」．心理臨床学研究，9(1); 32-44. 日本心理臨床学会．
田匌誠一（1990）「イメージ内容」と「イメージの体験様式」——「悩む内容」と「悩み方」．家族画研究会編，臨床描画研究，V; 70-87. 金剛出版．
田匌誠一（1992）イメージ体験の心理学．講談社．
田匌誠一（1995a）密室カウンセリングよどこへ行く．教育と医学，43(5); 26-33. 慶應大学出版会．
田匌誠一（1995b）強迫的構えとの「つきあい方」の一例．心理臨床学研究，13(1); 26-38. 日本心理臨床学会．
田匌誠一（1996）壺イメージ法の考案とその展開に関する臨床心理学的研究．九州大学博士（教育心理学）論文（九州大学教育博乙48号）．
田匌誠一（1998）スクールカウンセラーと中学生．こころの科学，78; 67-74. 日本評論社．

田嶌誠一（2001a）不登校・引きこもり生徒への家庭訪問の実際と留意点．臨床心理学，1(2); 202-214. 金剛出版.

田嶌誠一（2001b）事例研究の視点―ネットワークとコミュニティ．臨床心理学, 1(1); 67-75. 金剛出版.

田嶌誠一（2002）臨床心理学キーワード第11回．臨床心理学，2(6); 822-824. 金剛出版.

田嶌誠一（2003a）心理アセスメントと心理援助の基本的視点．臨床心理学，3(4); 506-517. 金剛出版.

田嶌誠一（2003b）第5章 イメージの心理臨床総論．In：田嶌誠一編著：臨床心理面接技法2（臨床心理学全書第9巻）．誠信書房，pp.269-310.

田嶌誠一（2005）不登校の心理臨床の基本的視点．臨床心理学，5(1); 3-14. 金剛出版.

田嶌誠一（2009）現実に介入しつつ心に関わる―多面的援助アプローチと臨床の知恵．金剛出版.

田嶌誠一（2011a）児童福祉施設のおける暴力問題の理解と対応―続・現実に介入しつつ心に関わる．金剛出版.

田嶌誠一（2011b）心の営みとしての病むこと―イメージの心理臨床．岩波書店.

田中麻貴・田嶌誠一（2004）中学校における居場所に関する研究．九州大学心理学研究，5; 219-228.

當眞千賀子（2008）理不尽な体験を重ねた子どもの成長を願い共に暮らす―虐待や不適切な養育を受けた子どもとのかかわりの工夫．第2回里親ファミリーホーム全国研究協議会報告書，6-31.

山中寛（2000）第4章第5節 ペア・リラクセイションにおけるストレスマネージメント教育の効果．In：山中寛・冨永良喜編著：動作とイメージによるストレスマネージメント教育（基礎編）．北大路書房，pp.60-65.

山中寛（2013）ストレスマネジメントと臨床心理学―心的構えと体験に基づくアプローチ．金剛出版.

エッセイ

# 精神分析批判
## ——私からみた精神分析

　►►当時編集委員を務めていた『臨床心理学』誌（金剛出版）で同じく編集委員の北山修先生の担当で 2005 年に精神分析の特集を組むこととなった。編集会議に欠席したところ，「精神分析批判」を私に書くようにとの割り当てがされてしまい，書かされたものである。


　「精神分析批判」とは，えらいものを書く羽目になってしまった。編集会議を欠席した時に決まったらしい。やはり仕事はサボるものではない。

　そもそも「批判しろ」と言われてする批判なんて，はなから骨抜きになりかねない。それを承知のうえで，それでもなんとか書かせていただくことにしたのは，そこに「王者の余裕」とでもいうべきものだけではなく，「対話の姿勢」も感じたからであり，それに対する敬意に他ならない。

　ここはひとつ，率直に自分の実感をもとに述べさせていただこう。

　実は，「こんな臨床家になれたらすばらしいのになあ」と私が憧れる臨床家は，そのほとんどが精神分析（本論でいう精神分析とは精神分析的心理療法も含むものとする）とその周辺の経験をもった方々である。たとえ現在は精神分析とは異なる立場をとっている先生でもかつては精神分析を潜ってきているし，その経験が生きているように思う。

　しかし，ここからが問題なのだが，その一方で私が「こんな臨床家にだけはなりたくないなあ」と感じるのもまたたいてい精神分析とその周辺の方々なのである。（なんだか大変失礼なことを書いているようにも思うが，きっと私も「あんな臨床家にだけはなりたくない」と思われていることだろう。）しかもさらに問題なのは，前者はほんの一握りで，後者はたくさんいるということなのである。これはどうしたことなのだろうか。

　私なりにそのわけに思いをめぐらせてみよう。ごく少数とはいえ，私が仰ぎ見たくなるような臨床家を生み出す精神分析という体系は，どうやら人の心の重要なものに触れているのだろう。ただ，それは極めて不十分，不適切かつあいまい

エッセイ ◆ 精神分析批判——私からみた精神分析

で，いわばその重要なものを「変なふうにかすっている」ということなのではないだろうか。換言すれば，それは適切に表現されているわけではなく，極めてわかりにくく，それを学ぼうとする者がよほどのセンスと知的優秀さがなければ適切に習得することは困難であるように思われる。

精神分析の用語が独特かつ難解であることはよく知られている。このような用語に幻惑されず，その背後にある本質的に重要なものをつかみ取るセンスが必要であり，それができればすばらしいが，たいていの人には有用でないどころか，かえって害を及ぼすものとなってしまうのではないだろうか。

例を挙げよう。かつて土居健郎先生がどこかで書いておられたが，フロイトのある論文に男性間の交流や感情をめぐって「同性愛的感情」という語がしきりに出てきたが，土居先生はこの「同性愛的感情」という語を「甘え」と置き換えると理解がしやすく，「フロイトがどうしてこの甘えに相当する語なしにやってこれたのか不思議なくらいである」というようなことを述べられていた。「同性愛的感情」という表現に違和感を覚えていた私は目からウロコが落ちる体験だった。しかし，同時に私には自力でそのようなことに気づくことはできそうにないとも思った。

私はかつて精神分析を勉強しかけたことがある。むろん，本格的トレーニングにはほど遠く，生かじりである。結局，私は自分にはその一握りのすばらしい臨床家になるセンスも知的優秀さもないと判断し，しょうもない臨床家になるのはごめんだと精神分析の勉強をやめたのである。

だから，すばらしくセンスがよくてかつ優秀な方はどうぞ精神分析を勉強されるとよいと思う。ただし，そういう人は大変少ないということを再度強調しておきたい。ちなみに，天才は100万人に1人くらいはいるらしいが，「俺（私）は天才だ」と思っている人は1,000人に1人くらいいるという話を聞いたことがある。自分でセンスがあると思っていても，怪しいものである。

すでに私に割り当てられた紙数はとっくに，オーバーしてしまった。あとは駆け足で。

私は現在生き残っているすべての心理療法は正しい（すなわち効果がある）と考えている。ただし，あらゆる学派の心理療法は無条件に有効なのではなく，対象をも含めて一定の条件下で有効であるにすぎない。それがいかなる条件なのかということを自覚しておくことこそが重要なのである。

だから，「精神分析は正しい（有効である）」。しかしそれには条件が必要であり，その条件たるや，極めて厳しいものがある。私から見れば，その条件が整う事例は非常に少ないように思われる。にもかかわらず，その自覚がないように見える臨床家が非常に多い（ように思う）。精神分析が効果をあげるような条件に恵まれた事例ははなはだ限定されたものである。

精神分析ではしばしば「面接場面の非日常性のかたくなな保持」と「転移・逆転移の過度の重視」と「現実の生活の不当な軽視」とがある。それでも通用する事例は，精神分析家が考えるよりもそれははるかに少ないと私は考えている。

　「面接場面の非日常性の過度の重視」と「現実の生活の不当な軽視」に陥らないためにも，精神分析のいわば「密室主義（密室モデル）」（もっともこれは精神分析に限ったことではないが，その代表である）とでもいうべきものが持つ効用と限界についての自覚を持っていただくことを切に希望している。

　そのことさえわきまえていれば，精神分析は非常に有効であり，他の療法では得ることが困難な成果が期待できるだろうと思う。

　そのこととも関係していると思われるが，「精神分析だけをやりたい」のであって，「人を援助したい」のではないのではないかとさえ見えるセラピストがひときわ目につくのもこの学派である。だから，クライエントのニーズよりもセラピスト側の手法や都合を優先させてしまうのではないだろうか。たとえば，近頃気になっていることだが，週4日だか5日だかの面接，いわゆる「毎日分析」からのドロップアウト事例が目につく。ここでも，クライエント側のニーズよりも，セラピスト側のニーズを優先させている事例があるのではないだろうか。

　すでに遅いとは思うが，妄言多謝。

# 第2章

# 暴力を伴う深刻な事例との
# 「つきあい方」

　▶▶まずは，「その場で関わる心理臨床」でなければ，とても対応できない事例から始めよう。第1章で，その場で関わる心理臨床の実践のための基本的視点として，「育とうとしている力をキャッチし，引き出し，育む」ことが重要であり，そのための留意点として，①希望を引き出し応援する，②自助のための注文と工夫を引き出す，③安心・安全は成長の基盤，④「問題行動」は自助努力やSOSの現われである，⑤ネットワークを活用する，の5つを挙げた。第2章，3章はこのことをより具体的に理解していただくためのものである。この5つの視点を念頭に置きながらお読みいただきたい。これらはいずれも重要な視点であるが，「その場で関わる心理臨床」の実際では，①希望を引き出し応援する，②自助のための注文と工夫を引き出すの2つはいわば実践の核となるものである。

　現在ではもっぱら施設の暴力問題に取り組んでいる私は，そういう問題に好んで取り組んでいるかのような言われ方をすることがある。実は，暴力は苦手である。本音を言えば，体力に自信がない私としては，なるべくなら関わりたくない。しかし，問題はあちらから訪れる。ここでは，大学の学生相談室に常勤カウンセラーとして勤務していた時にたまたま遭遇した暴力事件への対応について，かつて学会誌に書いた論文を転載させていただくこととする。

　このような事例は「その場で関わる心理臨床」でなければとても対応できないと言ってよいだろう。

　ところで，この論文では通常の事例研究論文のように，あらかじめ生活史や問題歴といったことから記述するのではなく，最初から実際にことが起こった時系列に沿って，何を考えどう関わったかを記述していくというスタイルをとっている。私の事例報告は基本的にそういうふうに記述することにしている。

　また，その後の私のスクールカウンセリングや施設の暴力問題への対応の萌芽ないし原点がここにある。このようなことを念頭に置きながらお読みいただければと思う。

# I　はじめに

　ある程度の臨床経験を持つ臨床家ならば誰しも，病理水準が重篤であるというに留まらず，さまざまな事情から極めて深刻な状況にある事例に遭遇し頭を抱えたことがあるだろう。しかもそれがなんらかの事件を引き起こしていたり，さらなる事件に発展しかねない可能性がある事例であればなおさらであろう。ここではそのような事例を「深刻な事例」と呼ぶことにしたい。私たちが「深刻な事例」に事件発生直後から継続して関わるということは（職場にもよろうが），めったに起こることではないだろう。しかし，それに関わるカウンセラー（Co）としては寿命が縮むような思いがするものであり，それゆえそのような事例についての対応を考えておくことは大変重要なことであると考えられる。そこで今回は，私が学生相談の場でネットワークと居場所を活用した「つきあい方」（田嶌，1991，1995b，1998c）という視点から関わった「深刻な事例」について報告し，この問題について考えてみたい。

# II　事　例

### 暴力事件

　学生部から，さきほど大学内で学生が他学生から段られる事件が発生したとの連絡。被害者によれば，見知らぬ他学生から突然飛びかかられ 20 〜 30 発段られた，なぜ段られたのか全く心当たりがないという。また，加害者は駆けつけた職員の制止を振り切り，バスで帰ったとのことであった。〈バスに乗って帰った!?　連れてくればよかったのに〉との Co の言葉に，職員の方は「先生，怖かったです」と答えた。それもそのはず，加害者は巨漢（後にわかったことだが体重が 110 キロ）であった。

### すぐ動く：面接室の外へ

　連絡に来た学生部の職員から「先生，どうしましょう？」と聞かれ，段られた方に全く心当たりがないということから単なる暴力事件ではないものと思われたので，学生相談室の Co として関わることにした。まず，手分けして学生部の写真を調べてもらいほぼ加害者を特定できた。次いで，その日のうちに学生部職員とともに家庭を訪問した。

### 家庭訪問

　家は 2 階建てで，居間に通されたが，本人は 2 階の自室とのこと。とりあえず，本人に来意を伝え居間に来てくれるように母親より伝えてもらったものの，拒否。

第2章　暴力を伴う深刻な事例との「つきあい方」

　居間はポスターがやたらと貼ってあり，壁や家具に穴があいていた。今回の暴力事件について説明を受けた母親は，「うちの子がやったんだと思います」と言いつつも，〈これまでにこういうことは？〉との Co からの問いに「いいえ，あの子は至っておとなしい子で，これまではそんなことは一切ありません」ときっぱりと言われる。穴だらけの居間の状況とチグハグな母親の言にとまどいつつも，本人の相談にのる立場であることを強調しつつ，10 分程度母親と話し，若干の情報を得た。母親によれば，大学で友達ができないと悩んでいた，チューターのA先生には相談にのってもらっていたが，その先生が亡くなられますます孤独な状況になった，精神科入院歴があり，現在も月 1 回程度通院しているとのこと。

　3分間だけ話そう：安全弁とチャンネル探し

　Co が 1 人で 2 階の本人自室へ赴くことにした。学生部職員の「先生，1 人で大丈夫ですか？」との声に〈あんまり大丈夫な気はしないけど，複数で行くよりいいでしょう〉と答え，2 階へ。どういうふうに声をかけようかと階段をのぼりながら考えた。Co も怖いが，本人はもっと怖いだろうと思った。〈3 分！ 3 分だけ話そう。3 分たったら帰るから〉と声をかけ，入室。この際時間を区切るのが彼にとって安全弁になるだろうと考えたのである。本人はベットに座り，目は血走り，顔は真っ青で殺気だった印象。

　〈A 先生がチューターだって？ いい先生だったね。私もずいぶんお世話になったよ。今度のことで君の力になりたい〉〈殴ったということはよほどの事情があったんだろう。君にも言い分があるだろう〉と立て続けに声をかけると，「向こうは何と言ってる」とひと言。〈いやあ，それが何にも心当たりがないと言ってんだよね」「向こうが知らんと言うなら，俺は何も言うことはない」〈殴るなんて，よほどのことがあったんだろう？ 言い分があるんだろう〉「向こうが知らんと言うなら，何も言うことはない」〈とにかく，力になる，相談にのる〉〈何か苦しんでるんじゃない？〉「何も困ってない」〈相談のるから〉「もう 3 分たったぞ」〈わかった，わかった。じゃあ帰る。（部屋を出ながら）けど，また来るから。とにかく相談のるから〉「相談なんて誰にでもできるわけじゃない」〈そりゃもっともだ。誰ならいい？〉「B 先生なら話せる」〈そう，B 先生ならいいか。わかった〉（B 先生は他学部の外国人講師であり，本人はその授業に履修届を出していることが後にわかった）「俺もあんまり溜まると，今度以上のことするかもしれんぞ！」とこちらを脅すようなことを言うので，内心「コノヤロー，こっちの苦労も知らないで勝手なこと言いやがって」と思いながらも，〈わかった，わかった。とにかく，また来るから〉と言って退室。


　事態の深刻さ

　この後，母親と再度話し，母親の不安を和らげるとともにさらに情報を得た。

35

学生部の職員が自分たちがいかに学生のことを思って世話をしているかということについて30分くらい熱心に話し続けたところ，それまで気丈にふるまっていた母親は泣きくずれ，次のような告白をしてくれた。隠していたが，実は母親はつい3カ月前に本人に蹴られて肋骨を5本（！）骨折，その半年前には近くに住む祖母が肋骨にヒビ。さらに，かねてより父親に暴力を振るうことがあり，1年前に父親は家を出ているとのことだった。本人自身も昨年リストカットを行ったが幸い傷は浅くすんだ。思い悩んだ母親は，「夜中寝てるうちにこの子を殺し，私も死のうと何度思ったことか」と泣かれる。

　これを聞いて，Coはこれはとんでもない事例と関わってしまったと思い，さらに「思い余った母親，息子を絞殺！」とか「大学生の息子，家族を撲殺！」といった新聞記事が脳裏に浮かんだ。そんなことになっては大変である。困ったことになったが，乗りかかった船である，なんとかやってみるしかないだろうと腹をくくった。

　こうした状況の中で，救いは時々とはいえ一応精神科を受診しているということである。母親によれば，高校3年時に「太陽の光が目に入って痛い」と言い出し，それから月1回程度精神科に通院しているが，薬は飲んだり飲まなかったりのようであるとのことであった。母親にはとりあえず，病院と切れないことが最も大切であること，今回はなるべく早く受診させること，服薬状況について医師に報告し，医師から服薬が続くように配慮してもらうように伝えた。

　約70分で退出。玄関の外まで見送りに出た母親は，「どうぞ，あの子を救ってください」と涙声で何度も頭を下げられた。母親の必死の思いが伝わってきた。

### 2種のネットワークと居場所による援助

　翌日，電話で母親に聞いたところでは，本日病院を受診し，注射してもらったとのこと。またその際，医師から，服薬を続けるように強く言われ，今日のところは飲んでいるようだという。ひとまず，安心する。

　しかし，この場合，本人が精神科にかかっているからそれだけでよしとするわけにはいかない。父親→祖母→母親，さらには他人へというふうに，暴力が確実にエスカレートしてきているからである。このまま放置すれば，さらに深刻な事態に陥る可能性があると思われた。そこで，精神科での治療に加え，大学のCoとしてなんらかの対応をせざるを得ないと考えた。

　学内で暴力事件を起こしたのは，おそらく被害感または被害妄想からと考えられ，したがって学内が彼にとって安全な場となっていないことを意味する。そこで，学内をはじめとする生活の場がより安全でかつ憩える場となるように，そして同時に再度暴力事件を起こさないように歯止めをかけられるように，受容的支持的と現実提示的制止的という<u>2種のネットワークづくりと居場所づくりによる</u>

第2章　暴力を伴う深刻な事例との「つきあい方」

援助を行えないかと考えた。

　ネットワーキング（1）：まず支える，相談相手をつくる

　まずは，頼みはB先生である。翌日，すぐにB先生に連絡をとり，事情を話し，協力を要請した。すなわち，事件のことと彼の孤独な状況を説明し，本人宅へ一緒に訪問してくれるように，そしてできれば定期的に話し相手になってほしい旨依頼。B先生は快く了承してくれたが，彼については昨年ある日の授業後奇妙な質問をしてきたのを覚えていた。それは，「○○戦争の時，〜軍がパリへ入場行進したが，その際演奏していた曲名は何か？」というもので，むろんB先生の授業や専門とは全く関係のないものであった。この時，大方の教員であれば，「知らない」と言い放つところだろうが，B先生の反応は違っていた。「私は知らない。でも，それはエンサイクロペディアでも調べたら載ってるかもしれない」。しかも，さらに「もしわかったら，私にも教えてね」とつけ加えたという。おそらく，このエピソードから，彼はこのB先生に好感を持ち，話せると感じたのであろう。

　B先生の快諾を受け，今度はB先生も一緒に本人宅へ再度訪問したいと連絡し，事件の翌々日，B先生と職員とともに3人で再度訪問した。〈こんにちは〉と言って玄関を入ると，なんと本人自身が2階から降りてきて自ら迎え，B先生に対して「How do you do!」と挨拶して手を差し出し握手したのには唖然とした。そして，B先生の後をついていこうとするCoと職員に「来るな」と制し，B先生だけを自室に招き入れた。残されたCoと職員は，母親へ事件の事後処理等について話し合い，またネットワークによる援助という今後の方針を伝え，さらにそのうちCoが主治医に会う許可をもらった。B先生と本人はそれから3時間も2人で過ごした。Coの私とは3分，なんという違いだろうか。それでも，2人は片や日本語がカタコトで他方は英語がカタコトであり，それほどたくさん話をしたというわけではない。結局2人は本人が毎週B先生の授業を受講後，B先生の研究室を訪問することを約束した。

　ネットワーキング（2）：歯止めをかける，主治医に会う

　学内ではB先生が相談役となったので，Coはネットワークのマネージ，および被害者と懲罰委員会との仲介をしつつ「柔らかな歯止め役」を果たすこととした。懲罰委員会に出席し，Coも参考意見が求められた。そこでは，今回は本人の事情を考慮し，相手方への謝罪をすれば，不問にするという結論となった。それを受けて，Coと職員で被害者宅を訪問し，事情を説明。さらに加害者・被害者双方の保護者の話し合いの場をセットした。そして，現時点では加害者と被害者を会わせるのはよくないだろうとの判断から，加害者からの謝罪については，いずれ文書でということになった。

　そして，病院への受診とB先生の研究室への定期的訪問が続いていることを確認し，本人の状態がやや安定してきたようなので，事件発生18日後に，B先生

経由で本人を呼び出し謝罪文を書かせた。その際, Co は将来の歯止めが必要と考え, 二度と暴力を振るわないように説教した。段った理由等には全く立ち入らず,「段ったのには, 君にも言い分があるだろう。しかし, 仮に相手が悪かったとしても, 社会では, 先に段ったらその時点で段った方が全面的に悪いということになる。社会とはそういうもんなんだ」と伝えた。

次いで, 事件発生から約１カ月後に主治医に面会を求め, 状況と我々の基本方針を説明し, 協力を要請した。本人が受診と服薬を中断しないように注意を払ってもらうこと, さらに本人の状態の悪化や暴力のエスカレートに際しては入院といった歯止めの措置をお願いしたところ, いざという時には往診もしようとのことであった。

また, 不幸にして入院になった際には, Co にすぐ連絡をいただくようにも依頼しておいた。これは「入院＝卒業は無理」と勝手に本人が思い込んで絶望してしまわないように, 本人を励ましに Co が即座に来院できるようにと考えてのことである。

**希望・目標の共有：希望を引き出す, 卒業という目標**

Co とはあまり会いたがらなかったが, 事件の後始末にかこつけた面接で,〈卒業したい？〉との Co からの問いで「もう無理だとあきらめていたが, できるものなら卒業したい」という本人の希望をやっと聞き出すことができ,〈そりゃあ, せっかくだから, 卒業はしないよりした方がいいだろう。できるかどうかわからないが, 私も協力するからやってみよう〉ということで卒業という現実的な希望・目標を共有することができ, 次第に関係がとれるようになってきた。

### 家族関係の調整

さらに事件の約２カ月後に, 両親と約２時間半面接を行った。事件の後始末の際に父親との話から, この家の特異な家族関係が感じられたためである。面接によって明らかになったのは, 夫婦仲があまり良いとは言えず, そのためか母親は長男すなわち本人とべったりであったということである。母親は長じてからも服装や下着にまで口を出してきたという。Co は母子密着の関係が和らぎ, 夫婦関係が改善されることが今後大切であることを強調し, お互いに言い分を吐き出してもらうこととした。さんざんこれまでの積年の思いを相互に吐き出し, 父親は母親に対して,「機嫌をそこねると, ひと言も口をきかなくなる」こと, そしてそれは時に１年間に及ぶことさえあり,「これをやられるともうたまらない。これだけはなんとかしてほしい」と切望し, 母親の方は近郊農家の長男である父親が休日も実家の畑仕事の手伝いで, 家を顧みなかったことを語り, これを改めてほしいと語った。なんと父親は結婚以来１度も日曜日に家にいたことがないのだという。このように双方が気持ちを吐露したが, これまで母親の「だんまり戦術」の

第2章　暴力を伴う深刻な事例との「つきあい方」

ためこれだけ思いのたけを言い合うことはなかったという。

　なお，Coは両親に対して，本人の暴力に対して父親が家を出たのは暴力をエスカレートさせてしまうまずい対応であり，その防止のためには父親が家を出るくらいなら本人を入院させるのが適切であると説明しておいた。いずれ，同居できることになったら，今後はそういう方針で臨むように助言した。

　入院：歯止めと絶望の回避と父親との同居へ

　以上のような関わりで本人の状態は一時持ち直したものの，学期末試験が近づくにつれて，自宅で不穏な状態となったが，暴力を振るう直前で思いとどまって自ら受診した。しかし，その結果入院となってしまった。母親から入院の連絡を受け，すぐに病院を訪問し，本人と面会。追試という手があるのでまだあきらめるのは早いと伝えたところ，本人はホッとした様子であった。主治医からも，入院直後にもかかわらず，病室へ参考書を持ち込んで勉強してもよいとの許可を得た。Coは教務掛と連携して，試験科目の教員へ連絡をとってもらい追試の手配を行った。

　この入院は残念なことではあったが，Coは反面父親との関係改善のチャンスでもあると考えた。そこで，追試準備のための勉強用具は母親ではなく父親が病院に届けるようにしてもらうことを要請した。つまり，1年以上顔を合わせていない父親に本人のためになることをしてもらうことで関係の改善をはかったのである。父親は本人の「○○を持ってきてほしい」という希望（自助のための注文）を聞き，数回届け短い会話を交わすことができた。

　そして，退院前に，父親が家に戻ること，ただし父親と顔を合わせたくなければ避けてもよいが同居はすることを主治医より伝えてもらうこととした。こうして，退院時には父親も家に戻ることができた。また，両親には状態が悪くなったら，父親が家を出るのではなく，本人を入院させるように再度念を押しておいた。

　約45日で退院。退院後の追試で，全科目は無理であったものの，それでもこれまでになく多くの単位を取得できた。

　ネットワーキング（3）：仲間づくりと居場所づくり

　さらに，本人の対人関係を拡げるために，Coが知り合いの学生2人に本人と同じ授業を1科目だけ受講し，まずは挨拶できる程度の仲になってくれるように依頼した。ただし，それ以上親密になるかどうかについては自由に判断してほしい旨を申し添えた。事件発生から約4カ月半後には，さらに本人に相談室の談話室というたまり場（田嶌，1991, 1995）に出入りを勧めた。

　ここは特に相談がなくとも出入りできる空間で，当時10数名の常連が出入りしていた。そこで彼は女子学生に音楽テープをあげるなどなじみはじめ，途中数カ月出入りが中断したものの，まもなく授業の合間に再度談話室を訪れるようになった。当初は表情が固く，近寄りがたい雰囲気であったが，数カ月で表情が和ら

ぎ，時に出入りの学生と談笑する場面が見られるようになってきた。

### 本人の自助努力とそのための工夫

　目標ができ，希望が持てるようになり，さらにネットワークで支えられること
で，本人自身の自助努力が出てきた。その後もＢ先生の研究室訪問が続いたこと
や入院にもかかわらず勉強を継続し，また出席重視の授業には入院中以外はかな
り出席し続けたことなどはその現れである。

　その頃の談話室でのある日のエピソード。その時談話室にはCoと彼と他に２名
の男子学生がいたが，ここは談話室とは呼んでいるものの，特に話をしなければ
ならない場ではないので，しばし沈黙が続いた。その後，彼が唐突に「先生，今
何考えていたんですか？」と聞いてきた。そこで，即座にCoが〈ん？　ああ，昼
飯何食べようかと考えてた〉と答えると，彼はひどく喜んだ様子で笑い出し，「え
ー?!　ほんとですか？　そんなんでいいんですか，大学の先生って？」〈いいかど
うか知らんけど，とにかくそういうこと考えてた〉「大学の先生はいつも難しいこ
とばかり考えてるんだと思ってた」。彼は何やらホッとした表情であった。

　これをきっかけにCoに打ち解け，談話室でその後折に触れて「高校時代から
僕は友達がいなかった」，「妄想——事実と違うこと——が入ってきて，それを信
じてしまう」「目が痛くて，注意集中が難しくて，すぐ疲れてしまう」等の打ち明
け話を少しずつ語るようになった。そして，談話室での上記のような関わりに伴
って，本人の自助努力のための工夫も見られるようになってきた。以下に一例を
示す。

　「僕は以前は怒るなんてしたことなかった。だから，それが溜まって爆発してし
まうんだとわかってきた」〈そういうことがわかることが大事。それをうまく散ら
せるといいね〉→（別の時に）「僕には卓球がいいみたい。最近は市の体育館へ行
ってやってる。そこでの顔見知りもできた。（毎週ある曜日に）いつも高校生がき
てて，一緒に卓球をするようになった」「僕が教えてやってる」これでかなり楽に
なったという。

　その後も談話室への出入りは続いたものの，談話室のメンバーによる飲み会や
小旅行その他のイベントにはほとんど参加せず，一定の距離を保持していた。こ
ちらも彼に侵入しすぎないように配慮して，強く誘うことは控えた。

### ネットワーキング（4）：学科の先生へつなぐ

　Ｂ先生の研究室への訪問はその後も続いていたので，自然な形で学科の先生へ
つないでもらった。その結果，２名の先生と顔見知りになることができ，１年半
後にそのうちの１人の教員の研究室に所属し，卒業論文の指導を受けることとな
った。卒論の途中で服薬中断と注意集中困難と不穏な状態のため母親に伴われて
受診し一時入院となったが，３週間で退院した。退院後はさらなる単位取得がで

き，卒論も無事終え，事件から2年半後に在籍7年で卒業できた。

## Ⅲ 考　察

本事例は，要約すれば，暴力事件を起こした大学生に対して，Coが面接室を出て家庭を訪問し，さらに種々のネットワークによる心理的援助を行い，本人の自助努力と「自助の工夫」を引き出し，状態の安定と卒業にこぎつけたものである。すなわち，以上述べてきたようなCoと周囲の本人に対する「つきあい方」によって，本人の状態が安定し，さらに本人自身の状態や問題に対する「つきあい方」が変化したのだと言えよう。以下に，本事例とそれに対するアプローチの特徴を考察する。

### 1．非密室的アプローチ

本事例との関わりは，本人の起こした暴力事件から始まった。背後にはなんらかの被害妄想または関係念慮があると推測されたため，Coが関わることとなった。すぐに家庭訪問を行ったところ，本人は在籍5年目の学生で統合失調症と診断され通院していること，そしてかなりひどい家庭内暴力があり，しかもそれが家庭外へとエスカレートしてきていることがわかった。したがって，本人自身に相談意欲がないこと，しかも放置すればさらに深刻な事態が起こる可能性があることが特徴である。心理臨床家がこうした事例に関わるのは，すでに入院や施設入所といった外枠にある程度守られてのことが多いであろうが，本事例ではそのような外枠なしで事件発生直後から関わったものである。

このような事例では，心理臨床家の多くが慣れ親しんでいる「密室モデル」は通用しない。たとえ相談を呼びかけても，定期的に来談してくれるとはとても思えない。したがって，「つなぎモデル」（下山, 1987），「多面的アプローチ」（村瀬, 1996），「多面的援助モデル」（田嶌, 1997, 1998a）等の非密室的アプローチも含むアプローチによる心理的援助が必要である。とりあえず，Coが面接室から出て家庭訪問を行うこととした。

### 2．「節度ある押しつけがましさ」

Coが本人に最初にかけた言葉は〈3分！　3分だけ話そう。3分たったら帰るから〉というものであった。私は本事例のように自ら来談しない事例とコンタクトをとる場合, Coの側にいわば「節度ある押しつけがましさ」あるいは「節度ある強引さ」（田嶌, 1998b）とでもいうべき態度が必要であると考えている。すなわち，相手が多少嫌がってもこちらから出かけていくという強引さと相手に侵入しすぎないという節度の両者を持ち，「逃げ場をつくりつつ関わり続ける」（田嶌,

1998b）ことである。

　たとえば，「押しつけがましさ」「強引さ」は，家や部屋へ行ってもいいかという許可を求めるのではなく，とにかく行くことにし，「3分たったぞ」という本人の言葉に対して，〈また来てもいい？〉ではなく，〈とにかくまた来るから〉と宣言していることに現れている。「節度」はその一方で，3分間という限定つきで話そうと呼びかけ，しかも3分すぎたら即座に出て行ってみせたことに示されている。このように具体的に宣言し，それをきちんと守る人間であるということを示すことが相手に安心感を持ってもらうには効果的である。すなわち，3分間という呼びかけを「安全弁」（田嶌，1987, 1992）として活用しつつ，援助の呼びかけをしたのである。

　表面的にはいかに援助を求める姿勢が見られなくとも，困難に直面している者は，心の深いところでは助けを求めているものであり，それに対して「節度ある押しつけがましさ」という形で援助の呼びかけを試みたのである。その結果，とりあえずは「B先生なら話せる」という「自助のための注文」を引き出すことができた。


### 3．複数で抱える，ネットワーク（NW）の活用

　このような「深刻な事例」への関わりで最も重要なことは，私は「一人で抱え込まない」，「複数で抱える」（田嶌，1991）ということであると考えている。この点では私が「青年期境界例とのつきあい方」で示した方針と共通するものである。本事例では本人に他者に助けを求める姿勢がないわけであるから，彼に援助の呼びかけをしつつも，同時に当面は彼をとりまく周囲の関わりで支えかつ歯止めをかけるしかない。そこで必要なのはそうしたネットワーキングである。


### 4．2種のネットワーキング

　本事例でのネットワークの見立ての重要なポイントは，本人が5年生で同級生はほとんど卒業しており学内では友人や教員ともつながりがなく孤立した状況にあるということである。

　そこで，まず必要なのは，大学内で本人を支え安心させるような支持的受容的ネットワークである。しかし，このような事例ではそれのみでは危うい。同時に忘れてはならないのは歯止め的現実提示的ネットワークである。つまり，支持的受容的ネットワークと歯止め的現実提示的ネットワークの2種類のネットワークが必要であるとCoは考えたのである。前者としては，まず本人の「自助のための注文」に応じて外国人講師につなぎ，次いで学内の学生2名にニッコリ笑ってあいさつできる程度の仲になってもらうこととした。また，学内の談話室というたまり場にもつなぎ，さらに学科教員ともつないだ。後者としては，Coと病院

（主治医）が当初歯止め的役割をとることとした。

## 5．ネットワークの活用方式

　先に私は心理的援助についてのネットワークの活用方式として，全員一丸方式，機能分担方式，並行働きかけ方式の３つを挙げた（田嶌，1995a）が，ここでとった方式は機能分担方式であるといえる。ただし，本事例では Co は単に歯止め的役割を果たしただけではなく，全体のコーディネート役も果たしている。また，当初の歯止め的役割から，次第に相談にのるという感じになり支持的受容的な関係を含むものになった。このように，機能分担方式が成功するとしばしば歯止め的関係がそれだけに留まらず，そこに支持的受容的な側面もある程度は含まれてくる。すなわち，機能分担が緩んでくるのである。これは，統合失調症者については，分裂（スプリッティング）の緩和とも関係することになろう。bad の中に少し good を見れるようになると思われるからである。

## 6．「ネットワークの見立て・心理診断」と「ネットワーキング」

　ネットワークづくりのために必要なのは個人の心理（病理）の心理診断のみではなく，学級や家族，地域等の集団の場における個人の生活，個人と個人の相互作用のありようの問題としてみる視点が重要となる。つまり，その個人の心理診断だけではなく，その人がいかなるネットワークの中で生活しているのかといういわば「ネットワークの見立て・心理アセスメント（心理診断）」という視点で見ることが基本的に重要なことであり，援助に際してはそれに基づいて，「ネットワーキング（ネットワークづくりとその活用）」，「場をつくる，場を支える」という観点から介入のアイデアを練ることが必要であると私は考えている。なお，ここでいうネットワークとは公的・私的・民間のいずれも含むものであり，また顕在的なものだけでなく潜在的なものも含めて見立てることが必要であるし，またカウンセラーによる個人面接・家庭訪問・居場所づくり等の関わりもそうしたネットワークの活動のひとつであると言えよう（田嶌，1998a）。

## 7．動きながら考える

　こうした方式の実践にあたっては，従来カウンセラーがなじんできた見立て・心理診断の方式だけでは不十分である。従来の方式は主に面接室でじっくり本人や家族や関係者から情報を聴き，様子を観察することから見立て・心理診断を行ってきた。それに対して，学生相談やスクールカウンセリング（に限らず非密室的アプローチ）でしばしば必要なのは，カウンセラーが面接室にじっとしているのではなく，面接室から出て行き「動きながら考える（見立てる）」（あるいは「動く→考える→動く」）という姿勢である（田嶌，1995a）。

そして，「ネットワークの見立て・心理アセスメント（心理診断）」と「ネットワーキングによる援助のための働きかけ」とはしばしばほとんど同時進行となることが多い。すなわち，その時点で把握できている情報の中から援助に役立つ可能性が高くしかも害の少なそうな介入——私の場合たいていは「まず支える」という介入になることが多い——をとりあえず行い，それに対する相手の反応を見て，それをさらなる見立て・診断の素材とするという方式である。つまり，「（"まず支える"という）介入→反応（を見る）→見立て→（それに基づく）介入→……」という方式である。また，相手になんらかの課題を勧め，その実行の具合を見て，見立てるという方式をとることもある。なお，後に述べるように介入はできれば，なんらかの本人の主体的自助努力が引き出される方向をめざすことが望ましい（田嶌，1998a）。

　実はこうした方式は心理臨床家とは異なる立場の専門家であるケースワーカーや教師がしばしばとる方式である。しかし，心理臨床家がこうした方式をとる時，彼らとは異なる立場・視点の心理的援助ができ得るものと考えられる。そこでは，蓄積してきた従来の個室面接における見立てや診断基準を活用することができるため，より適切な理解ができ，またより妥当な介入法が選択されやすくなるものと考えられるし，また必要に応じて個人面接へと移行することもできるからである。

## 8．個人心理をふまえたネットワーキング

　したがって，ネットワークだけの見立て・心理診断だけですむわけではなく，心理臨床家・心理療法家が関わるネットワーキングには，個人の心理（病理）さらには家族関係についての見立てをそこに生かすという視点が重要である。本事例では暴力がエスカレートしていること，統合失調症であること，母子密着をめぐる葛藤と新たな対象を求めていること等の個人心理（病理）を考慮して2種のネットワーキングを行い，しかも受容的支持的ネットワーキングが急激に濃密なものにならないように配慮した。急激な接近や濃密な支持・受容は，統合失調症者に不安と混乱を引き起こしやすいからである。また，病院（主治医や薬）との関係が切れないように留意した。

　さらに，家族関係はネットワークの中でもとりわけ特別なものである。本事例での家族関係は母親の過保護・過干渉と父親像の希薄さが目立ったが，これは従来家庭内暴力の家族にしばしば見られると指摘されている特徴である（稲村，1980他）。それに加えて，本事例では父親−実家密着が見られ，そうした状況下で本人が統合失調症を発病したものであり，父親が同居できないほど本人と父親との関係が極めて悪化していた。そこで，まず家族関係の調整のために両親面接を行い，母子密着の緩和と夫婦関係の改善をねらった。

第2章　暴力を伴う深刻な事例との「つきあい方」

　本事例の家族関係には根の深いものが感じられるが，Co は「卒業」と「父親の同居」という当面の希望・目標達成のための援助に必要な範囲でそれに関わるという方針をとった。したがって，家族関係の心理（病理）をさらに深く掘り起こしつつ関わるのではなく，夫婦関係の一応の調整後は「父親に本人のためになることをやってもらう」ことで父子関係の改善をはかった。本人の入院時に父親に「追試験のための勉強道具を届ける」という行動を勧めたのである。その結果,これを機に1年半ぶりに父親は自宅に戻ることができた。

## 9.「自助のための注文をつける能力」と「工夫する能力」

　このような個人心理をふまえたネットワーキングに際して，私が重視しているのは，自助のために「（他者・外界へ）注文をつける能力」と「工夫する能力」を引き出すことである。

　「自助のための注文をつける能力」とは自分がより楽になるためにあるいはより元気になるために外界・他者にどんな対応をしてもらったらよいか（あるいはどんなことはしてほしくないか）ということについて注文をつけられる能力をいう。本事例の援助で決定的だったのは,最初の家庭訪問でCo は「B先生となら話せる」という「自助のための注文」を引き出すことができたということ，そしてそれに応じて支持的受容的ネットワークを形成することができたということである。このように，外界・他者に注文をつけられるようになることは，外界を信頼し外界に働きかける力を引き出し，外界・他者との関係を変えるのに役立つ。また，その後も「追試のために勉強道具をもってきてほしい」等の種々の注文ができるようになっている。

　そのような「注文をつけられる関係」をもとに，私が留意しているのは，できれば本人自身の自助のための「工夫する能力」を引き出すことである。支持・受容されるだけでもしばしばそれが引き出されるものであるが，さらに私は，希望・目標に向けて活動していくために本人がどういう工夫をしたらよいかについて取り上げる。本事例では談話室での対話で，怒りが溜まること，それを散らすのに毎週卓球に行くという「自助のための工夫」を引き出すことができたのはその一例である。本事例では，通常の個人心理療法という形は全くとっていないにもかかわらず，昼食をめぐるやりとりをきっかけにして，ささやかながら「自助のための工夫」を引き出す援助ができたわけである。

　このようなネットワークによる心理的援助と「自助のための注文・工夫」によって，本人自身の「悩み方」（田嶌，1990；松木，1991）ないし「体験の仕方（体験様式）」（Gendlin，1964；河野，1978，1992 他；田嶌，1987，1992，1995b，1998d；成瀬，1988）が変化するものと考えられる。なお，この「注文をつける能力」と「工夫する能力」は私が考案した壺イメージ法（田嶌，1987，1992）で重視される

45

視点・技法の応用であり，さらにはその源はいわゆる「自閉療法」(神田橋・荒木，1976) にある。

## 10. たまり場活動

本事例の心理的援助にあたってさらに特徴的なのは，「談話室」というたまり場へとつないでいることである。これは，学生相談で考案された手法（峰松・冷川・山田，1984；保坂，1987；山崎，1991；田嶌，1991, 1995b 他）であり，最近ではスクールカウンセリング（田嶌，1998c）や精神科臨床（青木・鈴木・塚本，1990）でも活用されている。面接場面が非日常性を特徴とするのに対して，日常性を特徴とし，出入りの生徒（学生・患者）は「逃げ場」「休息の場」「暇つぶしの場」「出会いの場」等，それぞれのニーズに応じた活用をしている。

## 11. 基本的援助モデル――「つきあい方モデル」

以上のような種々の介入を行ったわけだが，実はここで私がとった介入を支えた心理的援助のモデルは単純なものである。基本的には「ネットワーキング(NW)による援助→（状態の安定）→希望・目標の共有→自助努力・工夫を引き出す」（図 2-1）というモデルに沿って種々の介入を行ったものである。すなわち，本人をとりまく周囲のネットワーキングで支え，さらにできれば，自助努力や工夫を引き出すことを試みるというものである。

また，初期介入や見立て・診断も含めて図示したのが図 2-2 である。なお，多少順序が変わることもあるし，「NW による援助→（ある程度の）状態の安定」に留まることもある。これを私は「NW 活用つきあい方モデル」と呼んでおきたい。

このモデルは，スクールカウンセリング等における相談意欲のないさまざまな事例にとりわけ有効なモデルである。たとえば，先に私は不登校・ひきこもり生徒に対する家庭訪問のやり方を具体的に述べた（田嶌，1998c）が，それも単純化して言えば，このモデルが当てはまる。このことは学生相談の場である大学もまた「学校（スクール）」であり，学生相談はスクールカウンセリングの一種であるから，当然のことであると言えよう。この基本モデルのうちネットワーキングによる心理的援助にあたっては，先述のように心理臨床家が個人の心理（病理）の

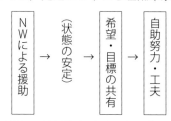

図 2-1　NW 活用つきあい方モデル I

第2章　暴力を伴う深刻な事例との「つきあい方」

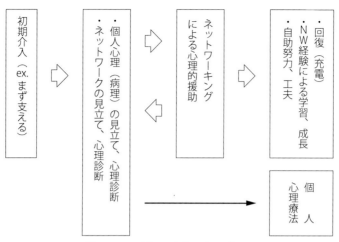

図 2-2　NW 活用つきあい方モデル II

見立てをそこに生かすことが重要であるが，どのように生かしていくかについては，今後スクールカウンセリング等においてさらなる検討が必要であろう。

また，このモデルでいう「希望・目標の共有」の希望・目標は必ずしも単一ではなく，いくつかの種類と水準があり得る。たとえば，本事例では「卒業」も希望・目標であるが，それだけでなく「ストレスが溜まらないように散らす」というのもまた希望・目標である。ここで重要なのは，本人はしばしば「ひたすら頑張る」という緊張方向の形の目標を持ちやすいので，Coとしては「くつろぐ」「気を抜く」「手を抜く」「サボる」「ストレスを散らす」といった弛緩方向の目標も共有するように努めるということである。自助努力はネットワークによる援助によって，授業によく出席するようになった等のように自然に出現する場合もあれば，「ストレスを散らすために卓球をする」という具合になんらかの工夫という形をとることもある。また，この自助努力は外へ向かうだけではなく，カウンセリングを受けるという具合に内面へ向かう場合も含む。

なお，このモデルは私にとっては必ずしも危機介入的事態のみでの対応ではなく，密室での面接に際しても心理的援助を考える基本モデルとなっているということもつけ加えておきたい。

## 12. 危機介入

ここでとった手法は基本的にはコミュニティ心理学でいう危機介入である。ただし，通常の危機介入といくつかの点で異なっている。第1に，学生相談の場でのそれであるということ。第2に，危機介入が通常1～6回という短いセッションまたは期間のものである（Aguilera, D. C., 1994）のに対して，本事例では長期

に渡る日常的心理的サポートを含むものであること。第3に,「安全弁」「注文を
つける能力」「工夫する能力」という技法的視点を持っており,個人心理(病理)
をふまえたネットワーキングと介入を行っていること。第4に,「談話室」という
たまり場活動を含んでいること,等が挙げられる。

## 13. 援助者への非現実的期待を膨らませすぎないこと

　Co が面接室という枠から出て関わる際,特に留意すべきことは相手をサポート
しつつも,Co をはじめとする援助者に対する非現実的期待を膨らませすぎないよ
うに配慮するということである。本事例においても,さまざまな具体的援助を行
っているが,その際 Co ができることについて誤解されないように早目に説明し
ている。たとえば,卒業に向けて〈私も協力するからやってみよう〉と呼びかけ
た時にも,卒業の保証はできないということ,どういう協力ならできるかという
ことを伝えている。このように,早目にひと言添えておけば援助者への非現実的
万能感的期待はかなり回避できるものである。こうした配慮が必要なのは病理水
準が重篤な場合に限らないが,やはり重篤な場合ほどより万能感的期待を膨らま
せる可能性が高いのでより気をつけることが必要であろう。

　　〈付記〉本事例は日本心理臨床学会第 16 回大会で発表したものである。発表の際,座
　　　長として有益なコメントを頂戴した国際キリスト教大学の苫米地憲昭先生に深く感
　　　謝致します。また,英文要約については同僚の加藤和生氏にお世話になりました。
　　　記して感謝致します。

### 引用文献

青木省三・鈴木啓嗣・塚本千秋他(1990)思春期神経症の治療における「たまり場」の
　　意義―関係の生まれる培地として.集団精神療法,6; 157-161.

Aguilera, D. C. (1994) Crisis Intervention: Theory and methodology (7th edition). The
　　C. V. Mosby Company.(小松源助・荒川義子訳(1997)危機介入の理論と実際.川
　　島書店.)

Gendlin, E. T. (1964) A theory of personarity change. In: Worchel, P. & Byrne, D. (Eds.),
　　Personality Change. JohnWiley, 100-148.(村瀬孝雄編訳(1966/1981)体験過程　と
　　心理療法.牧書店/ナツメ社.)

保坂亨(1987)学生相談所を拠点とする学生たちのグループ.東京大学学生相談所紀要,
　　5; 38-39.

稲村博(1980)家庭内暴力.新曜社.

神田橋條治・荒木富士夫(1976)「自閉」の利用―精神分裂病者への助力の試み.精神
　　神経学雑誌,78(1); 43-57.日本精神神経学会.

河野良和(1978)感情のコントロール.河野心理出版.

河野良和（1992）主として体験様式について．In：成瀬悟策編：催眠療法を考える．誠
　　信書房，pp.179-198.

松木繁（1991）「悩み」の解決と「悩み方」の解決．心理臨床学研究，9(2); 4-15. 日本心
　　理臨床学会．

峰松修・冷川昭子・山田裕章（1984）分裂病圏学生と Psyco-Retreat．健康科学，6; 181-
　　186. 九州大学健康科学センター．

村瀬嘉代子（1996）子どもの心に出会うとき．金剛出版．

成瀬悟策（1988）自己コントロール法．誠信書房．

下山晴彦（1987）学生相談における新たな心理臨床モデルの提案—関係性の理念に基づ
　　く「つなぎ」モデル．東京大学学生相談所紀要，5; 11-29.

田嶌誠一編著，成瀬悟策監修（1987）壺イメージ療法—その生い立ちと事例研究．創元
　　社．

田嶌誠一（1990）「イメージ内容」と「イメージの体験様式」—「悩む内容」と「悩み
　　方」．家族画研究会編，臨床描画研究，V; 70-87, 金剛出版．

田嶌誠一（1991）青年期境界例との「つきあい方」．心理臨床学研究, 9(1); 32-44. 日本心
　　理臨床学会．

田嶌誠一（1992）イメージ体験の心理学．講談社．

田嶌誠一（1995a）密室カウンセリングよどこへ行く．教育と医学，43(5); 26-33. 慶應大
　　学出版会．

田嶌誠一（1995b）強迫的構えとの「つきあい方」の一例．心理臨床学研究，13(1); 26
　　-38. 日本心理臨床学会．

田嶌誠一（1997）多面的援助モデルによる心理的援助．日本心理臨床学会第 16 回大会発
　　表補足資料．

田嶌誠一（1998a）スクールカウンセリングの理論と方法．平成 8・9 年度スクールカウ
　　ンセラー活用調査研究報告書「生徒指導とスクールカウンセリング」,福岡市立壱岐
　　中学校，5-14.

田嶌誠一（1998b）カウンセラーと教師による家庭訪問の実際—不登校・引きこもり生
　　徒の場合．平成 8・9 年度スクールカウンセラー活用調査研究報告書「生徒指導と
　　スクールカウンセリング」，福岡市立壱岐中学校，15-27.

田嶌誠一（1998c）スクールカウンセラーと中学生．こころの科学 78; 67-74. 日本評論社．

田嶌誠一（1998d）強迫症状との「つきあい方」．心理臨床学研究, 15(6); 573-584. 日本心
　　理臨床学会．

山崎恭子（1991）学生相談室の課題—談話室のこと．広島大学総合科学部学生相談室活
　　動報告書，16; 4-12.

エッセイ

# 村田豊久先生飲酒記

▶▶村田先生の喜寿のお祝いの文集に書かせていただいたものである。村田先生の懐の深さに甘えて，ずいぶん好き勝手に書かせていただいた。

　私が発病したら，そしてそれが精神科にお世話になるのが必要な病気だったら，できることなら村田先生に主治医になってほしいと思う。村田先生は，私にとってそういう方である。

　もっと早くお知り合いになりたかった。これが知り合ってすぐに私が抱いた感想である。私と村田先生との直接の出会いは，20年ほど前に私が母校の九州大学教育学部に助教授として思いがけず赴任した時にさかのぼる。ありがたいことに，私の赴任の少し前に村田先生が教育学部の教授として赴任されていたのである。
　言うまでもなく村田先生はかねてから高名な先生である。私が九州大学教育学部に在学中にもすでに著名な先生であった。にもかかわらず，私は当時成瀬悟策先生の「動作法」に没頭していて，当時村田先生が主宰されていた自閉症児の療育活動である「土曜学級」に参加していなかったため，ご高名だけは存知あげていたものの，ついぞ実物の先生にはお会いできなかったのである。
　実物にお会いしてびっくりした。これまで私の知る大学教授のイメージからは程遠かったからである。村田先生のやさしいお人柄，驚くほど物腰の柔らかい丁寧な応対と気遣い，私たち若い者や学生にもその態度は変わらない。このことは誰しも指摘するところであろう。先生にすっかり魅了された私は，それでも先生はいつストレスから解放されるのだろうかということが謎として残った。
　しかし，その謎は割合早く解けた。
　私の赴任後まもなく，初めて村田先生と2人で飲みに行き（というより先生のなじみのお店でごちそうしてもらったのだが），すっかり楽しく酔っ払ってしまい，出会いがうれしくて博多駅で抱き合って別れたことを覚えている。ここまで読めばおわかりのように，村田先生は酒を飲んで乱れる方である（むろん，私もである）。しかし，先生の名誉のために大急ぎ付け加えておくと，それは人を不快

にする乱れ方ではない。村田先生はお酒がお好きである。それも尋常な好きではない，飲酒は先生の人生の一部と言ってもよいくらいだ。飲酒時のエピソードはいろいろあるらしい。みんなで先生の飲酒時のエピソードをまとめて，「村田豊久先生飲酒記」としてまとめたらと夢想することである。私も，とっておきのエピソードを寄稿する用意がある。

　酒で乱れる，つまりは伸びやかになる先生を目の当たりにして，私はなんだかほっとしたのを覚えている。そりゃあそうだ，そういうことでもなければもたないだろう。

　とはいえ，こういう先生のそばで奥様のご心労もまたいかばかりかとも思うことである。


　私が発病したら，できることなら村田先生に主治医になっていただきたい。でも，それが「アルコール依存症」だったら，ちょっと考えてしまう……。

| 第3章 |
|---|

# 不登校の理解と対応

## ── 1. 家庭訪問の実際と留意点

▶▶第3～5章では不登校への支援について述べる。第3章では「自助のための注文と工夫」ということをより具体的に理解していただくためのものである。この自助のための注文と工夫は心理臨床のあらゆる場で有用な視点であり，技法でもあると私は考えている。

## Ⅰ　はじめに

　スクールカウンセリングないし学校心理臨床では，密室での個人カウンセリングの視点のみにとらわれないアプローチが必要であることが指摘されている（近藤，1987；田嶌，1995a；大野，1997）。筆者は先にスクールカウンセリングにおける非密室的アプローチの必要性とその若干の理論的背景について論じ，さらにスクールカウンセリングの実践にあたってはしばしばカウンセラーが面接室から出ていくことが必要であると述べた（田嶌，1995a）。

　一方，学校現場でしばしば見られかつスクールカウンセラーに相談が持ち込まれやすい問題はなんといっても不登校・ひきこもりである。その相談にあたって，不登校・ひきこもり生徒の心性をどう理解したらよいかということをカウンセラーが教師に解釈してみせることも無意味ではないとは思うが，それよりも教師が切実に求めているのは，現場でとりあえずどう接したらよいかということについての助言やヒントであると思われる。したがって，必要なのはそういうニーズに応え得る臨床的工夫であろう。「家庭訪問」「訪問面接」はその代表的なものであり，これまでにいくつかの報告がある（玉岡，1973；長坂，1997 他）が，筆者は自分なりの視点からスクールカウンセラーとして自ら家庭訪問したり，教師の家庭訪問のコンサルテーションを行っているので，本章ではその実際について述べてみたい。

## II カウンセラーや精神科医が見落としやすいこと

カウンセラーや精神科医がよく知っているのは比較的長期化した事例でしかも長期にカウンセリング等の関わりを持てた例が中心である。まず,重要な点はそのような事例は学校現場で出会う不登校生徒のごく一部であるということである。

カウンセラーや精神科医が長期化した後で,しかも彼らのうち相談意欲が高い生徒とやっと出会うのに対して,学校では3日も行かなければすぐに「発見」される。そして,教師や両親の尽力,本人の自助努力,いくつかの幸運な条件に恵まれたりなどして,短期間で登校するようになった事例が結構多い。またその一方で,長期化しつつも本人や家族に相談意欲がないため,ひきこもり状態がつづいている事例も少なくない。このように,カウンセラーや精神科医が接する機会がないタイプのたくさんの不登校生徒がいるのである。

## III 家庭訪問の有用性

ここで重要な点は,実際には教師やスクールカウンセラーが家庭訪問をしたり,同級生が迎えにいく,さらには学級の集団づくりを工夫する等の対応をとったことで登校するようになった事例は決して少なくないということである。

不登校にはさまざまなタイプがあるが,どのタイプの不登校であれ「不登校は最初の1週間が重要」であると私は考えている。この段階で家庭訪問や同級生の働きかけ等によってうまく対処できればこじれなくてすんだと考えられる事例が少なくない。

また,長期化したひきこもりの事例では,外部になんらかのつながりをもっておくことが精神健康には重要であるし,克服のきっかけもつかみやすい。そこで,担任による家庭訪問に加え,スクールカウンセラーの私が非侵入的態度による家庭訪問を(たとえば,週1〜2回といった具合に)定期的に行っている。闇雲に登校を誘うのではなく,本人(と保護者)と学校・クラスとの間を「つなぐ」こと。そして,ある程度関係がとれてきたら,本人の主体的自助努力を引き出すように努めている。

上記のような事例に対しては,教師あるいはスクールカウンセラーによる家庭訪問がとりわけ有効である(田嶌,2001)。また,外部の精神科医やスクールカウンセラーによる心理療法・カウンセリングを受けている場合にも家庭訪問は不要というわけではない。学校・クラスとのつながりを「切らない・保持する・育む・つくる」ためにである。そのようなつながりがないと,たとえ登校できる力が回復しても現実の登校ということにはなりにくいからである。極端な例を挙げ

れば，不登校が長期化し，担任やクラスメートが変わったにもかかわらず，顔も知らないという場合すらある。これでは，登校はしにくいものと考えられる。このように，たいていの事例で家庭訪問が役立つとはいえ，どんな形のものでもよいというわけではない。筆者としては以下のような家庭訪問のやり方を推奨したい。

　なおここでいう家庭訪問は，本人にとってクラスがより居心地がよくなり，魅力的なものとなるための働きかけとワンセットとなることでより効果をあげ得るものであるが，それについてはその専門家である教師の方々にいろいろ工夫してもらうとして，ここでは家庭訪問に絞って述べる。

# Ⅳ　関わりの目標と基本方針

　筆者の不登校・ひきこもりに対する関わりの目標は（登校ではなく）本人が元気になることであり，それを援助するための基本方針は，第1に本人と非侵入的なつながりをつくり，支えること，第2に本人の主体的自助努力を引き出し，さらに試行錯誤を通してその精度をあげる援助を行うことである。家庭訪問はそのための有力な手段のひとつである。

## 1．基本的関わり方：「逃げ場をつくりつつ関わり続ける」

　上記の目標と基本方針に沿った基本的関わり方の概要を以下に述べる。

　第1の「本人と非侵入的なつながりをつくり，支える」ための基本的関わり方は，「逃げ場をつくりつつ関わり続ける」ということである。積極的に関わりを持ちたいという姿勢は見せるものの，決して追い詰めないように配慮するのである。本人の心に土足で踏み込むようなことにならないように気をつけている。中には，「教師が本人の部屋まで踏み込み，無理やり学校へ連れて行ったところ，それをきっかけにその後元気に登校できるようになった」という例があるという意見も耳にする。対応の是非はともかく，私はそういうことがあることを承知しているが，同時にそれが逆効果となった例も知っている。したがって，「劇的効果があがることもあるが，リスクも大きい」という方法はとらないのである。

　ここでいう本人との非侵入的なつながりには2種類ある。家庭訪問による関わりがひとつであり，いまひとつはそれ以外の外部の関係である。訪問者自身が支えるだけでなく，たとえば，メンタルフレンドや同級生による訪問や家庭教師等，種々のネットワークを通して「まず支える」ことができないかを検討する。前者では，訪問者自身が「人生なんとかなるものよ」「長い人生で数年くらいはどうってことはない」「たいていのことは取り返しがつくものよ」「学校行くよりも，どんな仕事であれ，将来自分で食っていけるようになることが大事」という態度を

示せることが大切であると考えている。後者には，塾や家庭教師，メンタルフレンド，○○教室，サークル，大検予備校，（過去や現在の）同級生，養護教諭などさまざまなものが考えられる。それらのいずれがどうヒットするかはケースバイケースであり，またタイミング次第でもある。そうしたものに「つなぐ」ことが重要である。このような関係を選択すること自体が本人の主体的自助努力の現れであるが，そうした関係に支えられると，しばしば本人の主体的自助努力がさらに引き出される。

### 2．「（自助のための）注文をつける能力」の育成と「工夫する能力」の育成

第2の「本人の主体的自助努力を引き出し，さらに試行錯誤を通してその精度をあげる援助を行う」にはそれに加えて，支持的受容的共感的対応と自助のための「注文をつける能力」と「工夫する能力」（田嶌，1987, 1992）を育成するという視点が役立つ。支持的受容的共感的対応については，通常のカウンセリングと同様であるので特には述べない。ただ，ひきこもりを「病的な反応」「不適切な行動」と位置づけるのではなく，当面必要な対応であったという理解が本人への共感に役立つことをつけ加えておきたい。

「自助のための注文をつける能力」の育成とは以下のようなことである。ひきこもっている人は周囲へ失望し，働きかけることをあきらめている。したがって，他者（周囲）に注文をつけられるようになることは彼らの外界に働きかける力を引き出し，外界との関係を変えるのに役立つ。そこで，自分がより元気になるためには，周囲にどのような対応をしてもらうことが役立ちそうかについて「注文をつけられる」ように配慮するわけである。さらには，本人自身がより元気になり，外界に働きかけたり，何かをより実行しやすくするための本人自身の工夫を引き出すように配慮する。なお，ここでいう自助のための「注文をつける能力」・「工夫する能力」というのは，筆者が考案した壺イメージ法（田嶌，1987, 1992）で重視される視点・技法の応用である。

### 3．訪問者自身への注文

ここで重要なのが，まずは訪問者自身に対して訪問の仕方について注文をつけてもらうことである。頻度はどうか，時間帯と滞在時間はどうか，こういうことだけはしてほしくないということはないか等，訪問の仕方をいろいろ話題にし，その注文になるべく応じるように努める。ただし，「もう家に来ないほうがいい」等といった注文については，簡単には応じない。原則としては訪問の中止ではなく頻度を減らすことで対応することで本人に了解してもらうようにする。たとえば，筆者はしばしば保護者を通じて「今日訪問する。会いたいが，どうしても会いたくないなら，自室に閉じこもっていてもよい。今後も時どき訪問するつもり

である」ということを伝える。いわば「節度ある押しつけがましさ」とでもいうべきものが必要であると考えている。

　家庭訪問は最初のうちは，一般に本人には嫌がられる。時にはひどく嫌がられる。しかし，登校へのプレッシャーをかけない，土足で踏み込まないことがわかれば，そうした反応は和らぎ，本人と会えるようになるものである。

## 4.「してほしくない」ことから「してほしい」ことへ

　次いで，同様の要領で周囲にどう対応してもらったらいいかを話題にする。

　しかし，外界へ働きかけることをあきらめているひきこもり者に，「（元気になるために）してほしいこと」の注文といっても，なかなか出てこないものである。その時は，「（これ以上落ち込まないために）してほしくない」「言ってほしくない」ことについての注文を聞いてみると注文が引き出しやすい。たとえば，「学校（または勉強）のことを言わないでほしい」といった注文がしばしば出てくるものである。

## 5.「自助のための注文・工夫」の方向

　このことからもわかるように，ひとくちに「元気になるための注文や工夫」と言っても，その水準はいろいろである。最初は「状態がよりひどくならないためには」，「ストレスをより和らげるために」といった消極的なレベルのものから，「ストレスを発散・解消するために」といった積極的なレベルまである。「してほしくないこと」の注文から「してほしいこと」の注文へもあれば，さらには，「（たとえば，学校や自分の将来のことなどの）嫌なことを考えるのをさけて元気」というレベルから「嫌なことを考えても実行しても元気でいられる」というもっと積極的なレベルまである。また，外界への注文から自分自身がよりうまく実行できるための工夫へということもある。このことからもわかるように，ここで注意すべきは，「（嫌なことに触れないで）元気になる」というのはとりあえずの目標であり，最終的な目標は「（嫌なことに触れつつも）元気でいられる」のを援助することにある。「**自助のための注文・工夫**」をこのような方向で徐々にレベルを上げていけるように心がける。

　その無難で望ましい方向性を以下にいくつか挙げてみる。

　　1.「してほしくない」「言ってほしくない」ことから「してほしい」ことの注文へ
　　2. 訪問者自身への注文からそれ以外の人への注文へ
　　3. 周囲への注文から自分自身の努力のための工夫へ
　　4.「嫌なことをさけて元気」から「（嫌なことに触れつつも）元気」へ
　　5. 家庭の中での注文・工夫から，外部や学校で過ごすための注文・工夫へ

第3章　不登校の理解と対応——1．家庭訪問の実際と留意点

## V　外部にチャンネルを持つための工夫とネットワークの活用

　自室にこもっている状態から，居間で過ごす時間が長くなってきたら，少なくとも家庭の中である程度元気になれてきているサインである。この頃には，「本当にきつい時はひきこもるのがいいが，学校じゃなくていいから，余裕が出てきたら少しは外に出るように心がけるほうがいい」と勧める。その後，そのために必要な注文・工夫を話題にする。

　そして，最終的には外部とのつながりをなるべく多く持てるように援助する。本人はどこのチャンネルが開かれているが，つまりチャンネル探しを行う。ゲーム，ファミコン，スポーツ，塾，予備校，家庭教師，習い事，○○教室，メンタルフレンド，外来相談室，（現在または過去の）同級生，部活，養護教諭，大検など，家庭訪問者や保護者が適宜アイデアを出して，適当なタイミングで勧めてみる。

### 1．あくまでも試行錯誤

　このようにしていくと，いろいろな注文や工夫を行うことになるが，あくまでもそれは試行錯誤であり，必ず成功しなければならないものではなく，本人と訪問者（時には保護者）とがいろいろアイデアを出しあって，試してみるという姿勢をとるのがよい。実行してうまくいかなかったとしても，それは失敗ではなく，「（それだと）うまくいかないということがわかった」のだという肯定的評価をくだし，新たな注文・工夫に取り組むのがよい。このようにして，本人の主体的自助努力の精度をあげていくことを援助するとともに，本人自身の外界・他者と自分自身の体験に対する体験様式が，それまでの回避的逃げ腰的なものから受容的探索的構え（田嶌，1987，1992）に変化していくのを援助するのである。

### 2．「注文」と「工夫」の間

　だからといって，ここで重要なことは注文づけから工夫へと性急に進まないことである。基本的には支持的受容的共感的態度で本人のニーズに沿って対応する。本人の内面の悩みを話しはじめる場合にはそれをじっくり受け止めるが，そうでない場合はあれこれ雑談につきあう，一緒にゲーム等をするなどを心がけることが大切である。外部とのチャンネルができるだけで，あるいは上記の対応をするだけで，工夫について特に取り上げずとも自発的になんらかの工夫が出てくることも少なくない。

### 3．多面的援助モデルによるネットワークを活用した心理的援助

クリニックや外来の相談室などと違って，学校心理臨床では日常生活をともに過ごしているという点が大きな特徴であり，そのため個室カウンセリング以外に働きかける多様なチャンスと豊かなチャンネルがたくさんある。それを活用しない手はない。したがって，学校心理臨床では個人の個室カウンセリングに限定されず，学校の実情と生徒の心性をふまえてもっと幅広い多面的援助モデル（田嶌，1997）による心理的援助を考える必要がある。

　先に私はほとんどの心理療法に共通して重要な要因として，「つながり」と「主体の活動様式（体験様式）」のふたつを挙げたことがある（田嶌，1992）。ここでいう「つながり」とはカウンセラー（治療者）－クライエント（患者）関係だけではなくさまざまな関係が含まれる。学校心理臨床では「つながり」すなわち「ネットワークの活用」ということをまず考慮してみるのが適当であると思われる。

## 4．新しい「心理アセスメント（見立て・心理診断）方式」「介入方式」が必要

　こうした方式の実践にあたっては，第1にコミュニティ心理学の発想（山本，1986），第2に「体験様式」（Gendlin, 1964；河野，1978, 1992；田嶌，1987, 1990, 1991, 1995b；成瀬，1988 他）という視点が必要である。

　たとえば，従来カウンセラーがなじんできた心理アセスメント（見立て・心理診断）の方式だけでは不十分である。従来の方式は面接室でじっくり本人や家族や関係者から情報を聴き，様子を観察することから心理アセスメントを行ってきた。それに対して，学校心理臨床（に限らず非密室的アプローチ）でしばしば必要なのは，カウンセラーが面接室にじっとしているのではなく，面接室から出て行き「動きながら考える」（あるいは「動く→考える→動く」）という姿勢である（田嶌，1995a）。

　そこで必要なのは個人の心理（病理）の心理アセスメント（診断）のみではなく，学級や家族，地域等の集団の場における個人の生活，個人と個人の相互作用のありようの問題として見る視点が重要となる。つまり，その生徒個人の心理アセスメント（診断）だけではなく，その人がいかなるネットワークの中で生活しているのかといういわば「ネットワークの心理アセスメント（見立て・心理診断）」という視点で見ることが基本的に重要なことであり，援助に際してはそれに基づいて，「ネットワークの活用」，「場をつくる，場を支える」という観点から介入のアイデアを練ることが必要であろう。なお，ここでいうネットワークとは公的・私的・民間のいずれも含むものであり，また顕在的なものだけでなく潜在的なものも含めて見ることが必要であるし，またカウンセラーによる個人面接・家庭訪問・居場所づくり等の関わりもそうしたネットワークの活動のひとつである。

　また，個人の心理（病理）についても，従来の方式は悩みの内容に主に注意を向けがちであるが，主に体験様式や悩み方（田嶌，1990）とその適切さを見立て

第3章　不登校の理解と対応──1. 家庭訪問の実際と留意点

る必要がある。

　この方式では，「心理アセスメント（見立て・心理診断）」と「援助のための働きかけ」とはほとんど同時進行となることが多い。すなわち，その時点で把握できている情報の中から援助に役立つ可能性が高くしかも害の少なそうな介入──筆者の場合たいていは「まず支える」という介入になることが多い──をとりあえず行い，それに対する相手の反応を見て，それをさらなる見立て・診断の素材とするという方式である。つまり，「（"まず支える" という）介入→反応（を見る）→見立て→（それに基づく）介入→…」という方式である。また，相手（教師であることもあれば，生徒本人であることもある）になんらかの課題を勧め，その実行具合を見て，見立てるという方式をとることもある。したがって，上記の家庭訪問のやり方も，訪問してみて，その反応を（直接・間接に）確かめつつその後の方針を決めていくという具合に進めるのが実践的かつ適切である。また，介入は次第に，なんらかの本人の主体的自助努力を引き出し，さらに試行錯誤を通してその精度をあげていくという方向の介入をめざすのが望ましいと考えている。

　【追記1】　上記の発表の後，教師の訪問や教師へのコンサルテーションについてはともかく，どのような場合にスクールカウンセラー自身が家庭訪問したほうがよいと判断するのかという一般的基準が述べられていないとの指摘があったので，それについて補足しておきたい。一般的基準を示すのは大変難しいが，筆者自身が行いたくなる場合についてあえて言えば，（将来は他に増えるかもしれないが）教師または保護者から相談がないのにしゃしゃり出ることはせずあくまでも教師や保護者から相談に応じて行うのを原則とし，現在のところ，①ひきこもりが長期化しはじめ，あるいはすでに長期化していて，教師もお手上げの場合。②背後になんらかの精神科的疾患の可能性があり，教師1人で関わることに不安を抱いている場合。③危機介入的事態が生じた場合。④（特に望まれて配置されたわけではない学校で）スクールカウンセラーが教師集団の十分な信用と信頼を得るために何かをする必要がある場合。⑤教師に本論で述べたような訪問の仕方が有効であることをやって見せ，かつそのモデルを示す必要を感じた場合。⑥教師が積極的に関わるべき生徒の数（いわゆる「問題行動」を起こしている生徒の数）が多すぎて，当該教師に過重負担が見られる場合。⑦当該生徒と教師との関係がひどくよくなく，しかも教師の側に生徒と関わる意欲に欠ける場合。なお，上記の場合でも，担任との関係を切らないことが大切であるから，原則として担任にも別の日に訪問してもらうように要請するのが基本である。いずれにせよ，全く訪問したことがないという臨床家にはぜひ経験してみられることをお勧めしたい。得るものが多いと思う。

　【追記2】　用語の整理：訪問援助活動（アウトリーチ），訪問面接，家庭訪問
　学生相談やスクールカウンセリングにおいて，かつて私が家庭訪問を始めた頃，「セ

その場で関わる心理療法

表 3-1　訪問援助活動（アウトリーチ）

> 1．専門家による訪問援助活動
> 　　訪問面接
> 　　家庭訪問
> 　　家庭教師的治療者
> 2．非専門家，半専門家による訪問援助活動
> 　　メンタルフレンド，ヤングアドバイザー等の訪問活動
> 　　学習支援

ラピストが面接室を出ていくなんてとんでもない」と散々叩かれたものである。しかし，やはり現場のニーズがあるので，スクールカウンセリング事業が始まって以来，ずいぶん情勢は変わってきたように思う。

　相変わらず，「そんなことはとんでもない」という保守本流のセラピストはおられるものの，家庭を訪問するセラピストは結構増えてきたのではないだろうか。その一方で，いまだに臨床心理士会では，県によってはスクールカウンセラーの家庭訪問を禁止しているところがあるとも聞いている。

　また，このところ耳にするのは，「訪問面接」という語である。誤解のないように言えば，私がここで述べているのは訪問面接ではなく，「家庭訪問」または「訪問活動」というのがふさわしいと考えている。訪問面接はあくまでも専門家が面接をするということであり，いわば面接を出前するといった感じであると考えている。それに対して，私がここで述べているのは，あくまでも家庭訪問であり，その重要な活動は「遊ぶこと」である。また，ひきこもり傾向がある相手に，少しずつ外に誘うのが最も効果的な関わりであると考えている。したがって，訪問面接という語ではなじまない活動である。

　ここで用語の整理をしておきたい。私としては，訪問して行うさまざまな形の援助活動を総称して「訪問援助活動（アウトリーチ）」と呼び，さらにそれを誰が訪問するか，どんな活動を行うかによって区別しておきたい。専門家による訪問援助活動には，訪問面接や家庭訪問があり，さらには家庭教師的治療者もこれに含まれよう。非専門家または半専門家による訪問援助活動には，メンタルフレンドやヤングアドバイザー等の訪問活動および学習支援がある（表 3-1）。

## 引用文献

Gendlin, E. T. (1964) A theory of personality change. In: Worchel, P. and Byrne, D. (Eds.), *Personality Change.* John Wileys, pp.100-148, New York.（村瀬孝雄編訳（1966/1981）体験過程と心理療法．牧書店／ナツメ社．）

近藤邦夫（1987）教師と子どもの関係づくり．東京大学出版会．

河野良和（1978）感情のコントロール．河野心理出版．

河野良和（1992）主としての体験様式について．In：成瀬悟策編：催眠療法を考える．誠信書房，pp. 179-198.

第3章　不登校の理解と対応——1．家庭訪問の実際と留意点

長坂正文（1997）登校拒否への訪問面接．心理臨床学研究，15(3); 237-248. 日本心理臨床学会．

成瀬悟策（1988）自己コントロール法．誠信書房．

大野精一（1997）学校教育相談—理論化の試み．ほんの森出版．

田嶋誠一編著，成瀬悟策監修（1987）壺イメージ療法—その生いたちと事例研究．創元社．

田嶋誠一（1990）「イメージ内容」と「イメージの体験様式」—「悩む内容」と「悩み方」．家族画研究会編，臨床描画研究，V; 70-87. 金剛出版．

田嶋誠一（1991）青年期境界例との「つきあい方」．心理臨床学研究，9(1); 32-44. 日本心理臨床学会．

田嶋誠一（1992）イメージ体験の心理学．講談社．

田嶋誠一（1995a）密室カウンセリングよどこへ行く．教育と医学，43(5); 26-33. 慶応義塾大学出版会．

田嶋誠一（1995b）強迫的構えとの「つきあい方」の一例．心理臨床学研究，13(1); 26-38. 日本心理臨床学会．

田嶋誠一（1997）多面的援助モデルによる心理的援助．日本心理臨床学会第16回大会発表補足資料．

田嶋誠一（2001）不登校・引きこもり生徒への家庭訪問の実際と留意点．臨床心理学，1(2); 202-214. 金剛出版．

玉岡尚子（1973）訪問面接．In：小泉英二編著：登校拒否—その心理と治療．学事出版，pp.169-185.

山本和郎（1986）コミュニティ心理学—地域臨床の理論と実践．東京大学出版会．

## 第4章

# 不登校の理解と対応

## ——2．当事者の体験発表

　▶▶本章と次章（4，5章）では引き続き，不登校への支援について述べる。本章と次章は，平成24年に福岡県精神保健福祉センターの精神保健夏期講座で不登校への支援というテーマで行った記録を掲載させていただいたものである。本章は，不登校経験のある高校生の体験発表，次章は，それに続く私の講演の記録である。

　私はこの20年ほど，文部科学省認可の子どもの教育支援財団の「ディレクター」というのを務めている。全国で数名の大学教員がこのディレクターを引き受けているが，その主な役割のひとつはこの財団が毎年全国各地で開催する不登校についてのシンポジウムに協力することである。

　そのシンポジウムでは，その母体である学校法人創志学園が経営している通信制高校のクラーク記念国際高校に在籍の不登校経験のある高校生1〜2名に体験発表をしてもらい，私もそれに参加してコメントし，体験発表のセッション終了後に私が不登校について講演することにしている。毎回，いろんな生徒さんの体験が聞けるので，私自身も楽しみにしている。

　そういうわけで，福岡県精神保健福祉センターでの不登校支援のために研修講座を開催したいとの依頼を受けた時浮かんだのが，いつも子どもの教育支援財団が行っている形のもので，子どもの教育支援財団およびクラーク記念国際高校の協力で実現したものである。

　実は，この子たちは，私とはかねてから顔見知りの子たちではなく，また綿密な打ち合わせなどは私とはいつも全くしていない。いつも直前に初めて会い，ちょっとお話をして，すぐに本番に臨んでいる。インタビュー形式での発表もさることながら，どんな質問が飛び出すかわからない質疑応答も大変聞きごたえがある。ぶっつけ本番での質問にもすばらしい答えができているのは，この子たちの力である。

**夏期講座第一部　不登校経験のある生徒さんによる体験発表**
　　司　会　　　　　　九州大学大学院 人間環境学研究院 教授　　田嶌誠一
　　体験発表　　　　　クラーク記念国際高校3年生Aさん
　　　　　　　　　　　クラーク記念国際高校3年生Bさん
　インタビュアー　　クラーク記念国際高校副キャンパス長　　横山知弘

第４章　不登校の理解と対応──２．当事者の体験発表

# Ⅰ　はじめに

田　嶌：皆さんこんにちは。今日は盛りだくさんです。まず，これが今回のハイ
ライトですが，これから不登校経験のある子たちが体験談を話してくれます。
私が関係している通信制高等学校クラーク記念国際高校の２人の生徒さんが話
してくれます。体験談を聞かせていただいた後に，皆さんと一緒に質疑の時間
を持ちたいと思います。その後，私が講演しまして，最後に「こだち」という
相談機関の紹介をさせていただきます。それじゃあ，クラーク記念国際高校の
生徒さんたちと横山知弘先生です。あとは横山先生にお願いしますね。生徒さ
んの紹介を含めてお願いします。

# Ⅱ　体験発表

## 自己紹介

横　山：皆さんこんにちは。私はクラーク記念国際高等学校福岡中央キャンパス
で，今日体験談を発表する生徒の担任や学年の担当をしております，横山知弘
と申します。どうぞよろしくお願いします。私どもの学校は通信制の高等学校
で，毎日通う子が約170名と，通信制で月に１回勉強をしに来る子がおおよそ
同じくらいの人数います。今日来ている２人は毎日通うコースに所属している
生徒で，その体験談を発表させていただきます。早速ですけれども，自己紹介
お願いします。

Ａさん：３年Ａです。よろしくお願いします。

Ｂさん：３年Ｂです。よろしくお願いします。

## どんな子だったか：不登校になる前は

横　山：まずですね，うちの高校では，かつては学校を休みがちだったり，通え
ていなかった子たちがクラスの６割から７割いるような状態なんですが，当然，
生まれた時から学校に通えてなかった訳ではありません。中学校で通えていた
時期にはどんな子だったのか，どんな自分だったのかをまず紹介してもらおう
と思います。まずＡさんからお願いします。

Ａさん：私は通えていた時期は，おとなしい感じでしたが，みんなとよく外で遊
んで，毎日遊んでばっかりいて，元気な子でした。

横　山：元気があったということですね。Ｂさんはどうですか？

Ｂさん：私も同じく元気な子だったんですが，Ａさんとはまた違ってクラスを引
っ張っていくようなタイプの元気な子だったと思います。

63

## 不登校になったきっかけ

横　山：クラスを引っ張っていくようなエネルギーのあるＢさんということなん
ですが，２人とも中学校の時に，時期の長さは別にして通えなくなったり，教
室に入れなくなったりした経験があります。ではＡさんから不登校のきっかけ
になったこととか，理由を教えてください。

Ａさん：私は中学校１年生の時に，ちょっと体調が悪くなって毎日病院に通うよ
うになりました。それから段々と学校の勉強についていけなくなってきて，学
校にも行きづらくなって，あまり行かなくなりました。

横　山：体調不良がきっかけになったのですが，学校に行かなくなると，周りの
友達とはどうなりましたか？

Ａさん：病気がちになって遊びとかも断るようになると，段々周りの友達が私を
誘わなくなってきたりして，どんどんみんなから離れていくようになってしま
いました。

横　山：そこから学校に行かなくなったり，教室に入らなくなった期間というの
はどれくらいになりますか？

Ａさん：期間はほとんど中学校の終わり頃から，体調が悪いということもあって，
学校に行きにくいというのもあって，週に３日は学校を休むようになりました。

横　山：週に３日は休むようになったんですね，Ａさんは。では，Ｂさん，同じ
ようにきっかけから教えてください。

Ｂさん：私は従兄弟と同じ中学校に通っていたのですが，私が入学する前に従兄
弟が友達ともめていて，私は入学した時にその友達から因縁をつけられたんで
す。その中学校はほとんどの人が部活に所属していて，その従兄弟のことを嫌
いな友達がみんな部活に入っていたので，その中学校の３分の２の生徒にイジ
メられるような感じでした。

横　山：どの時期からどの時期くらいまで学校に通いづらい時期がありました
か？

Ｂさん：中学校１年生の夏に，話があるって体育館に呼び出されて，その夏休み
が終わってから，９月からほとんど学校には行かなくなりました。

## 何をして過ごしていたか

横　山：２人に聞きたいですけど，行かなくなったり，教室に入らなくなった時
期にはどんな生活を送っていたんですか？　Ａさんからお願いします。

Ａさん：体調が悪かったので，病院に平日も学校を休んで行ったりしてたんです
けど，その後に学校に行くというのもすごく苦しくて，友達に会うのが怖くて，
ずっと保健室に通っていました。

横　山：保健室登校が，おおよそ週の３日くらいということですね？

第４章　不登校の理解と対応──２．当事者の体験発表

Ａさん：はい。

横　　山：Ｂさんはどうですか？

Ｂさん：もうほとんど家からは出ずに，ごく稀に学校の保健室じゃない別の教室
　　　　に行っていました。その部屋は自分で鍵をかけられるんですけれども，その部
　　　　屋に鍵をかけて１人で学校に居たりしていました。

横　　山：その部屋で何をしていました？

Ｂさん：紙粘土を使って，自由に好きな物をつくったりしていました。


初期に周りはどう関わったか

横　　山：そんな時期に，もちろん周りの大人の人たちがいろいろ関わってくれた
　　　　と思いますが，学校に行かなくなった時期に保護者や学校の先生はどんな対応
　　　　をされましたか？

Ａさん：最初はやっぱり病気だというのがあって，先生たちも「無理しなくてい
　　　　いよ」とか言ってくれたんですけれども，だんだん行かなくなると「頑張って
　　　　来てみない？」とか，親からも「頑張ってちょっと行ってみれば」とか「体調
　　　　が良かったら学校に行けば？」とか「友達と遊べば？」とかすごく勧められま
　　　　した。

横　　山：そんな時どういうふうに思いましたか？

Ａさん：やっぱり自分の中では，行きたいのに行けないとか，遊びたいのに遊べ
　　　　ないとか，すごく自分の中で苦しんでいたので，そういう時に「頑張ってみな
　　　　よ」みたいに軽く言われると，すごく自分の中でイライラして，それに応えら
　　　　れない自分にもイライラしていました。

横　　山：はい。ありがとうございます。では，Ｂさんはどうですか？　周りの大人
　　　　の反応というか，対応はどうでした？

Ｂさん：私は元気だったのもあって，行けなくなった時から周りの友達には話せ
　　　　なかったので，「サボっているだけでしょ？」とか「面倒くさがって学校に来な
　　　　いんでしょ？」と言われるようなことがずっと続いていて，話したくないから
　　　　話していないのに，面倒くさがっているって決めつけられたりしてすごく嫌で
　　　　した。


高校に進学しようと思ったのは？

横　　山：はい。２人ともこうやってこれだけの人数の前で話せるようになったし，
　　　　私から見ても結構元気な高校生活を送れるようになったと思うんですね。でも，
　　　　中学校はずっと休んでいて，高校になって，こんなに嫌いな学校に行きたいと
　　　　いう気持はそんなになかったと思うんです。なんで高校進学をしようと思った
　　　　のか，前に進もうというふうに思ったのか？　そこら辺のところを教えてくださ

65

い。

Ａさん：ずっと中学校の間は学校に行けず，学校生活というものを楽しめなかったので，自分の中で"行きたい"っていう気持ちもあったし，周りからも「高校は行っておきなさい」というのもあり，それには応えたいなと思って行こうと思いました。

横　山：Ｂさんはどうですか？

Ｂさん：このままの自分じゃダメだと思ったし，中学校を卒業して将来自分に何ができるかを考えた時に，高校という新しい場所で自分が変わるかもしれないと思って，高校に進学することを決めました。

横　山：そういうふうに前に進もうというふうになった時，やっぱり保護者の方や周りの大人，学校の先生がアプローチをしたと思うんですが，行かなくなった時期と比べて，その前に進もうとした時の保護者の方や周りの大人の人の対応というか，反応はどんな感じでしたか？

Ａさん：まずは"学校に行かない私"というのを理解してくれるようになって，「全然無理しなくていいよ。来れる時でいいから来てみなさい」とか，学校の先生も優しく言ってくれるようになったし，親も「今日きついなら，休んでいいよ」と優しい言葉をかけてくれるようになって，「頑張りなさい」という言葉をあまり言わなくなりました。それで，すごく気分も楽になって，逆に高校生活も頑張れるのかなと考えられるようになりました。

横　山：はい。Ｂさん，どうですか？

Ｂさん：私もＡさんと似たような感じなんです。高校に進学するというのを考えた時に，多分普通は先生は進学校とか頭のいい学校を薦めてくれると思うんですが，そうではなく，私に合う学校をちゃんと選んでくれました。お母さんも，私がどんな高校に行きたくて，どんなことが向いていて，こういう学校が向いているというのを考えてくれて，そういう学校を薦めてくれたりしました。

## 不安だったこと

横　山：実際，高校進学を決めて高校を受験する，それから入学したての頃というのはきっと不安だったと思うんです。行けなかったり，教室に入れなかった時期から教室に飛び込もうとした時にどんなことが不安でした？

Ａさん：まず不安だったのは，全然学校に行ってなかったので，やっぱり学力の面ですごく不安でした。また，友達の接し方というものが全然わからなくて，どうやったら友達ができるのかとか，どうやったら仲良く保てるのかとか，全然わからなくて不安だったし，先生との接し方というのも全然わかりませんでした。

横　山：Ｂさん，どうですか？

Bさん：私も学力の面で不安だったのと，また高校で同じことがあった時にどうしようというのが一番不安でした。

## 高校生活での成果

横　山：そういう思いで高校に入ってきて，2人とも今は3年生でこの場で話せるようになりました。途中経過を抜きにして，この高校3年間でどんなことができるようになったのか，ちょっとした自慢話をしてもらいたんですけれども，Aさんどうですか？

Aさん：はい。私は今デザイン系のコースに通っていて，大学の写真コンテストに出品して特別賞をいただいたり，後は高文連でも特別賞をいただいたり，いろんな賞に参加するようになりました。

横　山：人前で話すこととかってどうですか？

Aさん：中学校の時とかは人前に出ることは嫌だったし，大勢の中にいるっていうのも無理だったんですが，高校になってからは人前で司会とかもするようになったし，ずいぶん平気になりました。

横　山：Bさんはどうですか？

Bさん：今は学校の友達と何人かで組んで文化祭の時に踊ったりとか，生徒会に立候補しましたし，今は学級委員長をして後輩のみんなと良い学校をつくっていけるように活動をしたりしています。

## どんなサポートが役に立ったか

横　山：ちょっと補足をしますとね，元々自分でもおとなしめの子だったということを言っていたAさんは，学級委員とかみたいにクラスのみんなを引っ張ってという感じではないんですけれども，人前に出ることができるようになり，学校の行事の委員会とかでしっかり役割をこなしていったりとか，司会をつとめるとか，そういう感じで頑張るようになってきました。Bさんは今はちょっとおしとやかになっていますけれども，本当はもっと元気でエネルギーの溢れる女の子なので，クラスを引っ張っていくようなそんな存在になっています。すごく不安で入学してきて，それが高校時代にこれだけできるようになりましたということなんです。では，その途中での周囲からのサポートやまた自分が頑張ったこととか，そういったことがあったらAさんから教えてください。

Aさん：やっぱり今のクラーク高校に入ってから，先生方が人前に出るのを緊張するというので，オープンキャンパスや学校説明会などの場で「A，やってみないか？」と話しかけてくれて，そういうのにどんどん出るようになってから慣れるようになりました。他にも，周りの友達もすごく優しくて，私自身が変わったというのもあるとは思うんですけれども，すごく過ごしやすい毎日にな

りました。

横　　山：Bさんはどうですか？

Bさん：やっぱり，友達と一緒に居て楽しいなと思ったりすることとか，それから私の場合はお母さんが積極的に私のサポートをしてくれて，それがすごく……。

横　　山：お母さんがどんなサポートをしてくれたんですか？

Bさん：中学生の時に，お母さんが『元気を出して』（宇佐美百合子著）という本を贈ってくれて，その当時は「こんなものもらっても全然うれしくないな」って思っていたんですけど，今それを読むと，その頃元気がなかった時の私にその本を贈ってくれたお母さんの気持ちが伝わってくる気がして，その本のサポートがすごくうれしいというか……。

横　　山：後から振り返ってみるとという話が今ありましたけれども，2人にもうちょっと，こういうことをされたから嬉しかったとか，乗り越えるのにこういう取り組みやサポートがあったから頑張れたんじゃないかなというのがあったら，もうちょっと教えてください。

Aさん：やっぱり無理にさせようとしなかったことがすごくうれしかったというか，それがすごく助かりました。やっぱりクラークの先生の場合は「やってみないか？」と私の意向を聞いてくれて，「今回は，私は無理」と言えば，「そうか」って言ってそれで終わるし，特にそれでも「やってみろよ」ということは言われなかった。親も高校に入ってから変わって，「無理してでも学校に行きなさい」とは言わなくなったし，テストの点数が悪くても「よかったじゃん。これだけ取れれば充分だよ」と何点でも言ってくれるようになって，すごいそういう部分が変わって良かったなと思いました。

横　　山：Bさんはどうですか？

Bさん：やっぱりその本が一番うれしかったですね。

横　　山：お母さんはその本にめぐり合って，Bさんに渡す前にいきなりその本屋さんでその本が光っているからパッて取ってきて渡したというわけではないと思うんです。お母さんは，他にどんなことをされていました？　たとえば，講演会に行っているとか，不登校について勉強したとか，後でわかったことでもいいんですけど，どうですか？

Bさん：私のお母さんは結構気が強いタイプで，講演会に行ったりとか，自分で何かを学んだりとかは多分しようとはしなかったと思うんですけれども，私が学校に行けなくなって，不登校になった時にお母さんなりに多分考え方を変えてくれて，そこで私を受け入れようとしてくれたんだと思うんですよね。そこでお母さんがその本をくれたというのがすごく意外で，今考えるとお母さんが私にその本を選んでくれたというのを考えると不思議なんですよね。あまり優しい，包容力のあるようなお母さんじゃなくて，結構後ろから「頑張れ！　頑張

れ！」って言うタイプなんですけれども，その気が強いお母さんが，私が元気を出すためにってその本を選んで私に渡してくれたっていうのが，今考えるとすごい私のことを考えてくれていたんだなって実感しますね。

横　山：そう実感したのは最近ですか？

Ｂさん：そうですね，高校生になって中学校生活では感じなかった学校の大変さとか，いろんなことを知っていって，部屋の片づけをしていた時に偶然その本が出てきて，その本を読んだんですね。「ああ，そう言えばこの本をもらって中学校の時は嫌やったな」って思いながらその本を読んだんですけど，その本を全部読み終わった後に，お母さんがこの本を読んで私に渡そうって思ってくれたというのが，なんかすごく嬉しかったんですよね。お母さんは気の強い人だから，多分そういう本に書いてあることを直接私に言えないんだろうなって。だから，自分が思っていて「無理しなくていいんだよ」というのを，本で私に渡して伝えようとしてくれたんだと思います。

　　今から振り返って思うこと

横　山：なるほどね，わかりました。時間もなくなってきたので，最後に，教室に入れなかったり，休みがちになった経験をして，そういう経験を今どう思うか教えてください。Ａさんからお願いします。

Ａさん：その当時は何も気付かなかったんですけど，周りが私のためにいろいろ努力をしてくれていたんだなってすごく感じました。今，私が高校に通えているのも，こうやって前で話せているのも，先生方や親がいて支えてくれているから，こうやってしゃべれたりとか，毎日学校に通えているとか，そういう自分がいるんだなと，すごくいい経験をしたなと感じました。

横　山：Ｂさんどうですか？

Ｂさん：私はお母さんに感謝しているのと，今，自分がこの経験をして，この経験をしている人にしかわからない気持ちとかがあると思うんですよね。話を聞いてみないとわからないこととか，たくさんあると思うんですけれども，この経験を生かして私と同じ思いをしている子。今クラークの学校の後輩たちは学校に来ていない子とかもいるんですけれども，その子たちとうまく接する上で，この経験をしてその子のことをわかってあげられているのは，自分としては良い経験をしたんじゃないかなと思っています。

横　山：はい。ありがとうございます。あらかた発表できたと思います。


## Ⅲ　質　疑

田　嶌：はい。いいですか？　ありがとうございました。皆さん，ＡさんもＢさん

もこういう所でしゃべるのは初めてだそうです。全く初めてですが，このくらい堂々と話せるんです。本当はもうちょっと元気らしいんですが，この姿を見てもらうだけでも今日は充分に意義があると思うんですね。子どもたちは苦しいところを乗り越えたら，こういうふうに元気になるんですよ。初めてこういう場所で，この人数の前でしゃべったので，緊張しているのかな？ そうでもないかな？（笑）

　ここでフロアからご質問を受けたいと思います。どうぞ容赦ない質問をしてあげてください（笑）。ただし，ここで話すのには差し障りのあることがあったらね，適当にごまかしていいし，適当に嘘を言ってもらってもいいし（笑），ちょっと差し障りがあるから止めておきますと言ってもらってもいいし，パスしてもらってもいい。答えられる範囲で答えてください。そういうことで，どうぞ皆さん，めったにない得難い機会だと思いますので「こういうことを聞いてみたいな」ということがありましたらどうぞお願いします。

質問Ａ：私の娘も，今24歳で，同じような体験をして今はとっても幸せに暮らしているんですが，私は時々自分を反省する時に誰かに聞いてみたいと思うことがあるんです。とても失礼な質問をすると思うんですけれども，それには答えられないってことだったらいいんですけれども，ひきこもられた時に，今はとても感謝を思っていらっしゃるのは，今がとてもお幸せでいらっしゃるからだと思うんですけれども，その時のことを思い出させていいのかどうかちょっと心配ですけれども……。

田　嶌：どうぞ，どうぞ。

質問Ａ：ひきこもられた時に，どうしても母親はパニクってしまうわけですよね。子どもととても格闘するんですけど，母親の気持ちは自分でわかりますけれども，子どもの立場で「お母さんなんか死んでしまえばいいのに！」って思うような時って，もしあったらどういう時に思われたか聞きたいなと思います。

田　嶌：率直な質問が出ました。要するに，ほんとはもっと大変だったんじゃないかっていう質問だと思うんですが，大変だったことをもし思い出すことがあったらちょっと言ってあげたら。

Ａさん：私の場合は母がちょっと私のことを考えて病んでしまったっていうか，包丁を振り回したりとか，そういうことも当時はありました。私自身も，写真立てを投げたりとか，怪我をするような大喧嘩を何回かして，やっぱり包丁をお母さんが持った時は「そのまま死んじゃえば！」ってすごい酷いことを言ったなってすごく思います。でも後から考えると自分の中で本当に悪かったなと思って，本当に高校に入ってから「あの時はこう言ってごめんね」って。「あの時はあなたもお母さんもこういう状態だったから，そういうのがあるから，今が幸せだからいいよ」って言ってもらえて，そういうので安心したので，その

第4章　不登校の理解と対応——2. 当事者の体験発表

当時はすごいやっぱりそういうことを思ったこともあったんですけど，今はそういうのも良い経験だったなと思います。

Bさん：私はお母さんと喧嘩しても「お母さんなんか死ねばいい」と思うのじゃなくて，私の気分が底に落ちて「私が死にたいな」って思って，お母さんにぶつかるんじゃなくて，勝手に死のうとしてたりしてたので，お母さんと喧嘩をしたことはないです。暴力じゃなくて，言葉の暴力，言葉で酷いことを言ったことならば，一回だけあります。死のうとした時に「生まれてこんどけばよかったのにね」って言ったことがあって，その時お母さんが「そんなこと，私は一度も思ったことないよ！」って言っていて，今考えたらああいうことを言い合ったけど，やっぱりお母さんのところに生まれて良かったなって思うので，喧嘩しても大丈夫だと思います。

田　嶌：いやあ，すごいなあ。大変だったね！　2人とも。大変なところを潜ってきたんですね。決して平坦な道ではなかったんですよね。それで，今こういう状態があるんです。とてもいい質問をしていただいたと思います。ありがとうございました。

質問A：思い出させて，申し訳なかったです。でも，とても参考になって，やっぱりそうなんだなって。やっぱり今支えようと母親も反省をするわけですから，やっぱり一生懸命支えないといけないんだなってことがよくわかりました。ありがとうございます。

田　嶌：あとはどうでしょうか？

質問B：自分も小学校の時にちょっと担任とトラブってて，不登校まではいかなかったんですけど，ちょっと学校に行きたくないみたいな感じで，その時は朝になると必ずお腹が痛くなっていたんですよ。顔色も悪くなったり，冬になると窓を全開にして，わざと風邪を引いて休もうみたいなことを毎日やっていたんですよ。後から親とその話になって，「それってSOSやったんやない？」みたいなことを言われて，自分も「ああ，それがSOSやったか」みたいな感じで思ったんですよね。そういうのも親が「気づいてあげればよかったね」ってしみじみ言っていたんですけれども，無意識だったと思うんですけれどもSOSとか出してました？

Aさん：私の場合はやっぱりすごくきつくて，でも無理やり学校に行かされてという時は，毎朝泣いて，「布団から出たくない」って暴れたりだとか，それこそ喧嘩したりだとか，そういうことがほぼ毎日，朝晩にずっとあっていて，お母さんがそういうのを「やっぱりあなたは苦しんでいたんだね」って後から言われました。

Bさん：私は朝「行ってきます」って言って，小学校の時は家を出てもそのまま学校に行かずに近くの公園に隠れていたりとか，中学校の時はひたすら「行か

71

ない」の一点張りで，お母さんが仕事に行って電話で喧嘩したりする時は，「もう電話せん！」って携帯の電源を全部切って連絡を取れない状態にして，勝手に学校を休むというのが多くて，学校を休むというのが自分の SOS だったのかなと思いますね。

田　嶌：はい，よろしいでしょうか？　ぶっつけ本番なのにね，なんかとても素晴らしい答えをしてくれているなと思います。こういうやり取りができるのは，すごいなあと思って，この後の私の講演がやりにくいなあと思っています（笑）。本当はもう時間なんですけど，もうちょっと聞きたい気がするので，もうひと方だけご質問を受けましょう。

質問C：今日はこうやって大勢の大人の前でいっぱいお話をしていただいて，本当にありがとうございました。2 つ質問です。こうやって学校に行けなかったっていう時期を自分が経験した，経験してる，思い出として今自分の中に残っているっていうふうに思うんですけれども，どういう形で自分の中に，この学校に行けなかった時期の思い出が残っているのかなっていうのをちょっとお聞きしたいなと思います。

　　　それと先生の方にも質問なんですが，先生方にこういう経験をした子どもたちが，学校に行こうという気持ちで入学してきてくれるわけですけれども，先生たちの受け入れる姿勢といいますか，ともすると高校であれば休みがある程度続けば進級できないという時期が来るんですけれども，その時点で留年を選ばずに退学を選んでしまう子どもたちが，大半を占めるような気がするんです。私自身もう 16 年くらい親の会をやっていますので，中学生のお母さん方には「留年生のいっぱいいる学校を選ぶのもひとつの手かもしれませんね」というのをアドバイス的な形でひと言話をするんですけれども，「進級ができないという判断の時期になった時に，辞めずにそのままもう 1 年頑張ろうっていう気にさせてくれる先生がいっぱいいらっしゃる学校を選んだ方がいいんじゃないんですかね？」って言うのです。裏を返せば「あの子，続かんやったね」っていうひと言で高校の先生が結論づけて，その経験を終わらせてしまっているような気がするんです。「あの子を俺たちは続けさせきれんかったよね」っていう反省の上で，その後の子どもたちに関わるという意識じゃなくてですね。今高校の先生にきつい言葉を言いましたけれども，先生方の長期欠席を経験した子どもたち，不登校を経験した子どもたちを受け入れる先生方の姿勢，基本姿勢って言いますか，そういうのをちょっと。どんな学校だろうか？　と。

田　嶌：はい。どうかな？

Aさん：私の場合はやっぱり普通の地元の友達に久々に会ったりとか，そういう時にすごいその当時とかの記憶とかを思い出すことが多くて，やっぱりそういうので残っているんだなと思うし，最初高校 1 年生の間とかはやっぱり思い出

すと辛いこととかもいっぱいあって，やっぱり時々泣いちゃったりとか，親に甘えて，そういう時に甘えてしまったりとかいうのがあったんですけれど，高校に入ってやっぱり成長したのかなと思うんですけれども，思い出してもその経験が今の自分をつくっていると思えて，今はそれを思い出してもこうやって思い出として皆さんの前で話すことができるようになりましたし，今何を聞かれても別にもう傷つくことはないし，どんどん逆に皆さんにこの経験を話していってこれからの私みたいになっていく子たちを支えていって欲しいなと思います。

田　嶌：はい。じゃあＢさん。

Ｂさん：Ａさんがほとんど言っちゃったんですけれども，私は高校に入学した時に一回中学校であったことを全部忘れようと思って気持ちを切り替えて入ったんですよね。その後に高校に入っていって，中学校に居た時はその友達というのが全部そういうもの……よく考えたら友達の定義が間違っていたと自分の中では思うんですけれども，ああいう人たちばかりじゃないっていうのを知っていって「あ，こんな良い人もいるんだな」と思って，そこからたまたま自分が居たソコが自分に合わなかったというか，そういう訳で自分と合う人というか，良い人というのはいっぱいいるんだなと思えていって，そこからこういう経験が，さっきと同じ話になっちゃうんですけれども，こういう経験をしたから，Ａさんと一緒なんですけれども，自分がいると思えるので，そこは経験をしても自分の中で整理がついていて，いい経験だったんじゃないかと思います。

田　嶌：じゃあ，横山先生お願いします。

横　山：僕たちのやっている高校は，冒頭にも話しましたけれども通信制高校ですので，毎日通っても通信制高校なんですね。なので，うちは登校日数の規定とかはありますけれども，法律上は年間20日以上の出席が最低あれば，通信制高校って進級なりできるシステムになっています。毎日通う子は毎日通うようにアプローチはしますが，先程言われた，じゃあその中で20日間来れば進級させているかというと，そういうわけではないんですけども，やっぱり同じ学校の同じシステムでやっているので，うちの学校の場合は毎日通うコースから月に一回のコース。学期の変わり目とかちょっと今学期，今年度厳しいぞという時にコースの変更ということをさせて，なんとか進級を。高校だと出席日数や内規の関係でデッドラインというのがどうしてもあるので，補習をやっても何をしても間に合わない場合は，コースの変更等はしているというのが現状です。ただうちの学校の場合は6割7割休みがちな生徒が毎日通うコースを選んで来てくれている。

　こういう話を入試の時や面接の時に，三者面談の時に聞いているので，躓いている大きな要因が我々ピンポイントで3つあると感じています。まず，さっ

き言ったように勉強についていけるかなあなので，勉強は中学校から遡ったカリキュラムを組んで，授業がわからないからついていけないという子をまず減らす努力というのは確実にやろうと思っています。あと先生とうまくいかなかったと，友達とうまくいかなかったというパターンが結構多いんですけれども，友達に関しても人数が，1学年が50人から60人で2クラス編成でやっているんですけれども，すごく狭い中でやっていて，周りの子がすごく嫌な思いをしてきていても，仲間同士が助け合っているというのもありますし，たとえばイジメひとつにしても，イジメの手前で高校生では珍しいんですが，結構子どもたちの言葉で言いますとチクッてくれるって言うんですかね，「僕たち，私たち，あんなの見たくない」って言ってくれる分，スキルが未熟でも生徒でどこで誰が今仲が悪いとか，仲直りしたとかいうのがわかっているので，人数が少ないところで救われている部分っていうのがあります。もちろん教員も，高校生なんですけれども，「教室でお弁当を食べるように」とか，放課後はよっぽど仕事がない限りは生徒が居なくなるまで教室から出ないとかいうことを，研修とかで言われたりとかはしているので，なるべくそうして話を聞いて，距離を縮めようとは思っています。生徒もそういうふうに嫌なことが身近に起きていることが嫌だっていう雰囲気があるので，我々学校が救われている部分というのがあります。でも多分通信制高校はそういうふうにもう1回学校生活を頑張ろうと思って来る子たちが多い学校なので，そういうふうに成り立っているのかなと思います。もし他に通信制高校やそういった所で，やや勉強に特化して月に1回や2回でいいのであれば，他は受験勉強でってスタイルであればもちろん違った結果になるでしょうし，いろいろなスタイルがあるのかなと思います。ちょっと答えになっているかはあれですけれども，そんなところで頑張っています。

田　嶌：ありがとうございました。だいぶ時間をオーバーしちゃったんですが，とてもいい話をありがとうございました。もっと聞きたいところではありますが，時間の都合もありますので，この辺でこのセッションは終わらせていただきます。盛大な拍手で終わりにしたいと思います（拍手）。ありがとうございました。

第5章　不登校の理解と対応

# 不登校の理解と対応

## ──3．「希望を引き出し応援する」

　▶▶不登校をどう理解するかについては，著しく異なるさまざまな見解がある。たとえば，学校のあり方が間違っているから不登校が起こるのである，不登校はなおすべきものではなく，間違っているのは学校のあり方であり，変わるべきは学校や社会の側であるという論がある。この立場では学校に行かせようとすること自体が間違っているという主張になる。その対極にあるのが，不登校はその子や家族の問題であり，もっぱらその子自身や家族関係が変わらないといけないとする論である。

　どちらも一理はあるものの，どちらも極論であると私は考えている。ひどい学校や教師がいて，そのために不登校になっている場合も確かにあるだろうし，社会の側が間違っていることはあるだろう。しかし，長い人類の歴史上，理想的な社会はこれまで実現したことはないのである。また，学校や教師が変われれば，不登校が大きく改善する場合もあるので，もっぱら本人や家族が変わるべき問題だとも言い切れない。

　極論は歯切れがよいが，現場ではあまり役に立たない。以下は，極論にならないような立場からの講演である。


夏期講座第二部　講演
「希望を引き出し応援する──不登校・ひきこもりの理解と援助──」

## Ⅰ　はじめに

　皆さんいかがだったでしょうか？　フロアの皆さんからとてもいい質問が出て，体験発表者の方からいい回答が出て，とてもいいセッションになったと思います。これからのこの講演でも，その調子でご参加の皆さんにぜひご協力いただきたいのです。講演というと一方的なものになってしまいがちなんですが，講演というものは皆さんと一緒につくっていくものだと思ってください。ご協力というのは，まず最前列の方は居眠りをなさらないようにしていただきたい（笑）。最前列でコ

ックリコックリやられるとですね，挫けるんですよ。気持ちがすーっと萎えてくるんですね。そして，とにかく早く終わらんといけんという感じになりますね。逆に，たとえば大体4列目から5列目辺りに中年の女性の方がおられて，私が何かを言うたびに「うん，うん」といちいちていねいに頷いて聞いてくださる方がおられることがあります。本当にわかっていらっしゃるかどうかは疑わしいですけどね。でも，そういう方がおられると大変やる気になります（笑）。

### 希望を引き出し応援する：対人援助のエッセンス

　今日はタイトルを『希望を引き出し応援する』というふうに付けました。これが援助のエッセンスだと私は考えています。今日は皆さんいろんなお立場の方が来ておられると思います。学校の先生もおられれば，保護者の方もおられる。来られた方が，少し明るい気持ちになって，より希望を持って帰られる。ほんの少しでも来た時よりも希望や明るい気持ちが膨らんで帰って行かれたらこの会は成功だろうというふうに思います。不登校だからということではなくて，基本は不登校であれ何であれ，希望を引き出し応援するというのが，私は対人援助の基本だと考えています。発達障害であろうが，私たちだろうが，イジメ問題であろうが，みんなそうであると思っています。

## II　関わる側が希望を持つこと

　まず，希望を引き出し応援するという時に一番大事なのは，教師や保護者など，関わる私たちの側が希望を持っておくことです。私たちが「え，不登校，そりゃあ大変だ！ この子の人生はおしまいだ」とか，「うちの子どうなっちゃうんだろう？」というふうに思っていたらね，その感じが本人に伝わりますよ，じわじわと。だから私たちが希望を持っておくことが必要。もうちょっと平たく言いますと，「まあ何とかなるよ」という態度を持っておくことですね。

　ただし，希望を持ちましょうって，根性を出して持ちましょうと言ってもなかなか難しいですね。だから，やっぱりこういう機会に実際に当事者の人の話を聞き，そしてこういうふうに今は元気にやっているという姿を目の当たりに見ることが必要です。そのことが，より希望を持つことに役立つはずです。それに加えて，不登校について希望を持てるような多少の知識があるといいですね。だから，そういうお話を少ししておきたいと思います。そういう態度を持つのに役に立つお話を少ししておきたいと思います。

### 希望を持つために――1．宮本亜門さんの例

　不登校の実際の例をいくつか知っておかれるといいですね。私がよくご紹介す

るのは，宮本亜門さんの話です。宮本亜門さんってご存知ですよね？　ちょっと
ハンサムな演出家の方。この人がですね，高校生の時にひきこもっていたそうで
す。そのインタビューの記事があって，これがとてもいいのでこういう会でいつ
も紹介しているんです。「演劇の世界に踏み込んだのは高校３年の時。１年間不登
校というか，登校拒否をした後学校に復帰してからです」と言うんですね。〈ぜ
ひとも不登校になられた時の話をお聞かせください〉とインタビューの質問に応
え，「ひと言で言えば人間不信に陥って自分の部屋から出られなくなってしまった
んです。１年ちょっと，自分の部屋の明かりを消した暗闇の中で，食事はドアか
ら入れてもらい，部屋の外に出るのはトイレ時だけで，ずっと部屋にこもってい
ました」。電気も消してトイレだけですよ，部屋の外に出るのは。〈ご両親は心配
されたでしょう？〉「父は酒びたり，母は泣き続け，挙句に入院させられました」。
「父は私を慶応義塾大学に通わせようとしていましたが，私が入ったのは附属病院
の方でした」って（笑）。面白いでしょ？〈で，入院されてどうでした？〉「これ
が意外にも楽しかったんです。というのも私の話，胸の内を真剣に周りの人が聞
いてくれるんですから」。看護師さんやお医者さんが一生懸命話を聞いてくれたっ
て言うんですね。誤解しないでくださいね。不登校は入院させればいいって話じ
ゃないんですよ。そうじゃなくてこの人の場合とてもよかった。それは話を聞い
てくれたからだっていうんですね。「喋り続けました。お医者さんは君の話は面
白いと言ってくれるから喋り続ける。結局それが一種の治療方法だったんでしょ
うね。だからじっくり胸の内を語らせるというのは私の経験からも大切なことで
す」。最後にですね，「私は自分の不登校を得難い体験，素晴らしい経験のひとつ
だと思っています。あの時の苦悩が自分の成長にどれだけプラスになったことか
と思います」と言われているんですね。このどれだけプラスになったことか，良
い経験だった，宝物のような経験だったというのは，不登校に限りませんけれど，
不登校を乗り越えた後に多くの人が語ることなんですね。ただし，ある程度乗り
越えないといけない。ひと山越えないとダメなんですね。ずっとひきこもってい
て，宝物みたいな体験ということにはならないですね。

　今述べたような話をよくするんですが，そうすると，それは宮本さんみたいに
特別に才能に恵まれた人の話だろうというふうに思われるかもしれない。しかし，
実はそうではなく，先程の体験発表をしてくれた彼女たちも，「やっぱり良い経験
だった。そういう経験があって今の自分がある」ということを言っていましたよ
ね。

## 希望を持つために——２．不登校生徒のその後
　それから不登校の子たちがその後どうなったかという調査があるんですね。不
登校の子たちが10年後どうしているか。20年後どうしているか。そういう追跡調

査をした研究報告があります。いくつもの研究がありますが，そういう調査が始まる前には「うわー，この子たちは将来大変なんじゃないかな？」と専門家でも思っていた人が実は少なくなかったように思います。ところが調べてみると，結構何とかなっている人が多かったんです。75%〜85%くらい，調査にもよりますけれど，かなりの数の人が何とかなっている。何とかなっているというのは，学校に行っているとか，あるいは仕事をしているとか，そういうふうに社会となんらかの形でつながってやれているということですね。そういう人が結構多いということなんですね。

### 希望を持つために──３．私の経験から

　不登校とは全然違いますけど私もいろいろ苦労しまして，その体験からも「なんとかなるもんだ」は言えますね。昔警察に捕まったことがありまして，その時は私も自分の人生はおしまいだと思ったことがあります。警察に捕まったことがある方どれくらいおられますか？（笑）　おられません？　これだけおられると１人や２人何かやらかした人がいるような気がするんですが，ホントにおられないですか？

　私は高校の時に捕まったんですね。少年Ａ，Ｂ，Ｃといまして，私が少年Ｃなんですよ。録音は控えてくださいね（笑）。それで少年Ａ，Ｂという悪いのがいて，それにくっついていたんです。捕まった時に，２つ罪状がつきました。ひとつは「公文書偽造」（笑）。すごいでしょ？　聞くとギョッとするでしょ？　何をやったと思います？　要するに，運転免許証の写真を貼り替えたんです。これは公文書偽造なんだそうです。もうひとつは「窃盗」です。何をかっぱらったかというと車です（笑）。以前の車って，簡単に開けられたんですよ。慣れた人は本当に簡単に開けられる。

　私が以前ある中学校でスクールカウンセラーをやっていた時は，自動車を100台くらいかっぱらったと豪語していたのがおりました。その後，この子は捕まって少年院に行きました。何で捕まったかというと，乗り捨てた車の中に自分のプリクラを忘れて行ったんですね（笑）。これですぐに捕まっちゃったんです。

　私たちの方は，免許証を拾ったんです，要するに。で，少年Ａが写真を貼り替えたんです。当時の運転免許証というのは，今みたいにラミネートされていなくて，むき出しの写真に割印が押してあるというものだったんですよ。だから，簡単に貼り替えられる。

　免許証があると車が欲しくなる。で，車かっぱらって乗り回していたんですね。私は一緒に乗っていました。ある時，駐車して車を出すために，ちょっとバックさせた。その時，後ろの柱にコッンと当たったんですよ。ほんのちょっとだけ当たったわけです。ところが，そこにお巡りさんが巡回をしてたわけです。こうい

第5章　不登校の理解と対応──3.「希望を引き出し応援する」

うことってあるんですよね。それで，当然警察に連れていかれて取り調べられた。

　警察では，3人別々の部屋で取り調べられます。学校で何かやらかした非行少年を調べる時と一緒ですね。大体取り調べられる方というのは素直じゃありませんので，嘘ばかり言います。私も一生懸命嘘を言ったんです。ところが，3人別々にやられるでしょ。そうすると，嘘を言う箇所がそれぞれ違うんですよ。取り調べの人たちが，合間で話をつき合わせると，「この辺は少年Bの言うことが合っているみたいだ」「これはCだな」とかわかるんですね。そうすると，「お前，ここの所は違うだろうが！」とつきつけられ，「はい。すみません」と白状して，それから後はまた嘘を言うんですけれどね。で，また話をつき合わせると，またわかるんですよね。これを3ラウンドやりますと，嘘をつき通せなくなり，ぜーんぶ本当のことが出てきます。これは警察のプロの業ですよ。それで最後は，調書を書かれ，それを読み上げられて，「こうだろう！」「これでいいな？」ということで，「はい」と認め，そしたら指紋取られて，新聞なんかに載る時は「自供した」ということになるんですね。

　私は長年どうして犯罪者はそんなに素直に自供するんだろうかと思っていましたけれど，その謎が解けましたね。悪いことをした人はすぐに素直に白状しているわけじゃないんですよ。いよいよ突きつけられて，逃げようがなくなって，認める。これが自供したと新聞では書かれるんですよ。

　今は警察も随分優しいですが，当時は怖かったですよ。しっかり脅かしてくれます。「もうお前の人生はおしまいだ」ぐらいの感じですよ。「ああ，もう俺の人生はおしまいだ」と思いましたね。でも，おしまいにならなかったのでここで喋っているわけです。私みたいな根性無しは懲りるんですね。「こりゃ大変だ。もうあんな目には二度と遭いたくない」と，おとなしくしているわけです。それで，結局，何とか高校を卒業したわけですが，少年Bは懲りなかった。その後，「定期券の偽造」というのをやったんです。1カ月定期の横に1を書き足したんです。11か月定期（笑）。ないんですってね，こういう期間の定期なんて。すぐに，捕まりました。そして，無期停学になったんです。

　そいつがその後どうなったと思います？　警察官になったんです（笑）。これは実話です。さる県の県警の警察官です。その県警も度胸がありますよね，ああいうのを採用するんだから。でもね，こいつはちゃんと勤めあげました。

　これは不登校の話ではありませんけれども，私たちは別の形のつまずきですが，つまずいた後に1人は大学教授になり，1人は警察官になっているわけです。結構いい歩留まり率だと思いません？　結構なんとかなるものです。しかし，ではすべてめでたしかというと，そうでもありません。その後，少年Aというのが行方不明です。

79

「放っておけばいい」のではない

　先程不登校の子たちの7割，8割あるいは8割5分くらい何とかなっていると言いました。けっこうなんとかなるのです。しかし，その一方で楽観だけしていてはいけないのは，残りの15％とか20％はどうにもなっていないということです。これがひとつ。もうひとつはどうにかなったという人たちも，これは周りがいろいろと手を尽くし，そして本人も努力したからなんとかなったんです。

　不登校だからほっといていい。自由にしておく，そっとしておく，放っておけばいいんだということではないのです。それでも何とかなったという子は，中には少ないながらもいるとは思いますけれど，たいていの子はそれで何とかなったわけではない。やはり周りが手を尽くした。先程の話でもお母さんが手を尽くした。学校の先生が手を尽くした。いろんなところがやっぱり関わりを持ったんですね。そして，本人は苦悩して努力した，その結果がこの数字だということだと思うんです。

　だから，何もしないで放っておくと，中には中学の時に不登校になり，その後20年ずーっとひきこもっているということもあります。たとえば，母子家庭でお母さんと二人暮らししていて，お母さんが5年前に本人の姿を廊下でチラリと見た，それが最後の目撃だというような，そういうことがあります。だから，やっぱり早いうちにいろいろ手を尽くすということが必要です。しかし，闇雲にやればいいわけではありません。それについて，じゃあどういうふうに考えたらいいかという話を今からしていきたいと思います。

# III　希望を引き出し応援する

　基本は「希望を引き出し応援する」ということです。

　希望を引き出すためには，先程言いましたように関わる周囲の人たちが希望を持つということが大事です。もうひとつは，本人の希望を聞くというのが着実です。ただ誤解のないように言いますと，本人が非常に苦しんでいる時，学校からも逃げたい，学校の話を聞くだけでも嫌だ，そういう時に聞いたって，適切な本人の本当の希望というのは出てこない。ここでよく間違えられることがあります。

　多くの不登校の子どもたちは本当に苦しい時には，学校のことに触れてもらうのはものすごく嫌だと言います。そういう気持ちなんですね。だけど，少し元気が出てくると，非常に多くの子が——全ての子がとは言いませんけれども——多くの子たちが「行けるものなら学校に行きたい」と言います。

　中学で不登校になり，その後不登校のまま卒業し，卒業後5年間全く家から出ないでこもっていました。その子に，「どんな希望を持っているかな？」と聞いてみました。すると，本人がこう答えました。「全く勉強をしていないし，卒業して

から5年間ずーっとひきこもっていたし、こんなことを言うと厚かましいと思われると思うけれども、しかし行けるものなら高校行きたい、大学へ行きたい」って言ったんです。これは希望ですね。「じゃあ頑張ろうや！ 応援するから」ということで、私たちは応援しました。私の研究室の院生がとりあえず勉強を教えようじゃないかということになりまして勉強を教える。それから退職した学校の先生が手伝ってくれました。そういうことで何人かが手伝って定期的に勉強をするようになりました。本人も一生懸命頑張ったわけですね。

　その子の経過で、とても印象的だったことがあります。本人がこう言っていましたね。「勉強始めたけど、全然わからんかった。なーんにもわからなかった」って言っていました。机の前に座るでしょう。とてもじゃないがこの調子では100年かっても高校、大学には行けないんじゃないかと思ったそうです。ところが、あきらめずに取り組み続けると、1カ月を過ぎた頃から霧が晴れるように急にわかるようになったと言うんですよ。やっぱり継続って大事ですね。そういうものらしいんですね。だから、たとえ、100年経っても無理よと感じるところであきらめちゃいけないんです。

　続けていくうちに、うちの院生や退職した先生と関わっていくうちに段々人との関係も取れるようになって、そして結局その子は、当時の大検、大学受験資格の検定試験に合格して、大学に行きました。

　要するに、本人に希望を聞くことが大事です。ただし、今の例からもわかりますように、本当に苦しい時に「あなたはどういう希望を持っている？」と聞いても答えられない。あるいは希望を聞いているようでヤバいのは、「あなたはどうするつもりなの？」って聞くこと。これだと、追い詰めてしまいます。希望を膨らませるのであって、追い詰めるのではありません。

　だから、聞くタイミングが大事なんです。本当に苦しい時じゃなく、少し余裕が出てきた時に、そういう話を聞いてあげるということが大事です。


## 元気になることが大事

　不登校をどう理解するかということについては諸説ありますが、私の考えをごく簡単に申し上げます。不登校というのは、学校に行けなくなる状態です。そして、ここで大事なことは、なんらかの事情で「元気を失くした状態」だということです。だから大事なことは、本人が「元気になること」です。「気持ちが楽になって元気になる」というのを当面の目標にします。


## 不登校理解の視点

　もうひとつ重要なことは、不登校に限りませんけれども、つまずきを経験したからこそ持ち得る経験があるということを私たちが承知しておくことです。

不登校といっても以前は「優等生の挫折型」といって，成績もわりと良い子が多かった。お母さん自慢の子みたいな子。先生からの覚えもめでたく，いわゆる良い子，大人にとって良い子。とっても良い子。こんなに良い子がいるかいなというくらいの子。そういう子が何かの拍子につまずく。たとえば成績がちょっと落ちたとか，スポーツもできていたけど，他の子は身長がキュッと伸びたけれどその子はあまり伸びなかったとか。あるいは，先生に怒られたとか，ちょっとしたつまずきがある。そこでつまずいて，学校に行けなくなってしまう。

　そういう子たちは学校に行きたい，行かなきゃいけないという気持ちが強いから，とても葛藤が強いんですね。すごく苦しみます。以前は，そういう子たちが多かったんです。何年か前に亡くなられた私たちの領域のスーパースターで河合隼雄先生という方が書いておられた例を挙げておきましょう。不登校では本人は相談に来なくて，お母さんだけが相談にみえるということがありますが，河合先生のもとに最初のうちはお母さんだけが何回か相談に来られて，その後やっと本人が来たそうです。その子が第一声，何と言ったと思います？　「母がいつもお世話になっています」って言ったんですって（笑）。そういう感じの子たちです。礼儀正しくてきちんとしている。非常に気を使う。以前は，そういう子たちが圧倒的に多かったんです。今もそういう子は多いですけれども，それだけではなくて，いろんなタイプの不登校の子が出てきています。わりと多いのは何となく行かなくなっちゃったという「無気力タイプ」。あるいは非常に「葛藤が少ないタイプ」。それから非行と区別がつかないタイプも出てきました。以前は非行少年といわゆる「登校拒否」の子たちとすごく違いがありました。しかし，その後は区別がつかないような子たちが出てきましたね。それから最近増えているのではないかと思うのが，イジメをきっかけとした不登校ですね。つまり，いろんなタイプの不登校が出てきた。特に葛藤が少ないタイプが増えてきている。

　最も重要なことは先に述べましたように，不登校・ひきこもりというのはまず元気を失くした状態にあるということですね。2番目は周囲の者は本人自身の気持ちを理解するように努めることが必要ということ。

### 克服のきっかけもさまざま

　3番目には，きっかけはさまざまで，克服のきっかけもさまざまだということ。体験発表をしてくれた先程の2人は，1人は体調不良からで，もう1人はイジメられたということがきっかけでした。この他にもきっかけはいろいろあるんです。先生とうまくいかなかった，ひどい先生に当たった，お母さんとの関係がということもあります。それから給食が嫌でということもある。とにかく，きっかけはさまざまなんです。それから，理由も特に自分でも思い当たらないという子たちも少なくないんです。

第5章　不登校の理解と対応——3.「希望を引き出し応援する」

## 原因論の落とし穴

　で，逆に言うと克服のきっかけ，道筋もさまざまです。それから4番目が原因論に深くは立ち入らないというのが私のお勧めです。しばしば原因を徹底追及しようとする，これがよくやる失敗なんですよ。原因をある程度考えるのは必要ではあります。だけど原因がわかると治るんじゃないかと考えて，原因を徹底追及するというのでは，しばしばうまくいきません。

　一番よく起こっている間違いというパターンがこれです。まず，担任は自分のクラスに仮に32名生徒がいる，そしてそのうちの31名は来ている。この子だけが学校に来ていない。これって原因は何だろうなと考えるわけです。担任はどう考えると思います？　そうなると，家庭だなと思うわけですよ。「そういえば，あのお母さん不安が強そうだし」とか思うわけです。じゃあ，保護者の方はどう思うか。お母さんの方はたとえば子どもを3人育てた，上の2人は学校に行った，この子だけが行けない。原因なんだろうな，と考えます。すると，やっぱり学校だろうなと思うわけです。その2人が出会います。そしてまず最初に言うのが「原因は何でしょうね？」。内心ではお互いに原因はコイツだなと思っているわけですよ。それでは，お互いに原因のなすり合いになったり，相手に対して非難がましい気持ちになったりして，うまくいかないんですよね。これだと教師と保護者が連携して，本人を支援するということができにくくなります。

　原因論の徹底追及の問題点はもうひとつあります。たとえば，1週間学校を休むと，その後すごく行きにくくなります。まして，半年，1年，数年，学校に行ってなかったら，ものすごく行きにくくなります。そうなると，本人がよっぽど元気になってもなかなか行けないですよ。つまりしばらく学校に行けていないという状態そのものが，次の学校に行きにくい要因を発生させるんです。このことの重要性を軽くみてはいけない。たとえば，小学校3年生から不登校になっちゃった。その時はどうも先生に怒られたのがきっかけみたいだ。それでたとえば中学1年まで学校に行けなかった。その中1の時点で，小学校3年生の時に先生に怒られたということがわかったとして，そのことでこの子が学校に行けるようになるでしょうか。そういう単純な問題ではないですよね。

## 体験の蓄積——元気になるために

　だから原因論というのは，あくまでも今後の関わりを考える参考にするということが大事です。原因の徹底究明ではなく，私のお勧めはこうです。なんらかの理由でこの子は元気を失くした状態にある。だから気持ちが楽になって元気になるために，学校が何ができるか，ご家庭では何ができるか，ということを一緒に考えて行きましょう。あるいは，カウンセラーが何ができるかというのも入るかもしれない。この子が元気になるためにそれぞれが何ができるかということを考

えていくということ，そういう方針で行くのがいいと思っています。つまり，今この子にどんな体験が必要か，あるいは今後どのような体験をしていくのが必要なのか（＝「体験の蓄積」）ということを考えながら関わっていくということです。

## IV 「密室型援助」から「ネットワーク援助型援助」へ

　以前は不登校というと，じゃあその子にカウンセリングをという時代があったんです。しかし実際にはカウンセリングが役に立つ子もいますけれども，必ず必要というわけではなくて，むしろいろんな周りの支援ネットワークを活用してその子が元気になっていく道を探っていく，そういう援助をしていくということが大事だと，私は考えています。要するに，「密室型援助」から「ネットワーク援助型の援助」が大事だということです。

　さて，関わりの基本的原則です。先程の体験発表でお2人とも，無理に頑張れと言われるときつかったと言っていました。だからといって，ずっとそっとしておけばいいのかと言えばそういうわけでもないですね。

### 「節度ある押しつけがましさ」

　私のお勧めはこれです。「節度ある押しつけがましさ」。人が本当に苦しい時は，布団をかぶって寝ているしかない状態にあるわけです。そういう時には，「無理にでもがんばれ」と言ってはいけない。だけど，そういう状態というのは通常長くは続きません。だから，少し元気が出てきたなと思ったら，いろいろ勧めてみる。時々勧めてみる。その際，それがヒットすることもあれば，ヒットしないこともある，というくらいに考えておく。だから一回でヒットしなくてもしばらくおいて，またちょっと勧めてみたらね，動き出すかもしれない。

　「節度ある押しつけがましさ」というのは，簡単に言うと，「逃げ場をつくりつつ関わり続ける」ということです。カウンセリングの勉強をしますと，まず最初に「来談者中心」とか，「非指示的」とか，「どうぞご自由に」とか，教わりますが，不登校・ひきこもりについてはそれは役に立ちません。むしろ有害だと私は思っています。代わって必要なのが，「節度ある押しつけがましさ」「逃げ場をつくりつつ関わり続ける」ということです。むろん，本人を追い詰めてしまってはいけないのですが，しかしやっぱり関わっていこうという姿勢を見せて，これはアカンと思ったらしばらく関わるのを控える。こういう態度ですね。

　私は学校の先生にしばしば家庭訪問をお願いするのですが，専門の本によりますと，「家庭訪問をする時には本人の許可をもらって行きましょう」と書いてあったりするんです。それは，私のお勧めではありません。私のお勧めは，「行くと言

ってください」。これって，押しつけがましいでしょ。本人に対して，「明日行く
から」とか，宣言してもらう。同時に，「ただし会いたくなければ自分の部屋にい
てもいいよ」というふうに言ってあげる。これが節度ですね。こういう態度，「節
度ある押しつけがましさ」という態度で家庭訪問を続けると，本人に会えるよう
になります。

　最初に会った時，出会いがしらのひと言が決定的に重要です。悩みを抱えた人
というのは，相手が何者かということに敏感です。「おまえは何者か」ということ
がとりわけ問われる瞬間です。私は，たいていの場合，ほとんど出会いがしらに
「嫌がることを無理に押し付けることはしない」と言うことにしています。多かれ
少なかれ脅かされやすい傾向があります。不登校やひきこもりの人たちは，とり
わけ脅かされやすいものです。ですから，「節度ある押しつけがましさ」の一方
で，相手を脅かさないような配慮が必要なのです。このような配慮による関わり
で，そのペースはいろいろですが，次第に話せるようになります。

　そして，話を聞いて個々の事情が明らかになるにつれて，それに応じた対応を
する。たとえば深刻なイジメにあっているということがわかれば，その対応をし
なければいけない。


## 家庭訪問の有効性

　今日は学校の先生が結構来られているようなので，学校の先生にも希望を持っ
てもらうために，先生が家庭訪問したらそれだけでよかったという例をお話した
いと思います。お母さんが手記を書いてくれたので，その一部を読ませていただ
きます。これは中学生の子が不登校になって，カウンセリングも何もやっていな
い，ただ担任の先生が訪問しただけで回復したという例です。


　「突然やってきた我が子の不登校に親は冷静さを失います。でも今回思ったよりも
早くわが子が教室に戻ることができました。そこには担任の先生のご理解とご協力が
なければ現在の状況には至りませんでした。
　初めて夫と学校へ行き，『私にできることは家庭訪問することしかありません』と
先生が言ってくださったので，私たち親も毎週きちんと同じ時間帯で，短い時間で訪
問をとお願いできました。そして『今休んでいることは彼にとってとても必要な成長
をしている時間だから，長くかかるだろう』，『まだ先の修学旅行はクラス全員で行く
ことを目標にして今は焦らずにやりましょう』と言ってくださったことが，親として
腹をくくれた時でした。なかなかドンと構えて子どもと向き合うことはできません
が，このひと言で本当に目の前が明るくなりました。長く休んでいても必ず教室に戻
れる，待っていてくれる，そして何より親でない大人が，教師がきちんと耳を傾けて
くれることが本人にとってとても大きな力になったと思います。
　毎週同じ曜日同じ時間帯と先生も大変エネルギーを使われたことと思います。しか

し，それがとても重要なことで，子どもは待つのです。訪問を待って，そしてやがて話すのです。15分だけという親との約束も，結局30〜40分，長い時は1時間という時もありました。話す内容は，今何をしているか，どういうことに興味があるのかとかで，学校や授業のことよりも本人が喋りたいことを喋っている，そんな感じでした。親に言えないことも先生に話している。そして先生が帰った後は嬉しそうな顔になっていました。どうしても訪問できない時は必ず事前に電話で『行けないが，次にはいついつ行く』と約束していただきました。

本当に先生には時間をつくっていただきました。ありがとうございました。ここに改めて感謝申し上げます」

こんなふうな感じですね。この例では，担任の先生が訪問して本人と話をした，それだけなんです。これだけで，学校とまたつながる，元気になるということがあるわけですね。もちろん，いつもこういくとは限らない訳ですが，やっぱり学校の先生がどう対応するかというのが大変重要なんですね。その時に必要な態度というのが，この「節度ある押しつけがましさ」なんです。

### 「ネットワーク活用型援助」とは

じゃあネットワーク活用型の援助とはどんなのをいうのか，具体的なイメージを持ってもらうために，簡単な例をお話します。こういう時は，わかりやすいように，割合うまくいった例を，比較的短期でうまくいった例をお話しすることになっています（笑）。

外来の相談室に，小学校の4年生の子が不登校になった，4カ月くらい登校していないとのことでお母さんが相談に来られました。実は4カ月というのはそんなに長い期間ではないんですけど，親御さんから見れば大変長期化しているわけですね。きっかけや原因は不明。お母さんや担任の先生が登校を促しても，身を固くして動かない。激しく泣いたりする。元々内気でおとなしい子で，友達も少なかったそうです。

お絵描きが好きでスケッチブックを持っていて，たくさん絵を描くそうです。この頃の絵というのを見せてもらって，びっくりしました。全体にどんよりとした灰色と黒色なんです。それがこの子の心の風景だったんでしょうね。見てて，そういうちょっと気が重くなるような絵をたくさん描いていました。相談室に行こうと言ったけれど，堅い表情で拒否したそうです。

ここで一番大事なのは，お母さんが私との面接を終わって家に帰って，本人に何と言うかなんです。カウンセラーが，「本人が来ないとどうしようもありませんね」と言ったら終わりなんですね。本人が来ないのだったら，カウンセラーは，周囲の人たちがどういうふうに本人を支えるか，関わるかを助言することが必要なんです。この時に本人に何と伝えるか，私がお母さんにお願いしたのは，「学校

に行く，行かないということよりも，本人が元気になることが大事だとカウンセラーが言っていたよ」と言ってくださいということです。で，お母さんはその通りに帰って言ってくれました。すると，それを聞いたとたん本人の表情がパーッと明るくなったそうです。ビックリするぐらい明るくなったそうです。それからまた絵を描いたんですが，それがこれまでの絵とタッチが全然変わったんです。お花が笑っているとか，お日様が微笑んでいるとか，そういうほのぼのとしたものを，明るい色彩でいっぱい描きました。

　それでサッと学校に行くようになれば万々歳なんですが，現実はそうはいかなくて，次はどうしたかというと，担任の先生に家庭訪問をお願いしました。

　ぜひ保護者の方々に知っておいていただきたいのですが，学校の先生が何もしないのは，どうしていいのかわからない，あるいは下手なことをしたらやっぱりかえってよくないんじゃないかと心配をして何もしないということが結構あるんですよ。圧倒的にそういうことが多いんですね。「だから○○をやってください」とお願いすると結構やってくれる先生がかなりおられます。この先生もそうでした。ちゃんと訪問してくれたんですね。15分くらい本人と話をしたり，簡単なゲームをして帰るというふうにしてくれました。

　それから，お母さんに放課後とか休みの日に——授業がある時には不登校の子は外に出たがりませんから，それ以外の時に——なるべく外に連れ出してくださいとお願いしました。近所の公園とかに連れ出すと，学校の同級生がその辺で遊んでいるんですね。そのうち，その子たちと一緒に遊ぶようになったんです。そしてある時，今度の日曜日に一緒に学校で遊ぼうと約束して帰って来ました。学校に行くということはこの子たちにとってはものすごくハードルが高いわけです。だけど，日曜日に友達と遊ぶということだから行けたわけですね。それがきっかけで，次は保健室に行くようになりました。保健室でクラスの子が時々遊びに来てくれるから，それから段々教室に戻れるようになった。そういう流れで割合早めに戻ることができました。

　くりかえしますと，「関わりの目標は元気になること」。それから，「関係を育むこと」ですね。原因論には深くは立ち入らない。立ち入ってもいいんだけれども，深くは立ち入りすぎないようにする。


### 困難事例への対応の留意点

　難しい事例への対応にあたって，私がいつも強調しているのは2つのポイントです。①1人で抱え込まない，②丸投げしない，ということですね。

## V　ネットワーク活用型援助の過程

　ネットワーク活用型援助の過程を，私は次のように考えています。まずどこかの支援ネットワーク——保護者や学校の先生など——を活用して援助する。そうすると，状態が少し安定します。そうすると，少し元気が出て目標が共有できる。そうすると，本人の自助努力や工夫を引き出すことができるようになるということですね。

　また，元気になるには家庭以外に居場所が必要です。家庭が居場所にならないと話になりませんけれども，しかし家庭だけじゃなくてもうひとつどこかに居場所があるといいんですね。それは学校でもいいのですが，学校じゃなくてもいい。

　もうひとつのポイントは「遊べるようになること」。もっと言うと，「人と遊べるようになること」ですね。勉強できるようになることじゃないですよ。遊べるようになることです。これが大事。

### 中学校での居場所活動

　ある中学校のカウンセリングルームで居場所活動をやった時の様子をパワーポイントで見ていただきましょう。

　まず，これは別に相談に来ている子たちじゃなくて，居場所に遊びに来ている子たちです。別に用事もないの，昼休みとかにね。生徒がたくさん来ます。こういうツッパリのファッショナブルな感じの女子生徒たちも来るようになります。眉毛をそり上げた男子生徒が来るようにもなるんですね。

　画用紙とマジックやクレヨンを置いておくと，いろいろ描いていきます。これは私の似顔絵ですね。これもそうですね。私の似顔絵をよく描きました。もうちょっとカッコよく描いてくれんかいなと思うんですけどね（笑）。「押しつけるな，指図するな，俺は俺でいろ」——これはお父さんとの関係が非常に難しかった子ですね。「我は我に従え」——これは自分に言い聞かせているような感じです。「爆音，天上天下」。これもすごいですよ。「鬼に会うては鬼を斬り，仏に会うては仏を斬り，親に会うては親を斬る。これぞ我が暴走人生なり」（笑）。親も斬られたらたまったもんじゃないですね。それから，軽い障害のある子が「誰も遊んでくれん」と言って来ます。そして，絵を描いて帰ります。これがその絵です。

　それから，こんなふうに画用紙にプリクラをたくさん貼ったりします。意外だったのは，私たちの頃と違って，つきあっている子が多いですね。で，誰が誰の男を取ったの，誰と誰が別れたの，そんな話が飛び交っていますね。

　もうひとつ意外だったのは，ツッパリの男子が結構モテていることですね。これは私たちの時代には考えられませんでした。ツッパリの子はモテないから，ひ

第5章　不登校の理解と対応——3.「希望を引き出し応援する」

がんでさらに悪いことをするという感じでしたが，その頃と違って結構モテてる
んですよね。

「4月13日で付き合って丁度1年です。今○○（名前が書いてある）旅に出て
る。みんなで帰りを待っててね」，これなんのことか，わかります？「旅に出て
る」というのは少年院に行っているんです。これは卒業式の光景。ツッパリの生
徒がすごい格好してるでしょ。学校の名誉，学校の先生たちの名誉のために言っ
ておきますと，この格好は卒業式の会場ではさせていません。この学校できちん
と対応してありました。ただこの子らも悔しいので，物陰にこういう服を隠して
いるわけですよ。卒業式が終わった後バタバタと物陰で着替えるわけです。それ
で最後の根性を見せて卒業をしていくというのが，この風景なんですね。

「たじま　せいいち　様，卒業のお手紙」——卒業をしていく生徒が私宛に，い
ろいろお手紙をくれるんですよ。「本当にありがとう。大好き」と書いてあるで
しょ。可愛い6人組の女子生徒がくれたんですよ。皆さんに，これを一番見せた
かったんです（笑）。こういうお手紙をくれたり，「忘れないで」とお別れのメッ
セージをテープに吹き込んだり，歌を歌って録音したりしてね。それから，記念
にいろんなものをくれるんですね。これは，私が当時バイクを乗り回していたか
ら，キーホルダー用にとつくってくれたんです。革を買ってきて自分でつくって
くれたんですよ。この顔，なんだかわかります？　最初わからなかったんですよ，
自分だとは思わなかった。このくらいの子たちに自分がどう見られているか，ど
う映っているのかよくわかりました。

これはまた別の子たちからですが，卒業後大学の私の研究室に電話が掛かってき
たんですよ。いきなり，「先生，今から行くから」って言うんですよ。〈行くって
どこに？〉「先生のところに」〈えーっ！　私も都合っちゅうもんがあるんやけど〉。
「とにかく行くから」と言うものだからしょうがないですね。すぐに授業を休講に
しまして（笑）。ところが，休講にしても学生から一切文句が出ない（笑）。私と
しては，非常に複雑な気持ちです。

〈せっかく来たから焼き肉でもご馳走しようか〉って私としては無理して言った
んですけど，この子たちが言うには〈うちたちは九大やらもう一生来ることはな
い。だから，九大の食堂で一度ご飯が食べてみたい」ということです。研究室に
やってきたこの子らは，端から将来は大学に行くことは考えてもいないんです。
おかげで安くつきました（笑）。これが，九大の農学部の食堂です。定食とかいろ
いろ食べたんですが，食った後言いました。「九大生も大したもの食ってねえな」
と（笑）。そう言って帰りました。

これはまた別の子ですが，卒業後，結婚しましたと言って中学校のカウンセリ
ングルームにやって来ました。早いですよね，もうすぐ子どもが生まれるって言
うんですよ。かと思えばこれは別の子ですが，彼女ができたとかって言って来て

くれたりしました。

　こういう居場所活動を，中学校だけでなく，大学の相談室などいろんな場所で
やってきました。たとえばこれはある中学校が夜間にそういう活動をやったんで
すね。私が当時スクールカウンセラーとして非常勤勤務していた中学校の校長さ
んの発案で，「ステップスクール」と名づけた夜の居場所活動をやったんです。も
う10年以上続いていますが，うちの研究室では，そのお手伝いをしてきました。
不登校の子に「学校においで」と言うと，他の生徒に会うと嫌だと言うんです。
そんなら他の生徒がいない時間帯に来ればいいじゃないかという発想です。じょ
うずに誘うと，夜だと結構来るんですよ。この活動は，先日朝日新聞の賞，のび
のび教育賞だったか，いきいき教育賞だったかを受賞しました。

　九大の相談室の横っちょでも，うちの研究室の活動として，居場所活動をやっ
ています。相談にみえる方たちは，みんながカウンセリングを受けたいって人ば
かりじゃないですよね。いろんなニーズがあります。そこで，ボランティアが，
勉強を習いたい子には勉強を教えるし，パソコンを習いたい子にはパソコンを教
えるし，一緒にゲームをした子にはゲームをする。そういうその子なりのニー
ズに応じて活動をしています。ただし，専門家が目配りをしているということを
条件にしています。だから，保護者なり，本人なりが相談室や専門機関につなが
っています。この活動では，年1回のお楽しみ会とかもやっていて，これは海辺
でバーベキューをやった時のものです。これも10年以上続けているので，OBも
楽しみにして来てくれます。差し入れも結構あって，なかな豪勢なものになって
います。

### 居場所づくりの留意点

　こういうふうにあちこちで居場所づくりをやっておくと，居場所ができると子
どもたちは元気になってくる。だけど，その一方で気をつけなきゃいけないのは，
まず1人で抱え込まないということ。その子に関わっている人が一人で苦労する
ことがないように。2番目は，何か積極的にいろいろ活動するよりも，基本はそ
こに居られるようにということを大事にすること。3番目，他の子と遊べるよう
に配慮すること。4番目，これが大事なんですが，非現実的な期待を膨らませす
ぎないということ。たとえば，何でもしてもらえるというふうに思われないよう
に気をつけないといけない。そのために私たちが心がけていることは，まず1年
契約で更新という形にしています。そのたびに書類を出してもらう。それから開
設時間と日にちを設定する。毎日やるのじゃなくて，必ず休みを入れる。だから，
いつもあるのがいいんじゃないんですね。居場所というのは居場所であるだけに，
そこにずーっと居たら他との関係が拡がらないんです。だから週に1回でも2回
でもそこに行きたくても行けない日があることが，新たな関係を開くということ

がある。そういうことを配慮するということが大事ですね。

# VI　関わりの基本的姿勢

　基本的な姿勢としてはすでにお話しましたけれど，「希望を引き出す」。それから，「節度ある押しつけがましさ」。それから，「独特の個性という視点」。「必ずしもネガティブな体験ではない」という認識。

### 独特の個性という視点
　この「独特の個性という視点」については少し補足しておきましょう。不登校の子たちを見ていると，その子が非常に独特の感性をしていて，その感性が，誰が悪いのでもないんだけれど，今は裏目に出ているように思われる，そういう子たちがいます。たとえば，私が関わった例では，競馬と馬が大好きという少年がいました。家庭訪問をしたら馬や競馬についての資料がいっぱいあるんですよ。馬と競馬。こういう場合，見方によっては発達障害じゃないかと見る専門家もいると思います。しかし，援助にあたっては，私は発達障害であるかないかに関わらず，この子の持っている個性だという見方をすることが大変重要だと考えています。その子は，馬の話をしたら止まらないんですよ。小学校の高学年から中学校全然来ていない子です。
　私は中学のスクールカウンセラーとしてその子と関わりました。そういう時どうするか。まず身も蓋もないことをやるんです，私。まず競馬のビデオを買いました。競馬のビデオを探したんですが，どの領域でもたいていありますね。私が知るだけでも，当時競馬のビデオ10本〜20本出ていましたね。だからその内の3本を買いました。私もセコいものですから，これを研究費で買ったんですよ（笑）。そしたら事務が「これはいったい何に使われるんですか？」って言ってきたんだね。説明したけど，「理由書を出せ」と言うわけです。それで，「不登校の子の援助活動に使います〉っていう理由書を書いたんです。その後，ゲームのソフトを買った時も理由書を出せと言ってきましたけれども（笑），自分の子どものために買っているんじゃないかと疑われていたんじゃないでしょうか。むろん，そんなことは一切ないので，理由書を書きました。3回くらい理由書を書きましたら，大体あそこは変なものを買うところだということで，今は理由書を出せとは言われなくなりました。
　3本の競馬ビデオを買って，本人の所に行ってこういうビデオがあると言うんですよ。「ええっ!!」って反応しましてね。歴史に残る名勝負というのが競馬界にあって，それを収録した，「名勝負十番」とかあるんですよ。〈見たいか？〉と聞いたら「見たい」と答えました。で，〈学校にある〉と言いました（笑）。〈相談室

に置いてある〉と。そうしたら，その子は次の週に学校の相談室に来ました。それで一緒に競馬のビデオを見たんです。これがまた大変でした。短いビデオなんですけれど，途中で全部その子の熱のこもった解説が入るんですよ。「これはですね，先生，○○というんです。この○○のお父ちゃんは□□という馬で，お母ちゃんは××という馬で，そのお母ちゃんの方の馬と，△△という馬が昭和何年のナントカ賞レースでデッドヒートを演じ……」とかね。そういう話が延々と続くんですね。こっちは非常に興味があるフリをして「そうか，そうか」と聞いているんですけれども全然わからないですよ。その時，この子は，同級生とは合わんだろうなと思ったんです。それは本人が悪いのでも，同級生が悪いのでもない。でも，合わないだろうなと。

　それから，すごいことが起こったんですよ。たまたまその年，競馬馬の馬主さんが馬の世話をする係を募集してきたんです。そんな就職の募集があるんですね。その中学に初めてそういう募集が来たと言っていました。その子は，それに就職しました。

　つまりこの子らが独特の個性を抱えていて，その個性が今裏目に出ている。それが適切な出口が与えられたら，うまく生かせる道が見つかれば何とかなるような子たちが少なからずいるということです。他にもこういう子がいました。今度は女の子で京極夏彦が好きという子。知ってます？京極夏彦という，こんな分厚いおどろおどろしい系の本を書く作家。普通中学校の女の子が好きになるようなものじゃありませんよ。でも，それが大好きだというんですよ。で，その子，クラスの子とお友達になりたくて，京極夏彦の話をしたというわけなんです。周りが引いちゃって，それは引きますよね。本人が悪いのでもなければ，同級生が悪いのでもない，誰が悪いのでもないんです。この子の独特の感性が，周りと合わなかったんですね。

### 目標は「元気になること」

　「目標は元気になること」，そして元気になるには「（人と）遊べるようになること」です。それを援助するには，関わる側には「節度ある押しつけがましさ」という態度が大事ということです。よく誤解されるんですが，私は不登校の子たちへの対応の基本は「学校との関係を切らない，維持する，育む」ということが大事だと考えています。よく「そっとしておきましょう」というので，関わりを全部ストップしてしまうことがありますが，それまで細々とあった関係さえも切れてしまうんですね。しばらく休養して回復する場合もありますが，しばしば周りとの関係が切れてひきこもってしまい，どんどん状態が悪くなっていきます。だから，いつまでもそっとしておくというのは，私としてはお勧めではありません。細い糸であれつながっておくことが大事なのだと思います。

第5章　不登校の理解と対応——3.「希望を引き出し応援する」

### 社会や学校との関係を切らない，維持する，育む

　それから，適応指導教室にあまりにも早くつないでしまうのも考えものです。もちろん，適応指導教室につなぐ意義というのはあるんですけれども，あまりにも早くつなぐと今度は元の学校との関係が切れやすくなってしまう。だから，その地域や学校でできるだけの手を尽くすというのが，私は大事だと思います。ただし，学校や担任の先生との関係がものすごくこじれている場合，その場合は別の場所，適応指導教室なり，フリースクールなり，どこかにつながるのが良いと思います。だから「社会との関係も切らない，維持する，育む」ということですね。

　ひきこもりであれ不登校であれ，遊べるようになることが大事。勉強ができるようになることや働けるようになることではなくて，まずは遊べるようになること，これが大事です。考えてみてください。今日一日，皆さんがんばっておられる。私もがんばっています。昨日から来ておられる方も多いと思います。こうやって喋る方も聞く方も大変だと思うんですよ。それができるのも，私で言えば，今日これが終わったらどこかで一杯飲んで帰ろうとか，女性の方だったら帰りに美味しいケーキでも食べて帰ろうとか，そういうのがあるからもつんですよ，私たちは。

　学校や仕事でもそうです。やればやるほど生き生きとしてくる——それが理想ではあるでしょうけれども，現実の学校は退屈なものですし，嫌なこともある。そういう状況そのものが変わることが望ましいのでしょうが，しかしその一方で理想的な社会というのは人類の歴史上これまで実現したことないんです。だから，多少退屈であれ嫌なことがあっても当面は何とかそれを凌いでいかなければならないわけです。それができるためにはやっぱり何かそこかしこで楽しみを見つけて，遊びながら，息抜きをしながらやっていくことが必要ですよね。だから，先に頑張れじゃなくて，先に遊べるように，楽しめるように，息抜きができるようにしようということです。そこを援助しようということですね。

## Ⅶ　援助のための具体的目標

　援助のための具体的目標を挙げておきますね。まずは，表5-1のように，1番目の「遊べるようになること」です。通常はそれだけでいいんですけれど，もうちょっと欲を言いますと，その次には2番目に「協同達成活動」ができるようになるといいですね。遊ぶだけでなく，誰かと一緒に協同して何かをつくり上げていく活動——たとえば，キャンプに行って一緒に食事をつくるとか，班の旗を一緒につくるとか，理科の実験を一緒にしてレポートを書くとか——が出るようになるといいですね。そうすると3番目に，将来の希望とか進路の目標とかを持て

その場で関わる心理療法

表 5-1　具体的目標

1．遊べるようになること
2．協同達成活動ができること
3．将来の希望をもつこと，進路の希望をもつこと

表 5-2　不登校・ひきこもり状態チェックシート

1．いつも自室で過ごす
2．家族とほとんど顔を合わせない
3．ほとんど自宅で過ごす（食事などの時だけ自室から出る）
4．ほとんど自宅で過ごす（しばしば自室から出ている）
5．学校以外の場所に時々外出する
6．学校以外の場所にしばしば外出する
7．時々登校するが，教室に入れない
8．時々登校するが，教室に入る
9．時々休むが，ほとんど登校

るようになる。大体こういうふうに考えています。


「不登校・ひきこもり状態チェックシート」

「不登校・ひきこもり状態チェックシート」と「遊びのチェックシート」というのをつくっています。表 5-2 のように，こういう順番で元気になることが多いですよというのを示したがこのチェックシートなんです。まず，1 番目が「自分の部屋で過ごす」。自分の部屋からほとんど出られないという状態は，やっぱりまだまだですね。こういう状態の時に「お前，学校に来いよ」と先生が言ったって，無理ですよ，行けないですよ。このチェックシートでお子さんや，生徒さん，自分が関わっている人，がどういう状態なのか，何番目くらいなのか，というのを見てください。たとえば 4 番だとします。4 番は「ほとんど自宅で過ごすが，しばしば自分の部屋から出ている」。つまり，自分の家からは出られないけれども，自分の部屋にこもっているんじゃなくて，リビングにちょこちょこ出入りしている。その子がこういう状態だとしますと，次の目標は 5 番の「学校以外の場所に時々出る」ということになります。学校に行くんじゃないんですよ。学校以外のところに少しでも行けるということが目標になります。そういう見方で活用していただけたらと思います。

自分の部屋にひきこもっていた子が，翌日パッと学校へ行って教室へ入るなんてことは──不登校になりたての子にはたまにありますが──長いこと学校に行っていない子が急にそんなことになるってことは普通ありません。学校以外の場所にしばしば外出できるということがあって，学校に行けるようになるんですよ。

第5章　不登校の理解と対応──3.「希望を引き出し応援する」

表 5-3　「遊び」の形態チェックシート（含「息抜き」・「娯楽」・「暇つぶし」）

1．遊べない
2．室内で一人だと遊べる（例。テレビゲーム）
3．室内で誰かと一緒に遊べる（2人→複数）
4．屋外で誰かと一緒に遊べる（2人→複数）
5．屋外で一人で遊べる（散歩，町をブラブラ）
6．屋外で誰かと一緒に身体遊びができる
7．一人でも遊べる

表 5-4　「遊び方」チェックシート

1．遊べない
2．遊びができている
3．楽しめている
4．気が抜けている
5．軽口を叩ける

　だから，このチェックシートを活用して，状態に応じて段階的にいろいろなお勧めをしてあげて欲しいんです。やっぱり1，2，3，4くらい，4番目くらいまで来ないと，次の外の人との関わりを求めていくというのはなかなか無理だということです。

　それから，遊べるように援助するためのチェックシートもあります（表 5-3）。ここで「遊べる」ということは，大袈裟なことだけではなくて，息抜きとか気晴らしとかも含め遊べるというふうに言っています。どんな項目があるかというと，まず1番目は「遊べない」状態。これは深刻ですね。布団を被って寝ているしかない状態。何をやっても楽しくない。次の2番目は，「室内で一人で遊べる」。夜中に起きてテレビゲームをしている。これは少し，ほんの僅かですけれども余裕が出てきている。3番目は，友達が来た時などに，2人でテレビゲームをするとかで，「室内で誰かと一緒に遊ぶことができる」。こういうことができるようになったら，次の目標は4番目の「屋外で誰かと一緒に遊ぶことができる」ということになります。

　それから5番目が，「屋外で一人で遊べる」。どうしてこれが5番目かというと，誰かが一緒にいないと外出できないという子が結構いるんですよ。お母さんと一緒だったら出れるとか，誰かと一緒だと大丈夫だけれど，一人だと無理という，そういう子が結構いるので，これを5番目に持ってきています。

### 遊び方のチェックシート

　「遊び方」チェックシート（表 5-4）の2番目は，「遊びが一応できている」。私

の経験では，不登校の子の多くが，一応は遊べているように見えても実は楽しめてないんですよね。それが慣れてくると，3番目の「楽しめている」，段々楽しめるようになって，元気が出て来る。これがもうちょっと行くと4番目，「気が抜けている」。「気楽に遊べている」と言ったらいい。そして，私のお勧めは5番目で，「軽口を叩ける」。ここぐらいまで行くと大体大丈夫ですね。だから，この子だいぶ元気になってきたなあと思ったら，私は一緒に遊びながら時々，挑発するんです。たとえば，ゲームやってて私が負けてくると，本人に，〈あ，お前，性格悪いな〉とか言うんですよ。そしたら，「いやあ，先生ほどじゃないですよ」，こう言うようになったらもうかなり大丈夫ですね。ところが，〈性格悪いな〉と言われて，「ああ，僕，性格悪いのかあ……」と，こうなっちゃうとマズいので，結構元気になってきてから言わないとダメです。タイミング次第では本人を傷つけてしまいますけれども，でも，こうやって憎まれ口のひとつも，軽口のひとつも叩けるようになってくると，その子は少々のことがあっても，もうかなり大丈夫ですね。

## Ⅷ　適応指導教室での変化過程

　適応指導教室での不登校の子の変化過程をうちの研究室の大学院生だった山辺麻紀さんが調べたことがあります。夜間のステップスクールの場合と一緒で，最初はしめやかな雰囲気なんです。シーンとしている。教員側がちょっと何かを言うでしょ。そうすると「はい」とか「いいえ」とかだけ小さな声で答えて，あとはまた黙っている。で，また別の子に何か言うでしょう。そうするとまた，「はい」とか「いいえ」とか小さな声で答えて，あとはまたシーンとしているんですよね。最初のうちはそんな感じです。

　それが段々と，先生とはすこーしやり取りができるようになる。さらに段々慣れてくると生徒同士，横同士のやり取りが出てきます。ついには，そのうちそこでの活動を自分たちが提案し始めたりする。そうなってくると，ものすごく元気になっています。そういう変化過程があるんです。

### 最初の1週間が大事——初期対応の重要性

　今日は，学校の先生のご参加が多いので，もうひとつ大事なことを申し上げておきます。それは，不登校になりはじめの最初の1週間前後の対応がものすごく大事だということです。このことは多くの専門家が見落としていることです。私たち外部の者から見て，学校は何がすごいかというと3日行かなきゃわかるということです。3日来なかったらこの子は不登校じゃないかと，大抵わかりますよね。学校に行けなくなって3日目くらいからもう関わりが持てるわけですよ。こ

第5章　不登校の理解と対応──3.「希望を引き出し応援する」

れはカウンセラーでも精神科医でも外部の専門家や相談員には，全くできないことなんですね。だからぜひこの時に，「学校との関係を切らない」ように，最初の1週間は頻繁に家庭訪問する。そしてできるだけ本人の気持ちに沿って話を聞く。すぐに対応できそうなことがあればする。そして，本人が，クラスで学校でより居心地が良くなるような関わりをできるだけしてもらう。これだけで何とかなることがあるんです。長期化した場合は，もっと違う対応が必要ですが，初期にはそういう対応がお勧めです。

初期対応の例をお話します。中学1年生の男の子が最近登校を嫌がって，ちょこちょこ学校を休むようになった，いわゆる五月雨登校というやつですね。普通はこういう場合は，外来の相談室にこの段階ではなかなか来ないものです。通常は，大体学校に行けなくなって，数カ月から数年が経ってから，相談室やクリニックに相談にみえるんですね。ところが，その子のお兄ちゃんが不登校だったので，弟もすぐ不登校になっちゃうんじゃないかと親御さんが心配して，相談に来られました。

私はどうしたかと言うと，本人とは会っていません。そして，中学校を訪問しました。その中学校の担任の先生とお会いして2つお願いしました。ひとつは本人が来なかった日には放課後に家庭訪問をしてひと声かけていただきたい。その時に「明日待っているからね」とかそんなことを言わないで，「どう？　元気にしてる？　大丈夫？」ってひと声かけてもらう。それだけです。女性の優しそうな先生で，その先生の訪問を本人は大変喜びました。で，先生が家庭訪問すると，翌日にはこの子学校に行くんですよ。

私が先生にお願いした2番目のことは，どうも友達がいないらしくて，「学校が面白くない」と言ってたことがあるそうなので，面白くなるようにご配慮いただきたいということです。具体的には，たとえば，班替えか何かの時に，ご配慮をお願いしたいということをお願いしてきました。

私がやったのは，先生にはこの2つをお願いしただけです。そしたらうまくいったんですね。それから，お母さんにお願いしたのは，「3日続けて休ませない」ようにしてくださいということ。この3日っていうのが大事なんですよね。人間って三日坊主って言葉がありますように，続けていることを3日しないでいたらものすごくやりにくくなるものです。大抵のことは3日で慣れるんですね。逆に，きついこともなんとか3日続けると4日目には楽になる。おそらく身体の生理的なことと関係があるんじゃないかと思います。だから，息切れして1日休むのは，仕方ない。でも次の日にはなんとか行かせることを心がけていただきたい。まして，3日続けて休むと後が大変だから，ずるずると長引くということがよくあるので，なるべく学校に行くように促していただきたい。先生とお母さんに，以上のようなことをお願いしたら，欠席が目に見えて少なくなりました。そして，学

97

期が変わると班替えがあって，そこでよく話す友達ができて，全く休まなくなりました。「学校が楽しい」と言うようになりました。

　なぜこういう例を挙げるのかというと，この初期段階で適切に対応してなかったら，ひょっとしたらこの子の不登校はずるずると長引いたかもしれない。学校に行けない，行かない体制にしっかり入ってしまうと，そこからは結構大変だと思うんですね。だから，初期対応というのは，本人にとってはきついかもしれないけれども，いろいろ手を尽くすだけの価値はある。やってみてダメだったら，次はもっとじっくり構えるというふうに，不登校になりはじめの初期対応ともうすっかり行かなくなっちゃった状態とは区別して対応する方がいい。こういう関わりというのは学校の先生にしかできないことなんです。私たち外部の者にはできない対応なんですね。

　ただし，困るのは，時々強引にやる先生がいます。たとえば，家に行って本人の部屋のドアを蹴破って，踏み込んで羽交い絞めにして無理やり学校に連れて行ったというようなことがあるんですよね。そうするとその日は何事もないかのごとく過ごしたそうですが，帰ってから部屋にバリケードを築いたそうです。

　また，学校の先生は家を訪問しても，しばしばすぐについ「明日待っているからな」とか「頑張れよ。早く学校に来いよ」とか，そういう話をしちゃうんです。特に親御さんが横に居たりすると，先生らしいことを言わないといけないという気になるらしいんです。そこで，つい「勉強してるか？」とか言っちゃうんですね。そうすると，本人から嫌がられる。これは私が家庭訪問する際に使うためつくったプリクラです（笑）。会えない場合に，これをメモに貼り付けて置いていくんです。そのためにわざわざつくったんですけど，これつくるのは，恥ずかしかったです（笑）。ギャルがいっぱい並んでいます。そういう中で怪しいおじさんが，１人……。

## IX　家庭訪問の原則

　家庭訪問の原則をちょっと話して終わりにしたいと思います（表5-5）。まず１番目に，誰が訪問するか，担任ですね。２番目に，いつ訪問するか，原則としては放課後訪問するのが良い。３番目，逃げ場をつくっておく。これはもう申し上げましたね。４番目，予告する。そして，本人の反応次第で適度な頻度にする。５番目，できれば適度な頻度で定期的に。学校の先生で，行くとなったら毎日行く，行かないとなったら何年も行かない。そのパターンが起こりやすいんですよ。ですから，そうではなくて，適度な頻度で定期的に関わりを持ってもらうということが大事です。

　６番目，会えなくても失敗ではないということです。これはとても大事なんで

第5章　不登校の理解と対応——3.「希望を引き出し応援する」

## 表 5-5　不登校生徒への家庭訪問の原則

```
 1．誰が訪問するか：担任・カウンセラーほか
 2．原則として，放課後訪問するのがよい
 3．逃げ場をつくっておく
 4．予告する，反応次第で適度の頻度
 5．できれば適度の頻度で定期的に
 6．会えなくても失敗ではない
 7．会えなくても，プリントや教材等を届ける
 8．会えても深追いしない
 9．不用意に本人の部屋に踏み込まない
10．接し方（勉強の話はしない，登校の約束をさせない，登校できるできないよりも本人
　　自身が元気になることが大事という立場で）
11．会えるようになったら　説教癖に注意
12．活動の場や関係を拡げる：チャンネル探し→つなぐ試み
13．事情が明らかなるに応じてその後の対応を検討する
14．（上記の方針に沿った）保護者への助言
15．上記の原則とは反対の対応を続けている場合は仕切り直しをする
　　＊重篤な問題や深刻な自傷他害の可能性がある場合は，専門機関へ相談すること
```

す。先生方が，２～３回行って会えないと，ガックリきて後は全く行かなくなるということがよくあるんです。どうして失敗じゃないのかというと，理由が２つあります。ひとつは，本人に会えなくても，先生が訪問を続けてもらうと，保護者がものすごく安心されるんです。学校の先生が関わってくれている。うちの子のためにいろいろと手を尽くしてくれている。ほったらかしにしていない。このことですごく安心されます。逆に，全く行かない，あるいはたまに電話一本ですませるとかだと，ほっとかれているという感じがするものです。保護者，特にお母さんが安心される。中にはお母さんが安心したら，子どもが学校に行くようになったというようなこともあるんですよ。もちろん，それはしばしばあるわけじゃないけれども，そういうことだってある。先生が時々家庭訪問してくれると，とにかく保護者が安心されるんです。

　会えなくても失敗じゃない，２番目の理由。それはね，自分の部屋から出てこなくても，本人はものすごく気にしているということなんです。たとえ会えなくても，先生が帰ったら，たいていすぐ部屋から出てきて，お母さんに言いますよ，「先生何て言いよった？」と。聞き耳立てていますよ。そして，先生が何を言って帰ったかということをものすごく気にしています。その時こそチャンスですよ。「元気になることが大事だって，先生言ってたよ」，そういう話を保護者にしてもらうんです。先生は自分を無理やり引っ張り出そうとしているわけではないということがわかると，そのうち必ず部屋から出てきます。会えないということはあり得ないです。必ず出てきます。

さて，出てきた時，ここがまた大事なところです。8番目，会えても深追いしない。何回か通って，やっと子どもが出てきた。そしたら先生，嬉しくて「おおそうか，よく出てきたな。男同士腹を割って話をしよう」って言って，それから2時間くらい居座っちゃった。そうすると本人はクタクタになって，その次からパタッとまた出てこなくなったそうです。

それから，不用意に本人の部屋に踏み込まない。接し方は先程言いましたけれども，登校の約束をさせないということ。要するに本人自身が元気になることが大事という立場をわかるように接する。会えるようになったら，説教癖に注意。「そういう考えは甘い」とかですね，「社会はそんなもんじゃない」とかつい言いたくなるんですけれども，そういうことは言わない。あとは，活動の場や関係を拡げる。たとえば，同級生にプリントを届けてもらったり，それから活動の場や関係を拡げるにはどうしたらいいかを親御さんとも一緒に考えてもらうなどする。そんなことですね。ただ，重篤な問題，深刻な自傷他害の恐れがある場合には，医療機関等の専門機関への相談を，ぜひお願いしたいと思います。

# X　おわりに

そろそろ時間がきましたので，私が好きな言葉を最後にご紹介して終わりにしたいと思います。

「変わるものを変えようとする勇気，変わらないものを受け入れる寛容さ」そして，最後がまたいいんです。「この二つを取り違えない叡智」。

> 「変わるものを変えようとする勇気
> 　　変わらないものを受け入れる寛容さ
> 　　　この二つを取り違えない叡智」

これがやっぱり人と関わる，対人援助の時の非常に大事なポイントではないかと思います。考えようによっては夫婦関係なんかにも応用できるのではないかと思うんですけれども，とても意味深い言葉だなと思っておりますのでご紹介させていただきました。長々と居眠りもなさらずにご清聴いただき，ありがとうございました。一応これで私の話を終わらせていただきます。どうもありがとうございました。（拍手）

# 第6章

# 発達障害とその周辺

## I 「その場で関わる心理臨床」と発達障害

　本章では，発達障害とその周辺の問題への対応について述べる。現在大変重要な課題となっているのが，いわゆる学習障害，アスペルガー症候群，ADHD，知的障害をはじめとする発達障害を抱えた子どもたちや発達障害のような特徴を示す子どもたちの援助である。

　私が好きな言葉に，「変わるものを変える勇気，変わらないものを受け入れる寛容さ，この二つを取り違えない叡智」というのがある。心理臨床の要諦がここにあると考えている。この言葉が，発達障害の支援にあたってもとりわけ有用である。変わるべきは個人ではなく，「個人と周囲との関係」なのである。したがって，発達障害児についても，その子が新たな学びで変わることだけでなく，本人は変わらないで周囲が変わることが必要なこともあるだろうし，また周囲も変わり，本人も変わることで，「本人と周囲の関係」が改善することもあるだろうということになる。

　本書でも発達障害という語を用いることにするが，「発達障害」という語に実は私は非常に違和感を感じている。ましてや「**注意欠陥多動障害（ADHD）**」（最近では「**注意欠如多動障害**」と訳されている）などという語はなおさらである。私は「発達の偏り」とか「注意集中困難」などと呼ぶ方が適切であると考えている。

　発達障害とは「Developmental Disorders」の訳であるが，そもそも「Disorder」を「障害」と訳すのが果たして適切なのかどうか疑わしい。その後 DSM-5 では，「Developmental Disorders」は「Neurodevelopmental Disorders」という名称に変わったが，これも「神経発達障害」と訳すのが果たして適切なのかどうか疑わしい。

　自分自身が年を重ねていくにつれて，ますます自分が得意領域とそうでない領域とで相当に差がある，つまり偏りがあると感じるようになってきた。若いうち

101

はその差がそれほどひどくは目立たなかったのが，おそらくは自然な老化による気力の衰えで，それがますます目立つようになってきたものと考えられる。誰しも発達には偏りがあるし，ある程度は偏りがあるのが自然であるとも言える。人は誰しも発達の偏りを生きている。そうした偏りが一定の限度を超えると，発達障害という診断名がつくこととなるが，私たちの偏りと連続線上にあるものである。すなわち，発達障害とは，発達のより大きな偏りのことである。

　つまり，ある幅の範囲の偏りはしばしば個性と呼ばれ，幅の大きい偏りは発達障害と呼ばれるということになっているのである。したがって，障害と捉えるのではなく，「個性」と捉えることで「本人と周囲の関係」が改善することもある。その一方で，後に述べるように，発達障害児や発達障害が疑われる子たちが時に示す他児への暴力のように，「個性」と捉える視点では歯が立たない問題もある。このような場合，「その場で関わる心理臨床」がしばしば有効である。

　さらに思うのは，発達障害概念のあいまいさである。ADHDなどはその最たるもので，子どもはみな多かれ少なかれ多動である。そして，離席や教室からの飛び出し，さらには暴力があり，ADHDではないかと言われている子も，私の経験では小学校3〜4年生くらいまでに席に座っておけるように援助していくと，それ以降急速に落ちついてくる子が多いという印象がある。

　また，児童養護施設等の児童福祉施設ではADHDをはじめ発達障害または発達障害サスペクトの子が大変に多い。これまでの家庭や施設での養育環境の影響が極めて大きいように思われる。したがって，施設での発達障害児とその周辺の子たちには，手厚く丁寧な養育こそが，医療や教育に先立って尽くされるべきである。実際，それによって改善する例は少なくない。

　発達障害児への援助という領域では，「その場で関わる心理臨床」「その場で関わる援助」がとりわけ有用である。中でも，後半に挙げる事例などは，まさに「その場で関わる心理臨床」でなければとても対応できないであろう。

　先に述べたように，人が困難にぶつかり，それをなんとか切り抜けられるのは，ある程度の体験の蓄積があり，なんらかの形でそれを活用しているからである。したがって，「体験の蓄積・整理・活用を援助していく体験支援的アプローチ」，中でも「その場で関わる心理臨床」はそのような体験の蓄積がいまだ少ない子どもへの発達援助やいろいろな学びにつまずきが生じやすい発達障害児への援助ではとりわけ有用である。

　この10年ほど，児童養護施設等の児童福祉施設に関わっている。これらの施設には発達障害の診断をすでに受けている子も少なくないが，診断はついていないが発達障害があるのではないかと疑われる子どもも多い。したがって，どこの児童福祉施設も発達障害またはその疑いがある子どもが少なからずいて，その養育や指導に職員や教師が大変苦労しているのが現状である。

第6章　発達障害とその周辺

　発達障害については，わが国でもすでに多くの本が出版されているが，それらはいずれも個としての発達障害に注目したものがほとんどで，学校や施設などでそのまま役立てることができにくい。というのは，障害児は学校や施設などの集団場面ではいじめ・暴力被害にあっていることが多いからである。また，後に述べるように，多くの施設では暴力問題があり，土台としての安心・安全が実現しない限り，あらゆる働きかけは効果があがりにくいからである。

　また，いまひとつの問題は，発達障害児や発達障害の疑いがある子（発達障害サスペクト児）に対する臨床心理士などのいわゆる専門家による対応は，その多くが面接室での関わりが主となっていて，「その場で関わる心理臨床」や「その場での体験を援助する」ことを主に行うといった発想があまりにも乏しいということである。

　発達障害についての研修会はおおはやりである。それだけ現場のニーズが高いということの反映であろう。発達障害への援助は現実の生活文脈から切り離して見立て，アプローチすることはしばしば危ういと考えている。

　外来の相談室やクリニックでは，子どもの相談ではもっぱらプレイセラピーや箱庭療法が実施されることが圧倒的に多いようである。不安が強いなどの主に情緒的な問題の場合，それは妥当な選択かもしれない。しかし，生活場面での問題行動が深刻だったり，現実が過酷だったり，あるいは発達障害の可能性が高い場合，プレイセラピーや箱庭療法等の個人面接が必要ないとまでは言わないが，少なくともそれが主であるというのは，妥当な選択であるとは言い難い可能性が高い，と私は考えている。

　にもかかわらず，発達障害の援助の昨今の流れを見てみると，私が危惧しているのは，発達障害に心理士や精神科医などの専門家が関わるのにあたって，面接室で診断し，面接室で個人セラピーを実施するというパターンが圧倒的に多いということである。学校や家庭などこの子たちが暮らしている生活場面を見ずして，適切な対応が果たしてできるのかはなはだ疑問である。また，いまひとつ危惧するのは，学校や家庭などの現場からのニーズは，圧倒的にその場でどう対応したらいいのかということである。換言すれば，それだけ本人も周囲も困っているのである。

　そういうことを考えながら，以下をお読みいただきたい。

## II　発達障害児および発達障害サスペクト児への対応

　発達障害という診断名の登場は，かつては努力が足りない，親のしつけがなっていないなど，その子自身の性格や家庭のしつけの問題とされてきたものが，そういう問題ではないということが明らかになったという点で大きな意義がある。

103

また，近年発達障害は虐待による影響という視点から見直されてきている（杉山，2007）。

## 1．発達障害児への対応の基本的視点
### （1）発達障害児の成長の基盤も「安心・安全」

　私の主張自体は，簡明なものである。つまり発達障害児童の成長の基盤も，他の子たちと同様に，「安心・安全」であるということである（田嶌，2010c, 2011）。つまり，発達障害の指導や養育においても，安心・安全の実現という土台の上に，発達障害児の特性をふまえた個別の対応や指導がなされるべきであるということである。

　こういうことを強調するのは，彼らがしばしば安心・安全な状況にないことが少なくないと考えているからである。発達障害児はしばしば学校等でいじめられていて，中には深刻ないじめにあっていることがある。中には，家庭で保護者からの暴力にさらされていることさえある。

### （2）「発達障害」概念の使われ方の弊害

　発達障害という概念の意義は先に述べたが，その一方で学校現場や施設では弊害も出てきている。学校や施設での発達障害という語の使われ方としては，最近の傾向としては，指導が難しい子，指導が通らない子がいると，臨床心理士や精神科医が「発達障害ではないか」とか「発達障害の傾向がある」などと指摘する。そのため，指導しても通じないとか，「受容的に接しましょう」などという美しい言葉のもとに，極端に許容的な対応を行い，やりたい放題になってしまうことがある。つまり，「発達障害ではないか」という見方が濫用され，その結果，その子を特別扱いにしたり，言っても通じないからと指導しないという問題も出てきた。

　発達障害については，わが国でもすでに多くの本が出版されているが，それらはいずれも個としての発達障害に注目したものがほとんどで，そのまま学校で役立てることができにくい。いわゆる専門家からの助言は，必ずしもクラス全体に目配りしたものではないため，適切な指導にならないことがあるので，注意が必要である。

### （3）一次障害・二次障害と一次的ニーズ・二次的ニーズ

　さらに注意すべきは，精神医学的診断や発達アセスメントも大事だが，発達障害と診断されたとしても，その「障害」の改善そのものを主な援助の対象とするのが適切であるとは限らないということである。

　たとえば学習障害（LD）と診断された子は，特定の教科と関連した能力が明らかに劣っている。それだけでなく，そのために教室でいじめられるなどの対人関係の悩みや問題を持っていることが多い。中には不登校になっている場合もあ

る。いわゆる「アスペルガー症候群」や「ADHD」など他の発達障害でも同様である。軽度の発達障害児がクラスで友達もできず，いじめられるなどして不登校に至っている場合が少なくないのである。

　このような場合，学習障害と診断された特徴やそこから推測される脳の障害は一次障害と言い，いじめや対人関係の悩みは二次障害と言われる。一次障害とは，「なんらかの中枢神経系の器質的・機能的な障害」を指し，二次障害とは周囲の無理解，拒否的態度，放置によって，心理的・行動的問題が発生することを指す，となっているようである。

　しかし，ここで注意すべきは，本人自身の切実なニーズはどちらにあるのかということである。それは，特定の教科の成績を伸ばすことよりも，いじめられなくなることであろう。また，障害児も障害者も，障害とそれに関連したことだけを悩んで生きているわけでは決してない。当然ながら，一次障害にも二次障害にも属さない切実な問題を抱えていることもあり得るのである。したがって，一次障害・二次障害という区分からは見えてこない重要なものがある。

　ましてや，本人のもっとも切実なニーズは一次障害・二次障害という区分からはしばしば見えてこない。そこで，「一次障害」「二次障害」という語に併せて提案してきたのは，「一次的ニーズ」と「二次的ニーズ」という語である。「一次的ニーズ」とは本人自身のもっとも切実なニーズを言い，「二次的ニーズ」とはそこまでは至らないニーズを言う（田嶌 2007b）。心理臨床の目標は本人自身のもっとも切実なニーズからというのが望ましい。もろん，それに応えることができそうにないことも少なくないだろう。そうであっても，せめて本人自身のもっとも切実なニーズに敏感でありたい。また，このことは，これまで述べてきた「希望を引き出し応援する」ということの形を変えた表現である。

　私たちの臨床は障害の治療ではない。障害を抱えた人の援助である。


## ２．発達障害児への対応の原則
### （１）基本ルールは一緒

　たとえば，「知的障害ではないか」「発達障害かもしれない」「反応性愛着障害では」といった場合を例に述べてみる。まず，重要なことは，発達障害児の成長の基盤も「安心・安全」であるということである。原則は，たとえ発達障害であろうが，知的障害であろうが，反応性愛着障害だろうが，「①基本ルールは他の子と一緒，②ただし伝え方，理解のさせ方等に工夫が必要」（田嶌，2010b, 2010c, 2011）ということである。発達障害，知的障害あるいは反応性愛着障害の子だと，他児を段っていいなどということがあるはずがない。守るべき生活の基本ルール（グランドルール）は一緒である。すなわち，ここでいう生活の基本ルールとは，小さなルールや規則とかではなく，これが守れないと一緒には生活できないだろ

うといった水準のルールである。

## （2）希望を引き出し応援する

先に一次的ニーズ，二次的ニーズについて述べたが，発達障害児についても，問題行動の対処だけに終始するのではなく，本人自身の希望を引き出し応援するのが基本である。本人自身が希望や目標を自覚し言語化できることが望ましい。その過程で，さらにはできれば本人自身の自分の特徴についての**自己理解**とそれに基づく**自助努力**を育むことが望ましい。しかし，それがしばしば難しいこともある。その場合，当面は支援者など周囲の大人が本人自身のニーズを汲むことが必要である。この時，大人の側の姿勢が問われることになる。

## （3）伝え方，理解のさせ方を工夫

発達障害（含，「発達障害サスペクト」）や知的障害や反応性愛着障害などの場合，きちんと伝わったかどうかわかりにくかったり，あるいはその時は心に響いたようだが持続しないとか，言われたことをすぐに忘れてしまうといったことが起こりやすい。そのため，通常の厳重注意の手順に加えて，その子どもの特性に応じた工夫が必要になる。たとえばアスペルガー障害だと，視覚的に提示するなどの工夫がしばしば役立つことはよく知られている。以下に，よく言われていることだが，日常の関わりに際して，現場で役立つ「わかりやすい伝え方」の留意点を述べておく。

わかりやすい伝え方1：視覚的提示等「構造化」の工夫

理解しやすい構造を設定して提示する「構造化」（ショプラーら，1985）が役立つ。視覚的提示が通じやすいことが多い。たとえば，連絡ノートに成果表の色分け提示を行うなど課題の出来・不出来を視覚的に提示したり，空間も視覚的色分けによる設定を行ったり，クールダウンの部屋を設けるなどが挙げられる。ただし，視覚以外の提示が効果的な場合もある。なお，「構造化」の具体的やり方は（佐々木，2008）に詳しい。

わかりやすい伝え方2：変更は早めに伝える

予定変更に弱い子には，あらかじめ日課表を視覚的に提示したうえで，変更は早めに伝える。

わかりやすい伝え方3：「ワンセンテンス・ワンミーニング」

極めて具体的で短い表現を心がける。1回の表現でいろいろなことを言うのではなく，「ワンセンテンス・ワンミーニング」（湯汲，2003）とする。

わかりやすい伝え方4：「〜しなさい」という表現の多用

「〜してはいけない」 という表現よりも「〜しなさい」「〜してね」という表現を

多用する。ただし，「～してはいけない」は特に重要事項にのみ使用する。

**わかりやすい伝え方５：その場で教える，具体的表現**

　トラブルになりそうな場面では，その場で介入し，周囲または本人に言動をその場で教える。その際，簡潔な具体的表現を心がける。また，教えるだけでなく，そのことを本人自身も言葉で言えるように援助する。本人がパニックになるなどその場での介入が難しい場合は，クールダウンした後に，なるべく早い時期に振り返りをさせる。

**わかりやすい伝え方６：（重要なことについては）複数の大人が同じフレーズを言う**

　周囲の複数の大人が同じルールを違った表現で伝えると，混乱しやすい。特にこれだけはという重要なことについては，複数の大人が同じく簡潔な短いセリフ，文言を使って伝え，教える。たとえば，「叩くな，口で言う」，「立ち上がらない」，「腕一本分，離れる」等である。

**わかりやすい伝え方７：時間が経ちすぎないうちに伝える**

　「その場で教える」のが難しい場合も少なくない。その場合は，クールダウンを待ち，時間が経ちすぎないうちに伝えることを心がける。

**わかりやすい伝え方８：持ち味を生かす役割を**

　持ち味を生かす役割を与える。たとえば，こだわりの強い，時間にきっちりした子には，学校でも家でもタイムキーパーの役割をしてもらうなどが挙げられる。

## （４）案外通じる

　通常は通じないと言われている子どもたちにも関わりの工夫次第で案外通じるとことがけっこうあるものである。教師から，「この子は知的遅れがあるから，理解できないと思います」，「ADHD だから，教室でじっと座っているなんて無理です」といったふうに言われていた子が，驚くほどきちんと理解できたり，じっと座っておけるようになるという経験はかなり持っている。

　ひとつには，周囲の側が「この子には言ってもわからない」と思い込んでいて，きちんと注意してこなかったし，子どもの方もそれでいけることを学習してきているという面もあるように思われる。わかりやすい場面設定のもとで，わかりやすい伝え方を工夫することで，しばしば改善が見られるものである。

## （５）わかりやすい提示と指導

　発達障害や知的障害の子どもたちには，「わかりやすい提示と指導」が必要である。彼らにとって，理解しやすく，見通しの持ちやすい指導であることが重要である。周囲がわかりやすいルールを提示し，複数の大人が同じフレーズで教えるというやり方が有効である。

## （６）問題を絞る

　「わかりやすい提示と指導」のためには，まずは問題を絞ることである。何もか

その場で関わる心理療法

表6-1　発達障害児への対応の原則

> （1）基本ルールは一緒
> （2）希望を引き出し応援する
> 　　　　　　自己理解と自助努力へ
> （3）伝え方，理解のさせ方を工夫（表6-2参照）
> （4）案外通じる
> （5）わかりやすい提示と指導
> （6）問題を絞る
> （7）学校と課題を共有する
> （8）関わりながら見立てる

表6-2　わかりやすい伝え方

> 1．視覚的提示等「構造化」の工夫
> 2．変更は早めに伝える
> 3．「ワンセンテンス・ワンミーニング」
> 4．「〜しなさい」という表現の多用
> 5．その場で教える：具体的表現
> 6．（重要なことについては）　複数の大人が同じフレーズを言う
> 7．時間が経ちすぎないうちに伝える
> 8．持ち味を生かす役割を

も一緒に指導しないことである。重点的に指導する項目は「一時期にひとつ」とする。

（7）学校と課題を共有する

　学齢期の子であれば，家庭と学校とで課題を共有し，連絡ノートをつくり，施設と学校の両方の場で同じ課題を指導することである。

（8）関わりながら見立てる

　以上のように述べてきた方針で臨めば，従来よりもずっと効果をあげることができよう。しかし，それでも改善しない場合も当然ある。ここで重要なことは，それでだめなら，もっと個別性の高い関わりが必要ということである。つまり，発達障害への関わりは，性急に結論を出すのを急ぐのではなく，その子へのこのような長期的関わりへの反応を見て，見立てることが重要である。

　以上が，発達障害児またはその疑いのある子どもへの対応の基本である。それをまとめたのが，表6-1および表6-2である。

　例を挙げておこう。

　こだわりが強く教室に入れない小3男子F君の例

　小3のF君の特徴

第6章　発達障害とその周辺

　小3のF君は，施設では年長児のA君やI君らを怖がっている半面，自分より弱い子には威圧的であった。また，小3の4月の段階では，教室に入れない，入っても嫌なことを指示されると，すぐ出て行く状態であった。目立った特徴としては，いくつかのこだわりが強い面がある。たとえば，地図や駅名にこだわり，驚くほどよく記憶している。また，歩行者信号を必ず自分で押さないといけないのであり，他人が先に押してしまうと「ギャーッ」と叫び，パニックになる。高機能自閉症か，強迫的性格か。

　学校での問題点とその対応

　担任によれば，学校では，教室に入れないことに加えて，以下のような特徴があるとのことであった。

　　1．他の子どもと同じペースで指示した時に，切り替えができないことが多い。担任が〈もう止めて〉，〈おしまい〉と言っても，本児は「いやだ」，「まだする」と言い張ることが多い。
　　2．担任がしなければいけないことをやらせようとした時，やろうとしないことが多い。担任が，〈～しなさい〉，〈～の時間です〉と言っても，本児は「したくない」，「俺はせん」と答えることが多い。
　　3．担任が禁止すると，反抗的になり，わざと叱られるような行動を起こす。担任の〈だめ〉，〈やめなさい〉，〈いけない〉という言葉には過剰に反応する。
　　4．担任が注意すると，本児は「なんで俺だけ言うんだ」，「俺はやってない」と反発する。
　　5．担任がせかせたり，くりかえし言ったりすると，「しつこい」，「うるさい」とかんしゃくを起こす。
　　6．担任がきつい言い方をすると拒否されたと思い，次の言葉が入らなくなる。

　基本方針

学校と協議し，以下のような方針で臨むこととする。

　　1．連絡ノートを作成し，課題を学校と共有する
　　2．（教室に入る等の）重要ルールは徐々に守らせる方向に
　　3．こだわり行動への対応方針

　当面は，こだわり行動については，禁止せずに代案を示すこととする。本児が「～したくない」と言い張ったら，〈そう。でも，こんなこともできるよ〉，〈先生が手伝おうか〉，〈一緒にやろうか〉と応じる。

　施設の状況：（X年4月下旬）

　ここで重要なのは，本人が施設で深刻な暴力にさらされていないことである。

　この施設では，私が考案した「安全委員会方式」（第13章参照）という施設を挙げて暴力をなくしていく活動を開始したばかりであった。

安全委員会活動開始後，年長児は暴力を我慢する様子がうかがえるようになった。その一方で，年少児が生意気になる様子が出てきたので，安全委員会から年少児に注意を行った。小３のＦ君は，年長児のＡ君やＩ君らを怖がっている半面，自分より弱い子には威圧的であった。聞き取り調査では最初は年長児が怖いと言えないでいたが，約半年後には，高校生のＡ君やＩ君が怖いと言えるようになってきた。また，それに伴って，小６の子が「何もしていないのに，いじめてくる」と訴えることができるようになった。約１年後には，年長のおとなしめの中学生に対して名前を呼び捨てで呼ぶようになってきたため，それを本児に厳しく注意し，さらに全体集会を開催し，年長児の前で小さい子への「年長児の名前の呼び捨て禁止」を伝えた。その後，大きい子たちの怒りはかなり和らいだようであった。なお，Ｆ君をはじめ，年長児を一時は呼び捨てにしていた子たちも年長児をちゃんと君づけで呼ぶようになった。

### 外泊からの帰省時のしぶり

外泊からの帰省時，園に着いても母親の車から降りず，立てこもる。母親と離れたくない心情は察するに余りある。しかし，そのまま何もしないわけにはいかない。そのため，すぐに部屋に戻すのではなく，毎回，別室でお母さんと一緒に次回の帰省計画を立てることにしたところ，次第に部屋に戻れるようになってきた。その後，外泊から帰園時のお話の儀式はほとんど必要がなくなっている。

### 学校での変化

また，当初学校では教室に入れなかったが，学校と連絡ノートで「教室に入る」課題を取り上げて記録して，教室に入れたら施設でもほめてもらうこととした。安全委員会導入から２カ月後に，担任が強く促して教室に入れたところ，泣き出した。しかし，翌日から教室に時々は入れるようになった。約１年後には，本児は授業参観日に本読みができた。これは画期的なことであった。約１年半後には，教室に入れることが多くなっている。また，「こだわりが強いため切り替えができない」という場面が少なくなっている。集団生活になじめないことは，ほとんどなくなっている。宿題は，まとめ的なものや自主学習の類はできないが，その他は多少ごまかし（算数の問題を解かず，本読みと漢字に変えてしまう等）があるものの，算数もできるという自信が少しずつできてきている。

このように，こだわりもやわらぎ，集団生活になじめるようになってきた。それは，先の例と同様に，この施設では大きな暴力が急速になくなり，成長の基盤としての安心・安全ができてきたこと，そしてこの安心・安全という土台の上に，職員や教師によるさまざまな関わりがあったため，このような効果を上げることができたものと考えられる。


### 3．複数で関わる

第6章　発達障害とその周辺

　第1章で，体験の蓄積と整理と活用のために，「複数で関わる」ということを述べた。これまで述べたような個人対応だけでは，しばしば改善が困難な場合に必要となるのがこの「複数で関わる」ということである。

　ここではさらに，その具体的なあり方を述べておきたい。

　現場では，主に1人で支援するだけでなんとかなることもあるが，それだけでは難しいことも多い。子どもたちは，さまざまな場で育っているものだし，多様な関わりが必要だからである。困難な問題であればあるほど，複数で関わるということが必要となる。

　従来私はそれを「ネットワークの活用」と呼び，ネットワークの活用方式として，①全員一丸方式，②役割分担方式，③並行働きかけ方式の3つを挙げた。

　まず第1に着実な方法は，「課題を共有する」ことである。たとえば，家庭と学校とでその子の課題を共有する。他にも，担任教師と部活の教師と，施設と学校でなどいろいろな形の共有があり得よう。これは，③並行働きかけ方式に相当すると言えよう。ただし，ここでいう課題とは，「できるようになってほしいこと」とする。

　第2に，課題の共有だけでなく，関わりも統一することも有用である。たとえば，前項「（5）わかりやすい提示と指導」で，複数の大人が皆が同じフレーズで教えるというやり方が有効であると述べたが，それも複数で関わる一例である。これは①全員一丸方式に相当する。

　さらには，第3に，「主に叱り役」や「主に寄り添い役」といった形で役割を分担することも有効である。これは②役割分担方式ということになる。

　ここで注意すべきは，最も無難な対応は「課題の共有」に留め，あとはそれぞれがその人の持ち味を生かした対応を行うといったやり方である。お互いに，職業も立場も人間観も異なっているため，なかなか対応が決めにくいためである。

　その際，「課題」だけがハイライトされがちなので，「得意なこと」や「ここがすごい」，さらには「できるようになってきたこと」「よいところ」も共有していく。


### 4．複数応援方式：応援する会，応援集会

　第1章で，多様な経験が必要な子どもたちの支援や難しい問題の支援には，「複数で支援する」，「支援チームをつくって支援する」ことを心がけたいと述べた。そのような複数で関わる心理援助法の一例としてここで特に挙げておきたいのが，複数で応援（あるいはチームで応援）する「複数応援方式」で，具体的には「応援する会」と私が呼んでいるものがその代表的なものである。これは困難な子どもへの支援に特に役立つものである。まず，担任，保護者や担当職員，児童相談所などの関係者が「〇〇君を応援する会」を結成し，本人に自分の長所と課題を

111

自覚してもらって，励ますのを目的として，本人と周囲の複数の大人が一堂に会して「応援集会」を開催するものである。「複数で抱える」（田嶌，1991）ための方式であり，基本的には，「○○君の応援集会」①複数で本人に関わる場を持ち，そこで，②本人を応援するという姿勢と方向で励ます，③さらに，課題・目標の提示を行うという形で実施される。大人だけで会議をするだけでなく，本人に複数で関わる場を持て「その場で複数で応援する」活動も実施するというのが重要なポイントである。

なお，同様の視点からの実践としては，児童養護施設における「応援ミーティング」（小野，2015），スクールカウンセリングにおける「応援会議」（佐々木，2016）などがある。また，「吉田ホームを応援する会」（紫牟田，2016）があるが，これはファミリーホーム版の安全委員会方式である。

1．開催宣言
2．参加者紹介
3．いいところをほめる
4．課題の提示
5．応援の宣言
6．守るべきルールと約束の提示
7．本人の宣言：約束を本人に言葉で言ってもらう
8．みんなで励ます：よってたかって励ます
9．閉会の宣言


## 「応援集会」実施の具体的手順例

1．開催宣言
　例．私たちは，「○○君を応援する会」結成しました。そこで，今日は，これから「○○君の応援集会を開催します」
2．参加者紹介
　例．○○君，ここにいる人みんな知ってるね。わからない人いる？　→（わからない場合，簡単に自己紹介）
3．いいところをほめる
　例．○○君にはいいところがたくさんあります。たとえば，そのひとつは～ということです。他にもいろいろあります。
4．課題の提示
　例．しかし，残念ながら，～ができないということが課題です。
5．応援の宣言
　例．私たちみんなが○○君にまずこれだけはできるようになってほしいと思っています。○○君にはがんばれば，それができるようになる力があると思っています。そこで，○○君が～ができるようになるために，ここにいるみんなで応援し

ていきます。これができるようになると，○○君は，もっともっとみんなと仲良くできるし，私たちもうれしいです。

6．守るべきルールと約束の提示

　　例．○○君に，次の2つのことを約束してもらいます。

　　約束①〜ができるようにがんばります

　　約束②〜ができなくて，3回注意されてもできないときは，別室移動をします。

7．本人の宣言：約束を本人に言葉で言ってもらう

　　例．約束できるね。はい，それでは，約束を自分の口で言ってください。

8．みんなで励ます：よってたかって励ます

　　例．はい，よく言えたね。それでは，みなさんから○○君にひと言ずつ励ましの言葉をお願いします。

9．閉会の宣言

　　例．はい，ありがとうございました。ここにいる「○○君を応援する会」の人たちはこれからも○○君のことを応援しています。だから，がんばってね。何かあれば，またこういうふうに集まって集会を行います。では，これで「○○君の応援集会」を終わります。

　この「応援する会」によるアプローチの事例は，次章の「学校で問題行動が噴出した小1男子A君の事例」を参照していただきたい。

## 5．特に注意すべきこと

　以上が私がお勧めする発達障害児またはサスペクト児への対応の概要である。ただし，発達障害児やサスペクト児へのこうしたアプローチを開始する際には，特に注意すべき点が2つある。

1．その子が，暴力被害から守られていること。すなわち，クラスや家庭や施設などで暴力被害にあっている可能性がないか。安心・安全のアセスメントが重要である。

2．クラスや施設等で，その子が過剰な刺激・不快な刺激にさらされていないこと。独特の感覚鋭敏があるなどの特性によって，他児では苦痛ではないことが大きな苦痛となることがある。また，教師が気づかないところで，他児からの不当なちょっかいをされていることもあり得るので，その点をしっかりとアセスメントすることが重要である。

　この2点がこのようなアプローチを行えるための大前提である。

# III　学校や施設等における2つの重要な視点

　近年では，学校や家庭での子どもの問題に，臨床心理士や児童精神科医が助言

を求められることが増えてきた。中でも，発達障害などの問題には，専門家として助言を求められることが多く，またその意見が尊重される。

ところが，臨床心理士などのいわゆる専門家は，わが国では従来，心の深いところを扱う心理療法を行うことを志向する人が多い。そのため，しばしば忘れられやすい2つの視点がある。

## 1．生活という視点

第1は，「生活という視点」（村瀬，2003；田嶌，2001, 2003, 2008, 2009, 2010a）である。その人が日々の生活の中で，どのように過ごしているかということ，そしてそこではどのような関わりが必要かという視点である。そこでは，その人が日々どのような人と人のつながりの中で生活しているかということを見立て，そのつながりを活用して援助すること，すなわち「ネットワーク活用型援助」（田匌，2001, 2005, 2010a）ということが重要になる。したがって，学校や施設で，セラピストが直接子どもに関わるだけでなく，職員がどう関わるかということを適切に助言できることが必要である。

## 2．個と集団という視点

### （1）「個と集団」と「集団と個」

第2に「集団と個」または「個と集団」（田嶌，2007a, 2008, 2009）という視点である。個人だけを切り離して見るのではなく，その集団との関わりで見ていくことが重要である。臨床心理士や精神科医がある特定の子への接し方の助言にあたって，職員がその子に接するのは，集団の中での関わりであり，その子にとっても他の子どもにとってもよりよい体験となることを考慮する必要がある。

私はどちらかと言えば，「個と集団」というよりも，「集団と個」というほうがふさわしいのではないかと現段階では考えている。「集団と個」とは，まず集団全体に目配りし，その特徴を把握し，次いでそれとの関係で特定の子どもに対する対応を考えるという順序が重要であると考えているからである。

### （2）他児への影響を考慮する

「個と集団」または「集団と個」という視点では，特定の子どもへの個別の指導も，「指導する」のではなく「指導してみせる」ということになる。誤解のないように言えば，これは何も特定の子どもを見せしめにさらし者にするなどといったことではなく，特定の子どもへの指導が他の子どもへどのような影響を与えるかということを考慮して指導にあたる必要があるということである。

「困難事例のケース会議」の前に——学級崩壊・施設崩壊への対応

私が関わっている児童養護施設の子どもたちが通う小学校が，授業中の立ち歩きや校内徘徊が多く，その対応に苦慮しているとのことであった。そこで，小学

校と施設と児相とで連携をとろうということになった。難しい子についての事例検討会議（ケース検討会議）を行うとのことであった。まずは一番難しい子からじっくり事例検討して，今後の対応を考えていくというのは，いかにももっともなように思われるが，実は得策ではない。「集団と個」という視点からの検討がまずは必要なのである。個別対応以前に，集団の基本ルール（細かいルールではなく，授業中は座っておくといった基本ルールである）とそれに違反した場合の具体的対応のガイドラインをつくることが先決である。具体的に言えば，立ち歩きや校内徘徊に教師がどう対応するかという基本的対応のガイドラインをつくる作業が必要なのである。そのために，その後に，個別の事例について検討していくという順に進めるのが実践的である。

　児童養護施設では，施設崩壊あるいはそこまでは至らないが問題が頻発すると，やはりこの場合もしばしばとられるのが，難しい子のケース検討会議（困難事例のケース会議）である。たいていは，トラウマを癒し，愛着をどう育むかという話になる。これももっともなようだが，やはり得策ではない。集団の基本ルール（細かいルールではなく，段ってはいけないとか，無断外泊はいけないといった基本ルールである）とそれに違反した場合の具体的対応のガイドラインをつくることが先決である。その後に，個別の事例について検討していくという順に進めるのが実践的である。

　「個と集団」という視点は，「集団から個へ」と「個から集団へ」という２つの方向性を含むものである。この２つがあることを強調しておきたい。基本ルールを例にとって言えば，「集団から個へ」という方向性というのは，たとえば，個別対応を越えて，集団全体における基本ルールとルール破りへの対応の方針を先に決めて，ついで特定の個人の問題の対応や養育方針を決めていくものである。これに対して，「個から集団へ」という方向性は，あくまでも個人への対応を考え，その延長上に集団のルールを考えていこうとするものである。

　このように，より正確に言えば（狭義には），「個と集団」という視点と「集団と個」という視点は区別できるが，ここでは特に断らない限り，広義に捉え「個と集団」という語を両者を含むものとして用いることにする。

　集団内の構造的問題から生じる問題については，「個という視点」ではなく，「個と集団」という視点が大事である。問題が多発している施設や学級では，「個という視点」ではなく，「個と集団」という視点による対応が最も適切であると私は考えている。

### （3）相互の関係を育む

　さて，ここまでの理解が進めば，重要なのはその子だけでなく周囲の子たちや担任（あるいは施設職員）との相互の関係を育むことであるとおわかりいただけよう。私が先に第１章で述べたように，変わるべきは「個人」なのではなく，変

わるべきは「主体と環境との関係」である。したがって，専門家ならば，文脈を切り離した援助の限界というものをわきまえておく必要がある。

（4）個別モデルの効用と限界

臨床心理士も精神科医にも，個別モデルに偏っていることが非常に多いという問題がある。多くの臨床心理士や精神科医は，もっぱら面接室や診察室で子どもに関わっているという特徴がある。それは，日常の生活場面から切り離したところだからできることがあるということなのである。

しかし，それがいつも有用とは限らない。弊害となることがある。ひとつは，いつも面接室や診察室で子どもを，それもその子だけを見ているため，学校や施設での生活場面での姿を知らないということが挙げられる。さらには，そのため，生活場面でその子にどう関わったらよいかということがわからない。近い将来，そういう事態が変わることを私はこの領域の一員として願っているが，残念ながら，適切な助言ができる専門家は非常に少ないのが現状である。

現場では臨床心理士や精神科医は専門家だから適切な助言がもらえるものと期待している。わからないにもかかわらず，的外れな助言をしてしまうということが起こっている。現場サイドでは，一部の例外を除き，臨床心理士や精神科医は生活場面についてはよくわかっていない人が多いということを承知しておくことが必要である。そして，生活場面をよく知っている人かどうかということを見る必要がある。

例を挙げよう。あるクラスに ADHD の疑いがあるという子がいて，授業時間中に座っていられず，立ち歩きをしたり，他の子にちょっかいを出す。しかし，専門家がこの子は ADHD だから，受容的に接した方がよいという助言をしてしまう。現場では，しばしば「受容」は「許容」と同義である。そのため，現場では許容的に接することになり，それを見て，まねをする子が出てくる。それが1人ならまだしも複数出てくると，もはや授業は成立しなくなる。学級崩壊となるのである。

（5）いわゆる「受容」の意義と弊害

施設現場でも学校でも，最も受け入れられているのは，「受容」「もっと受容的に」といった語である。昔は施設現場も教育現場も厳しい職員や教師が多かったが，子どもや生徒の気持ちに寄り添う姿勢が出てきたのは，意義のあることであろうと思う。その一方で，専門的に言えば，受容とはある種の厳しさを含むものであるが，現場では「許容する」「優しく接する」という意味の域を出ていない。そのため，「受容」という語が使われる場では，ほとんど子どもや生徒のやりたい放題を助長することになってしまう。

（6）教師と施設職員の変化

もっとも専門家の助言がなくとも，私の印象では，教師も施設職員も厳しい人

（このことは暴力を振るうという意味ではない）が多かったが，最近ではものわかりのいい人が多くなっているように思う。このことは教師に著しく，特に小学校に顕著であるように感じていたが，最近では施設職員にも増えてきているという印象がある。

　簡単に言えば，教師も施設職員も「出来の悪いカウンセラー」のような人が多くなった印象がある。

　ちなみに，つい最近（2014 年 11 月）小学校での児童の暴力が過去最高になったとの報道があった。このことは，学校現場のこうした動向とは無関係ではないのではないかと私は考えている。

## （7）心理療法場面と生活場面

　心理療法とは，決められた一定の時間と空間の中で成立することであり，日常生活場面とはあえて，区別してある。そこで強調されるセラピストの態度や接し方というものは，その一定の時間空間内のことだからこそ，通用するという面がある。したがって，心理療法の中での姿勢や概念を，日常場面に適用するのは，慎重であるべきである。

　日常生活場面で全く役に立たないとまでは言うつもりはないが，慎重であるべきである。

## （8）関わりや対応の指針となる言葉を

　少なくとも現場に関わる心理士や精神科医は，「受容」は現場ではほとんど「許容」と同義であるということを肝に銘じておくことが必要である。したがって，単なる許容ではないことを示し，さらに現場職員の適切な関わりや対応の指針になる「受容」の代わりとなる言葉をつくり出していくことが必要である。

## （9）両面を提示すること

　そのためには，支援者の側に必要な関わりや行動の両面を示すことが有効である。私は現実のルールを提示し守らせる現実提示的制止的役割と本人を支え安心させるような受容的支持的役割の両方が必要と主張してきた（田嶌, 1991, 2011）。また，水鳥川・萱原（2000）は学校で暴れる子に対して，心ではその子の辛さに共感するとともにその子の力を信じ，行動的には断固止めてあげることが対応の基本であると述べている。さらに，當眞（2008）は，「毅然たる態度と包容力」という語を提案している。

　これまで述べてきた学校での対応の事例では，①生活場面の重視，②個と集団（または集団と個）という視点からの関わりであるが，さらにより明確にその視点からの関わりを行った事例を紹介しておこう。先の，「困難事例のケース会議」に基づく対応との違いに思いをはせながら，お読みいただければと思う。

# Ⅳ　「個と集団という視点」からのアプローチの実際

　以下に，施設を挙げて，「集団と個」という視点から行った実際の取り組み例を紹介する。なお，この施設では，私が考案した「安全委員会方式」という施設を挙げて暴力をなくしていく活動を開始したばかりであった。安全委員会活動開始後，年長児は暴力を我慢する様子がうかがえるようになった。その一方で年少児がのびのびとして元気になったが，時に年長児に生意気になることもあるようになってきた。

### 1．多動と暴力のある小2男子M君とB園Kホームの事例
### B園の全体的状況

　B園は，大舎の中に10のホームがあり，それぞれが3DKになっている。ただし，トイレ・風呂・テレビはない。1ホーム6人～8人の縦割り（幼児から高校生）に担当者がいる。2ホームに1人，担当者が休みの時に入る職員がいる。すなわち，3人で2ホームを運営する形である。

　このB園では，2カ月に1件程度の頻度で，上級生が下級生に対して自分の言うことに従わない，生意気である等の理由で暴力事件が発生している状況であった。また，その都度，関係職員や施設長が対応するが，事件後の指導もなかなか通らず，暴力が再発する状況だった。

　たとえば，安全委員会導入前の12月，中3男子が中1男子に膝蹴りをする暴力事件が起こった。理由は，自分がプレゼントした漫画本をなくしていたからだとのことで，「プレゼントの漫画本を渡す前に，なくしたら殴る」と約束させていたのに，なくしたからだという。この時，その場にたまたまいた中3男子も，止めるどころか，殴られている中1男子に向かって，「お前が悪い。俺だったらお前を殺しとる」などと言う始末であった。

　担当職員が対応したが，担当職員が「暴力はいけない，何も解決しない」と言っても，「解決しなくてもいい」と言い張る。さらには，「職員は暴力をしてもいいのか。自分も何カ月か前に指導員から暴力を振るわれた。騒いでいたときに指導員に胸ぐらをつかまれ，壁に打ち付けられたことがある」と言い張る状況であった。さらに，指導を受けたばかりだというのに，殴り足りなかったためか，翌朝部屋に行き，再び殴りつけるという始末。園長室にて園長と加害児担当職員と被害児担当職員とが「なぜ暴力を振るったのか」を聞き，さらに「暴力はいけない」と話をするが，反省の色がない。最終的には謝ったが，「もう殴らん，殴らなきゃいいんだろ」と投げやりであった。

　このように，指導が通じにくい状況であった。

第6章　発達障害とその周辺

　年があけて，１月には，今度は別の暴力事件が発生した。高３男子と中３男子が午後11時ごろ，中２男子の部屋に行き，「俺たちの悪口を言っていただろう」と詰問し，腹部を殴り，足を蹴ったのである。このように，弱い子が強い子のご機嫌をとるために，「ご注進におよぶ」ことが事件の引き金になることも時に見られた。

　また，実習生や若手職員から，暴力があったと後から知らされることもあった。

　その他にも，深夜徘徊も多く，年長児グループによる集団万引きや窃盗事件も起こっており，職員は，「当直が嫌で嫌で仕方ない」状況だった。

　このB園が非常に優れているのは，このような事態を個々の職員の処遇能力の問題ではなく，全体としての「施設全体の処遇能力が低い」と見なしたということである。これは非常に優れた理解である。そして，ホーム担当だけでは解決できない問題が生じてきているとして，「施設全体の処遇力」をつけるために，安全委員会方式を導入することにしたのである。私は，このB園では，２年半以上にわたってほぼ毎月の処遇会議と安全委員会に出席して職員および安全委員会に助言を行った。

### 安全委員会立ち上げ後の状況

　４月に安全委員会立ち上げ集会を行い，その後の聞き取り調査と事件対応についての安全委員会の審議，さらには，キーパーソンを中心とするケース会議といった取り組みで，中高生の「計画性暴力」は収まってきた。しかし，低学年の子どもたちや発達障害疑いの子どもたちの「衝動性暴力」，小学生のはじけなどの問題行動が課題として残った。その取り組み例を以下に述べる。

### 多動と暴力のある小２男子M君

　小学校２年生M君は，学校でも施設でもいろいろ問題を起こすことが多い子どもであった。その特徴は，

　　１．多動傾向あり
　　２．教室に入らない，同級生に暴力を振るう
　　３．担任が厳しく注意すると暴れる，暴言で返す

　施設では，年長児に生意気な言動をとり，年少児には暴力や威圧的言動がある。たとえば，本児がやってきて，年長の他児のマンガを勝手に読み出す。年長児が注意しても聞かず，取り上げようとすると，「やめーや，クソゴリラ！」「死ねや」「うざいんじゃ」などと暴言を吐いたり，悪態をつくなどして怒らせる。そのため，暴力を受けることがある。年上を怒らせるような態度に加え，年下に対して，手を出すそぶりをしたり，「後で殴るぞ」「ぶち殺す」などの威圧的な言動が目立つ。

　このM君への対応は，一定の成果をあげたが，それは，安全委員会活動によっ

119

て年長児が暴力を振るわないという基礎があって，さらに学校と連携して初めて成果があがったものである。

　施設では，同じKホームにはそれまで再三暴力や威圧が見られたある高校1年生男子I君がいた。安全委員会の立ち上げ集会以降は我慢し，小さい子に「安全委員会さえなければ，お前らボコボコにしてやる」と言いつつ，部屋の外に排除したり，威圧したりするに留まるようになった。むろん，こうした行動も，そのたびに職員が指導にあたったが，以前にくらべ，謝罪できるようになり，より指導が通るようになってきた。

　このように，年長児の暴力が収まってくると，今度は安心した年少児，弱い子たちが，元気になり，また生意気になり，年長児のもっともな注意にも，言うことを聞かなくなってきた。

### M君が暴力事件被害

　そうした中，4月に小2のM君が，M君の生意気な態度に腹を立てた小5の男子K君に殴られるという事件が起こった。K君（小5）も，日頃からM君（小2）の好き勝手・自分勝手な行動と年上に対する暴言や生意気な態度に腹が立っていた。この日の朝も，M君が配膳の手伝いをせずに遊んでいたり，勝手に食事を減らしたりすることに腹が立ち，注意したが，M君がそれを無視したり，ふざけた態度を取るため，K君が怒って殴ったのである。

### 殴られた場面でのやりとり

　おおよそ，以下のようなやりとりだったようである。

　　　K君：「おまえ，ちゃんとしろや！」と言いながら，M君の身体を押す。
　　　M君：「やめーや！　うざいんじゃ，お前‼」
　　　K君：「は？　お前殴るぞ⁈」と詰め寄る。
　　　M君：「おう，やってみーや！」
　　　K君がM君の顔面を握りこぶしで2発殴り，泣かしてしまう。

### 指導の視点

　このように，殴られたM君の方にも問題がないわけではない。というより，はっきり言って，問題がある。こういうやりとりをみれば，私は加害児であるK君に同情したくなる。しかし，ここで重要なことは，「相手が悪くても殴ってはいけない」ということを理解し，守れるようにならなければ，暴力はなくならないということである。

　その一方で，M君だけが配膳を手伝わないのは，困ったことであり，K君がM君に注意した内容そのものは妥当なことである。ただ，殴るという手段に訴えさえしなければよかったのである。

　したがって，このような視点からの指導が必要である。まず，加害児K君への

第6章　発達障害とその周辺

指導としては，ただ叱るだけでもなく，叱らないわけでもない，意図を汲みつつ暴力は許されないということを伝えることが必要である。具体的には，M君の悪い点も聞き，その上で「惜しかった」「殴りさえしなければよかった」「相手が悪くても殴ってはいけない」と伝えることである。さらに，また同じようなことがあったら，殴りたくなったらどうしたらよいかを考えさせる。その際，参考になるやり方としては，殴ったりしないで，①深呼吸する，②口で言う，③その場を離れる，④職員に言う，などがある。

　同時に被害児のM君にも，「悪いことをしてて，上の子に注意されたら，ちゃんと言うことを聞かないといけない」という指導を行い，そういう指導をしたことを，K君にも伝える。

## 中1G君がキレかかる

　5月に，職員が就寝時にKホームに行くと，中1男子G君が壁やドアを蹴ったり殴ったりして，手がつけられない状況であった。1人で対応できる状況ではないと判断し，他の男性職員を呼び，2人で対応した。

　中1のG君は「M（小2）に対してもう我慢できない。ぜんぜん直っていない」，「注意を聞かない，無視する，逆におちょくってくる」と語り，怒り心頭に発するといった様子。

　職員は，それでも暴力は振るっていないことをほめた。

　年長児は，職員の動きを非常によく見ている。以前であれば，「Mは血だるまにされていただろう」とは他の年長児の発言である。安全委員会活動が歯止めになり，我慢できたものと思われる。同時に，今後もきちんと対応しているかどうかが問われるものと思われる。

## 年長児の前でM君を叱ってみせる

　このM君の普段の行動に頭にきているのは，G君やK君だけではない。そこで，K君があまりにひどい時は，職員が年長児の前であえて叱ってみせることにした。

　以上が，私が助言した対応の方針である。

## M君が学校で暴力

　この事件の約1カ月後の5月には，今度は，小学校でM君（小2）が暴力事件を起こした。小4女子K子さんのエプロンをしつこくつつき，腹を立てたK子さんがやめてとエプロンをひっぱったところ，M君はKさんの足を蹴ったとのことである。

　この時，小学校では，安全委員会委員として参加している教諭が指導にあたり，安全委員会方式が推奨するやり方で，以下のように対応したとのことである。

　〈どうしたらいい？〉
　「もう殴らない」

121

〈我慢できなくなったら？〉
「先生に言う」「その場を離れる」


このように，安全委員会に学校からも参加してもらっているおかげで，学校でも施設でも同様の対応ができるようになり，連続性・一貫性のある理解しやすい指導となった。

### 担任との話し合い（第1回，X年8月）

その後もM君は，学校でトラブルを起こし続け，8月にはベテラン教師である担任から担当職員に「こんな子は初めてです」「いったいどう育てれば，こういう子ができるんですか」と苦情を言われるまでになった。また，施設では，以前のようには殴られないことをいいことに，なんとM君は年長児の中高生の名前を呼び捨てにするようになっていた。

### 学校との連携：課題を共有して対応

そこで，私はケース会議で，担任との話し合いを行い，課題を共有し，連携して対応を行うように助言した。

園では，①行動レベルの目標を持たせる，②年長児の前で叱ってみせる，③園では，年長児を呼び捨てにしないという方針で臨み，さらに学校と課題を共有して対応することにした。

### 基本方針

さらに，学校と施設とで協議し，以下のような方針で臨むこととした。


1．（人を叩かない等の）最重要のルールは譲らない，守らせる，止める。したがって，他児を殴る行動はすぐに止める
2．連絡ノートを作成し，施設と学校とで課題を共有する
3．（教室に入る等の）重要ルールは徐々に守らせる方向に
4．簡単な課題ひとつに絞って，当面はそれを応援する


学校では，まずはできそうな課題をひとつに絞るように助言した。話し合いの結果，学校での課題を，「登校したらランドセルを棚に入れること」に絞ることとした。

### M君の暴力被害の減少

9月には，M君の「定期的聞き取り調査」（X年9月）から，「K君（小5），G君（中1）は，自分に暴力を振るわなくなっている」との報告があった。

### 弱い子のチクリの減少

この頃，担当職員の印象では，ホームで以前は見られた，年長児への年少児からのご機嫌とりの「チクリ」は少なくなってきている（!!）ようだとのことである。

第6章　発達障害とその周辺

### 学校と課題を共有：10月から学校での課題をスタート

10月から「ランドセルを棚に入れる」という課題をスタートした。連絡ノートに，その日に課題を達成できたら花丸を書いてもらい，回数を書き込んでもらうこととした。担任は，生活ノートに「よかったこと」「守れたこと」なども記入してくれるようになった。

このため，職員は学校でできた行動について，M君をほめることが増えてきた。

### 担任との話し合い（第2回，X年11月）

2学期になって，学校では，荒れること，キレたり，暴れたりすることが少なくなり，落ち着いている。ずいぶんよくなっているとのことである。時に，暴れることがあっても自分で収まり，自分で後始末をするようになっている。たとえば，自分のクレパスをグチャグチャにしたが，自分で掃除してかたづけたとのことである。

### 全体集会でも呼びかけ

11月に全体集会を開催。小さい子全体へ「年長児の名前の呼び捨て禁止」を伝えた。その後，大きい子たちの怒りはかなり和らいだ印象があると職員からの報告があった。

### 学校での変化

この頃になると，安全委員会委員の小学校教諭から，「M君は小学校では目立たなくなっている」との報告があった。

### Kホーム全体が変化

変化してきたのは，M君だけではない。担当職員によれば，Kホームの子が皆，「聞き取りでよく話すようになった。ケンカが多かったホームだが，みんなやさしくなった」との報告があった。ちなみに，聞き取り調査でよく話すようになるというのは，落ち着いてきたホームにしばしば見られる特徴である。

### 「定期的聞き取り調査」（X年11月）から

実際，11月の聞き取り調査では，いつもの質問項目に加え，「やさしくなった人はいますか？」という質問に対して次のような感想が述べられている。

　　M君（小2）：「優しくなった人，いっぱいおる。Kホーム全員」
　　MK君（小4）：「Kホーム，みんな優しいよ，Mは時々口応えをする」
　　MY君（小2）：「Gちゃん（中1，以前カベを叩いた子），変なことする人に注意してくれる」
　　K君（小5，以前M君に暴力あり）：「Gちゃん」
　　G君（中1）：「MYがMにやられているとき，止めている。みんなやさしくなった」

### お母さんからの手紙（X＋1年1月）

M君が母親へ「ランドセルしまうことがじょうずになった」と手紙に書いたが，

年が明けて，1月に母親からの返事の手紙に，「ランドセル入れるのをがんばっているね」と書いてあったとのことで，M君は大喜びだったそうである。

### 聞き取り調査（X＋1年1月）から

さらに，1月の聞き取り調査では，複数の子たちから，M君（小2）の暴力は減っている，よくなっていると，発言があった。また，M君より弱いMY君（小2）は，「K君（小5）がMから守ってくれる」と述べている。

### 課題達成が100回を越える（X＋1年5月）

年度が変わり，小3になったM君は引き続き，この「ランドセルを棚に入れる」課題を続け，5月には課題達成が100回を越えた。

### 100回記念のごほうびをM君が要求

なんとM君が自分から，100回を越えたのでごほうびが欲しいと職員に要求。7月に，施設長の立会いで100回記念のお祝いをする。ごほうびは，アイスとのことだった。

### やさしくなったり，きびしくなったり

かつてM君の態度に腹を立てて，殴ったことがあるK君は，6月初旬にはM君（小2）が学校でひとつ上の学年の子からいじめられていたので，「やめろや」と言って止めさせた。そのことを聞いた職員は，K君をしっかりほめた。

### M君の変化（X＋1年6月）　場面によっては我慢できるようになる

M君自身にも以前に比べ，生意気なことを言うことは減少し，さらにはちょっかいを出されたり，挑発されたり，叩かれたりしても怒らずに対応している姿が見られるようになってきた。

しかし，周囲の子たちにはこれまでの本児の実績から，本児への偏見があるようで，何もしていない状況でも疑われたり，注意を受けたりすることが多い。

### 次の課題へ（X＋1年6月）

6月担任と本人で次の課題を決める。「掃除をすること」となる。

### まとめ

どこから手をつけていいのかわからない状況から，大きな問題は起きない状況になった。

課題をひとつに絞ったことで，闇雲に叱らなくてもよくなった。具体的には，暴力の減少，暴言の減少，指導が通るようになった，年長児との関係がよくなった，トラブルが減少し，担任との関係もよくなった。Kホーム全体がやさしく，おだやかで助け合う雰囲気になってきた。

このように，M君やKホームの子どもたちへの職員や教師の関わりが効果をあげたのは，両者の連携とそれによる粘り強い関わりがあったからである。そして，その土台には，安全委員会活動によって，年長児の大きな暴力がなくなってきたことがある。その土台の上に，さまざまな関わりを行ってきたからこそ効果をあ

げることができたものと考えられる。

### 施設全体の変化

実際，施設全体としては，安全委員会導入から約1年で，暴力状況は以下のように変化した。

### 暴力状況の変化

X年4月よりX＋1年5月の間に，深刻な暴力事件は9件であった。1年が過ぎ，年長児による深刻な暴力事件はなくなった。衝動的な暴力はなおなくなってはいないが，計画的なものはなくなっている。また，年長の子は，暴力をものすごく努力してなんとか我慢しているという感じから，以前より余裕をもって我慢できているようになってきた。加害側のキーパーソンI君（高2）は物に当たるなど，少しずつ代わりの行動を示すようになってきた。また，夜間など，職員の手薄なときに起こっていた暴力は皆無となった。

### 高校生の感想

聞き取り調査時に聞いたところ，高校生は次のような感想を述べた。

　I君（キーパーソン，高校2年生）：「暴力を振るえる雰囲気ではなくなった」
　K君（高校3年生）：「多かれ少なかれ自分たちの小さいころは暴力があった。今，暴力がなくなってよかった」

このように，1年間の安全委員会活動によって，B園では，大きな暴力はなくなり，安心・安全という土台ができてきたものと考えられる。M君はたくさんの問題行動があった子であったが，まずは「棚にランドセルを入れる」という課題からはじめたところ，行動が改善し，状態が安定してきたし，周囲からの目もやさしくなったのである。それは，安心・安全という土台の上に，職員や教師によるさまざまな関わりがあったため，このような効果を上げることができたものと考えられる。この安心・安全という土台の上に行うのでなければ，効果がないどころか，逆に子どもたちを追い詰めることもありうると考えられる。

## V　寄り添うことと叱ること：懲戒権の濫用に注意

これまで述べてきたような活動において，最も注意すべきは「懲戒権の濫用」である。

2009年，わが国の矯正関係者に衝撃が走った。広島少年院で入所の少年たちに暴力をくりかえしていたとして4名の法務教官が逮捕され，続いてその指導にあたっていた元首席専門官も逮捕されたのである（その後有罪が確定）。この事件が衝撃的であったのは，この元首席専門官の主導する発達障害という視点からの矯正教育の実績が注目され高い評価を受けていたからである。どのくらい注目され

ていたかと言えば，その実践について，ルポした本（品川，2006；吉永2007）が出ており，しかも時の総理大臣が視察に訪れたほどであるという。

しかし，そうした実践の過程で暴力事件が起こり，しかも長期にくりかえされてきたとされているのである。私たちが，ここから学びとれることは何だろうか。それは，どんなによいと思われる活動でも，内部だけでやっていたのでは危ういということである。

暴力などの困難な問題への対応においては，共感的姿勢で寄り添うことが必要である。しかし，もっぱらそれだけですむことは稀で，誤った行為については（懲戒権の濫用にならない形で）時には厳しく叱ることもまた必要である。また暴力についてはきちんと抑えることが必要である。寄り添うことと叱ることの両方が必要なのである。

暴力を振るって叱るのはむろん許されない。暴力をはじめ社会で許されないことについての「正当な罪悪感の育成」が必要だからである。その点で気になるのは，大人が叱ることが必要な場で，「毅然として叱ること」をしばしば回避する傾向が大変強くなっているように思われることである。

なお，このようなことは，発達障害とその周辺の子たちに限ったことではない。さらに臨床エッセイ「成長の兆しとしてのキレること」（p.251）および「『成長の兆しとしてのキレること』という視点の限界」（p.267）でも論じているので，ご参照いただきたい。

## VI　発達障害児のプレイセラピー等にあたっての留意点

私は，個室での面接やプレイセラピー・箱庭療法等を実施することを否定しているわけではない。「その場で関わる」ことを優先させた方がより適切な場合が多いということを指摘しているにすぎない。つまり，闇雲にプレイセラピーありきではないということである。そこで，発達障害児へのプレイセラピーを行う際の注意点をここで述べておきたい。

### 1．場面の識別が重要

プレイ場面と日常場面とは違うということ，すなわち場面の識別を支援する。自由なプレイによって，本人ののびやかさが出てくることや，プレイを通して他者と遊ぶ楽しさを体験的に知ることは意義がある。ただし，場面の識別をつけられるように支援しておきたい。そうでないと，学校や家庭でもそれこそ自由にふるまい，混乱が余計にひどくなることもあり得るからである。

### 2．プレイを通して学びを促進する

第6章　発達障害とその周辺

とりあえずは，プレイを通して他者と遊ぶのは楽しいという実感をある程度は持ってもらうことが必要である。プレイではひたすら自由にプレイすることで，その子ののびやかさが発揮され，その結果問題行動が解消することもあるが，しかしそうではないことも多い。そのような場合，のびやかさを大事にしつつも，本人の学び，あるいは周囲の学びを促進することが必要である。

### 3．学校等での様子についての情報の活用

その子や周囲にどのような学びが必要かを考えるにあたっては，プレイ場面での様子だけでなく，学校等での行動をできる限り把握し，それを活用することが望ましい。その際，教師や保護者からの情報だけでなく，本人が嫌がらなければ，プレイだけでなく本人とも学校や家庭での状況について話をしてみることも有用である。

## Ⅶ　発達障害児と服薬との関係

発達障害児への投薬との関係について，私の考えていることを述べておきたい。発達障害児，中でも ADHD の子たちにはしばしばコンサータなどの投薬がされている。実際，服薬で劇的に問題行動が改善することがあるのは，私も承知している。しかし，その一方で危惧されるのは，安易な投薬である。現場でも，発達障害児や発達障害サスペクトの子の暴力や多動では，すぐに医療機関に頼ろうとする傾向が強い。

注意すべきは，次の3点である。

1．投薬に先だって，生活場面での関わりの工夫や助言が十分になされるべきである。その結果投薬の必要がなくなることがあるからである。
2．投薬は，生活場面で周囲の者がどう関わったらよいのかという生活指導とワンセットでなされるべきである。薬と生活指導の相乗効果が期待できるからである。
3．投薬にあたっては，本人自身の実感を大事にして，それに基づいて「自助のための注文と工夫」を引き出し，「薬とのじょうずなつきあい方」を本人自身が学んでいくことを支援していく。

これらの点が実現するように，医師にはこれらの点の研修を十分に積んでほしいものである。あるいは，この点に詳しい心理士と連携していただきたい。

本章で述べていることは，あくまでも私が基本と考えるアプローチであり，それだけで十分と考えているわけでは決してない。安心・安全という基盤の上に，

さらにそれぞれの子どもの特徴や施設の実情に応じていろいろな工夫を行い，知恵を集積していくことが必要であることは言うまでもない。

　なお，次章では暴力と離席，学級崩壊，反抗性集団化について述べるが，そこでも時には発達障害児が関係していることがあるので，次章も参考にしていただきたい。


### 引用文献

水鳥川洋子・萱原里香（2000）現代の子どもたちと心の発達課題―学校で暴れる子どもへの対応の手がかり．児童相談紀要，5；38-50. 千葉県児童相談所．

水鳥川洋子・山本綾子・内田守（2004）多動傾向のある児童の指導に悩む学校への支援．児童相談紀要，9；61-72. 千葉県児童相談所．

村瀬嘉代子（2003）統合的心理療法の考え方．金剛出版．

佐々木健太（2016）スクールカウンセリングにおける実践活動の展開―被災校における3つの主体的実践の報告．In：田嶌誠一編：現実に介入しつつ心に関わる―展開編．金剛出版，pp.219-230.

佐々木正美（2008）自閉症児のための TEACCH ハンドブック―自閉症療育ハンドブック（改訂新版）．学習研究社．

小野一貴（2014）応援ミーティングの試み（育ちの環境を整える）―施設・学校・児童相談所の連携．全国児童福祉安全委員会第5回全国大会（北海道）報告書「安全委員会方式のさらなる展開」．全国児童福祉施設安全委員会連絡協議会．

紫牟田和男（2016）「吉田ホームを応援する会」の活動―ファミリーホーム版の安全委員会活動．In：田嶌誠一編：現実に介入しつつ心に関わる―展開編．金剛出版，pp.316-329.

品川裕香（2005）心からのごめんなさいへ― 一人ひとりの個性に合わせた教育を導入した少年院の挑戦．中央法規出版．

E・ショプラー，J・G・オーリー＆M・D・ランシング（佐々木正美・大井英子・青山均訳，1985）自閉症の治療教育プログラム．ぶどう社．

杉山登志郎（2007）子ども虐待という第四の発達障害．学習研究社．

田嶌誠一（1991）青年期境界例との「つきあい方」．心理臨床学研究，9(1); 32-44. 日本心理臨床学会．

田嶌誠一（2001）事例研究の視点―ネットワークとコミュニティ．臨床心理学，1(1); 67-75. 金剛出版．

田嶌誠一（2003）心理援助と心理アセスメントの基本的視点．臨床心理学，3(4); 70-81. 金剛出版．

田嶌誠一（2007a）いじめ問題が臨床心理士につきつけるもの．臨床心理士報，32; 18-20. 日本臨床心理士資格認定協会．

田嶌誠一（2007b）一次的ニーズ・二次的ニーズ．臨床心理学，7(3); 323. 金剛出版．

田嶌誠一（2008）現実に介入しつつ心に関わる―「内面探求型アプローチ」「ネットワーク活用型アプローチ」「システム形成型アプローチ」．コミュニティ心理学研究，1

第6章　発達障害とその周辺

-22. 日本コミュニティ心理学会.

田嶌誠一（2009）現実に介入しつつ心に関わる――多面的援助アプローチと臨床の知恵.
　　金剛出版.

田嶌誠一編著（2010a）不登校――ネットワークを生かした多面的援助の実際.　金剛出版.

田嶌誠一（2010b）成長の基盤としての「安心・安全」の実現――社会的養護の場でもっ
　　とも重要な課題.　社会的養護とファミリーホーム，1; 55-58. 福村出版.

田嶌誠一（2010c）発達障害と安全委員会方式.　第2回児童福祉施設安全委員会全国大会
　　抄録，1-2.

田嶌誠一（2011）児童福祉施設における暴力問題の理解と対応――続・現実に介入しつつ
　　心に関わる.　金剛出版.

當眞千賀子（2008）理不尽な体験を重ねた子どもの成長を願い共に暮らす――虐待や不適
　　切な養育を受けた子どもとのかかわりの工夫.　第2回里親ファミリーホーム全国研
　　究協議会報告書，6-31.

吉永みち子（2007）子供たちは甦る――少年院矯正教育の現場から.　集英社.

湯汲英史（2003）なぜ伝わらないのか，どうしたら伝わるのか――「双方向性」のコミュ
　　ニケーションを求めて.　大揚社.

エッセイ

# 障害児（者）とのつきあい

　私は一昨年（1992年）10月，10年近く勤めた広島修道大学を去り，縁あって京都教育大学へ移った。

　移ってまもなく，わが家の電話のベルが鳴った。受話器をとったが，ウンともスンとも返事がない。沈黙。そのうちハアハアという荒い息遣いが聞こえてきた。一瞬いたずら電話かなと思ったが，それにしては様子がなんだか違う。しばらく考えた末，もしかしたらと思い直し，「ひょっとしたら，Ａちゃんじゃないかな？」と言ってみた。すると，「アー！」という叫び声。それは，20年くらい前に私が動作訓練を担当していた奈良県に住む障害児だった。

　彼女はふだんはしゃべれるはずなのに，今回の電話では，時々「アー！」と叫ぶばかりで，ほとんど声にならない。興奮して，緊張しているのである。やっと話せるようになったのは次回の電話からである。「いつまで，こっちにいるの？」と問う。「こっちに就職したのだから，ずっといる」と答えると，「ずっとって，どれくらい？　1年くらいか」と言う。「いや，もっとずっといる」と答えると，「夢みたい」と言う。こんなに歓迎してくれるとは！

　九州大学出身の私の指導教官は成瀬悟策先生である。当時は先生の考案された動作訓練（現在では動作法という）が急速に全国に広まりつつあった時期で，私は奈良地区の担当になり，年1回開催される1週間泊まり込みの集中訓練に毎年通ったものである。おかげで，得がたい経験をたくさんさせてもらった。担当を交代してからは，気にはなっていたものの，奈良の訓練会にはもう10数年顔を出せずにいた。広島では学生相談の仕事が忙しくて，せいぜい広島の子どもたちの訓練を手伝うくらいがせいいっぱいだったのである。

　Ａちゃんは，当時はまだ5，6歳で，よく泣く子だった。当時はまだ一人で立てなかったが，訓練を重ね，不安定ながら，一人で歩けるようになった。その子がもう20代も半ばだという。

　不思議なことに，移る1年位前に彼女から手紙をもらうようになった。まだ，京都教育大学に移ることになろうとは夢にも思っていない頃のことである。「私の

エッセイ ◆ 障害児（者）とのつきあい

こと覚えてますか？」というので、「当たり前だ。覚えてるに決まってるじゃない
か」と返事を書いたところ、それから、時々手紙のやりとりをするようになった
のである。彼女が織ったすてきな手織り作品も送ってくれた。そのうち、Aちゃ
んから聞いたらしく、やはり当時訓練していたBちゃんと他にも何人かが手紙を
くれるようになっていた。Bちゃんはおとなしい子で、Aちゃんよりもいささか
年上で、現在は30代である。

　彼女らは、現在、障害者やその保護者や支持者が運動してつくったある施設に
通っている。クリスマス会に誘われて、行ってみた。彼女らは仲間に囲まれ、生
き生きと暮らしていた。彼女たちから今ではちょくちょく私の自宅へ電話があ
る。あれこれ話をするが、時々肩や背中が痛い、夜眠れないという。もう長い間
訓練をしていないからということも関係しているのであろう。一般に小さい頃か
ら訓練をはじめて、一時期熱心に訓練に取り組むが、ある時期になると訓練をや
らなくなる。というより、いつまでも訓練ばかりやってはいられなくなるのであ
る。勉強のことや将来のことにエネルギーをそそがなければならなくなるからで
ある。ところが、そのままやらないでいると、体が固くなり、痛みがでてくること
とがあるのだ。

　その施設の障害者の皆さんに訓練の話をしてくれと言われ、少し話をした。その
うち、定期的に訓練をしに来てくれと頼まれた。昔なじみに頼まれると断りきれ
ず、現在は2週間に1回のささやかな訓練——というより旧交をあたためために——
に通っている。

　まさかこういう形で彼女らと再会することになろうとは思っていなかった。病
院や外来の心理相談室などではそのうち関係が終わることが目標となる。しかし、
障害児（者）とは——細々としたものであれ——一生のつきあいになることが少
なくない。最近はますますそういう感じを強くしている。

　つきあいは障害児（者）本人だけではない。その保護者——たいていはお母さ
んだが——ともたくさん知り合えた。そういえば、最近では心理臨床の広がりと
ともに、障害児の母親面接を担当した方の事例報告を聞く機会が少なくない。「こ
のお母さんはわが子の障害を受容できていない」ので、面接をしているのだとい
う。そして、そのために、密室の中で母親の苦悩に耳を傾けるという作業だけを
ひたすらやっている治療者の多いこと。中には、夢分析などをやっている場合す
らある。

　その意欲と目標は評価したいが、私の多少の経験からいささか助言させてもら
うと、治療者が母親を受容したり、分析したりすることで、母親への援助が達成
されるというのははなはだ甘い見通しであると言わざるを得ない。というより、
面接の方針が適切ではないと思う。治療者が母親の苦悩を聞いて、受容すること
も全く無駄とは言えないが、それだけでは無理がある。

もっと大事なのはお母さん自身に仲間をつくってもらうことである。

なんだ，そんなことか，と思われた方があるかもしれない。しかし，私がわざわざこのことを強調しておきたくなるのは，ひとつにはそういう配慮がなされていないことが非常に多いからであるし，またそれが非常に強力な力を発揮するからである。

動作訓練では「母親の会」というのがあり，それを何度も担当したことがある。そこでは，お母さん方のさまざまな苦労話が語り合われるのだが，時に若い新米のお母さんが，「この子と心中しようかと思ったことさえある」と泣かれたりすることもある。そういう時，私などは事態の深刻さと迫力に茫然とするだけであった。いつもそれを救ってくれたのはベテランのお母さんたちであった。「あら，あたしもそうだったのよ。でもね，今じゃ〜」といった具合である。

私達専門家が彼女らの苦悩をわかるはずがない。こういう時に，私達の言葉などは専門家であれ，いや専門家でしかないがゆえに吹けば飛ぶようなものである。その一方で，当事者にとって，それをくぐってきた先達の持つ言葉の重みは圧倒的である。母親同士で愚痴をこぼしたり，なぐさめ合ったり，雑談をしたり，支えあったり，家族ぐるみのつき合いをしたりなどをしているうちにお母さんたちは（そして何より子どもたちも），たくましく，また生き生きとしてこられる。

したがって，障害児の母親面接では，原則として面接の方針の第一に母親と本人の仲間づくりを援助することを置くのが本道である，と私は思う。障害児の母親面接を行っているすべての臨床家にこのことを訴えたい。

このようなことは障害児とその母親についてに限らない。難病の会やアルコール症をはじめ種々の自助グループや家族会が結成され大きな成果をおさめている。心理療法の天才といわれたあのミルトン・エリクソンでさえ，「アルコール症の人には，私はAA（自助グループ）を紹介することにしています。というのは，私よりもAAの方がずっといい仕事をしてくれるからです」というようなことを述べている。同じような状況を生きている仲間を持つことの力は大きく，しかもそれは専門家にはなし得ないことをなしとげる。

私達は専門家だからできることと，専門家でもできることと，そして専門家にはかえってできない（あるいは困難な）こととがあることを認識し，識別することが必要である。まず必要なのは仲間である。障害児にも母親にも。そして，私達にも。

第7章　学校・学級での問題行動

# 学校・学級での問題行動
## ——暴力と離席，学級崩壊，反抗性集団化

## Ⅰ　深刻な問題行動への対応の基本

　本章では，暴力と離席，学級崩壊（さらには学年崩壊，学校崩壊），反抗性集団化といった深刻な問題行動について述べる。くりかえされる暴力と離席（以下単に「暴力と離席」と記す）は，それ自体も大きな問題であるが，放置すれば学級崩壊を招きかねないという点でも大変な問題である。換言すれば，「学級崩壊」の中心にある行動は，暴力と離席である。また，反抗性集団化とは，後に述べるように，ある種の学級崩壊とは関係が深いものである。

　これらを「深刻」と呼ぶのは，当該の生徒だけでなく，周囲の集団にさまざまな形の甚大な被害を与え，そのため，これらこそが現場の教師を最も悩ませているものだと考えられるからである。

　暴力と離席，学級崩壊，反抗性集団化等の学校・学級での深刻な問題行動には，多くの場合，①ルールの提示と約束の言語化，および②「身体への直接的働きかけ（動作を介した働きかけ）」が有効であり，それだけでは無理な場合に，③別室移動（クールダウンと振り返りと反省のための別室移動）またはタイムアウトを行う。そして，④（抑えるだけでなく）さらなる成長を育む，という関わりが有効である。

　ただし，後に述べるように，別室移動では，別室ではかまいすぎないことが非常に重要である。

133

## Ⅱ　暴力と離席への対応

### 1．暴力への対応の基本

　問題行動の中でも暴力は特別なものである。その場できちんと対応することが
とりわけ必要な問題である。くりかえされる暴力に対して必要な関わりは，①ま
ず暴力を非暴力で抑える。次いで，②暴力を抑えるだけでなく，言葉で表現でき
るように援助する。さらには，③暴力に代わる行動の学習を援助する。そして，
④成長のエネルギーを引き出すという順になる（表7-1）。ここでの重要なポイン
トは，暴力は抑えなければならないが，単に抑えるだけでなく，言葉で表現でき
るように援助するということである。

　暴力には何よりも，加害児に対する非暴力による強い抑えと本人の気持ちを汲
みつつ寄り添う関わりの両方が必要である。暴力を振るう子には，非暴力による
強い抑えと本人の気持ちを汲みつつ寄り添う関わりの両方が必要であるが，まず
優先されるべきは暴力を使わないで抑えることである。しかも場当たり的なもの
でなく，一貫した非暴力による強い抑えが必要である。

　そのために，たとえば，以下のような行動の学習を援助する。

　　1．殴るという行動ではなく，自分の気持ちや考えをきちんと言葉で表現できるよ
　　　うになること
　　2．殴りたくなったとき，たとえば「言葉で言う」「先生に言う」とか「その場を
　　　立ち去る」など，代わりの行動を考え，学習すること
　　3．暴力を振るってしまった場合の責任の取り方を自分で考え，行動できること

　また，これらをさらに支えるものとして，①ストレスを発散できる楽しみを持
つこと，②自分が誇りを持てるような自他ともに認める得意なものを持つこと，
③将来の希望を持てるようになること，などがある。

表7-1　暴力への対応の基本

| |
| --- |
| 1．暴力を非暴力で抑える<br>　　　↓<br>2．言語化を援助する<br>　　自分の気持ちや考えを言葉で表現<br>　　　↓　　↓<br>3．代わりの行動の学習を援助する<br>　　　↓　　↓<br>4．成長のエネルギーを引き出す |

第7章　学校・学級での問題行動

　また，子どもたちへの援助にあたっては，将来の希望と当面の希望を引き出し，応援することが重要であると述べたが，そのためにも本人自身が自分の気持ちや考えを言葉で表現できるようになることが必要である。

　暴力を振るう子は，一人ではやめられないで，実は本人も困っているのである。暴力への対応の要諦は，**本人の困っている気持ちを汲みつつ，断固として行動は抑える**ということである。離席も基本的には同様である。

　暴力と離席への対応には，「身体への直接的働きかけ（動作を介した働きかけ）」がとりわけ有効である。

　ただし，こういう方法を行うには，①その子がクラスや施設等で暴力被害から守られていること，さらに，②クラスや施設等でその子が（その子なりに）過剰な刺激・不快な刺激にさらされていないことが前提である。

　発達障害児による暴力や離席では，その子がしばしば「感覚過敏」があり，周囲の刺激を減らすことが必要な場合があるので，この点には特に注意が必要である。

## ２．暴力と離席への対応の手順

以下の手順で対応する。

### （1）守るべきルールの提示と約束の言語化

　目標となることを簡単な短いフレーズで約束し，それを本人自身が言葉で言えるようにする。暴力については，相手に腹が立っても，暴力を振るわないで口で言うことを約束させる。「叩かない，口で言う」を本人自身が言葉で言えるようにする。反抗的であるなどして，これができない場合は，とりあえずは，教師側からルールを提示するに留め，徐々にそれができるようになることを目指す。

### （2）「身体への直接的働きかけ（動作を介した働きかけ）」

　暴力を振るう子への「身体への直接的働きかけ（動作を介した働きかけ）」のポイントは，①きちんと抑える，②やさしく語りかける，③収まったら，ほめる，喜んでみせる，④段階的に自分でコントロールできるように，⑤さらなる成長の兆しを育むということであると，私は考えている。

#### i. きちんと抑える

　身体への直接的働きかけ（動作を介した働きかけ）は，その場できちんと身体を抑えることで，行動を抑えることであり，①両手を抑える，②尻押し，肩抑え（大野清志），③後ろから抱える，④動作法（成瀬）等いくつかのやり方がある。動作法の実践やホールディングの実施そのものが目的なのではなく，その場できちんと身体を抑えることで，行動を抑えることができさえすればよいのであって，いろいろなやり方があってよいし，その子にあった抑え方を工夫することが望ましい。

たとえば，「尻押し，肩抑え」という筑波大学の故大野清志の創案の手法では，多動児が立ちあがろうとするその刹那，立ちあがってしまう寸前のところで，両肩を上から押さえつけるなり，腰に腕を回してお尻を下に押さえつけるなりするのである。立ちあがってしまうと制止するのは困難となるので，できればその寸前で行うのがコツである。これをくりかえすと離席行動は劇的に収まっていくし，それだけでなく多動の子は落ち着きが出てくる（田嶌，1988）。

ここでのポイントは，どのやり方で対応するにせよ，その場で断固として抑えるということである。ただし，本人の気持を汲みつつ，断固として行動は抑えるということである。そして，全身に力を入れている時にやめるのではなく，本人が身体の力をある程度抜くまで抑えておくことである。「暴力を非暴力で抑える」のであって，殴る蹴るなどの暴力で懲らしめたり，体罰を与えるのではないことに留意しておくことが必要である。

水鳥川・萱原（2000）は，「子どもの心の中には，『暴れたい自分』と暴れたい気持ちを『抑える自分』が共存している。暴れる子は，その『抑える自分』が弱い。つまり自己コントロールが弱いのである。それは，自律心が育っていないためである。そこで大人は，子どもの中の（暴れを）『抑える自分』に手を貸してあげる必要がある」と述べている。

こうした方法が効果的なのは，言葉ではなく（あるいは言葉だけでなく）身体の動きや動作をもって学ぶことになるからである。なお，別室移動やタイムアウトにしても，身体を別の場所に移すという点で，身体の動きや動作をもって学ぶものである。

重要なのは，時間帯や場面を決め，そこでは確実にきちんと抑えることである。これができれば，暴力を振るわなくなるだけでなく，場面の識別もできるようになる。暴力が出る前兆に注意し，できるだけ早くにキャッチして対応するのがよい。したがって，大人が一人で対応できるうちに暴力を振るわないようになることを心がける。それでも，一人で無理なら複数で実施する。

なお，この動作を介した働きかけ（身体への直接的働きかけ）も別室移動も，それが行きすぎて懲戒権の濫用にならないように注意が必要である。とりあえずは，別の大人が見ているところで実施するなどの配慮が必要である。

　ii. やさしく語りかける：抑えつつ安心させるメッセージをやさしく語りかける

このような関わりを行うに際して，単に抑えるだけでなく，できれば抑えつつ安心させるメッセージを（やさしく）語りかけるのが望ましい。むろん，抑えるのに大変でそれどころではない場合にはこの限りではない。その場合は，余裕が出てきたらでよい。その一方で，重度重複障害児で，言葉が理解できず，親と他人との識別さえできないように思われる場合でもやさしく語りかける。やさしく

語りかける言葉のリズムが重要であると考えられるからである。

　語りかける内容は、「よし、よし」「大丈夫」「嫌だったんだね」「我慢しようね」「好きだよ」など短い言葉をくりかえすのがお勧めである。

　水鳥川・山本・内田（2004）は暴れる子へのその場での「ホールディング」の有効性を報告し、「断固抑える壁にならなければならない。この壁は叱責や脅しの壁であってはならない。本人の衝動が抑えられないという苦しみに寄り添う情愛のある壁にならなくてはならない。だから抑えながらも本人には"大丈夫，つらいよね，君のことが大好きだよ"という言葉がけが大切になってくる。壁は本人への肯定的なメッセージである。そして彼の衝動が治まった時，子ども自身が抑えることができたことを大きく評価するのである」と述べている。

　iii. 収まったら，ほめる，喜んでみせる

　収まったら，ほめると同時に喜んでみせる。本人によく伝わるように，大げさにほめる。頭をなでる，強く抱きしめるなど，援助者が喜んでいることがしっかり伝わるように心がける。

　iv. 段階的に自己コントロールへ

　こちらの関わりに対する子どもの変化に応じて，次第に抑えを減らし自分でコントロールできるように関わっていく。

　ちょっと気に入らないことがあると暴れる小6の男子がいた。身体の大きな子で，この子が暴れると，大人2～3人は軽くふっとばされるくらいであった。観察したところ，暴れる前には，肩が上がる前兆があることがわかった。そこで，暴れそうになったら肩抑えとさらに動作法による肩のリラクセイションをその場で行った。前兆のうちにこのように関わると，最初は抵抗があったものの，次第にそれが少なくなってきた。次第に，肩抑えだけで収まるようになり，さらには暴れそうな場面になると，自分で肩を上下させて，自分で自分を鎮めるようになった。

　水鳥川・山本・内田（2004）は，暴れる子に対して，①「強く時間を要するホールディング」から「短時間のホールディング」へ，次に，②「手を握るだけ」，さらに，③自ら一人で衝動を抑えようとする行動になり，その時背中をさする，という関わりの変化を報告している。また，別の事例では，①両手を押さえ，きちっと目を見て，気持ちを落ち着かせるような言葉かけをしていき，②慣れてきたら，身体を抱きかかえ，頭をなでてあげるとよい。「大丈夫よ」の言葉かけだけで収まることも出てきた例を報告している。

　同様の手法は，自傷行為のある重度重複障害児にも有効である。5歳の重度重複障害児で，自分の拳で突然自分の額を何度も叩く。何度かそれをくりかえして収まることもあるが，時には畳や床に自分の頭を何度も打ちつける，さらには壁に自分の頭を何度も打ちつけることもある。そのため，その子の額には，固いこ

ぶができていた。自傷が出たら，その場で肩のリラクセイションを行ったところ，3週間で激減し，額を軽く叩く程度になった。そこで，大人が軽く額をさすることにしたところ，まもなくほとんど消失した。

　　ｖ. 別室移動（クールダウンと振り返りと反省のための別室移動）またはタイムアウト

　こうした「身体への直接的働きかけ（動作を介した働きかけ）」では対応が難しい場合，あるいはそれだけでは無理な場合には，別室移動（クールダウンと振り返りと反省のための別室移動）が有効である。

　なお，主に別室移動について述べるが，必ず「別室」でなければならないことはない。本質的には「場所の移動」，すなわち身体が別の場所に移動することが有効なのである。たとえば，教室内の別の場に移動することで十分な場合もある。

　また，本人が落ち着いている時は通常学級に，落ち着かない時は特別支援学級にといったバリエーションも有効である。

　　ｖｉ. さらなる成長を育む

　抑えるだけでなく，さらなる成長を育む。こうした問題行動が収まってくると，通常はさらなる成長の兆しが出てくるものである。それをキャッチし，育むことが重要である。たとえば，暴力などの問題行動が収まってくると，言葉や態度で表現するようになる。それをキャッチして，さらなるコミュニケーションのチャンネルを育むことが，成長のエネルギーを引き出すことになる。

　ある幼稚園男児は，まだ言葉が出ない子で，「ウー，ウー！」と叫んで，部屋中のものを叩いて回り，呼んでも全然振り向きもせず，返事もしない。朝礼の時も，勝手に動き回る。そこで，一番後ろに並ばせ，尻押さえを実施した。先述のように，立ちあがる寸前のところで腰に腕を回して座らせたのである。同時に，「よし，よし」という声かけを行った。2週間で朝礼時に勝手に動き回る行動は収まり，約3カ月後には，友達の後を追い求めたり，他児のまねをしたりするようになり，ある時，突然片言をしゃべり始めた。その後，小学校入学時には，日常会話には不自由しないくらいになった。

　また，特別支援学校の小学4年生男子が，授業時間中急に不機嫌になり，隣の子の頭を叩く。担任教師が叱ると，とたんに立ち上がって，その辺の椅子や机をけっとばして回り，それをさらに教師が制止するとさらに興奮し，ひっかく，食いつく。緊急避難しようにも肢体不自由児の特別支援学校なので，そのクラスは大混乱となった。そこで，担任教師には興奮して立ち上りそうになる気配がわかるとのことなので，朝の10分間だけ立ちあがろうとする際に，「よし，よし」と声をかけながら肩抑えを数度実施したところ，離席も暴力もしなくなり，ついには教師の指示や話をよく聴くようになった。それに伴って，他児との関係も改善した。

第7章　学校・学級での問題行動

# III　学級崩壊への対応

## 1．学級崩壊とは

　いわゆる学級崩壊とは，授業中にもかかわらず，児童・生徒（学校教育では，小学生を「児童」，中高生を「生徒」と呼ぶ）が勝手な行動をして，教師が注意しても従わず，授業が成立しない状態をいう。ここでは，特に学校での問題行動のうち，さらに学級崩壊につながりかねない場合の対応について述べる。ここで述べるのは，児童養護施設の子どもたちの学校での問題行動に私が関わった経験から述べるが，これは，特に施設の子に限ったことではなく，同様の問題行動を示す一般家庭の子たちにもあてはまるものと考えられる。

## 2．学級崩壊への対応

### （1）学級崩壊理解の視点

　学級崩壊は近年増え続けているという印象がある。たとえば，神奈川県教育委員会の調査では，県内の公立小学校で2009年度に学級崩壊となったのは162学級。影響を受けた児童は約5,000人に上り，5年間で倍増したとのことである（神奈川新聞2011年2月24日朝刊）。しかし，全国調査はされていないようであり，その実態は明らかではない。学級崩壊について，22県が実態調査を一度も行っておらず，27都道府県が対応マニュアルを備えていない。学級崩壊に特化した対応マニュアルを作成しているのは，2県に留まっているとのことである（毎日新聞2010年11月22日朝刊）。

　学級崩壊はそれ自体もむろん大きな問題だが，さらに深刻なのは学級崩壊を起こしたクラスではいじめ・暴力の増加が懸念されるということである。たとえば，2010年に群馬県で小6女子児童が自殺するという痛ましい事件が起こったが，それは学級崩壊の中で起こったいじめを苦にしたものであると見られている。その子のクラスでは好きな者同士で勝手にグループをつくり給食を食べるようになっていて，教師の指導に従わない状況だったという（毎日新聞2010年10月10日朝刊）。

　学級崩壊が起こる要因はいろいろあるだろうが，そのひとつとしてADHD児と学級崩壊との関係が，これまで幾人かの論者によって指摘されている（福島，1999；尾木，1999；榊原，2000）。ADHD児が学級崩壊の主たる原因とする見解がある一方で，榊原（2000）はADHD児の行動とその行動に同調する子たちが出てくることで学級崩壊が起こるのではないかと見ている。つまり，ADHD児が，学級崩壊の主たる原因ではないものの，学級崩壊のきっかけとなることがあるのではないかとされているのである。

139

離席は ADHD の子にだけ見られるわけでは決してないが，離席と暴力をくり
かえす子どもが複数いるクラスが学校現場では少なくない。もはや授業は成立せ
ず，いわば学級崩壊状態である。中には，そういうクラスが複数あり，学級崩壊
というより，学年崩壊ないし学校崩壊といった状態の学校もある。

　学級崩壊の中心にある行動は，なんといっても離席と暴力である。したがって，
（予防的対応はさまざま考えられようが，学級崩壊が起こってしまったら）学級崩
壊への対応は，この離席と暴力にいかに有効に対応できるかにかかっている。

### （2）取り組み例：学校で問題行動が噴出した小１男子A君の事例
　ここで，学校での問題行動が深刻だった事例を挙げておこう。

#### i. 学校での状態
　ある児童養護施設に入所していて ADHD と診断された小１男子の事例である。
ベテランの担任教師からの相談である。学校での状態は，以下のようなものであ
った。

学校での様子：担任（ベテランの女性教師）から情報

　　9月25日　体育終了後の着替え中に，同じ組の女子Aさんを押し倒して，赤くは
　　　れるほど腹を強く踏んだ。施設に連絡。

　　10月1日　離席が目立ち，朝の会や授業中に担任の言葉のひと言ひと言に大声で言
　　　い返して，授業妨害をくりかえす。

　　10月6日　同じ組の女子Bさんのランドセルのキーホルダーを引っ張って壊す。は
　　　じめは自分がしたことを認めなかったが，見ていた子どもたちもいたため，話を
　　　していくうちに認めた。施設に連絡してBさん宅に謝罪の電話をしてもらう。ま
　　　た，本人も翌日Bさんに謝罪することを約束したので，その結果を知らせてほし
　　　いと施設から要請の電話。

　　10月7日　Bさんに謝罪するという約束だったが，謝ることができなかった。
　　　同じ組の男子M君とつかみ合いの大げんかとなり，手がつけられない状態にな
　　　る。大声で叫びながら，机やいすを押し倒して，そばに寄れない状態となる。

　　10月14日　学習中，勝手気ままに立ち歩く。掃除はしない。掃除時間はベランダ
　　　に出て穴を掘って遊び，５校時が始まっても入ってこない。帰りの会の時にも，
　　　外に出て泥遊びをくりかえし，担任が入ってくるように言うが，わめき騒いで言
　　　うことを聞かない。

　　10月15日　大声で叫びながら，周りの女の子を手当たり次第殴っていく。特に，
　　　女子Cさんの頭を執拗に何度も叩く。他の子の持ち物を取り，自分の筆箱に入れ
　　　る。消しゴムは持ち主の名前が書いてあるカバーの部分を破り，自分のものと言
　　　い張る。形勢が悪くなると，取った物を捨てる。学習中，始終おしゃべりか周囲
　　　の生徒にちょっかいを出し，担任の言うことを全く聞かない。たまに聞くかと思
　　　えば，大きな声で野次を飛ばす。算数ははじめから考えようとしないで，他の子
　　　の答えを写そうとする。4校終了時，男子M君，N君と3名で殴る蹴るの乱闘に

第7章　学校・学級での問題行動

なる。支援教諭Z先生と担任の2人で止めても止めても，すぐにまたくりかえす。

10月16日　ますます暴力的になり，常に大声を出し，教師の言葉の一つひとつに暴言を吐き続ける。脈絡もなく突然女の子に殴りかかる。他の子の持ち物をこっそり持ってくる。

10月19日　何にいらついているのか，朝から大きな声で言いたい放題の暴言を吐き続ける。担任は授業を中断せざるを得なくなる。担任が話をしようと声をかけると，教室から飛び出る。

10月29日　連絡袋全体に油性マジックで落書きをしていた。2日前からなくなっていた男子O君のもので，名前の部分を破り，誰のものかわからなくして持っていた。施設に連絡して，先方に謝罪の電話をしていただいた。

11月5日　男子M君，P君と追いかけあい，殴る蹴るの乱闘が一日中続く。常に大声で思いつき放題のことを叫び続ける。制止がきかない。

11月6日　授業中に席につけない。立ち歩き，大声で罵り続ける。手当たり次第に殴りつける。授業ができないので，教室から出し会議室に連れて行こうとすると，廊下で抵抗する。1年3組の担任Y教諭が中に入り，一日3組で過ごす。2校時，体育館での劇の練習では，マイクに近づき意味のない言葉を大声で叫び続ける。4校終了後教室に帰ってくると，男子M君が暴れているのに刺激されたのか突然暴れ出し，机を振り上げたり，10個近くの机と椅子をひっくり返す。女子Dさんに倒れた机が当たり，保健室に行って手当てをしてもらい，担任からDさんの保護者と施設に連絡した。

11月9日　朝から男子M君（服薬中），Q君（多動）と暴れまわり，取っ組み合いをくりかえすので，1校時は3人を教室から出し，X先生が会議室で指導にあたる。4校時の生活科で校庭に出ると，帰り際に昇降口で男子N君と取っ組み合いになり，X先生と担任で止めに入るが，手がつけられない。興奮して大声で叫びながら，N君の顔面を何度も拳で殴りつける。N君から引き離した担任にわめきながら，3度にわたり蹴る。

11月12日　担任を蹴ったことに対して，朝，施設の先生に連れられて，謝罪をする。

　なお，学校で指導した際，涙を見せることはなく，通じている感じがないとのことである。施設では，落ち着きがなく，他児に横柄な態度をとり，「ムカつく」と言われていて，指導が通りにくくはあるものの，学校でのような特に大きな問題は見られないとのことである。

　さて，どうだろうか。どう見ても，学校では大変な状態である。学校からであれ，施設からであれ，あるいは家庭からであれ，こういう相談があった場合，臨床心理士や精神科医はどうするのだろうか。

　この子を面接室に連れてきてもらいプレイセラピーや箱庭療法をするというのだろうか。笑いごとではなく，そういう対応が多いのではないだろうか。あるいは，こういう子たちに，手を尽くすことなく安易に多量の薬物が処方されたりし

141

ないことを願うばかりである。

　たとえ，臨床心理士や精神科医が面接室や診察室でのみその子に関わるにせよ，現場はなんらかの対応をせざるを得ない。したがって，現場にそうした際の助言を積極的にする専門家は，かなり優れているのだと言えよう。

　ii. 現場でよくとられている対応

　それでもなかなか適切な対応の助言がなされることは少ない（ようである）。臨床心理士や精神科医は，発達障害のアセスメントには長けていても，さらには面接室でどう対応するかには熟練していても，学校や施設などの集団場面でどう対応したらよいかについては，よくわかっていない専門家も少なくないからである。「ひたすら受容してください」「寄り添ってください」などという助言も少なくない。少なくとも，ここで挙げた事例では，それは事態をさらに混乱させるだけである。

　信頼してすべて専門家にお任せすればよいという時代ではもはやないが，この領域は「専門家を選ぶ力」がとりわけ必要とされる領域である。

　発達障害児または発達障害サスペクト児のくりかえされる問題行動へのよく間違えられる対応として，だいたい３つくらいのパターンがある。

　　パターン１　言葉で叱りつける。何度も叱りつけることに終始する
　　パターン２　やりたいようにさせる
　　パターン３　注目しないで無視する

　現場でよく行われるのは，最初厳しく叱ることである。それで収まることもあるが，それだけでは収まらない場合が多い。そして，それで効果がないとなると，次にしばしば「やりたいようにさせる」または「無視する」という対応になる。子どもにとっては「かまってもらう経験」「注目される経験」になっていて，かえってひどくなることがあるというふうに理解するわけである。これは，効果があることもあるが，やりたい放題となることも多い。悪いことをしていても無視することは，しばしば子どもの側では「許容された」「認められた」という経験になるからである。

　iii. 対応の視点

　１）基本ルールの提示と（クールダウンと振り返りと反省のための）別室移
　　　動

　叱ることも，無視することも役に立たないとなれば，どうすればいいのだろうか。ここでの私のお勧めの対応の原則は，子ども自身にわかりやすい基本ルールとそれが守れない時どういう対応をとるかというルールを提示して見通しの持てる指導を行うことである。ここでいう基本ルールとは，細かいルールではなく，他の子を叩かないとか授業中は椅子に座っておくといった，これが守れなければ

142

第7章　学校・学級での問題行動

学級や授業は成立しないであろうというごく重要なルールである。

　そのために，私のお勧めは，基本的には，これだけは守るべきという基本ルールを決めて，子どもたちに提示することである。そして，それだけでなく，その基本ルールが守れないで目に余る場合どうするかというルールも提示することである。

　どうしても守れない場合は別室に移すが，しかしそこで重要なのは，別室ではかまいすぎないようにするということである。むろん，あらかじめそのことを本人に伝えておいたうえで行う。なお，別室移動を行う目安は，このままでは他児の勉強ができなくなるという場合に限るべきである。

　さらにお勧めは，それを先述の「応援する会」による対応として，本人を励ましつつ，行うことである。担任，校長，教頭，学年主任，担当職員，児童相談所職員で「A君を応援する会」を結成し「A君の応援集会」を実施した。校長や児童相談所職員まで参加していることにA君はいつになく緊張した面持ちであった。

　　2）どちらを選ぶこともできる

　ルールの提示にあたっては，当の本人には，「（教室にいることも，別室に行くことも）どちらを選ぶこともできる」という言い方をするのがお勧めである。

　　3）介入しながら見立てる

　ただし，ここでも発達障害の見立てや，安心・安全のアセスメントと同様に，「介入しながら見立てる」ということが重要である。

　iv. 対応の経過

　基本的な対応：学校における「クールダウンと振り返りと反省のための別室移動」による対応

　目標：席について，座っていること，教室を飛び出さないことを目標とする。

　対応の具体的手順は，以下の通りとする。

　　1．授業の邪魔になることをしたら，3回注意しても収まらなければ，別室に移動させる。
　　2．別室では誰か教員が付き添い，座っているように指示する。言うことを聞かないことが予想されるが，その際は部屋から出さないこと。しかもかまいすぎないようにする。
　　3．退屈して，教室に戻りたいと言い出したら，教室に戻ったらどうするかを本人が言葉にして約束をする。約束の内容はその子の教室での行動に応じて決めるが，たとえば「授業中は座っている」，「大声を出さない」，「叩くな，口で言う」などの簡単でわかりやすい約束を言語化するように促す。
　　4．担任に対して，本人自身に言葉できちんと約束させる。
　　5．約束を守れなかったら，再び1の対応を行う。

この小1男子A君に，このような対応を行った。いつものように，授業中に大声で叫んだり，担任の話にいちいち言い返す，立ち歩くなどしたため，3回注意し，（クールダウンと振り返りと反省のための）別室移動を行った。別室では，別の教員が付き添ったが，最初は別室でも落ち着きなく，動きまわったり，暴言を吐いたりしていた。それでも，部屋からは出さないようにしつつも，かまわないようにしていると，そのうち退屈してきたらしく，保健室に行きたいと言い出したが，授業時間中はだめだと伝えたところ，さらに暴言を吐いた。

それでも，かまわずにいると，授業が終わり，休み時間に保健室に行った。次の時間は，教室に戻ったが，隣の子のものを触ったり，前の子どもにちょっかいを出すなどした。注意すると，暴言を吐いて，教室を飛び出した。そのため，別室対応の教員が対応し，別室に連れて行った。

再び同様に対応しているとしばらくすると退屈しはじめ，今度は教室に戻りたいと言い出した。しかしここで別室担当の教師は，すぐには応じず，2度目に戻りたいと言った時を捉えて，「戻ったらどうする？」と投げかけた。さらに「大声を出さない，席に座っていると約束できるか」と迫り，本人に言葉で言わせて約束させた。さらに，約束とお願いを本人が言葉で担任の先生に言うように伝え，担任とも約束のうえで，教室に戻した。

こういう対応を数回くりかえしたところ，1週間ほどで，離席も暴言もときになお見られるものの，急速に収まってきた。

　v. 見立てのポイント

ここでの見立てのポイントは，2つある。ひとつは，その子が学校や家庭や施設で，深刻な暴力被害にあっていないかどうかである。暴力にさらされていれば，その被害から守ることを優先的に取り組むべきである。

いまひとつの見立てのポイントは，別室でかまいすぎない対応を行った際の反応である。退屈しはじめるならこの対応でいけるが，いつまで経っても退屈する様子が見られないならば，「対人交流欲求が乏しい」可能性がある。広汎性発達障害等の可能性を考えるべきである。この場合，より個別性の高い対応が必要であろう。また，この子がクラスで孤立している可能性も検討すべきである。

この事例には「その場で関わる心理臨床」でなければ，とても対応できなかったと言ってよいだろう。ここではわかりやすいように，問題行動が噴出した例を挙げたが，もっと軽い問題行動についても，それに応じたその場で関わる心理臨床が有効である。そしてそれは，密室での個別のセラピーよりも優先的に検討されるべきであると，私は考えているのである。むろん，私は密室での個別のセラピーを全く必要ないと主張しているのではない。それが，極めて必要な場合もあるのは確かである。しかし，その場で関わる対応だけですむことが少なくない。また，密室での個別のセラピーを実施する場合でも，それに先立って優先的に（あ

るいは並行して）その場で関わる対応について十分になされているべきであると
考えている。


### 3．取り組みの順序

　学級崩壊では，ルールの提示と，「クールダウンと振り返りと反省のための別室
移動の活用」や「身体への直接的働きかけ（動作を介した働きかけ）」が基本であ
る。学級崩壊は，一人の担任教師の頑張りだけで乗り切れる事態ではない。まし
てや，学年崩壊の場合は，学校を挙げた対応が必要であり，より周到な準備が必
要である。下記に取り組みの順序を述べる。

#### （1）「対策会議」と教師集団への提案

　担任が一人で問題を抱え込むのではなく，教師集団と（いわゆる専門家も含む）
関係者全体で考えることを基本とする。そのために「対策会議」（「ネットワーク
会議」，「作戦会議」）を行う。先述のように，基本方針は，子ども自身にわかりや
すい基本ルールとそれが守れない時どういう対応をとるかというルールを提示し
て見通しの持てる指導を行うことである。そのために有効な方法を検討してもら
い，こちらからは「TTの活用」，「他教師からの支援」，さらには「別室移動」な
どの方法を具体的に提案する。なお，先述のように，別室移動を行う目安は，こ
のままでは他児の勉強ができなくなるという場合に限るべきである。まずは，こ
ういうやり方を提案し，やり方を説明する。質疑応答を行い，さらに，こうした
方式を実践してみるかどうかを内部で検討してもらう。実は，こうした方式は，
学校現場では簡単には受け入れられにくいという印象がある。こういう対応では
なく，「子どもに寄り添って」とか「一人ひとりの子どもと真剣に向き合う」「あ
りのままを受け入れる」とか「受容的に対応すべき」などといった意見が出るこ
とが少なくないのである。実際には提案している方式とそれらの意見とは本来は
必ずしも対立するものではないと私は考えているが，しかしここで出ているこれ
らの意見は反対意見なのである。

　また，別室移動の必要がある子の保護者から「子どもの学習権の侵害」という
苦情が舞い込むことも覚悟しなければならないことも伝えておく必要がある。そ
もそも，他の多くの子どもの学習権を侵害しておきながら，学習権もあったもの
ではないと私は思うが，現実には，少数ながらこうした主張をする保護者もいる
からである。

　学校も施設も従来の「トラディショナルなこわもて」の教師や施設職員もいる
一方で，「できの悪いカウンセラー」のようなことを言う人が増えている観があ
る。そういう意見の人も，当面落ち着くまでは，ここで提案した対応をやり抜い
てもらうことを約束できなければ，こうした対応はやらない方が無難である。は
じめたからには，やり抜くことが肝要だからである。

（2）問題を絞る：暴力と離席

　学級崩壊に対しては，何から優先的に取り組むかが重要である。一度に何もかもに対応するのは無理である。学級崩壊の中心にあるのは暴力と離席であると考えられる。そこで，当面の対応としては，「暴力と離席」に絞って対応する。つまり，学級崩壊に対しての基本的な対応は，前章で挙げた暴力や離席への対応と同様に，ルールの提示と，「クールダウンと振り返りと反省のための別室移動の活用」や「身体への直接的働きかけ（動作を介した働きかけ）」である。先に「暴力と離席への対応」や「学校で問題行動が噴出した事例」で述べたことをしっかりと参考にしていただきたい。ただし，学級崩壊では暴力や離席が多いため，すべての子の暴力と離席に同時に対応するのは無理がある。したがって，当面はどの生徒から行うかをあらかじめ決めておくことが必要である。ここで注意すべきは，クラスの中心的な生徒から，または最も言うことをきかない生徒から対応するのがよいということである。

（3）役割分担を行う

　このやり方を導入することが決まったら，起こり得る困難事態について具体的にシミュレーションを行い，誰がどう動くのか役割分担を行う。とりわけ重要なのは，どうしても守れない場合は，①確実に反省のための別室移動を行うこと。②別室でかまいすぎないことを強調することである。人手が足りないと言われるかもしれないが，非常事態であり短期ですむので，特別に対応できる体制をとってもらう。どうしても無理なら，保護者会を開き，保護者の支援を求めるのも一法である。この場合，施設の子たちで言えば，施設職員が一時的に手助けすることになる。ただし，あくまでも教師の指示で動くことを徹底する必要がある。

（4）子どもたちに周知して開始

　開始にあたっては，子どもたち全体に周知する。特に問題となりそうな子には，個別にも，「これまでのようなわけにはいかない」ことを伝えておく。

（5）風通しの良い形で行う

　こうした活動は，それが行きすぎないような「安全弁」が必要である。児童福祉施設版安全委員会方式（第13章参照）を参考にして，学校現場の実情に応じた形で活動をモニターすることが必要である。たとえば，教育委員会に定期的に報告するなど，なんらかの形で行きすぎを防ぐチェック機能が働くようにしておくことも一方法であろう。

　なお，ここでは学校については一部を論じるに留めたが，私は学校においても，安全委員会方式のような「モニターしつつ支援する」仕組みが必要であると考えている。

第7章　学校・学級での問題行動

# Ⅳ　反抗性集団化への対応

## 1．反抗性集団化とは

### （1）反抗性集団化とは

「反抗性集団化」とは，私の造語だが，子どもたちが集団化して大人に対して反抗する事態を言う。ただの集団化と異なるのは，積極的に反抗するのが特徴で，集団になることで極端にやりたい放題になることである。まるで反抗することが唯一の目標であるかのごとき様相を呈する。大人側の子どもたちの気持ちを理解しようとする努力はまるで歯が立たない。学校や施設でこれが起こると，学校での授業妨害や授業からの逃走，教師への反抗や暴力，集団でいじめや暴力を行い，施設ではルール破りや無断外出・外泊，子どもから職員への暴力（対職員暴力），他児への暴力が激しくなり，学校崩壊や施設崩壊の危機となる（田嶌，2011）。

　私の経験では，この反抗性集団化は高校生には少なく，小学校高学年から中学生にかけて，それも女子により多いという印象がある。

　反抗性集団化の本質は，痛々しいほどの対人希求性である。愛情欲求とも愛着（アタッチメント）欲求と言い換えてもよいだろう。それが集団反抗という形をとっているものと考えられる。しかしここで強調しておきたいのは，その一方で大人側の子どもたちの気持ちを理解しようとする努力はまるで歯が立たず，かえってさらなる反抗に振り回される結果となるので，対応に注意が必要であるということである。

　とりあえずは，反抗という形で表現されているものをより穏やかなものへと援助することが重要である。しかし，それは容易ではない。基本的には，不適切な行動を非暴力で抑えることがまずは必要である。さらには，集団を解体し，その後新たな穏やかな関係の形成を援助する。そのためには，その集団を解体しなければ，その実現はしばしば困難である。

### （2）反抗性集団化の中心にいる子の特徴

　この反抗性集団化では，その中心にいる子への対応がポイントとなる。その中心にいるのは，精神医学では子どもの場合，まだパーソナリティが固まっていないという考えから，パーソナリティ障害という診断はつかないが，大人であれば，境界性パーソナリティ障害や自己愛性パーソナリティ障害と類似した特徴を示す子どもである。境界性パーソナリティ障害の人は，対人関係のとり方や感情が極端に不安定で，理想化や全否定，激しい怒り，衝動性，強い不安と焦り，抑うつ気分がある。そして，自分の不安や焦りから，他者を振り回すことが特徴である。

　境界性パーソナリティ障害者も反抗性集団化の中心にいる子もともに，対象を「all good」と「all bad」とに分けるという特徴，すなわちスプリッティング

147

（splitting「分裂」）がある。自分に都合のよい対応をしてくれそうな人や権力を持っていそうな人は前者に，そうでない人は後者になりやすい。そして，同様の指導や対応であっても，前者の言うことは比較的よく聞くが，後者に対してはひどく反発するといった具合である。つまり，それに対応する自分の側も相手に応じて，見せる姿も「all good」と「all bad」となるわけである。そのため，教師や施設や児相の職員がよほどそのことを理解していないと，振り回されて，その子たちに関わる大人の側が分断化・対立化しやすいので，よほどの注意が必要である。

　とはいえ，では両者は全く同じかと言えば，そうではない。大人と子どもという違いはもちろんだが，それだけではない違いがある。

　「all good」と「all bad」とに分けてしまうという現象は，対象関係論では「スプリッティング（分裂）」と呼ばれ，原始的防衛機制の代表的なものであるとされている。つまり，早期の対象関係の障害によるもので，病理も重篤であるとされている。しかし，反抗性集団化の中心にいる子どもたちについて言えば，大人になれば境界性パーソナリティ障害や自己愛性パーソナリティ障害と診断される子もいるだろうが，それだけでなく，その場その場を生きざるを得なかったという要因が大きく作用しているものと考えられるし，さらにはそれに思春期心性も大きく重なっているものと考えられる。

　そのためであろう，大人の側が一貫した対応をとるようになると，急速に問題行動は収まっていくことが多い。


## ２．対応の原則

　対応の原則は，複数対応である。中心となっている子に対して，是々非々を突きつけ，譲らない逃がさない対応をしつつ，担当職員は気持ちを汲みつつ言葉で表現できるように援助する。時に，児童相談所との連携が必要になる。


## ３．対応の実際
### （１）反抗性集団化の初期の例
#### ⅰ.児童相談所と連携した対応

　この反抗性集団化は，児童相談所と連携するなど，初期のうちに対応しておくことが重要である。まずはそういう例を挙げておこう。

　ある施設では，小６女子Ａ，小３女子Ｂ，小６女子Ｃの３人が集団化し，学校で教室に入らず，校内を徘徊し，注意されると暴言を吐き，学校を飛び出す。また，時には，登校もしないで，公園などで遊ぶ。小３女子Ｂは特別支援学級であるが，担当職員の理解では小６女子Ａには逆らうことができず，本当はクラスに入りたいのに「教室に行くな」と言われているらしいとのことであった。

まずは,「小3女子Bを小6女子Aから引き離すこと」が必要と考えたが,難しいため,児童相談所に一時保護の相談をしていた。その後,3人が万引きで補導されたのを機に児童相談所がこの小6女子Aを一時保護した。その結果,Aの一時保護中に,小3女子Bも小6女子Cも自分の学級に入るようになった。Aに対しては,施設から職員が一時保護所に面会に出かけ,何が悪かったかを言葉で表現できるように援助した。さらに,一時保護から施設に戻る際には,本人が登校することと他の子の登校を邪魔しないことを言葉にして約束させた。こうした関わりによって,Aが施設に戻ってからも,A自身もBもCも登校し教室に入れるようになった。

特に,「行かなくていい」といわば命令されていた小3女子Bは,とりわけ楽しそうに元気に登校するようになった。

これは反抗性集団化とは言っても,まだ初期の段階であり,このような手早い対応で深刻化を防ぐことができたものと考えられる。

　　ii. 複数の職員による緊急対応

次に,複数の職員による緊急対応で深刻化を防ぐことができた例を挙げておこう。以下は,ある施設の記録からの抜粋である。

学習時間に遅れて学習室に来た小学生のD子が,他の小学生女子4名を誘い手紙のような封筒を広げて遊び始めた。職員が注意したところ,集団で学習室から逃げていく。職員が子どもたちを追いかけ再度注意したところ職員の手を叩く。D子は,これまでにも他の小学生女子児童を巻き込み集団化して職員に反抗する行動があった。これに対し職員は,指導しきれないでいた。当直明けの男子職員に応援を求め,3名の子どもを会議室に連れてきて指導するが,他の2名については逃げ回る状況であった。そのため「緊急非常召集」をかけ,休日職員4名が応援に駆けつけ事態の収拾を図った。

この件については,「今回の事件で,もし安全委員会がなかったならば,職員はD子の行為を見過ごしていたと考えられる。また,もっと危惧されるのが,この現場を見ていた複数の子どもたちが,今度は自分たちもその行動を学習し同じ行動をとる危険性が高い点にある」と考察されている。

（2）反抗性集団化の世代間連鎖の例：複数の職員による緊急対応

　i. 反抗性集団化の連鎖

次に,もっと深刻で厄介な例を挙げておこう。ごく簡略化して述べることにする。ある施設では定期的にこの反抗性集団化が起こっていた。小学校高学年から中学校1,2年の7,8名の女子が集団化し,学校や施設で反抗し,無断で飛び出す,教師への暴言・暴力が続いていた。特に,小学校では一般家庭の子どもも巻き込み,授業妨害や暴力が激化し,警察を呼ぶこともあった。その中心にいる中1女子Eは,軽いリストカットもあり,措置変更となった。

そのため，しばらくは平穏な時期が続いたが，先の反抗集団にいた当時小学校高学年だった女子Fが中1になると，今度はこの中1女子Fを中心として反抗性集団化が再び始まった。学校でも，中1女子Fを中心に授業妨害で学級崩壊ぎみとなった。Fを指導しようとすると，一般家庭の生徒を含む5名が集まり，なぜFをいじめるのかと大騒ぎとなる始末であった。

#### ii. 行動パターンを理解する

施設でも，自分の要求が通らないと暴言・暴力を振るう，また施設のルールを守らないことが多い。指導に対しては，暴言を吐き，興奮して泣いて，認めず，シラを切り通し，いつの間にかもともとの問題から別の問題へと移ってしまう。また，誰を呼べとか，電話させろとか，自分に味方してくれそうな人を巻き込むのが特徴であった。暴力を振るった後の指導でも，母親や友達の両親など自分に味方してくれそうな人を巻き込む。

したがって，この子は，悪いことをしても，こうした行動で逃げ切れるという経験を積み，学習してきたのであると考えられる。こういう行動に歯止めをかけて，認めさせて謝罪できるようにすることが課題であると考えられた。

#### iii. 保護者への対応

特に，何かあれば母親に連絡し，自分を正当化する一方的言い分を言い，それを信じた母親が職員にがなりたてるというパターンが見られた。母親としては，わが子に対しては施設に預けているという負い目があり，子どもからの訴えには，ここ一番とわが子を応援する行動に走りやすい傾向がしばしば見られる。子ども自身がもともと怒りを爆発させやすい傾向があるうえに，反抗性集団化では，保護者も同様の特徴を持っていることがある。この子の場合もそうであった。かねてから，ちょっとしたことで職員に怒りを爆発させる母親であった。

母親の元に2，3カ月に一度くらい外泊していたが，その頃は，母親に対しても次第に反抗的になりかけていた。そのため，主任児童指導員がチャンスと考え，母親に職員や他児に暴力をくりかえしていること，このままではお母さんにも暴力を振るうようになる可能性が高いことなどを丁寧に説明し，今後の緊急対応に理解を求めた。

#### iv. 取り組みの経過

緊急対応

そういう準備の後に，緊急対応による指導のチャンスをうかがっていたが，年少児への暴力があり，そこで緊急対応を行った。外に飛び出して暴れ，さらに母親に電話し，「やってないのに，先生たちが私を疑ってせめられている。信じてくれない」などと大声で訴えた。主任児童指導員が電話を代わり，今回は目撃者もいることを伝えると，母親は納得し，いつものように電話口でどなりまくるということは今回はなかった。

そのため，いつものように逃げ切ることができないことを理解し，やっと今回は暴力を認め謝罪まで持っていくことができた。これはこれまでにない大きな成果であった。

中学校の取り組み

上記のような関わりと併行して，中学校でも教師たちが同様の対応を行った。授業妨害に対しては，他の教師も駆けつけ，「反省のための別室移動」を行ったのである。それが無理な時は，施設に連絡して職員が駆けつけて，施設に連れて帰ることとした。

行動の改善

こういう対応をくりかえしていくと，施設ではもちろん学校でも変化が見られるようになってきた。施設では，暴力を振るってもすぐに認め謝罪するようになり，さらには暴言はなお見られるものの，暴力はなくなってきた。

学校でも，Fのグループのうちの2人が教師とやりあうのを見ても，以前だとそれに加わっていたが，加わらなくなった。また担任への暴言がなくなった。落ち着きも出てきて，授業に集中するとまではいかないものの，授業妨害はなくなった。

## V　発達障害児の場合の留意点

本章で述べた暴力と離席，学級崩壊，反抗性集団化において，時に発達障害児がそうした問題行動を示すこともある。その場合，その子が，クラスや家庭や施設などで暴力被害にあっていないか，可能性がないか，また独特の感覚鋭敏があるなどのため，その子が過剰な苦痛を感じていないかという点をしっかりとアセスメントして対応しておくことが重要である。

そのうえで，前章で述べたように，①基本ルールは一緒，②ただし，伝え方を工夫する，という方針で対応することをお勧めしたい。

## VI　おわりに

反抗性集団化および学級崩壊（または学年崩壊，学校崩壊）は学校で最も対処が難しい問題に属する。そして，くりかえされる暴力と離席はその中心にある行動である。これらの問題こそ，個々人の対応だけではどうにもならず，「複数で支援する」「学校を挙げて取り組む」，さらには「システム形成型アプローチ（仕組みづくりによるアプローチ）」などの対応でなければ対応困難である。したがって，これらの問題に適切に対応するためには，その学校がクラスの難しい問題を担任一人で抱え込まないですむ体制にあることが必要である。

### 引用文献

福島章（1999）子どもの脳が危ない．PHP 研究所．

神奈川新聞　2011 年 2 月 24 日朝刊

毎日新聞　2010 年 10 月 10 日朝刊

毎日新聞　2010 年 11 月 22 日朝刊

尾木直樹（1999）学級崩壊をどうみるか．日本放送出版協会．

榊原洋一（2000）「多動性障害」児—「落ち着きのない子」は病気か？　講談社．

田嶌誠一（1988）障害児臨床における動作．心理臨床，1(1); 11-15. 星和書店．

田嶌誠一（2011）児童福祉施設における暴力問題の理解と対応—続・現実に介入しつつ
　　心に関わる．金剛出版．

# 書　評

# 『セラピストのための面接技法<br>──精神療法の基本と応用』

## 成田善弘著

　「どれを読んでも，ハズレがない」──私たちの領域でそう思わせてくれる書き手は非常に少ない。私にとって，その数少ないお一人が成田善弘先生である。本書『セラピストのための面接技法』は成田先生の5冊目の論文集とのことである。本書もまた私たちに多くのことを教えてくれる。

　第1部は精神療法の構造と過程，第2部精神療法の経験，第3部精神療法の教育・訓練という構成である。ここには豊富な経験から生み出された臨床の叡智がある。精神分析家の書物は難解なものが多く読み通すのに骨が折れるが，本書はいずれも読みやすく，難解な事柄をやさしく説いてあること，そして精神分析だけでなく心理療法一般に通用するものが多く述べられていることに感嘆してしまう。

　成田先生はわが国精神分析の指導者の中では変わり種の少なくともある時期までは孤高の歩みをした人であろう。いわゆる慶應グループでも九州学派でもなく，わが国精神分析の主流ではないところを歩んでこられた。ロジャーズ派に近い「自発解明療法」なるものから出発し，おそらくは臨床実践からそれにもの足りなさを感じ，マスターソンの境界例論を咀嚼・紹介し，私たちには境界例や強迫症の精神療法で有名になられた人である。

　このことに思いをはせながら，本書を読みすすめることをお勧めしたい。

　私たちが成田論文に深い感銘を受けるのは，外国の理論や有名な人の説を参照しつつも鵜呑みにするのではなく，自身の豊かな臨床経験の実感に照らしつつ考え抜いた末にでてきたものが書かれているからであろう。その書きぶりは，率直で，この領域でありがちな「ハッタリ」や「ごまかし」がないように思われる。どの論文にもそれは顕われているが，たとえば「強迫障害の力動的精神療法」などをごらんいただければ，このことはより明らかであろう。

　こうした姿勢は，言うは易く，実行は極めて困難なことであるように思う。私

が何よりも強く惹かれるのはまさにこの姿勢であり，私たちが何よりも学ぶべきはこの姿勢である。

また，私たち心理臨床家にとって，本書の意義は，あの成田先生が（精神科医だけでなく）心理臨床家を読者としてとりわけ意識して書いたものが多く収められているという点にある。このことは，成田先生が椙山女子大学に臨床心理学の教授として勤務されていた期間に書かれたものが収められているということが関係しているものと思われる。

「精神療法の基本的要素」という論文での「医学モデルと成長モデル」への言及や，「共感と解釈」における共感についてロジャーズの共感とコフートの共感を比較しながらの論をはじめ，「診断と見立て」「病院における臨床心理士の役割と貢献」など心理臨床家に関係したものが多数含まれており，しかもそれらはいずれも通りいっぺんの論ではない。興味深い必読のものがいっぱいである。そこには心理臨床家にとって，耳に痛いが耳を傾けるべきことも述べられている。書きぶりはいかにも成田先生らしく控え目な表現にはなっているが，それでもこれまた成田先生らしく明快に述べてある。

私たち心理臨床家の職場は医療だけでなく，福祉，教育，産業等の多岐にわたり，なおもその場を拡大しようとしている。全体を通読しながら，私はそうした場の特性の違いに思いをはせた。本書はいわば，先生が精神科臨床の現場から大学に移られたことから生まれたものである。現在，成田先生は椙山女子大学を退職され精神科臨床に戻られたらしいが，たとえばもしそうではなく，先生がスクールカウンセラーなどを経験されたら，次はどんな論文や本が生まれただろうか。

そんな空想をしてしまうのは，成田先生が主に医療の場で結実させてこられた臨床的叡智をそうした医療とは異なる場でどのように活かすかが，私たちの今後の課題だからであろう。

（金剛出版，2003 年刊行）

第8章　学校のいじめ，施設の暴力

# 学校のいじめ，施設の暴力
## ──それがつきつけているもの

▶▶本章と次章では，いじめ（と暴力）について取り上げる。

2013年8月31日，学校臨床心理士全国研修会でいじめをテーマに研修会が開催されることになり，思いがけず，なんと私に講演の依頼があった。それ以前に，『現代思想』がいじめ特集の臨時増刊号を出し，そこに私も執筆していたのに目を留めていただいたことからのようであった。私はすでにスクールカウンセラーをやっていないのでと申し上げたのだが，それでもかまわないとのことだったので，ためらいはあったものの，やらせていただくことにした。当日，会場に着いて，びっくりした。なんと2,500名の聴衆であった（うち500名は入りきれず別室）。それも，全員が臨床心理士。この問題へのスクールカウンセラーないし臨床心理士の関心の高さがうかがえた。その時の記録をもとに加筆修正したものをここに掲載する。

## I　はじめに

皆さん，こんにちは。スクールカウンセラーをやっておられる臨床心理士の皆さんが2,500人も一堂に会しておられるというのは，うわ〜っ，すごいなと思って立っているところでございます。どうぞよろしくお願いします。これだけの大人数の講演になりますとどうしても一方的なものになりがちですが，ぜひ皆さんにご協力いただいて，みんなでこの場をつくっていくというふうに考えてください。

まず，一列目，二列目，三列目ぐらいの方はぜひ居眠りをなさらないようにお願いします（笑）。まあ，後ろの方の方はこちらからは見えませんので，もし眠くなったら静かにお休みいただけたらと思います（笑）。やはり最前列で居眠りされると気分が萎えるんです。どんどん盛り下がってきます。それに対してだいたい5，6列目くらいで，たいていは女性の方，おばちゃんがおられて，私がしゃべるのにしたがっていちいち頷いて聞いてくれることがあります（笑）。そういう方がおられると，私も非常に気分が良くなって一生懸命になってきますので，どうぞよろしくお願いいたします。

## II　学校と施設──その両方の経験から

　今日は学校のいじめと施設の暴力，両方経験しているからこそ見えてきたことについて，皆さんにいろいろ聞いていただきたいと思っています。「現場は学問のはるか先を行っている」というのが私の実感です。これだけ人数がおられたら，中にはものすごい学校にあたって苦労されている方もおられるのではと思います。私はクジ運が弱くて，難しいところによく当たります。

　若い頃，スクールカウンセラーをやっていたとき，有名校に当たりました。それは悪いので有名な中学校です。砂浜に教師7人が，2人の生徒を連れ出して首から下を埋めたという事件がありました。その後，これは全国紙で報道され，裁判にもなりました。事件からもう大分経ってからですが，その学校に当たりました。

　その中学校では教師の皆さんがものすごくがんばっていて，荒れが全盛期に比べるとずいぶん落ち着いていました。それでもその辺の中学校に比べるといろいろ事件が起こってなかなか大変な状況でした。

　校長先生と最初の打ち合わせでお会いしたときに，「ああ，あの生き埋め事件の」と言いましたら，校長先生からジロッと睨まれて，「砂埋めです」と訂正されたんですね（笑）。全部埋めたなら「生き埋め」，でも首から下だったから「砂埋め」だと。やはり私たちは言葉の使い方に気をつけないといけないなと思いました（笑）。

　その事件当時，「体罰はここまできたか」という感じの報道がされました。学校では体罰がしばしば問題になりますが，しかし実際にはその一方で生徒がすごく荒れている，あるいは教師が怖い思いをして仕事をしているという実態があります。

　では児童養護施設はどうでしょう。皆さん，どういうイメージをお持ちかなと思うんですが，新聞報道など見ますと，職員が子どもを虐待しているという報道がたくさん出ています。そう思って施設に入っていきますと，実は大変怖い思いをして職員さんが働いている現場がたくさんあるんですね。

### いじめだけを見ていては──2レベル3種の暴力

　学校と施設，どうもそういうところが非常に似ているんですね。そういう経験からいろいろ考えたのは，「いじめはいじめだけを見ていてはいけない」ということです。今日，私が特に強調してお伝えしたいのは，学校にも施設にも2レベル3種類の暴力があるということです。

　児童養護施設について言えば，2レベルとは，容易にキャッチできる顕在的暴

力とキャッチするのが難しい潜在的暴力です。また、3種の暴力とは①職員（含、施設長）から子どもへの暴力（職員暴力）、②子ども間暴力（児童間暴力）、③子どもから職員への暴力（対職員暴力）、の3つがあります。

　学校について言えば、まず問題になっているのは「生徒間の暴力」です。これは「いじめ」と呼ばれています。それから「教師から生徒への暴力」は「体罰」と呼ばれています。さらには生徒から教師がやられる、これは「対教師暴力」と呼ばれています。このように、それぞれ別の呼び名になっていますが、全部暴力なんです。つまり学校にも3種類の暴力がある。

　しかもこれら3種類の暴力は相互に関連しています。職員からの暴力が問題になって大きく報道され、取り上げられた施設は、まず間違いなく子どもの暴力が激しくなります。そしてガチャガチャになっていくんですね。そういう法則があります。ほとんどそうなっていくというのが私の観察です。つまりどれかひとつの暴力だけを取り上げて一生懸命取り組むことは、他の暴力に影響が出てしまう。

　このことをもう少し詳しくお話していきたいと思います。

## Ⅲ　現場のニーズを汲み取る，応える

　心理臨床というのはスクールカウンセリングに限らず、現場のニーズを「汲み取る、引き出す、応える」ということに尽きるのではないかと思います。そういうつもりで私は臨床をやってきましたが、そうするとある特定の学派の特定の臨床を学ぶだけでは極めて不十分で、私の場合はおおざっぱに分けると3種類のアプローチ、①内面を探求していくアプローチ（「内面探究型アプローチ」）、②いろんな内外の資源、人を活用していくアプローチ（「ネットワーク活用型アプローチ」）と、それから現在進めているのが、③仕組みづくりを現場で一緒にやっていくというアプローチ（「システム形成型アプローチ」）をやっています。いずれも私にとって大事なアプローチです。

### 心理臨床が直面している課題

　「現場のニーズを汲み取る、引き出す、応える」という視点から言えば、現在心理臨床が直面している課題はいったい何でしょうか。

　たとえば私がスクールカウンセラーをやっていた頃、家庭訪問をやると、当時は叩かれました。カウンセラーは面接室から出るものじゃないということをさんざん言われました。最近では震災支援も含めて、スクールカウンセラーなどは特にそうですが、必ずしも面接室に閉じこもっていなければいけないわけではない。状況に応じていろんなアプローチが広く認められるようになったと思います。そこまでは来ました。しかし、今後の課題としては次のことが言えると私は思い

す。

　これまで心理士の多くが，震災被害支援にしても犯罪被害支援にしても，関わるようになってきました。しかし，それらはいずれも事件や事故等，コトが終わった後に心のケアということで関わっていったわけです。ところが，ここで難しい問題が出てきます。学校のいじめや施設の暴力というのは，今起こっているわけです。現在進行中の過酷な現実，過酷な生活，そういう事態について，臨床心理士は苦手なんですね。もちろん私も苦手です。だけどやはり，ここが私たちの重要な課題だと思います。そのためには，「現実に介入しつつ，心に関わる」ことが大事だと私は考えています。

### 早期発見し，学びにつなげる

　いじめの対応の基本は「早期発見し，それを学びにつなげる」ことです。暴力もそうです。これが基本になると思います。先ほど申し上げた教師による砂埋め事件，この事件があってだいぶ経ってから私はその学校に入りました。入ってみてわかったのはやはり生徒が相当に荒れていて，大変だということです。むちゃくちゃしている生徒がけっこうおりました。学校の卒業式では相当なファッショナブルな服装をする生徒が出てきます。学校の名誉のために申し上げておきますと，そういう服装は卒業式の会場ではさせません。会場ではちゃんと普通の制服でやるんです。ところが生徒たちもそのままじゃ悔しい。それで物陰にファッショナブルな服を隠しておいて，そこでバタバタと着替えて最後の根性をみせて出ていく。そのういうわけなんです。

　私はいろんなところで居場所活動をやりました。この学校でもやりましたし，現在は公立中学校で夜間の教室をやっています。そうするとファッショナブルな子どもたちも来るようになります。眉毛を剃りあげた生徒などがやってくるようになります。そこに画用紙等を置いておくと，いろいろ描いて帰るようになります。

　たとえば，「鬼に会うては鬼を斬り，仏に会うては仏を斬り，親に会うては親を斬る。これぞ我が暴走人生なり」と，こんなふうなことを落書きといいますか書いている。それから，「4月13日で，付き合ってちょうど1年です。でも今，○○は旅に出ている。みんなで帰りを待っていてね」というのもあります。これ，どういうことかわかります？　○○というのは彼氏の名前で，その生徒が新聞にも載った事件で少年院に行っているんですね。

　スクールカウンセラー用に，私がつくったキャッチコピーをご紹介します。

　「志は高く，腰は低く」，「助け上手は，助けられ上手」

第8章　学校のいじめ，施設の暴力——それがつきつけているもの

## Ⅳ　いじめ対応の難しさ——その２つの要因

　さて，いじめの問題についてワイドショーなどでよく有名人が出てコメントされていますが，私から見るとどうしてもピントがずれているんです。現在，学校関係者が置かれている事態は大変難しい事態です。自分がそこにいたならばうまくやれただろうなんて，そんなことはとても言えないのです。私は重大な事件に巻き込まれなかったのは，運が良かったのだと思っています。特に，次の２つの点で難しい事態です。

### 要因１．最初からいじめとして登場するわけではない

　何が難しいのか。たとえばいじめが新聞で報道されます。そのときには事態はもうある程度わかっています。たとえば，5,000万円恐喝されたとか，ものすごい暴力を受けていたとか。ところが私たちの前に登場するとき，はじめからいじめとして登場するわけではない。本人は「いじめ」という言葉を使っているけれども，実はいじめとはとても言えるようなことじゃなかったり，あるいは実際にはいじめとしか考えられないのに，いじめという言葉で語られてはいなかったりする。

　ひとくちにいじめと言っても，暴行・傷害・恐喝といった立派な犯罪から，微妙な対人関係のトラブルまで非常に広がりがあります。そして学校は警察ではありません。スクールカウンセラーも刑事ではありません。ですから事実関係の把握自体が非常に困難です。関わっているうちに，だんだんだんだんとわかってくる，やっとわかってくる。あるいはわからないまま終わるということがある。これが難しさのひとつです。

### 要因２．教師の指導が通りにくくなっている

　それからもうひとつの難しさは，教師がいじめを仮に発見したとしても指導が大変通りにくいということです。以前とは時代が変わりました。調べてみますと対教師暴力というのがものすごく増えています。たとえば，中学校と高校だけみても，昭和62年〜平成8年では665件から1,550件くらいだったのが，平成22年度だけみても7,741件。小中高合わせてだと8,882件です。もう，10倍くらいに増えています。暴力にあうぐらいですから，これは常識的に考えて教師がいじめを発見したって指導が通るはずがない。指導が非常に通りにくい状況にあるわけです。

　たとえば，福岡県の中学校で男子生徒が傷害の疑いで逮捕されました。どういうことかというと，2人の生徒が52歳の女性教諭を職員室や会議室で2時間くら

159

い，「お前，殺されたいんやろ」と怒鳴りながら暴力を振るった。その部屋には，他にも教職員がいたのに誰も止めることができなかったという事件です。こういうことが起こるのも学校の現実なんですね。つまり，深刻ないじめもあって，一方で教師の指導が通らない生徒がいるという現実が学校にはあります。

### 学級崩壊といじめ・暴力

　危惧されるのは，学級崩壊の現状です。私はぜひ公に調査していただきたいと考えています。神奈川県の調査では学級崩壊が増えていますが，残念ながら全国的調査はされていないんですね。もし，私が不勉強で知らないだけだったらご容赦ください。

　神奈川県だけ見ても学級崩壊したクラスの数が5年間で倍増しています。そうすると私は大津のいじめ自殺事件でも，指導が通らなかった生徒だったという可能性も高いと考えています。実際，その後，いじめたとされる生徒が女性教諭に暴行したということで，被害届が出されています。

　学級崩壊の中ではいじめや暴力は大変多くなります。たとえば，2010年に群馬県で小学6年生の女子児童が自殺しました。これも学級崩壊の中で起こったいじめを苦にしたものだと言われています。新聞報道によると，その子のクラスでは好きな者同士で勝手にグループをつくり給食を食べるようになっていて，教師の指導に従わない状況だったそうです。いじめ，暴力問題の解決のためには学級崩壊をどうするかというのが大変重要な問題になると思います。ぜひ，学級崩壊の全国調査と対策を行う必要があります。しかし残念ながら，新聞報道によると，学級崩壊に特化した対応マニュアルを作成しているのは，これだけ県がある中でわずか2つの県に留まっている状況です。

### 心のからくり

　次は私も少しは臨床心理士らしいことをお話したいと思います。おそらく多くの学校教師，学校関係者にしばしば起こっている現象はこれではないかと思います。

　自分が気がついてもどうにもできそうにない問題や取り組みたくない問題，そういうものについては「心のからくり」が発動します。私は次の4つが代表的なものだろうと考えています。

　1番目は「否認」。そんなことあるはずがない，うちの学校に，クラスに，いじめなんかあるはずがないと思ってしまう。2番目は「選択的不注意」。いじめを示すサインに鈍くなってしまう。3番目は「問題の過小評価」。「どうもあの子いじめられているようだな，でもまだ深刻じゃないよな」と，いじめの深刻度を過少に評価する。4番目は「思考停止」です。その日その日をやり過ごすことでせい

いっぱいで，ものを考えられなくなる。

こういう心のからくりが発動しているのではないかと考えられます。

### 訴えにくいいじめ被害

それからもうひとつは，いじめというのは被害をものすごく訴えにくいというのがあります。だから，いじめをキャッチするのは大変難しいです。したがって，潜在的ないじめ・暴力を早めにキャッチできるようななんらかの仕組みや工夫がよほど必要だと思います。

### 学校寮のいじめ・暴力も深刻

それからぜひ，文科省の方でお考えいただきたいと思うのは，実は私は現在は児童養護施設の暴力問題に取り組んでいますが，調べてみたら，学校の寮でもいじめ・暴力事件が大変多くて深刻です。死人も出ています。自殺した生徒もいます。暴力被害で脳障害の後遺症が残ったとか，もう本当に深刻です。文科省の方々に，一般の学校だけでなく，もっと学校寮というものにも注目していただきたいと思います。

これは学校寮でも，問題は閉鎖的不本意集団になってしまうリスクがけっこうあるということです。現在はスクールカウンセラーをやってもいない私が，今回お話するのをお引き受けしたのは，児童養護施設や学校寮での取り組みが学校のいじめ問題の突破口を開くものになるのではないかと考えたからなんです。

### いじめ・暴力問題の突破口を開くもの

私の経験では施設や学校寮では，一般の学校の中のいじめや暴力が非常に凝縮した形で出てきます。いじめ・暴力問題には，皆さんも勉強されているようにトラウマや愛着，発達障害，その他の要因ももちろん関係してきます。しかし，もっと基本的な要因が見えやすいし，取り組みの成果も非常に見えやすくなります。だから学校のいじめだけでなく，児童養護施設や学校寮，そういう場でのいじめや暴力も一緒に考えていくことで，私たちのいじめ問題の取り組みがもっと有効なものになると私は考えています。

## V　児童養護施設等における暴力

そろそろ，施設の話を少しさせていただきます。ここではわかりやすいように深刻な例を挙げますが，どの施設もそんなふうに深刻だと思わないでいただきたいのです。

ある児童養護施設でのことです。小学校5年の男の子がお腹が痛いということで調べたら，暴力事件が明らかになりました。ボス格の中2の子が自分の手下10

人の子を集めて，被害児に向かって「お前，近頃調子にのってる」と言ってリンチしたんです。何かやったとかではなく，ただ「調子にのってる」ということでやられたわけです。まずボスの子が20発くらいお腹を殴った。その際，手下の子たちに両脇を押さえさせ，口をふさがせてやりました。それで終わりません。次にどうしたかというと，「お前らも殴れ」と命令して他の子たちにも順番に何発ずつか殴らせています。それでも終わらない。次はどうしたかというと，被害児に「お前な，一生懸命殴らなかったのは誰だ，痛くなかったのは誰だ」と聞いています。そして名前を挙げられた子に向かって，「お前，本気で殴らなかったな」ということで，次にその子がターゲットになっている。また順番に殴らせて，また同じように被害児に聞きます。それを3ラウンドやっています。このように施設の暴力はしばしば非常に巧妙です。

　もっとすごい光景は，別の施設でのことです。夕食の時，高校生が茶碗をはしでチーンと叩きます。そうすると弱い子は，「先生，僕はもうお腹いっぱいになって食べられないから〇〇君に食べてもらいたいんですけれど」と許可を求めます。すると，高校生の方は「おう，俺はもう腹いっぱいだけれど，お前に頼まれたら断れないよな。無理して食べてやろう」と取り上げる。ここまで来ると，もう暴力を振るう必要もないんです。

　ここまでのことはなくても，おやつの上納なんていうのは多くの施設で見られます。「自発的に」もらってもらうわけです。


### 殴打系暴力も性暴力も連鎖する

　また痛ましいことには性暴力も起こっています。同性間の性暴力もあれば，異性間の性暴力もあります。特に男子での同性間の性暴力が多いです。これは全国的にあちこちの施設で起こっています。

　この場合，非常にしばしば加害児の子がかつては被害を受けていたということです。被害児が加害児になる。殴打系暴力も性暴力も連鎖しているんです。痛ましいことです。たとえば，中学生，高校生が夜中に布団に入ってきてやられる。こういうのははっきりいって稀なものではありません。特に性暴力というのは当事者の口から極めて語られにくいんですが，実際には少なからず起こっていると考えられます。

　念のため付け加えておきますと，ここでの同性間の性暴力というのは施設にいる時期だけのことで，同性愛になると言うことでは決してありません。

　私は実は学校の部活とかでもけっこう性的ないじめ・暴力というのはあるんじゃないか，私たちが想像している以上にあるのではないかなと疑っています。学校関係者にもぜひこのことを覚えておいていただき，早期発見にご尽力いただきたいのです。

第8章　学校のいじめ，施設の暴力──それがつきつけているもの

## 訴えにくい被害

　こういう施設で難しいのは怖くて被害を訴えることができないということです。その県内でも優良といわれるある施設で，こういう事件がありました。中学生の子があごの骨を骨折しました。あごの骨ですから，そうそう簡単に折れるものではありません。しかし，この子は最後まで自分が風呂場でこけて，水道管にぶつけたからあごの骨が折れたんだと言い張ったそうです。だから事件にはなりませんでした。

　被害児が施設を出て，数年後にその施設に遊びに来た時に，実はあれは高校生にやられたんだと告白したそうです。皆さんにぜひご理解いただきたいのは，施設での暴力はこんなにも訴えにくいものだということです。

## 潜在的な暴力をキャッチするには

　ですから，大事なことは潜在的暴力をキャッチすること，そのためにはどうしたらいいかということです。ここがとても大事なところです。施設に関わっておられる多くの専門家の人たちと私とが一番見解がズレるところでもあります。

　通常行われているのは，被害にあったら訴えて来なさいと伝えることです。これが一番よくやられています。しかしこのやり方では，本人から訴えてくることは非常に少ない。次に訴えてくるのを待つのではなく，こっちから聞き取りをするというやり方があります。これはある程度有効ですが，でもある程度に留まります。では，潜在的暴力をキャッチするのに本当に有効なやり方は何かということです。それは，施設や学校を挙げていじめは許さんぞ，暴力はなくすぞという活動をしながら，定期的に聞き取り調査をすることです。そうするとそのうち出てきます。そこまでやらないと被害児は訴えることができないのです。

## 受け継がれる暴力

　児童養護施設では死亡事件も起きています。子ども間暴力で私が調べただけでも3件，新聞報道されています。骨折やけがはもっとあります。まして，物陰で2，3発殴るなんてことはどれだけ起こっていることでしょう。

　暴力は受け継がれるんです。たとえば，「ケンカ祭り」というのがあります。これは誰が一番ケンカが強いか決めるんですね。年に1回くらいトーナメントをやっていた施設があります。『ドラゴンボール』がヒットしてからは「天下一武闘会」と呼んでいた施設もあります。また別の施設では，「ランク」というのがあって，ランクが上の者に下の者は逆らってはいけないというルールになっている。年齢や学年とは関係なくケンカに強いかどうかでその子のランクが決まります。ランクを上げたければ申し出て，皆が見ているところで上のランクの子と1対1でケンカして勝ってみせないといけない。その他いろいろありますが端折ります。本

163

当に痛ましいことです。

# VI　3種の暴力は関連している

　先ほど，学校にも施設にも2レベル3種類の暴力があって，それを包括的に扱わないといけないと申し上げました。それは3種の暴力が関連しているからです。典型的にはこういうことがあります。職員からの暴力が発覚して新聞報道されます。そうすると今度は職員の指導が通らなくなります。たとえば，女の子が暴れているのを男性職員が制止しようとして，手を握ると「セクハラだ，暴力だ」と言います。そうするともうなかなか指導ができにくくなる。そうすると子どもたちの職員への暴力が激化し，基本ルール破りが日常化します。これはしばしば起こっている事態です。こういうパターンがあります。学校も同じです。2レベル3種の暴力以外にも，学校も施設も実は保護者からの暴力がありますが，今回はそこは端折らせていただきます。

　欧米と日本の捉え方の違い

　私は最近知ったんですが，欧米と日本とでは捉え方が違います。日本では学会等の分科会では，「いじめ・不登校」という形で一括される。ところが，欧米ではいじめは「校内暴力」のひとつとして扱われています。それから，日本では被害者が転校するなど主に被害者対策ですが，欧米では加害児が転校ということで，主に加害者対策だという違いがあります。いずれにしても2レベル3種の暴力を包括的に対応し，これをモニターしつつ支援する仕組みが必要だと考えています。

　アタッチメント（愛着）と暴力

　今日ここにおいでいただいているスクールカウンセラーの方々の中で施設に関わっていらっしゃる方もけっこうおられるのではないかと思うので，念のために申し上げておきます。現在，児童福祉領域ではアタッチメント（愛着）が大流行りです。暴力をはじめこの領域の子どもたちの問題行動のほとんどがこのアタッチメント（愛着）で解決がつく，マスターキーのようなものだと期待されている観があります。暴力をはじめ問題行動の多くが愛着を育めば自然になくなるんだというふうに信じている人がおられますが，これは誤りです。

　システム形成型アプローチの必要性

　学校についても言えることですが，いずれの暴力も施設では深刻です。それから全国的広がりがあり，3種の暴力は相互に関係している。いじめもそうですが，施設の暴力も全国でこれだけ起こっている。どこか特定の地域の特定の学校で起こっているわけではない。そうするとこれは構造的な問題がある，あるいは構造

的なところを扱わないと本当の解決はつかないと考えられます。たとえば施設を挙げた取り組み，あるいは学校を挙げた取り組みということをやっていかないと，解決がつかない。スクールカウンセラーや専門家からの助言がある程度は対応の役に立つとしても，根本的には構造介入的なことをやらないといけない，システム（仕組み）を扱わないといけない。そのようなアプローチを，私は「システム形成型アプローチ」と呼んでいます。

構造介入的アプローチあるいはシステム形成型アプローチのあり方を考えるにあたって参考になる，わかりやすい例をお話します。


## 閉鎖的不本位集団

私はやはりこういういじめ・暴力の基本的な要因は，集団が「不本意集団化」したときに起こりやすいと考えています。「不本意集団」というのは，本人の意志に関わらず集められ，しかも出入りの自由度が極めて低い集団のことです。たとえば児童養護施設，軍隊，精神科病院などは閉鎖的な不本意集団になりやすく，暴力が深刻化しやすい。大人であれ，子どもであれ，ある程度の集団が閉鎖的空間でストレスに満ちた生活を送ると，いじめ・暴力・性暴力が極めて起こりやすくなるということではないかと私は考えています。学校も不本意集団化したとき，やはりいじめや暴力が蔓延しやすいというふうに言えると思います。義務教育ではそのリスクが特に高いと言えるでしょう。


## 安全委員会方式

この閉鎖的不本意集団ということを考慮したアプローチとして私が考案したのが，「安全委員会方式」です。安全委員会方式とは，簡単に言えば，<u>子どもたちの成長のエネルギーを引き出すために，施設を挙げて暴力を早期発見し，暴力を振るわないで言葉で表現できるようにするという学びにつなげていくこと</u>を実践<u>する方式</u>です。暴力というのは言葉で自分の気持ちや考えをきちんと表現できるようになると，急速に収まってきます。そういうふうに援助していくために外部に委嘱された委員と職員から選ばれた委員とで「**安全委員会**」というものをつくり，そこで暴力事件についての対応を協議するという方式です。単に暴力を抑えるだけではなく言葉で表現できるように，そして代わりの行動の学習を援助するということがポイントになります。さらには成長のエネルギーを引き出すということをやっています。

安全委員会というのは，通常は児童相談所や学校や地域の方に入ってもらって，さらに施設内部から施設長さんや指導員さんに入ってもらっています。スタートにあたって，子どもも委員も職員も全員が集って，「今日からみんなで暴力をなくすぞー」ということで総決起集会みたいな会を開催します。その会で職員に挨拶

してもらったり，子ども代表に決意表明してもらうというような形で進めていきます。現在，北海道から九州まで16カ所でこの安全委員会方式は導入されています。

## 暴力が吹き荒れた施設

暴力が吹き荒れていたある児童養護施設の例を挙げます。この施設ではかつて暴力を振るっていた男性職員が退職しました。そうすると抑えのきく職員がいなくなり，職員への暴力が始まり，強い子から弱い子への暴力がひどくなりました。施設の建物に土足で上がりこみ，廊下にガムを吐き捨て，さらには仕切っている高校生らが職員を部屋に入れないという事態になりました。外部からツッパリや働いていない卒園生もやってきてたまり場になって，収拾がつかなくなりました。無法地帯になったわけです。それで，退職する職員が続出しました。

たとえば，こういうことがありました。ボスの高校生が，ある男性職員を小・中学生が見ている前でボコボコにしています。そして，さんざん殴った後，「お前な，来週までに辞めろ。辞めないと，ぶっ殺すぞ」と言ったそうです。で，この職員さんは辞めてしまいました。さらには，夜中に女子の部屋に行こうとしたので，女性職員が注意したところ，ナイフをもってその女性職員を追いかけました。それでその高校生の子は児童自立支援施設に措置変更になりました。

## 基本ルールを守らせる

そういう中で私がその施設に関わることになりました。まず，基本ルールが守られていない。もう治外法権，無法地帯です。そこで，たとえば基本ルール，夜中に女の子の部屋に行かないとか，無断外泊はいけないとか，暴力は振るわないといった，もう身も蓋もないくらいの基本ルールだけは何がなんでも守らせようと，まずは取り組みました。

そしたら，安全委員会導入のための総決起集会（「立ち上げ集会」）の翌日に，早速暴力が出ました。当時のボスの高校生が夜中に友達を連れてきました。それで，職員が帰るように注意したら，激昂してその男性職員を突き飛ばしたのです。

## 複数対応・緊急対応の実際

こういう難しい場面を乗り切るのは，基本的には複数対応が必要です。すでにそういう場合にどうするかというのを，私たちはあらかじめシミュレーションして準備をしていました。「緊急対応チーム」をつくって緊急対応する段取りをつけていましたので，夜中にもかかわらず，7名の職員がすぐに施設に駆けつけました。中には子どもを風呂に入れていたのに，飛び出してきたという職員もいましたが，ともかくもすぐに7名が駆けつけました。するとこのボスの高校生は，施

第8章　学校のいじめ，施設の暴力——それがつきつけているもの

設側の対応が今までと全然違うので，びっくりしたわけです。そして，びっくりしてなんとすぐにちゃんと謝ったそうです。

　これまでこんなことはなかったそうです。それで，職員さんは非常に手応えを感じたわけです。しかし，そうそう甘くはありません。次の暴力事件の時は大変でした。そのボスの高校生が高校を中退したので，里親さんのところに措置変更になりました。すると，次のボスがすぐに現れたわけです。今度は中3の子がボスです。前のボスの高校生が施設を出て行った数時間後に，この新しいボスの子が他の弱い子をボコボコにしたんです。今度も，緊急対応で集ってやはり7名が駆けつけました。しかし，今回はなかなか収まらないんですよ。その子は集まった職員さんたちに向かって言ったそうです。

　「お前らが悪い，お前らがこいつをちゃんとしつけてないから，俺が殴らないといけなくなったんだ」，「だから，悪いのはお前らや。俺は悪くない」といって激昂して，ちょっと落ち着いたり，またイス振り上げたり，少し落ち着いたり，そういうことをくりかえして3時間半かかりました。私は電話で連絡とりながら，待機していました。そして，やっと深夜に，こう言ったそうです。「ケガさせたのは悪かった。ケガするまで殴ったのは確かに悪かった。だけど，殴ったこと自体はあいつが悪いんだから，殴ったのは悪くない」と。こういうとき，この子も自分がかつて暴力でやられてきているので，このくらいやって何が悪いかという圧倒的な自信があるんです。だから，殴ったのは悪かったというところまで，この日のうちに反省させることはできませんでした。

　それで3日後に緊急安全委員会を開催しました。私が出かけていって，この子を担当職員と一緒に呼び出して児相や学校と一緒に厳重注意をしました。その場では，殴ったこと自体も悪かったとなんとか認めることができました。


### 言葉で表現できるように

　すると，その子はそれからは暴力を我慢するようになってきました。不満が溜まって，暴力を振るいたくなると，主任指導員さんに話に来て，自分の気持ちを言葉で表現して収めることができるようになってきました。

　こういうふうに，どの子が起こしたトラブルについても，そのたびにどの職員さんも，「叩くな，口で言う」という指導をして，言葉で表現できるように援助します。そういう経過で，施設全体の暴力がだんだんと収まってくるんですが，このときにいろいろ張り紙をつくって注意を喚起したり，事件の概要を子どもたちに報告したりします。たとえば，「昨日，中学生の子が暴力を振るいました，しかし私たちが対応しました。すると，本人は反省して二度と暴力をしないと約束してくれました」といった具合に，実名は挙げませんがそういう報告をして，「これからもみんなで暴力のない施設をつくっていきましょう‼」というようなことを

167

呼びかけるわけです。

## 愛着関係の深まり

　ごく簡単に言いますと，暴力が吹き荒れていた施設が，そういう経過で半年くらいでものすごく落ち着きました。外部からの侵入問題もなくなりました。すると，小学校の5，6年生がしきりに添い寝をしてもらいたがるようになってきました。これは，愛着関係の変化ですね。眠るまでのひととき，楽しい話をするんだそうです。たとえば，今度修学旅行で飛行機乗るけれど，先生は飛行機に乗ったことあるか，空飛ぶってどんなやろうかとか言いながら眠りについていく。暴力が吹き荒れているうちはそういうことは，全くなかったそうです。

## 性暴力の連鎖のキャッチ

　そういう経過で殴る蹴るの暴力（殴打系暴力）は収まってきました。そうすると次にやっとわかったのが，この施設で長年にわたって男子間の性暴力が続いていたということです。長年にわたって続いていた性暴力がやっとキャッチできるようになったわけです。前からあったけど，殴る蹴るの暴力（殴打系暴力）が吹き荒れているうちはキャッチできなかった。それがやっとやっとキャッチできるようになったわけです。これは職員さんの誰も全く想像もしていなかったことです。15人以上の男の子がやったり，やられたり，そしていつから始まったかもわからない。もう卒園していった子たちの名前もどんどん出てきました。

　たとえば中高生が小学校5，6年生の子に，自分が気に入った小学校1，2年生を呼びにやらせるわけです。「○○ちゃんが呼んでるよ」と言われて，この呼ばれている子は，前もあったことだから今から何が起こるかわかっているわけです。だけど誰も助けてくれないから，もう行くしかない。そういうことが長年続いてきたわけです。

## 仕切り直しの集会

　これはもう誰を厳重注意してとかいう事態ではないということで，男子だけ集めて，安全委員会による「仕切りなおしの集会」をしました。むろん，児童相談所にも学校にも立ち会ってもらい，まず私から「これまでどういうことがあったか全部わかった。被害と加害がえんえんと続いてきた。だから，これまでのことは一切罪を問わないから，今日でこういうことは終わりにしよう。その代り，今後は一切許さない。見つけたら，一時保護の要請またはそれに準じた厳しい対応をする」と伝えました。それから，職員さんが「これまで守ってあげられなくて申し訳なかった」と言いました。言い終わらないうちに中高生の間から「そうだ，そうだ!!」という声が上がりました。

第8章　学校のいじめ，施設の暴力――それがつきつけているもの

### 被害児の号泣

約11カ月後には，もうずいぶん落ちついてきました。すると，あるとき高校1年の男児が，田嶌先生と2人だけで話をさせろと要求してきました。そこで，私は会うことにしました。入ってくるなり，「なんで安全委員会を早くしてくれなかったんだ」。「なんで早く助けに来てくれなかったんだ」。「僕は小さいときから，ずーっとやられ続けてきたと。腕の骨も折られたことがある」と言いました。ボロボロ泣きながら話しました。実際，後で調べてみると，小学校のときに腕の骨を骨折していました。「毎日，毎日，殴られたり，蹴られたりしていた。怖くて夜も寝れなかった。現在も睡眠薬をもらっている」と。私は聞いていて，辛かったですね。うれしかったのは，私と話したその晩から薬なしで眠れるようになったということです。

この県の児童相談所は年に1回入所児全員に一人ひとり面接をします。しかし，その面接では，この子だけではなく，この施設の他の子たちも誰一人，暴力について一切訴えませんでした。つまり，ただ聞くだけではだめなんです。被害にあっている子は仕返しが怖くて言えない。ポイントは，施設を挙げて取り組みながら聞き取りをしていかないと被害にあっていても話してはくれないということなのです。

最近，嬉しいことがありました。私はこの取り組みを始めて10年近くなりますが，なんとこの子から手紙がきました。皆さん，この子は今どうしていると思いますか。なんと大学へ行っているんです。もう，びっくりしました。確かに「何で早く助けに来てくれなかったか」と言ったけれど，高校1年から3年で出ていくまでの間は暴力がなかったそうです。だから，勉強ができるようになって成績も上がった。今こうやってやれているのは，3人くらいの先生の名前を挙げていましたが，○○先生，○○先生，田嶌先生のおかげですと書いた礼状が来ました。

### 伸びようとする力のすごさ

また，つい最近，別の子から電話がありました。自分も被害にあってきて，その後加害側に回った子です。施設で暴力を振るって退所になった子なんですが，私はフォローしていました。すると，ある時，「田嶌先生，僕は発達障害じゃないでしょうか」と言うんです。〈どこでそんなこと，覚えてきたんだ〉と聞くと，職場で心理学を勉強したことがあるという女性から「あんた発達障害じゃない！」と言われたと。「慌てて本買って読んだら，そっくりなんです」って。〈発達障害でもいろいろあるだろう，どれとそっくりなんだ〉って聞くと「あのう，ADHDとかいうのとそっくりなんです」。〈よく調べたなあ〉。「どこの病院に行ったらいいですか？」って言うので，私は〈いや，そうじゃなくて，君は今までひどい環境で育ってきたから，抑えるとか我慢するという経験が足りないんだよ。でも，

だいぶ今では我慢できるようになっただろ。最近はキレて暴力振るったりしなくなっただろ。この調子でそういうふうに体験を積んでいけばいいと思うよ〉というふうに言いました。それから，次の年に電話で，「僕はこれからどうやって生きていくか，今後の生き方を考えた」と。「やはり児童福祉の領域で働きたい」と言うようになりました。今すぐには児童養護施設とかでは無理なので，高齢者施設で非常勤でやっています。

　やはり安心安全な生活というのが守られると，子どもたちは伸びようとする力がすごく出てくるものだと改めて強く思いました。子どもたちの伸びようとする力というのはすごいものです。

　この施設では5月の連休明けというのは，毎年不登校が2桁出ています。でも，暴力が収まってきたので，この年はゼロでした。暴力が収まるといろいろいいことがあります。


### 5周年記念集会で

　別の施設での「安全委員会5周年記念集会」で高校生の子が挨拶しました。それはこういう内容でした。

　「俺が小学生の頃は，中学生や高校生からしょっちゅうひどい暴力を受けていた。ボコボコにされていた。職員は見て見ぬふりだった。でも今はなくなった。皆で暴力はやめようよ」というメッセージでした。

　現在は，全国16カ所の施設で導入されているので，施設関係者の相互の学び合いと連携を目的として，「全国児童福祉安全委員会連絡協議会」というのをつくりました。私はそこの顧問になっています。そして毎年全国大会を開催しています。今年（2013年）は，第5回大会を札幌市で開催します。2014年の第6回は広島県で，2015年の第7回大会は愛知県で開催予定です。まあ，こんな感じでやっています。


## VII　構造も含めた対応

　要するに，基底に構造的な問題があるときには，構造も含めた対応を考えていくことが大事なんだと思います。そういう意味では，いじめ防止対策推進法ができたというのは，構造を扱うことになるので，文科省の見識だと思います。しかし，それで十分かというとそうではないと，私は考えています。いじめ防止対策推進法では，いじめ，つまり生徒間の暴力だけを対象にしている。しかし先ほど申し上げたように学校でも3種の暴力をちゃんと扱わないといけない。どこかでそういうことを補うものが必要だろうと思います。

　それに加えて，やはり不本意集団化を防ぐことが大事。さらには，怒りのコン

トロールや，兵庫教育大学の冨永先生をはじめいろんな方たちが取り組んでおられるストレスマネジメント教育などが，非常に重要だと私は思っています。他にもありますが，端折らせていただきます。

## 誤解されやすいこと——最近のいじめをめぐって

　何人もの専門家が最近のいじめは昔と特徴が違うと指摘しています。いかに最近のいじめは違うのかを強調される方がけっこうおられます。最近のいじめは違っている。「ロシアンルーレット型のいじめ」だとか，「排除型」じゃなくて「包摂型」だとか，これは皆さんも勉強されているので詳しくは説明しません。こうした指摘自体は意義あるものです。しかしその一方で，違うということが強調されすぎて，対応も以前のいじめとはなんだか全く違っていないといけないかのように言われることがあります。しかし，ここで注意すべきなのは伝統的ないじめ，つまり加害者と被害者がはっきりしていて，傍観者等がいる，そういういじめをちゃんと扱えないようでは，こういう微妙な現代型のいじめはまして扱えないということです。現場でのいじめへの取り組みでは，まずは伝統的いじめや深刻ないじめへの対応をきちんと確実に行うことが重要です。

　だから基本はこちらだと私は考えているということを強調しておきたいと思います。

## 対応の方向性

　当面の対応については後に述べますが，長期的な対応の方向性としては，

1．２レベル３種の暴力への包括的対応
2．伝統的いじめへの取り組み
3．（教師－生徒間の）信頼に基づく指導が通る関係
4．教師や学校の対応の力量を上げる
5．学校を挙げた取り組み

といったことが重要だと私は考えています。

## 学校を挙げた取り組み

　学校を挙げた取り組みに特に重要なのは，第１に入学時等に「２レベル３種の暴力」についてのグランドルールを明示すること，第２に緊急対応，複数対応をできる体制をつくり実行すること，第３にいじめの早期発見のためのアンケート調査等，第４に「出席停止」「別室指導」等の活用です。第５に，そのうえでストレスマネジメント教育や怒りのコントロール等の心理教育などの予防的発達援助的対応も必要です。さらには，そういう活動が適切に実施されているかどうかをモニターする組織が必要です。

### 学校版安全委員会

現在，法律もできましたが，私は学校にも施設と同様に「モニターしつつ支援する仕組み」——つまり，学校版の安全委員会方式のようなもの——が必要だと考えています。施設と全く同じものが必要かどうかは議論の余地がありますが，少なくとも外部も関わる形で，2レベル3種の暴力をモニターしながら支援していく，そういうことが将来は必要なのではないかと考えています。学校版安全委員会の基本要件をこんなふうに考えています。

1. 学校における2レベル3種の暴力を対象とする
2. 基本ルールの明示：いじめ・暴力に特化した生徒・保護者への（入学時等での）オリエンテーション
3. 潜在的暴力をキャッチする：定期的アンケート調査やストレス・チェック等
4. 複数による緊急対応，緊急指導
5. 出席停止，別室指導等の緊急避難的対応
6. 学校内外のメンバーからなる「安全委員会」によるモニターと支援

学校版の安全委員会というのは，学校内からは学校長や生徒指導担当教諭，教育相談担当教諭，さらには外部から関連領域の専門家や教育委員会が入る，さらに地域の人等が入る。そういうメンバー構成が必要ではないかと思います。しかし，校長先生の任期は2，3年と短いので，なかなか難しいでしょうね。ここは，教育委員会や文部科学省のリーダシップいかんにかかっていると思います。

### 潜在的暴力をキャッチする

それから潜在的な暴力については，やはり今まで一部のスクールカウンセラーの方々がやっておられるようにストレスチェック表だとか，アンケート調査，あるいは河村茂雄先生たちのQ-Uテスト，あるいは学級風土尺度などが潜在的ないじめ・暴力をキャッチするのに役立つのではないかと思います。

### 当面の対応のポイント

要するに個別対応では限界がある。でも，構造も含めた対応が必要だという話ばかりすると，なんだお前，構造なんかすぐには変わらないじゃないか，とりあえず今どうしたらいいのかと言われそうなので，当面の対応のポイントについて，私のお勧めをお話します。まず，特に重要な点を2つ挙げておきます。私の経験では，学校現場で間違えられやすいことが2つあります。

### 仕返しの防止のための配慮

ひとつはいじめの被害者がチクったなと仕返しされないようにするための配慮が必要だということです。力量のある担任やスクールカウンセラーの方は，たと

えばクラスでどうもいじめがあるらしいという時に，被害者が訴えたという形にならないように配慮します。「はい，今日はクラスについてアンケートをとります。何でもいいから書いてください」ということで，いじめということを前面に出さないでアンケートをとるわけです。そして，集めたら，そこに書いてなくても，「○○ちゃんがいじめられていると書いてありました」ということで，クラス討議に持っていくわけです。

　学校現場でしばしば起こっているのが次のようなパターンです。親御さんが子どもの様子がおかしいなと思って子どもに聞いた。問い詰めたらやっといじめられていると話しました。子どもは学校には絶対内緒にしてくれと言いました。親御さんは「わかった」と約束したのに，翌日すぐに学校に行って担任の先生に「子どもが絶対内緒にしてくれと言っていますから」と言いながら相談する。すると，担任は「わかりました」と約束しておきながら，すぐに加害児を呼んで，「お前，こんなことしちゃいけないじゃないか」と注意する。それで「テメエ，チクったな」とボコボコにされる。それ以来，いじめられている子は一切何も訴えなくなる。これが学校現場で非常にしばしば起こっているパターンです。

　被害児を責めない

　もうひとつは，教師や保護者など大人の側が「いじめられるのは君の方に問題がある」とか，「君の方にも問題がある」などと言って，被害児を責めてしまうことです。傷ついている最中にさらに傷つけられるわけです。

# Ⅷ　いじめの定義

　文科省の現在のいじめの定義は，実は現場向きではないと私は思っています。むしろそれよりひとつ前の文科省の定義の方が，現場向きだと考えています。対等の立場でないということ，そして肉体的心理的苦痛を伴う攻撃を一方的に継続的に行う。この定義を少し前までは文科省が採用していました。現場では，こういうものを重点的に扱っていくのだというふうに考えた方がいいと思います。

　いじめ対応のための見立ての基本

　いじめ対応のための見立てでは，まず重要なのは，

　　1．いじめの深刻度
　　2．被害児とその保護者の意向
　　3．被害児の持ちこたえる力

　の3点が基本だと私は考えています。次いで重要な見立てのポイントは，

4．担任の力量とタイプ
　　5．被害・加害の双方の保護者のタイプ

だと考えています。
　総論的に言えば，これらを総合的に見ることが必要です。


### 担任の対応の違い

　いじめの被害児にとって，担任の対応次第で大きく運命が分かれてしまいます。
　クラス討議の際の担任の対応の違いの例を挙げます。しばしば起こっていることです。いじめられている子がいるので，じゃあクラス討議しましょうとクラス討議しました。ある先生はじゃあみんなで，なんでこんなことになるんだろうといって話し合いをさせた。すると次々とみんなから手が上がって，あの子は掃除をサボった，あの子は嘘を言うとか，あの子はこういう子だとか，そういう意見がいっぱい出ました。その先生はそれをふんふんとひたすら話を聞くだけで終わったわけです。そうすると全体がどうなったかというと，あああの子はそういうところがあるんだ，それじゃあ多少いじめられてもしょうがないよねという雰囲気になってしまい，かえっていじめがひどくなったという例があります。同様のことがけっこう起こっています。
　では，力量のある別の先生はどうしたかというと，皆に意見を自由に言わせるところまでは同じです。やはり，同じようにいろいろ出てきました。あの子は暗いとか，掃除サボったとか。で，言うだけ言わせた後に，その担任の先生は怒鳴ったんです。「そうだったらこんなことしていいのか‼」と。「性格が暗かったらいじめていいのか」と。暗いかどうかというのは本当に大きなお世話ですけれど，話を聞くだけ聞いて，そういうふうにバシッと釘を刺したわけです。こういうことができたのはその先生と生徒たちとの間に指導が通る関係があったからです。指導が通る関係がなかったら，危ないですけどね。
　いじめというのは集団の問題として現れます。だから，加害児，被害児，中間層も含めてちゃんと話し合いをすることが必要になってくることがあります。いつでもそういうことが必要だというわけではありませんが，先ほどの2つのパターンを念頭に置いていただけると参考になるのではないかと思います。


### 対応の基本パターン

　私の経験ではなんとか深刻化しないですみましたが，いろんないじめの事例がありました。現実への介入が必要な事例もありましたし，内面に関わるだけですむ事例もありました。さらには，両方やることが必要だったこともあります。さ

らには，右往左往することが必要なこともありました。当面の対応の基本パターンと私が考えていることをいくつか挙げておきましょう。

### 対応の基本パターン１．早期発見し，学びにつなげる

いじめ対応の最も基本となるのは，「早期発見，そして学びにつなげる」ことです。子どもたちの成長のための対人関係の学びにつなげていくことです。

例を挙げます。ある小学校でのことです。子どもたちが３人で，１人の子をすれ違いざまに叩いたり蹴ったり，何かそんなことをやっていた。さほど深刻化しないうちにこれはキャッチされました。目撃情報からそういうことが発覚したので，担任が指導しました。加害児の方にいじめているという意識が薄かったそうです。いじめはいけないということはわかっていたけど，自分たちのしていることがいじめなんだというのは言われて初めて，ああこれはいじめなんだと思い当たったんです。むろん，それでもちゃんと指導をして，さらにこう言ったそうです。「君がこんな事をする子だとは思っていなかったので，先生としては大変残念だ。だけど，私はこのことからだけで君のことを全部ダメだというふうには思わないからね。君がいいところもあるのをちゃんと知っているからね」，と伝えたわけです。それでこのいじめていた子たちは心が救われたわけです。つまり，加害児へのフォローも必要だということです。

### 対応の基本パターン２．現実に介入する

現実への介入が必要だった幼稚園での事例をお話します。これはお父さんからの相談でした。幼稚園に行くと，年少組の自分の子が——この子は男の子ですが——ある年長組の女の子からつねられたり，叩かれたりしている。幼稚園の先生方が見つけるたびに叱って注意すると，その時はやめるけど，目を離した隙にいつの間にかまたやっているというのです。それで，どうしたらいいだろうかという相談でした。幼稚園の先生方がおっしゃるには，お父さんが毎朝幼稚園に送っていらっしゃる。その子はひょっとしたらそれがどうも羨ましいんじゃないか，やきもちを焼いてやっているんじゃないかとのことでした。それで，どうしたらいいだろうかとお父さんと一緒に検討しました。で，手は２つ，ひとつはお父さんがその子を脅かす，あるいはその子にお父さんが優しくすることです。どうしましょうとお父さんに聞いたら，優しくするほうがいいと言われたので，じゃあ優しくしてみましょうということになりました。とにかくお父さんにその子にまめに優しく声をかけてもらいました。すると，１週間もたたないで，数日でなくなりました。これは非常に鮮やかになくなりました。

それから逆に保護者がいじめっ子を睨み付けることをやってもらったこともあります。その場合も劇的にいじめはなくなりましたが，あまり単純にまねしないでください。たとえば相手の保護者がちょっとヤバイ筋の人だったりしますと，責任を持てないので慎重に考えてくださいね。

### 対応の基本パターン３．右往左往する

「右往左往する」ことが必要な場合がけっこうあります。いじめの場合は，鮮やかな解決というわけにはなかなかいきません。たとえばこっちの方に聞いたらいじめられているという，ああ，あの子らひどい子たちだなと思う。だけど，相手に側に聞くと，相手にも言い分がある。自分たちの方こそいじめられていると主張することさえあるわけです。事実関係もどうも微妙で，こういうとき私たちに必要なのは「右往左往する」ことです。

### 対応の基本パターン４．内面に関わるのみ

「内面に関わるのみ」，つまり，内面に関わるだけですむ場合もあります。

私が中学校のスクールカウンセラーをしていた時，中２の子が相談に来ました。「複数の３年生に部活でいじめられていてつらい」と。でも，担任の先生には絶対内緒にしてほしいとのことでした。この子は持ちこたえる力がありました。私にこう言ったんです。「先生，私は耐えられる，あと何カ月かすれば先輩たちは卒業していくから，それまで耐えます。だけど自分一人で耐えるのはつらい。だから先生，時々私の話を聞いてください」と。時々来て，しくしく泣いて帰るわけです。こっちは一生懸命話を聴く，それだけですんだのです。そういう場合もあります。

### 対応の基本パターン５．現実に介入しつつ内面に関わる

「現実に介入しつつ内面に関わる」ことが必要だった事例もあります。これは話すと長くなるので今回は端折ります。

だいたいそんな基本的対応パターンがあります。

## IX　攻撃性の法則

少し理論的な整理をしておきたいと思います。最近，私は「いじめ・暴力問題が私たちにつきつけているもの」（『現代思想』2012 年 12 月増刊号）という論文を書きました。ここで攻撃性の法則というのを挙げています。これは私がずっと以前にいじめ問題に関わったときに考えついた法則です。

第１法則，「攻撃性は出るべきところに出るわけではなく，出やすいところに出る」。何も落ち度がなくてもいじめられるということですね。

第２法則は「出るべきところが出やすいところなら，より出やすくまた激しくなる」。どんな落ち度や責められる点があろうともむろんいじめられる理由にはならないが，なんらかの理由がつけやすいのであれば，もっとやられる。

第３法則，「集団の中では容易に連鎖する」。先にお話したように不本意集団の中ではものすごく容易に連鎖します。この３つの法則でだいたい理解できるかなと思っています。

第8章　学校のいじめ，施設の暴力——それがつきつけているもの

## 対教師暴力の増加

　最近の動向としては，対教師暴力がものすごく増えています。どうしてかというと，生徒と教師との関係が大きく変わってきたからです。昔は教師への暴力なんてよほどのことがなければ起こらなかった。しかし，現在ではけっこう簡単に教師に対して暴力が出るようになりました。相対的に教師の立場が弱くなったからです。出やすいところというのはだいたい立場が弱いところです。立場が弱いところに暴力が出てきます。これは権力も攻撃性も同様です。行使しやすいところに振るわれるわけです。

　権力も攻撃性（暴力）も最初はなんかの目的のために使われます。ところがそのうちに行使すること自体が快感になる。つまり，攻撃性も権力も嗜僻性があります。先ほどから申し上げていますように集団の質と構造を考える必要がある。集団の質というのは，まず1番目が参加動機，2番目が出入り性，3番目が閉鎖性，この3つくらいの要因で考えるといじめ・暴力問題は理解しやすい。不本意ながら集められ，出入りの自由度が低い集団を私は不本意集団と名づけました。これがいじめ・暴力発生の基本要因だと考えています。

　加害者はなぜいじめ・暴力をやめることが難しいのか。それは，暴力にはこの嗜僻性があるからです。加害者は暴力を振るうことでひとときの満足や快感を得ますが，簡単にとりあえずの目的が果たせるものだから何度もくりかえされ，またさらにはだんだんエスカレートする。それに加えて荒れたクラスや荒れた施設では加害・被害の連鎖があるわけです。だから，さらにやめることが難しくなります。自分一人がやめるというのはものすごく難しくなります。

　また，被害者に対しては，いじめ・暴力は呪縛性があります。被害児がなぜ逃げられないのかという議論がしばしばありますが，暴力には呪縛性があるからです。これはやられたものには本当に怖いことです。目に見えない強い魔術的な力が働いているかのような縛りになる。その暴力を受けている最中はもちろん，加害児が目の前にいなくても見えない力で縛られる感じになる。もっと大変なのは怖がるだけではありません。愛着や愛情を示すようにさえなることがあります。逃げられない暴力にくりかえしさらされ続けると，もうその人を好きになるしかないという事態さえ起こってくることがあります。

## 現代社会の課題

　今回，「学校のいじめ，施設の暴力——それがつきつけているもの」というタイトルをつけました。いじめ問題は学校現場の問題ですが，実は今皆さんがぶつかっている問題というのは，学校現場だけでの問題ではないのです。これまで申し上げたように福祉現場でも起こっている大きな問題です。それから最近では医療現場でも暴力が大きな問題になっています。医学，看護系の雑誌を見てくださ

い。患者からの暴力にどう対応するかという特集がいっぱい組まれています。つまり医療・福祉・教育，どの領域でも暴力・いじめが深刻な問題になっているわけです。しかもこれらには共通の傾向があります。それはどういう傾向かというと，利用者から従事者，学校だと生徒から教師への暴力，医療現場だと患者さんから医師・看護師への暴力が増えているんです。福祉現場では子どもから職員への暴力が増えています。いずれも，「利用者から従事者への暴力」の増加という共通の傾向があるわけです。

　その背景にあるのは，おそらく「権威のゆらぎ」ということだと私は考えています。いずれも従来の権威と被権威の関係がだんだん崩れてきている。たとえば教師と生徒，医師と患者，職員と入所者，指導者と被訓練者，大人と子ども，老人と若者，こういう関係の中で従来の権威と見られていたものがだんだん崩れてきている。権威関係が変化してきている。そういう中で暴力が出やすくなってきていると私は考えています。そうしますとどこの領域でも権利擁護ということがよく言われますが，子どもの権利擁護についてもパラダイム転換が必要だろうと私は考えています。どういうことかというと「大人は加害者，子どもは被害者」という図式を変えることが必要です。教師が生徒からの暴力を怖がっているようでは，弱い子を守ることはできません。つまり大人には子どもを守る責任がある，にもかかわらずその責任が全うできない。ですから，大人も守られて，子どもも守られて，そしてそういう大人と子どもの新たな関係の構築ということが，今私たちの課題になっているのではないかと思います。

　もちろん，それだけなく，他の2種類の暴力も深刻です。したがって，暴力問題あるいは安心・安全というのは現代社会の課題なのだと思います。

## いじめ防止対策推進法と改正児童福祉法

　児童福祉施設の子どもたちも学校に行きます。そして，学校から施設に戻ります。同じ子どもが，学校のいじめに対しては，いじめ防止対策推進法が適用されます。ところが児童養護施設では，実はつい最近2009年に児童福祉法が改正され，その時に「被措置児童等虐待の防止」というのが明文化されました。どちらにも利点と欠点があります。ここで詳しくは述べませんが，厚労省と文科省が手を携えてお互いの利点を生かしあいながら，何か総合的に考えていただけたらと私は考えています。マスコミは縦割り行政だとよく批判しますが，私の印象ではマスコミも同じように縦割りです。「縦割り取材」なのです。というのは私は学校のいじめ問題と施設のいじめ・暴力問題の話をどっちの取材でもします。でもだいたい学校関係の取材できた方は，施設の暴力問題を報道してくれません。施設関係の取材では，学校の問題を一緒に論じるという形をとってくれません。どうもマスコミも縦割りなんじゃないかなと最近思うようになりました。

第8章　学校のいじめ，施設の暴力——それがつきつけているもの

　学校でも施設でも同様に子どもの安心安全が守られるべきです。それは成長の基盤だからです。ところが別々の法律が適用されているんですね。これはおかしなことだと思います。

　また，駅員さんが利用者に暴力を受けたりしていますし，東北の大震災があって大変でしたし，今も大変です。さらには，原発問題が追いうちをかけています。そういうふうに見ていくと，どうやら私たちの社会では安心安全社会というのが現代のテーマになっていると考えられます。私は総合的安心安全学という新たな学問が将来必要になるのではと考えています。とても大きな話になりましたが，とりあえずは医療・福祉・教育・矯正等，こういう諸領域に「モニターしつつ支援する仕組み」をつくっていくことが必要だろうと考えています。

　スクールカウンセラーをはじめ臨床心理士の皆さんが，学校のいじめ・暴力問題や施設のいじめ・暴力問題に取り組んでいただくことが，おそらく心理臨床の未来を拓き，今後の私たちの社会の未来を拓くということに貢献するのではないかと私は考えています。

　終わりに，ちょっと文献の宣伝をしたいと思います。施設の暴力問題についてはこういう本（『児童福祉施設における暴力問題の理解と対応』，金剛出版）を出しました。これがなんと750ページもありまして，値段が9,000円近くして高いです。だけどスクールカウンセラーの方には，この本の第10章をぜひ読んでいただきたい。ここに発達障害，学級崩壊，その他についてどう対応するかというのをかなり詳しく書いております。ですから各学校に1冊ずつ買っていただけるとすごく売れるのではと思っています。ダメでしょうかね（笑）。一応宣伝させていただきました。

　いじめ問題にがんばって取り組んでいただくことが，時代を拓くことになると思います。皆さん，ぜひがんばってください。どうもご清聴ありがとうございました。（拍手）


　【追記1】　いじめは暴力として見る視点が重要であると私は考えている。そこには2つの含意がある。ひとつは，暴力として見ることで，教師から生徒への暴力（体罰），対教師暴力という2レベル3種の暴力を包括的に対応するのが適切かつ有効であるということである。いまひとつは，身体への直接的暴力，すなわち殴る蹴るといった殴打系暴力と性暴力とが最も優先的に対応されるべきであるということである。

　また，この取り組みの優先順位というのは，救急医療などで「トリアージ」として知られている概念である。

　なお，医療では職員間の暴力も加え，4種の暴力が問題とされている（和田, 2011）。したがって，「2レベル3種の暴力」は，職員間の暴力やパワハラも加えれば，「2レベル4種の暴力」が問題ということになろう。

**【追記 2】** p.160 で心のからくりとして 4 つを挙げたが，現在では，以下の 5 つを挙げることにしている。①「問題の過少評価」，②「選択的不注意」，③「否認」，④「思考停止」，⑤「慣れ」または「感覚の麻痺」。

## 引用文献

田嶌誠一（2007）いじめ問題が臨床心理士につきつけるもの．臨床心理士報, 32; 18-20, 日本臨床心理士資格認定協会．

田嶌誠一（2009）現実に介入しつつ心に関わる―多面的援助アプローチと臨床の知恵．金剛出版．

田嶌誠一（2011）児童福祉施設における暴力問題の理解と対応―続・現実に介入しつつ心に関わる．金剛出版．

田嶌誠一（2012）いじめ・暴力問題が私たちにつきつけているもの．現代思想 12 月臨時増刊号（特集：いじめ―学校・社会・日本），40(16); 94-107. 青土社．

田嶌誠一（2014）非行問題における暴力への対応の重要性―「安全委員会方式」の実践から．児童心理 2014 年 6 月号臨時増刊（特集：子ども非行の現在），117-124. 金子書房．

田嶌誠一（2014）児童福祉法改正と施設内虐待の行方―このままでは埋もれてしまう危惧をめぐって．社会的養護とファミリーホーム, 5; 8-20. 福村出版．

和田耕治（2011）医療機関における暴力対策ハンドブック―患者も医療者も安心できる環境をめざして．中外医学社．

## 臨床家のためのこの1冊

# 『思春期という節目』

## 八ッ塚実著

### 名著は評者を選ぶ

　秘かにおそれていたことである。このコーナーは今のところ編集委員が順に執筆することになっているのだが，私に執筆の順番が回ってくることをである。

　理由は2つある。

　ひとつは，いつのころからか私はあまり本を読まなくなってしまったからである。もっとも，そんな私でも臨床家にぜひとも読んでほしい本が何冊かはある。しかし，これがいまひとつの理由なのだが，名著というものはそれ自体自己完結しており，私程度の評者のコメントなど容易に許さないような感じがする。それが名著であればあるほど，評者を選ぶように思われる。したがって，ただひと言「ぜひ直接お読みください」というのが，私としては正しいお勧めの仕方であるように思えるのである。

　ホントにこれをやったら面白いかもしれないとも思ったが，ひんしゅくを買いそうなのでやめておく。

　というわけで，さんざん悩むこととなった。悩んだ末，結局心理臨床家が多分あまり知らないだろうが，これはいい，ぜひとも臨床家に読んでほしいと私が思っている本を紹介しようと考えるに至った。それがこの八ッ塚実著『思春期という節目』（朱鷺書房）である。どうです，知らないでしょう？　これはとびきりのいい本なのである。

　本書を取り上げるのには，さらに理由がある。

### 実力のある教師の対応は？

　もうすでに『カウンセラーのための〇〇冊』とか，『心理臨床家のための〇〇冊』といった類の本が出版されている。それらの本には，心理臨床の専門書だけでなく，いわゆる「周辺領域・関連領域の本」も取り上げられており，いずれもすばらしい本が多数紹介されていて，大変参考になる。

　しかし，私はかねてからそうした本にひとつだけ不満を抱いてきた。それは「周

辺領域・関連領域の本」として紹介されているのが主として医学，（児童）文学，哲学などに限られていて，教師や看護者やケースワーカーなどの著作が全く取り上げられていないということである。いわゆるヒューマン・サービスに携わる職業は，医師以外にも種々あり，とりわけ，生活の中での援助ということに携わっている方々の経験や研究から学ぶことは多いものと思われる。

にもかかわらず，この極端なアンバランスはどうしたことだろう。

さて，本書の著者は長年中学校の教師を勤めた人で，学校教育関係ではよく知られ，一般にもファンが少なくないようである。彼は 30 年間中学校に勤めた後，定年を待たず母親の看護のために退職している。当時の朝日新聞の「天声人語」によれば，別れ際にして，八ッ塚は生徒たちにこう語りかけたという。

「人間，生涯に一度くらいは，自分の一番やりたいことを，やめなくてはならないこともある」

体育館の中はさざ波のような泣き声に満ちたという。

そんな彼が退職後に 30 年を振り返って書いたのが本書である。本書では不登校生徒や非行生徒，荒れる生徒などさまざまな子どもたちとの関わりが生き生きと描かれている。教育にその人生のほとんどをささげた実力のある教師が，教育というものをどのように捉え，どのように生徒とその家族と触れあい，いったいどんなふうに生徒の成長を指導・援助していくのかということを私たちに教えてくれる。

### いじめられっ子の母親からの手紙

八ッ塚の指導ぶりは，トク子という小学 5 年生からいじめられ続けてきた中学 2 年生の生徒の母親が彼に宛てた手紙によく示されている。いささか長い引用になるが，ここに紹介したい。

「1 年間ありがとうございました。

思えば去年の今ごろは，とても暗い顔をして毎日を送っていました。今問題になっている『いじめ』の被害者の側でした。

わが子には絶対に問題がないとは言いません。でも，理由がわかりませんでした。ある日，新聞を読んでいて，アッと思いました。わが子そのままのタイプがいじめに合うタイプだと書いてありました。とても悲しいことを突きつけられました。

親子ともに泣きました。

そして，2 年生の春を迎えたのです。

周囲は花ざかりで，気持ちが浮き立っています。でも，2 年生の今年も又いじめられるのだろうと思うと，毎日子どもが帰ってくる時の顔色ばかり気にしておりました。

いついじめが再び始まるのかと思うと気が気でありませんでした。

4，5，6 月と過ぎて，7 月の夏休みの季節がやって来ました。子どもの言動からは，

今までのようないじめにあっているようには，受けとめられませんでした。みんなと，うまくやっているんだなと思いました。

　しかし，1学期はまだはじめだから，2学期になると，いよいよいじめが始まるのではないかと，心配は消えませんでした。

　ところが，それからの毎日も，明るい顔で帰ってきますし，喜んで学校へ行きます。学級の役員になったとか言って，張り切っているのです。

　結局，2学期になってもいじめは受けませんでした。私の心配が，取り越し苦労だったことを嬉しく思いました。友達にも恵まれたようで，学校での様子を楽しく話してくれます。本当に，心から楽しそうにしているわが子を見るのは，幸福なものです。母親にとって，これ以上の喜びはありません。

　ほとんど毎日，子どもが持って帰る『学級記録』のプリントに，

　『仲間のこと』

　『人間としての誇り』

　『人の痛みと自分の痛み』

　というようなテーマがしばしば取り上げられていたわけが，やっとわかりました。人間として大切なことを，きめ細かく教えてくださっていたのです。

　材料は学級の子どもたちの文章がほとんどでした。

　どの記録も純粋で，今の中学生も学び方ひとつで，素晴らしいものを持っています。私は，思ってもいなかった優しい心情を垣間見て，感動していました。

　そのことが，わが子がいじめられるどころか，友達に大切にされる原因になっていたことに，2年の終わりになって，やっと気がついたのです。

　わが子は，つくづくと申します。

　『来年も，今年みたいな生活がしたいな』と。

　本当に，1年間，ありがとうございました。とてもいい思い出のある年でした」


　どうです？　これを読んで，八ッ塚がどんな指導をしたのか興味が湧いてきませんか。


## 学級づくり

　全体を通して，私が最も感銘を受けたのは，そこには生きた言葉が満ちているということである。とりわけ生徒とのやりとりで，それはいっそう際立ってくる。

　本書ではいじめだけでなく，不登校，非行，暴力などさまざまな悩みや問題を抱えた生徒が登場する。そして，その姿と八ッ塚の関わりとが生き生きと描かれているが，大事なことは八ッ塚は決して，個々に「いじめ対策」「不登校対策」「非行対策」等をやったわけではないということである。ことが起こってからでは遅いのだと，八ッ塚は言う。

　教師として八ッ塚が最も心を砕いているのが，彼なりの学級づくり，集団づくり，仲間づくりであり，またそれを基盤にした個々の生徒への普段からの関わり

である。ここで強調しておきたいのは，彼はとびきりの実践家なのだということである。中学生がどういう時期であり，どんな危うさを抱えていて，一歩間違えるとどういうことになりやすいかを熟知している。それをふまえつつ，日常の生徒への関わりの中で見事な指導が行われている。そこに私たちが学ぶところ大である。

したがってその指導は基本的にはクラス全員を対象としたものであるが，しかしそれが私たちに鮮やかに示されるのは，何か問題が生じた時にである。普段の学級づくりの基礎のうえに行われる，個々の関わり。たとえば，先のいじめられてきた生徒については，その過程で彼はこの生徒の良さを探し，いつも目を注ぎ，声をかけ，リーダー格の子と共同作業ができるように配慮したのだという。

ある不登校傾向の生徒の場合は，家庭と連携し，さらにこの生徒に美的センスがあることに注目し，「学級旗づくり」の制作委員会に選ばれるように「根回し」を行うなどの対応を行って，この生徒が抱える問題を見事克服し，成長の糧とするのを援助している。

また，印象的なのは，お説教がうまいということである。タバコを吸った生徒たちに，母親たちの前でお説教をする場面が描かれているが，まさに心に届くお説教である。

それにしても，見事な教育であるという他はない。


## 学級記録

こうした八ッ塚の学級づくりを支えているのが，先の手紙の中にも登場した「学級記録」である。これは従来の「学級通信」を越えなければという八ッ塚の想いから，それによりいっそうの教材性を持たせた手摺りのプリントで，「なぜ学ぶ科・教科書」「どう生きる科・教科書」であるという。これについては本書では簡単に触れられているだけなので，いささか補足しておこう。

まずは生徒全員に毎日「生活の記録」を書いてもらうことから始まる。生徒に「毎日記録を書くこと」「量や内容は一切問わない」「体験したこと，感じたこと，学んだことを自分の言葉で」書くことを求める。それらの生徒の文章の中で教材性の高いものを選び，時に八ッ塚の文章を交えて，手書きのガリ版摺りのプリントにするのである。ちなみに，1978 年は 163 号，1979 年は 206 号，1980 年には132 号発行されている。ただし，1980 年には「理科の記録」というのが 19 号発行されているから，実質的には 151 号と言えるかもしれない。

なぜ私がそんなことを知っているのかと言えば，実は「学級記録」を私が持っているからである。いやもっと正確に言えば，このガリ版の学級記録をそのまま復刻したものがあり，それを私が持っているのである。むろん，書店で販売しているものではない。八ッ塚の知り合いの印刷屋さんが復刻してくれたのだという。

1,059 ページ，厚さ 4.5cm にも及ぶものである。第2集とあるから，これはほんの一部なのだろう。

もう十数年も前のことだが，私は八ッ塚の講演を聞いたことがあり，大変感銘を受けた。こんな人がいるのかと驚いた。終了後に，主催者の計らいで数人で一緒にお茶を飲んで話すことができた。何を話したのかは今ではすっかり忘れてしまったが，別れ際に八ッ塚が「これもらってくれませんか」と私にくれたのが，この復刻版である。当時はおそらくは生意気ざかりだったであろう私に，「もっと勉強しろ」ということだったのかもしれない。

むろん，この学級記録という営みについてもそのすばらしさを認識してほしい。しかし，それ以上に注目してほしいのは，その背後にうかがえる八ッ塚の取り組み姿勢である。1クラス約40数名が毎日提出するノートに毎日目を通して，個々にコメントを書く，さらに全体向けの手書きプリントをつくる。このプリントも150 〜 200 号，つまりほとんど毎日時々1日おきというペースである。これを彼は長年続けたのである。その取り組みにかける情熱たるや，思わずエリを正したくなるのは私だけではあるまい。ちなみに，彼はこの業績で 1981 年に第 30 回読売教育賞を受賞している。

### 名著は精神衛生によくない

世の中この人の仕事ぶりには逆立ちしても及ばないと思わされることがある。この本もまた私にそうした印象を抱かせた本のひとつである。八ッ塚の教育にかける思いは熱くそして深い。たゆまぬ努力，驚くべき情熱による卓越した指導力。達人いや名人であると言っていいだろう。その仕事は私たちを感動させる。しかしその一方で，こうした名人による名著というものは，現場に身を置く私たちにとっては精神衛生（精神健康）に悪いものでもある。つい，わが身の実践を振り返ってしまうからである。

中学校教師を「一番やりたいこと」と言った八ッ塚にとって，教師は天職だったのだろう。しかし，どんな職業であれ，天職としてその職につける人は稀であろう。天職ならぬ身としては，その実践から学びつつも基底には「健全なあきらめ」が必要であろうと思う。名人芸は継承されにくい。一人が継承するのではなく，複数の人たちがさまざまな形で引き継ごうとするのが無難であろう。

だから，私は彼から学ぶことはあっても，彼のような水準に達しなければならないとは考えないことにしている。いろんな人の関わりを結集することによって，すなわちネットワーキングによってその水準に（とても到達できないにせよ）いささかでも近づくことをめざすことにしたいと思うのである。

### 優れた実践はそれ自体に価値がある

その場で関わる心理療法

「一番やりたいことをやめた」八ッ塚の心情は，察して余りある。しかし，「何かを失うことは，何かを得ること」でもある。八ッ塚の介護体験はその後の著書『一生一度の学び』として結実し，学級記録は『こころを育てる―私の「人間科」授業』（ともに光雲社）へと昇華している。そのことに私は安堵感を，それも切なさを内包した安堵感を覚えるものである。

個人的なつきあいがあったわけではないので，出版社に問い合わせたところ，残念ながら著者は３年程前に亡くなられたとのことである。ということは，64歳前後で亡くなられたことになるのだろうか。おそらくは燃焼しつくした人生ではあったろうが，それにしても何と早すぎる死であろうか。本書をはじめ，彼の仕事がいろいろな形で引き継がれることを切に願うものである。

念のために言えば，私は八ッ塚の全面的な信奉者ではない。彼の実践をどう理解するかということに関しては，若干見解の異なる点もないわけではない。しかし，その解釈はどうあれ，真に優れた実践はそれ自体に価値があるのであり，大学教授だから，研究者だから，あるいは医師だから業績が残り，そうではないからといって埋もれてしまうなどといったことはあってほしくない。

八ッ塚だけでない。その人間観・教育観や主義主張はいろいろであれ，数多くの優れた教師が学校現場で頑張っているのである。そのことを私たちは充分に承知しておくことが必要だし，そうして初めて学びあいそして協同でことにあたることができるようになるのであろう。スクールカウンセラーの中には「教師のスーパービジョンに行く」などとのたまう人もいるとの噂も伝え聞く。それが誤った情報であることを祈りたい。

本書は学校に関係する心理臨床家だけでなく，こころの問題に携わるすべての専門家に読んでほしい名著である。なるほど本書は私たちに実力のある教師が生徒にどう関わっていくのかということについて鮮やかに教えてくれる。しかし，本書の価値はそれに留まるものではなく，本書には，人の成長を援助するということの本質が描かれているように私には思えるからである。

ああ，やっぱりお粗末な紹介になってしまった。直接本書にあたっていただければ，いかに私の紹介が不十分なものであるかがおわかりいただけよう。

（朱鷺書房，1989年刊行）

# 第9章

# いじめの事例

## ──現実に介入しつつ心に関わる

▶▶前章で,「対応の基本パターン5. 現実に介入しつつ内面に関わる」を述べ,時間の都合で事例は割愛した。ここでは,現実に介入しつつ心に関わる(田嶌, 2009)ことが必要であった事例を述べることにしたい。以前,日本心理臨床学会で発表した事例の報告である。

## Ⅰ　はじめに

心理臨床家ないし臨床心理士がクライエントの心の内面を扱うだけでは不十分で,現実へのなんらかの介入をはかることが必要な場合がある。心理臨床家の活動範囲が広まるにつれ,近年そうした事態は増大しつつあるのではないだろうか。そうした事態の急速な変化に,臨床心理士の意識や実践が追いついていないのではないかと危惧している。私は内面を扱うだけでは不十分で,現実へのなんらかの介入をはかることが必要な事例をこれまでも報告してきたが,「いじめ」などもそうしたことがしばしば起こり得る問題であり,今回は「いじめ」の相談事例を報告し,その対応について考えてみたい。

## Ⅱ　事例──現実に介入しつつ内面に関わることが必要であったいじめの事例

面接の経過
登校しぶりとチック──いじめ?
第1回（両親面接）。外来相談室へ,友人からの紹介で両親が来談。小学2年生の娘が,1カ月前よりチックと登校しぶりが出てきたとのこと。両親の感じでは,どうもいじめられているのではないかと思うとのこと。3カ月くらい前から元気がなくなり,友達とも遊ばなくなった。母親の印象では,本人は遊びたがってい

るが，遊んでもらえないようだという。気になって様子を見ていたが，1カ月程
前から，チックと登校しぶりが出てきたので相談に来たとのこと。父親は「仲間
はずれ」にされているのに違いない，ちょうど3カ月前に近所の子たち（上級生
や同級生や下級生）と遊んでいたが，その時父親が買い物に連れていくために途
中でやめさせてから，それ以来遊んでもらえなくなったのだという。ちょうど，
そのあたりでは周辺の事情から学校の方針で集団登下校制をとっており，その集
団のつながりが強いらしい。それとなく，本人に様子を聞いてみるが，別に何も
ないという。

### 事実関係の把握——情報収集の勧め

父親は相手方にどなりこみかねない勢いであったが，Co は〈いじめられている
可能性が高いが，まずは，実際にいじめられているのかどうかについて保護者に
よる事実関係の情報収集が必要〉〈仮にいじめられているとしても，相手方にどな
りこむのは一般には得策ではないことが多い〉と情報収集を勧めた。今後の対策
を考えるためにも，またいざというときに教師等の周囲の関係者に理解してもら
うためにもそれが必要と説明した。具体的には，本人を送りだした後，先回りし
て陰で登校の様子を観察し，目立ったことがあれば記録しておくように勧めた。

**第2回（両親面接）**。翌日から母親が3日間観察したところ，登校集団（6名：
5年生女子2名，2年生女子3名，1年生男子1名），のうち娘だけが，数メート
ル遅れて歩いている，むろん誰とも話をしていないということが判明した。「お友
達と遊ぶのが大好きな子なのに，毎日あれでは，どんなにきついことか」と母親
は涙。父親も涙ぐむ。

父親は，自営業で仕事熱心ではあるが，子どもたちとの接触は少なかったもの
の，家庭を顧みないというほどでもない。母親は専業主婦。本人は4人兄弟の末
っ子（兄，姉，姉，本人）で，上の子たちと年が離れているためもあって甘えん
坊。もともとはひとなつっこく，幼稚園では，仲良しも数人でき，登園を楽しみ
にしていた。しかし，小学校入学時に一家が近所に引っ越したため，幼稚園の友
人とは別の小学校へ入学することとなった。そのため，小学校1年生のころも，
遊ぶのはもっぱら，その後集団登下校で知り合った近所の子たちとであった。と
りわけ，同じクラスのB子ちゃんとが多かった。このころは，「学校は楽しい」と
いうことで，特に問題はなかった。

そこで，見立てとしては，いじめによるストレスによるものが大きいと考えら
れた。そこで，現実のいじめになんらかの介入を行うかどうかが問題となった。
数回の保護者面接でそのことを検討し，さらにいくつかの事態改善のアイデアを
話し合った。

### 現実への介入——マイルドな介入

**第3回**では，父親が時々登校時に偶然を装って出勤し，校門付近まで同行して

みることにした。約１カ月の間に３回行い，離れて歩く娘をグループの輪に入れるように努めた。しかし，後に述べるように事態は改善しなかった。

### 本人との対話の勧め

第４回（母親面接）では，上記の父親による介入と並行して本人からも話を聞き出す努力をすることとした。いきなり聞いても無理なので，母親にじょうずに聞き出す（例，他のきょうだいがいないところで，遊びながら）工夫をしてもらうこととした。ある日，近所の公園に連れ出し，ブランコに揺られながら，「最近学校はどう？　昼休みは何してる？」と聞くと，「うーん……」と沈黙。さらに「誰にも言わないから教えて」と言うと，「学校の中を探検してる」と答える。「１人で？」「うん」。行き帰りはともかく学校内ではＢ子ちゃんとは遊んでいないのかと疑問に思い，誰にも言わないからと問うと，集団登校の上級生が昼休みになると本人の教室にやってきてＢ子ちゃんだけ誘い出して遊ぶため，クラスに他の友達がいないＡ子は１人で遊ぶしかないのだという。他の子たちは幼稚園と小１からのつながりがすでにできあがっているため，不器用なＡ子はうまく代わりの友人がつくれないでいるらしい。「仲間はずれにされているような」「無視されてるような感じ」だという。「入れてちょうだいって頼めばいいじゃない」と母親がいうと，「うーん，無理と思う」と答えたので，それ以上は母親は何も言えなかったという。

さらに，別の日に父親が母親と同様に，公園でブランコに揺られながら話を聞いたところ，やはり「仲間はずれにされているみたい」と語り，さらに「前はＢ子ちゃんが仲間はずれにされていた」「Ｂ子ちゃんのお母さんが仲よくしてね，と上級生の２名に頼んだが変わらなかった」とも語った。現在はＡ子とＢ子ちゃんの立場が入れ代わったのだという。

### 情報収集の勧めと協力要請

第５回（母親面接）では，上記の情報をもとに，母親がＢ子の母親についでを装って，話を聞いてみてはどうかということになった。

第６回（両親面接）でその結果を聞いてみると，「確かに，うちの子が数カ月にわたって仲間はずれにされていた」「うちの子はわりと強いんですが，さすがにこたえていた」。さらには，「Ｃ男ちゃん（集団登校している小１の男子で，５年女子の弟）が，何かの折に『お姉ちゃんにＡ子ちゃんと遊んじゃダメと言われた』と言っていたのを聞いた」という。その話を聞いた父親からのアドバイスで，後日さらに「事を荒だてるつもりはないが，このまま事態が収まらない場合，私たちがいじめられてるといっても，なかなか周りには理解してもらいにくい。だから，何かの時にはその話を証言していただけませんか」とお願いしたところ，「いいですよ」とのことだった。

このことから，両親はこれまで自分の娘にも悪いところがあるのではと思って

いたが，他の子も同じようにやられているので，そうではないとわかったという。

## 現実への介入──本人の了解のもとでの強い介入

先述の父親による時々同行するという介入はこの１カ月で３回行ったが，事態は改善せず，チックの部位が増え，増悪していった。そのため，早急に有効な現実的介入が必要と思われた。どのような介入が適切であるか，いくつかの可能性を両親と一緒に検討。以下の２つの案が出てきた。

- ・学校や担任に相談する（このいじめが，クラス内でのことであれば学校や担任との連携も有効であろうが，他学年を主とするご近所集団によるものであるため，有効かどうか疑問が残るが）
- ・父親が仲間はずしをしている上級生らを怒りつける（ある程度の即効性があるだろうが，関係が多少ぎくしゃくすることは避けられない，また相手の保護者が出てくる可能性もある）

いずれの介入を行うにしても，本人の了解なしにやらないように Co は両親に注意した。

父親が本人と話合い，「お父さんが怒ってやろうか」というと，意外にすんなり「うん」と答える。「でも，それで必ず収まるかどうかはわかんないよ」というと，「それでもいい」と答えたとのこと。それから数日後，頃合いを見て決行。朝校門の近くで，「これ以上仲間はずれにしたら承知しない」，「親に言ったとかでさらにいじめたりしても許さん」と２，３分どなり散らした。

## 関係の改善と登校しぶりの消失

第７回（両親面接）では，どれだけ効果あったかはわからないということであったが，第８回になると，少なくとも表面上は多少ぎくしゃくしたところはあるものの効果が出てきたとのこと。ただし，相手方保護者より，事情を聞きたいとの申し出があったので話し合うことになったという。A子両親，上級生２名の母親の間で話し合いがもたれ，その際B子の母親にも立ち会ってもらった。相手方としては，最初は自分たちの子どもたちがいじめなんてしてるはずがない，子どもをどなりつけるなんていきすぎだという態度であったが，B子の母親の証言で納得し，その件については今後そういうことがないように母親たちからも注意するとのことであった。しかし，その一方で，どなられた子たちがA子の父親にまた怒られるのではないかとおびえているというので，「もうどなったりしない」旨を伝言し，多少ソフトな対応をとることを約束。

## 動作法によるリラクセイションと母親によるマッサージ

以上のような現実への介入によって，いじめそのものは根本的解決とまではいかないものの，かなり改善した。その結果，登校しぶりとチックの消失が期待されたが，第８回（母親面接）では登校しぶりはなくなったものの，チックは依然

として続いたため，第9回（母親と本人面接）で，本人と面接してみることにした。最初は，母親の陰に隠れぎみで，かなり緊張ぎみだったため，しばらくは2人でジェンガというゲームをやる。30分くらいしたところで，チックについて問うと，なぜかわからないけど，そうなってしまうという。動作法による肩と首の緊張を調べてみると，ひどい緊張があることがわかったので，〈これだときついよね〉と少し緩めてみると痛がったが，後は首の後と背中が「スースーして気持ちいい」とのこと。家で1人でやる動作法的リラクセイションを教え，それを1日2回やるようにと本人と母親に伝えた。また，母親にマッサージをしてもらうように伝えた。

　A子と母親はこの課題をきちんと実行し，いくぶんチックは和らいだようにも見えたものの，チックに起因すると考えられる首の痛みを訴えるようになった。そのため，早急な対応が必要と考えられた。場合によっては，整形外科等への受診が必要かと考えられたが，とりあえず今後の方針を検討するために再度A子と面接することとした。

### 動きへの介入を通して本人の心に働きかける──本人の工夫を引き出す

　第10回（両親と本人面接）で，ジェンガをしている最中にチック発生。その動きをブロックし，コツンと軽くタッピングしたところ，本人が「もっと強く叩いて！」と注文。ためらいながらも，次第に強く何度も叩くと，「あああー，気持ちいいー」と何度もつぶやいたので，Coはびっくりした。（あとで聞いてみたところ，強く何度も叩いてもらうと「頭の中のモヤモヤが外に落ちていく感じがする」のだとのことであった。）しかし，いくら気持ちいいからといって，いつまでもこんなことをしているわけにもいかないので，その時の感じをうまく取り扱うための本人の「工夫」を引き出すことを試みた。すると，「先生，いらいらしてきた。このクッション叩いてもいい？」と言うので，〈いいよ。それいいかもしれないね〉というと，立ち上がってクッションを椅子に激しく何度も叩きつけた。ハァハァと息をきらせながらさらに「壁を蹴っていい？」と言うので，〈いいよ〉と言うと，壁を蹴り始める。しばらく蹴った後，今度は外へ出て外の壁等を，「くそー！　このー！」と叫びながら，こんな小さい子のどこにそんなエネルギーがあったのかというくらい一心不乱に蹴り続けた（自分の足も相当痛かったはずである）。その後，砂や小石を投げたりもした。10数秒程度の小休止を2，3度入れたのみで1時間近く攻撃性を出し続けた。

　1日1回母親か父親が立会って，同様のことをやるように勧め，その経過を見守ることとした。毎日，これを行ったところチックは急速に回数と強度が減ってきた。約2週間後のある日，ひとしきりやった後，公園の木に登り，「（風が）気持ちいい」とつぶやき，その後これをやる必要がなくなった。完全にではないがチックはほぼ消失し，むろん首の痛みも訴えなくなったので，第12回で終結。

約１年後の電話によるフォローアップでは，その後本人がクラス内で友達をつくる努力を始め，少数ながらクラス内に友達ができ，他人に気を使いすぎる傾向がややあるものの，元気で過ごしているとのことであった。また，たまに首と肩のコリを訴え，自分で緩めたり母親に頼んでマッサージしてもらうことがあるという。

## III 考　　察

前章と合わせてお読みいただくこととして，ここでの考察はあえて最小限に留めておくことにする。本章の目的は事例の経過そのものを味わっていただくことだからである。

いじめへの対応については，「現実に介入する」ことと「内面に関わる」ことの両方を視野に入れておくことが重要である。いじめ問題の難しさのひとつは，見守っていた方がよいのか早急になんらかの介入が必要かを見立てながら対応していくことが必要だということである。そして，「現実に介入するか，内面だけに関わるか」という判断は「いじめの深刻度」「本人の力」「本人や家族の意向」との関連で考慮していくことが必要であろう。

また，本事例ではチック症状はいじめそのものの沈静化だけでは消失せず，身体に働きかけることが必要であった。身体を介して，筆者のいう「イメージとしてのからだの実感」（田嶌，1992, 2011）をうまく取り扱えるようになったことがチックの消失をもたらしたものと考えられる。

### 引用文献
田嶌誠一（1992）イメージ体験の心理学．講談社．
田嶌誠一（2009）現実に介入しつつ心に関わる―多面的援助アプローチと臨床の知恵．金剛出版．
田嶌誠一（2011）心の営みとしての病むこと．岩波書店．

## 書　評

# 『マインド・コントロールの恐怖』
## スティーヴン・ハッサン著，浅見定雄訳

　先にさる著名な女性が統一教会の集団結婚式に参加し，その後統一教会を脱退したことは記憶に新しい。こういう問題が起こると，まず不思議に思うのはなぜそんなにも簡単にマインド・コントロールにひっかかってしまうのかということ，そしていかにしてそこから脱出できるのだろうかということであろう。本書はそれを考えるのに適した本であり，催眠研究者にとっても考えさせられることが多いであろう。

　マインド・コントロールを行う集団をここではカルトと呼んでいるが，まず注目しておきたいのは，宗教カルトだけが注目を浴びがちだが，現実には他にも政治カルト，商業カルト，心理療法または教育カルトなど広汎な分野でマインド・コントロールが行われているということである。

　著者スティーヴン・ハッサンはアメリカ統一教会の副会長にまでなったが，交通事故に遭ったのをきっかけに脱洗脳を受けて脱退し，その後心理学を学び，統一教会をはじめとするさまざまな形のマインド・コントロールにひっかかっている人々の救出活動を行っている人である。彼は本書でマインド・コントロールとは何か，マインド・コントロールの手口，そして彼が行っている救出カウンセリングによる脱出のプロセスなどについて克明に論じているが，著者自身がかつてその犠牲者であったことから，それらは迫力のある説得力に富むものとなっている。

　また，訳者はわが国の聖書学の権威で長年統一教会問題に携わり，説得経験20数年という方らしい。まさに最適な訳者による翻訳であり，とても読みやすい訳文になっている。

　まず，感銘を受けたのは，本書はマインド・コントロールを単に分析することにあるのではなく，犠牲者を1人でも多く救出したいという願いと配慮で貫かれているということである。たとえば，本書のまえがきでは，カルトのメンバーや元メンバー，またその家族・友人が本書を手にした場合を想定して，極めておだやかで説得力に富むメッセージが書かれていることなどはその一例である。さす

がにかつてマインド・コントロールの犠牲者であったという経歴の持ち主である著者ならではの配慮である。私は心理療法を専門としているが，患者やクライエント自身，その家族に読んでもらってもいいような本がこの分野ではひどく少ないことが思い起こされる。

　著者が何度も強調しているのは，マインド・コントロールにかかるのは（たとえば，意志が弱いとかいうような）特別な人達ではないということである。実際，本書を読破した方は，ああこれならたいていの人はひっかかるだろうなという感想を持つことだろう。

　本書ではマインド・コントロール達成のプロセスとして，解凍→変革→再凍結という３段階ステップが挙げられている。まず，解凍。その人の思考の枠組みにゆさぶりをかける。そのために，有効なのは生理的に混乱させることである。睡眠を奪うのは，人格を崩壊させるいちばんふつうで強力な技術のひとつである。勧誘がしばしば，勉強会と称する外部と遮断された環境で行われるのが思い起こされる。他にも，誘導された瞑想，個人的な秘密の告白，祈祷会，激しい体操などが利用される。

　第２段階は，変革。解凍段階と同様の反復，単調，リズムで――これらは催眠のリズムでもある――，これまでとは異なるカルトにとって都合のよい人格が植えつけられる。第３段階は，元の人格へと逆戻りしないように再凍結。新しい名前をつけたり，勧誘が義務づけられる。この勧誘は文字通り他者を勧誘する効果もあるが，勧誘者自身がより確信を深め，逆戻りしないようにする効果も顕著であると思われる。また，随所で罵倒と称賛，脅しと思いやりなどといった相矛盾した対応を同時に行うのも非常に効果的である。

　ここではマインド・コントロールに催眠と共通した要素がいかにあるか，あるいは催眠の知見がいかに利用されているかがわかる。心理療法やカウンセリング等の技術を悪用すればマインド・コントロールや洗脳にも効果的なものとなるということを私達は十分に認識しておく必要がある。実際，ミルトン・エリクソンやヴァージニア・サティアの治療の分析から始まったNLP（神経言語プログラミング）の成果も利用されているらしいことが本書にも触れられている。

　本書の邦題は『マインド・コントロールの恐怖』（原題は〝Combatting Cult Mind Control〟）であり，それがいかに恐ろしいものであるかを教えてくれるが，同時に人間の自己治癒力のすばらしさを教えてくれる本でもある。

　著者らの救出のアプローチがそれを示している。米国ではマインド・コントロールの犠牲者に対して，以前は「強制的脱洗脳」といういささか荒っぽい手法がとられがちであったようだが，それに対して著者はよりマイルドな方法を考案し，それを従来の方法と区別して「救出カウンセリング」と呼んでいる。その方針は，「親密な関係をきずく」，「本人を以前の自分に触れさせる」，「現実世界をいろいろ

書評 ◆『マインド・コントロールの恐怖』スティーヴン・ハッサン著，浅見定雄訳

な角度から眺めさせる」，「情報を与える」など穏当で誠実な対応ばかりで，強引なものは含まれていない。このような方針で救出できるのは，「カルトのマインド・コントロールは，決して，ある人の中核の自己を消し去ることに完全には成功しない」からであり，その基盤には著者の人間に対する経験に裏づけられた深い信頼がある。このことは私達のこころにやすらぎを与えてくれる。

　しかし，なぜこんなにも簡単にマインド・コントロールにひっかかるのだろうか？

　それは評者なりに言えば，それが人の自己治癒力を悪用しているからである。人のこころは折あらば癒されようとしている。私達のこころはしっかりとまとまりを保持しているだけでなく，時にそれをゆるめることで精神の健康を回復するようにできている。私達のふだんのこころのまとまりが外部の刺激によって容易にゆるむのはそのためであろう。その間隙をぬってマインド・コントロールはなされるのであり，したがって人の本性をついたものであると言えよう。その意味では心理療法とマインド・コントロールはコインの表裏のような関係にあると言えるのではないだろうか。マインド・コントロールにひっかかるのも，そしてそこから脱出できるのも人の自己治癒力の働きなのであろう。

（1988 年／邦訳，恒友社，1993 年刊行）

## 第 10 章

# 学校・施設等における
# 人間環境臨床心理学的アプローチ

▶▶職に就いて以来，若い頃から一貫して取り組んできたことのひとつが，「居場所づくり」である。職場や臨床現場を変わっても，いろいろな場所でこの「居場所づくり」を展開してきた。こういう場合，いろいろな心理教育プログラムをやりたくなるものだが，私はそれこそ「居心地よくいられること」「そこに楽にいられるようになること」を最も重視している。この居場所づくりをはじめ環境という視点を重視して書いたのが本章である。もともとは，環境心理学の本に執筆したものを掲載させていただく。

なお，その後，精神科医療で，『医療環境を変える──「制度を使った精神療法」の実践と思想』（多賀茂・三脇康生編，2008，京都大学学術出版会）という本が出たが，これも私ふうに言えば，人間環境臨床心理学的視点によるものであると言えよう。

## I　人間環境臨床心理学的アプローチとは

### 1．人間環境臨床心理学的アプローチ

心の問題を抱えているか否かにかかわらず，人の成長や発達を援助したり，人がその人らしさを発揮して生きるのを援助するために，「環境」という視点を重視するアプローチをとりあえず人間環境臨床心理学的アプローチと呼んでおきたい。

通常の個人心理療法が問題や悩み・症状・病いというものを，もっぱら個人の内界や面接室内の要因との関連で理解し，個人の内面や行動の変化を通して解決・解消ないし軽減をはかろうとするのに対して，ここでいう人間環境臨床心理学的視点は，個人の問題をそれをとりまく環境との関係で理解し，援助していこうとするものである。いわば人間－環境学的視点とでもいうものが背景にあると言えよう。本章ではこの人間環境臨床心理学的アプローチの素描を試みることにしたい。

### 2．人間環境臨床心理学的アプローチの対象・領域

## （1）「（臨床）心理援助」の３つの層

　まず心理臨床の対象について考えてみよう。言えるのは，このことを論じるにあたって，「心の病とその治療を対象とする」というのでは，あまりにも不適切な定義であり，また医学や精神医学との違いについてもあいまいにしてしまいかねないということである。

　それに対して，倉光（1995）はこの定義よりもさらに広げ，「『心の病』や『心の傷』とその癒しに関する実践的学問である」としている。このような定義はもっぱら病者を対象とする定義から，「心の病」だけでなく人が抱える「心の傷」にまで対象を広げたという点では一歩進んだものである。

　この「心の傷」といった視点では，つまずきや被害による心理的問題を抱えた特定の人だけではなくすべての人々を対象とする生き方の支援や（生涯）発達援助や予防的領域などをカバーしきれないように思われる。臨床心理援助の対象は「病める人」や「問題を抱えた人」だけでなく，一般の子どもたちの発達援助や非病者や一般人を対象とした予防的教育的援助や心理健康的援助も含むものであると私は考えている。実際，スクールカウンセリングの領域では，一般生徒を対象としたストレスマネジメント教育やアサーショントレーニングなどの心理教育が盛んになりつつある。したがって，多様な介入レベルと方法という点から研究が進められていく必要があるように思われる。

　すなわち，心理臨床の対象には次の３つの層があると言えよう（田嶌，2003c）。一次的心理援助とは，すでになんらかの症状や病を抱えた人々を対象とし，いわゆる「心理治療」を含むものであり，二次的心理援助とは，そこまでは至らないが，なんらかの不調や悩みを抱えた人々を対象とし，三次的心理援助とはすべての人の適応を対象とするものである（図10-1）。より具体的に言えば，（生涯）発

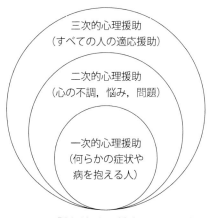

図10-1　「（臨床）心理援助」の３つの層

達援助，生活支援的援助，予防的援助，心身の健康援助，適応援助，危機介入的援助の6つが対象と言えようか。

### （2）「主体と環境とのより適合的な関係」

しかしながら，ここで重要なことは，ある個人が抱える問題は必ずしもその個人が変化すべきであると考える必要はないということである。この点は障害児（者）の抱える悩みや問題の多くは周囲や社会の側が変化することで解消するものが少なくないことがその好例であろう。また，児童虐待やDV（ドメスティック・バイオレンス），犯罪・災害被害，深刻ないじめ等，周囲の現実が変わる必要がある場合に特に必須な視点であると同時に，その他の問題に対しても有用な視点である。従来の密室だけでの関わりではとても対応できない事例について考えてみれば，明らかであろう。面接室の中で心の内面に触れる作業——それ自体が意義深い大変な作業であるのはむろんだが——を中心とすることですむのは種々の条件に恵まれた事例であり，心理臨床家が児童虐待やいじめやひきこもり等をはじめそれだけではすまない事例に関わることがますます多くなるものと思われる。そこではしばしば，臨床心理学的視点から現実へ介入することや「現実に介入しつつ，心の内面を扱う」（田嶌，2000,2001a）ことが必要である。

そこで，私は次のように考えることにした。

「変わるべきは個人と環境との関係である」

変わるべきは「個人と環境との関係」なのである。そのためには個人の変化が必要なこともあれば，周囲や社会の変化が必要なこともあれば，その両方が必要なこともあろう（田嶌，2001a）。にもかかわらず，従来の心理臨床は，「変わるべきは個人」ということを前提にしすぎてきたのではないだろうか。そして，「個人面接で心の内面を扱うことによる変化」ということを前提にしすぎてきたのではないだろうか。さらに言えば，その結果「面接場面の非日常性の過度の重視」と「生活場面の不当な軽視」が生じたのではないだろうか。なお，実は後に知ったことであるが，コミュニティ心理学発展にとって節目となった1975年のオースティン会議の共通テーマは「人と環境の適合」であったとのことである（北島，1995）。

しばらくはこの「個人と環境との関係」という語が気に入っていたが，なんだか個人心理療法を捨て去ったかのような誤解を受けかねないとも思えてきた。その後これはむしろ，

「変わるべきは主体と環境との関係である」

第10章　学校・施設等における人間環境臨床心理学的アプローチ

と表現し,

「環境には内的環境と外的環境とがある」

と考えるとしっくり収まると考えるようになった（田嶌，2002）。ここでいう外的環境とは狭義にはハード面としての物理的環境を言うが，広義には物理的環境だけでなくソフト面としての対人関係ネットワークや社会的システムなどの社会的環境も含むものである。つまり，心理臨床とは「主体とその内的外的環境とのより適合的な関係」をめざす「臨床心理学的援助」ないし「（臨床）心理援助」であると現在私は考えている。すなわち，人が内的環境や外的環境とより折り合いがつく，じょうずにつきあっていけるようになるのを心理レベルの活動を通して援助することが私の考える心理臨床の対象・領域である。

このように，内的外的環境という視点から行う心理臨床活動を，本章では人間環境臨床心理学的アプローチと呼んでおきたい。なお，いかなる心理療法や心理援助も多かれ少なかれ内的環境と外的環境の両者に関係しているが，伝統的カウンセリングや心理療法は前者に重きを置き，人間環境臨床心理学的アプローチは後者に重きを置くものであると言えよう。そして，臨床家はその両者とその狭間にバランスよく注意を払っておくことが必要であるというふうに考えることにした。

## II　人間環境臨床心理学的アプローチの方法

### 1．現場や社会のニーズを汲み取る，引き出す，応える

臨床というものの原点に立ち返ってみれば，心理臨床は結局は臨床現場や社会のニーズに応えるということにつきるものであろう。心理臨床をこれまで述べてきたように捉えるとしても，個々の中身については，社会の個々人のニーズというものを汲み取りつつ，今後もさらにつくりあげていくことが必要である。ニーズに応えるためには，それ以前にニーズを汲み取ったり，潜在的なニーズを引き出したりすることが必要であるから，当然それらのことも含まれることになる。そして，心理臨床とは「（臨床）心理援助」によって臨床現場や社会や個々人のニーズに応えるのに寄与しようとするものであると言えよう。現場や社会のニーズを汲み取り，引き出し，応えることに努めるといっても，これには意外に落とし穴がある。「現場のニーズに応える」ことが容易ではないのは言うまでもないが，「ニーズを汲み取る，引き出す」ということだけでもなかなか困難なことである（田嶌，2002）。

人間環境臨床心理学的アプローチの方法としては，精神内界（内的環境）だけ

でなく外的環境にも注意を払い働きかけるものであれば有用であるということになる。たとえば，「形成的フィールドワーク」（當眞，2004）などは，今後期待できる有用な方法であると思われるが，ここでは，ネットワーキングと居場所づくりなどを中心とした「多面的援助アプローチ」（田嶌，2001b, c, 2003a, b, c）について述べることにしたい。

## 2．多面的援助アプローチ

「変わるものを変えようとする勇気，変わらないものを受け入れる寛容さ，この二つを取り違えない叡智」というのは，このことをよく表現するものとなっているのではないだろうか。私自身はこのような考えから，面接室内での個人面接だけでなく，その人をとりまく生活空間全体に注目し，その人の置かれる状況にあった幅広い多面的援助方式を行ってきた。

この方式の実践にあたっては，従来の面接室でもっぱら個人の内面だけを扱うという方式だけでは対応できないことが少なくない。そこで必要なのは，従来の個人の心理・病理の見立てだけでなく，ネットワークとコミュニティの視点からのアセスメント，すなわち問題や悩みを学級や家族，地域等の集団の場における個人の生活，個人と個人の相互作用のありようの問題としてみることである。つまり，その個人の心理診断だけではなく，その人がいかなるネットワークの中で生活しているのかといういわば「ネットワークの見立て・心理アセスメント（心理診断）」が基本的に重要なことであり，援助に際してはそれに基づいて，「ネットワーキング（ネットワークづくりとその活用）」，「場をつくる，場を支える」という観点から介入のアイデアを練ることが必要であると筆者は考えている（田嶌，1995b, 2001a, 2003a）。

なお，「ネットワークのアセスメント」にあたっては，ネットワークを視覚的に図示したネットワーク図（中山，2002）をつくっていくと便利である。ここでとるのはエコロジカルな視点であり，今後そうした視点からのアセスメントがもっと工夫されるべきだろう。たとえば，外口ら（1988）が精神障害者の地域ケアで用いたものなどが参考になる。これは，個人の力量を生活という視点から見ることに加え，さらに「本人を支える地域ネットワークの広がり・種類・深まり」も同時にアセスメントを行っているものである。

## 3．多面的援助アプローチに必要な介入レベルと技能

このように考えると，人間環境臨床心理学的アプローチには多様な介入のレベルと方法があることになる。心の傷であれ，心の病であれ，それを悩む人を相手に面接室の中で心の内面に触れていく作業は，それ自体意義深い大変な作業であるにしても，それを中心とすることですむのは種々の条件に恵まれた一部の事例

にすぎない。もともとは見知らぬ人である心理臨床家と，いきなり密室で一対一の個人面接によるカウンセリング・心理療法を始めそして継続できるのは，よほど相談意欲があって，健康度が高い人たちである。その点で，もっぱら精神内界を探求するタイプのカウンセリング・心理療法は大きな限界がある。このことは特に強調しておきたい。そういう事例だけを選んで臨床活動を行うという道もあろうが，ごく一部の臨床家をのぞけばそんなことはとても望めない。現場のニーズを汲むという観点に立てば，ほとんどの臨床家は伝統的な心理療法モデルだけではとても対応できない種々の事例を対象とせざるを得ない状況にある。にもかかわらず，伝統的なカウンセリングや心理療法では「変わるべきは個人」あるいは「面接室で個人の内面に働きかける」ということを暗に前提としてきすぎたように思われる。現在もなお，大多数の臨床家はこのような伝統的モデルに依拠しているという現状がある。

　しかしながら，現場の多様なニーズに応えようとする心理臨床家に必要な技能としては，面接室内での「個人面接」や「集団面接」による援助活動だけでなく，「居場所づくり」やさまざまなネットワークを駆使して，つないだり支えたりすること，すなわち「居場所づくり（居場所活動）」や「ネットワーキング」による援助活動の視点と技能が必要である。なお，ここでいうネットワークとは公的・私的・民間のいずれも含むものであり，また顕在的なものだけでなく潜在的なものも含めて見ることが必要である。コミュニティという視点から言えば，さらには，個人や組織へ影響を及ぼすシステムそのものの改善や新たなシステムの提案とその実現をめざす「システム介入」による援助活動の視点と技能も必要となろう。このように，ごく大まかに見ても，個人レベル，集団レベル，ネットワークレベル，システムレベル，外的環境レベルの5層の介入レベル（図10-2）があることになる。筆者の言う多面的援助アプローチとは単に多様なものをいろいろと言うことに留まらず，このような5層の介入レベルへの留意したものを言うのである。そして，これらそれぞれのレベルでの介入の技能とその有機的活用こそが今後の心理臨床に必要となろう。

### 4．介入しながら考える，動いてもらいながら考える，動きながら考える

　こうした視点からの実践にあたって重要なのは，面接室の内外で「介入しながら見立てる（考える）」ということである。従来多くの心理臨床家がなじんできた個人カウンセリングや個人心理療法を基本とした見立て・心理アセスメントのモデルだけでは不十分である。それをも含みつつも，さらにネットワークやコミュニティや外的環境に注目したモデルが必要である。

　従来の方式は主に面接室でじっくり本人や家族や関係者から情報を聴き，様子を観察することから見立て・心理アセスメントを行ってきた。それに対して，ネ

その場で関わる心理療法

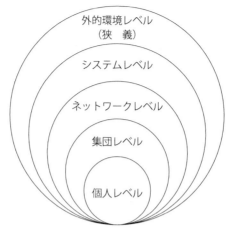

図 10-2　臨床心理行為に必要とされる介入のレベル

ットワークやコミュニティ重視のアプローチでしばしば必要なのは,「介入しながら見立てる」という姿勢である。このことは面接室内でも重要であるが,面接室外でも重要である。たとえば,本人や関係者に動いてもらい,その結果や感触をもとにさらに見立てと方針を考える,すなわち「動いてもらいながら考える」という姿勢である。あるいは,心理臨床家が面接室にじっとしているのではなく,面接室から出て行き「動きながら考える（見立てる）」（あるいは「動く→考える→動く」）という姿勢である（田嶌, 1995b）。

そして,「ネットワークの見立て・心理アセスメント（心理診断）」と「ネットワーキングによる援助のための働きかけ」とはしばしばほとんど同時進行となることが多い。すなわち,その時点で把握できている情報の中から援助に役立つ可能性が高くしかも害の少なそうな介入——筆者の場合たいていは「まず支える」という介入になることが多い——をとりあえず行い,それに対する相手の反応を見て,それをさらなる見立て・診断の素材とするという方式である。つまり,「（"まず支える"という）介入→反応（を見る）→見立て→（それに基づく）介入→……」という方式である。また,相手になんらかの対処や課題を勧め,それに対する反応や実行の具合を見て,見立てるという方式をとることもある。

このようなことは,面接室でも同様であり,面接室内外でのことをまとめて表現すれば,「介入しながら見立てる（考える）」ということになる（田嶌, 2003a）。

この「介入しながら見立てる」ということがことさら重要なのは,しばしば当初のアセスメントをこえて,思いがけない可能性が開けるからである。その兆しをキャッチしさらなる適切な介入を行うことで,当初は予期できなかった成果が生まれることとなる。面接室だけでなく,面接室の内外で「介入しながら見立て

る」ことで，しばしばそれなくしては生まれないような思いがけない可能性が開けるのであり，それは「予期せぬ可能性に開かれた発達」（當眞，2003）や変化の援助ということにもつながるものであろう。

実はこうした方式は，明言されてはいないかもしれないが，心理臨床家とは異なる立場の専門家であるケースワーカーや教師がしばしばとる方式である。しかし心理臨床家がこうした方式をとる時，彼らとは異なる立場・視点からの心理的援助もでき得るものと考えられる。そこでは，蓄積してきた従来の個室面接における見立てや診断基準を活用することができるため，より適切な理解ができ，またより妥当な介入法が選択されやすくなるものと考えられるし，また必要に応じて個人面接へと移行することもできるからである（田嶌，2001a）。

### 5．心を見据えたネットワーキングと外的環境づくり

したがって，心理臨床家が関わる外的環境づくりやネットワークの見立てやネットワーキングには個人の心理（病理）や家族関係についての見立てをそこに生かすという視点が重要であり（田嶌，1998b），どのように生かすか，両者の視点をいかに統合するかが今後の重要な問題である。

また後に述べるように，介入はできればなんらかの本人の主体的自助努力が引き出される方向をめざすことが望ましい。したがって，基本的には「ネットワーキング（NW）による援助→（状態の安定）→目標の共有→自助努力・工夫を引き出す」というモデルに沿って種々の介入を行うことになる（p.46 図 2-1 参照）。すなわち，本人をとりまく周囲のネットワーキングで支え，さらにできれば，自助努力や工夫を引き出すことを試みるというものである。また，初期介入や見立て・診断も含めて図示したのが図 2-2（p.47 参照）である。なお，多少順序が変わることもあるし，「NW による援助→（ある程度の）状態の安定」に留まることもある。このモデルは従来の個人面接を否定するものではなく，包含するものであるということを強調しておきたい。また，種々の臨床現場における相談意欲のないさまざまな事例にとりわけ有効なモデルでもある（田嶌，1998b, 2001a）。

## III　人間環境臨床心理学的アプローチの実践

### 1．人間環境臨床心理学的アプローチ実践の３つの層

人間環境臨床心理学的アプローチにはおおよそ２つの方向があるものと考えられる。第１は外的環境の変化による個人や集団への影響に関する基礎研究である。学校建築や施設の建て替えによる個人や集団への影響に関する研究などが代表的なものだろう。第２は広義の外的環境の援助的活用に関する実践や研究である。ここでいう広義の外的環境とは物理的環境だけでなく援助ネットワークの形成を

含むものであり，しばしば物理的環境を軸とした援助ネットワークの形成ということになる。

後者について言えば，それは多様な形があり得ようが，たとえば①心理を見据えた外的環境づくり，②外的環境を軸としたネットワーキングによる援助，③ネットワーキングによる援助から個人面接による精神内界（内的環境）への援助の３層の援助形態が考えられる。

以下にそのうちのいくつかの実践とその背景にある視点を紹介することにしたい。

## 2．心理を見据えた外的環境づくり

建物や部屋などは狭義の外的環境としての物理的環境であると言えようが，人間環境臨床心理学的アプローチでは，建物や部屋などの物理的環境も，それが人の癒しや成長・発達のニーズに応えたり，あるいはその人らしさを引き出すのに役立つものとするために，どのようなものを，どのように活用するのが望ましいかに寄与しようとするものである。最近では住まいが人の心身の健康に影響することが知られ，単に建物を建てるだけでなく，そこに住む人や活用する人たちの心理にも配慮したものも少なからず見受けられる（たとえば，濱口，2000）。しかし，そのほとんどは建築専門家によるものであり，精神科医や臨床心理学者がそれに寄与したものとなるとまだまだ少ないように思われる。

そこで以下に，人間環境臨床心理学的アプローチの視点から見て外的環境づくりとして注目すべきものを紹介したい。むろん，いずれもそれらを活用したさまざまな援助的治療的活動が展開されているが，ここでは（狭義の）外的環境に絞って述べることをお断りしておきたい。

### （1）精神科病棟

ここでは精神科医中井久夫氏による神戸大学の精神科病棟清明寮の設計への寄与，福岡県大牟田市にある不知火病院（院長徳永雄一郎氏）ストレスケアセンターの「海の病棟」を挙げておきたい。いずれも，建築専門家との協働によるもので，そこには精神科医としての経験が生かされているものと思われる。

1994年に完成し第二病棟（清明寮）と呼ばれている神戸大学精神科病棟は，当時の教授である中井久夫氏がパース図を描き，設計のプランをスタッフと検討したものである。従来の精神病院の暗いイメージを払拭し，良好な入院環境は精神科における最も重要な治療手段であるという考えに基づき，設計されたという。一般病棟とは独立しており，中庭を配した広やかで明るい病棟で，スタッフが働いているところも見えるようになっている。入りやすい雰囲気で，鉄格子もなく，面積も規定よりも広くしてあり，その結果，薬の使用量が少なくなり，患者間のけんかが減り，退院要求が少なくなったとのことである（中井，1996；http://

204

www.med.kobe-u.ac.jp/psyneu/hospital/）。

　不知火病院院長の徳永雄一郎氏はストレスによる疾患を治療するうえで，建物も大事な道具と考え，自然との触れあいを重視した快適な空間を目指し，長谷川逸子氏に設計を依頼。この病棟は鉄骨造2階建てで，「海の病棟」と呼ばれ，川の河口に建っている。病室は4人部屋を基本とし，収納ボックスで間仕切りを行って1人の領域を形成しながらも，空間は連続するので他の患者との一体感は保たれるように配慮されている。横になったり机に向かったりすれば1人になれ，立って話をするときには他の人との共有空間になる。しかも一部屋に出入口が3カ所あり，誰とも顔を合わせずに外に出ることもできるようになっているのである。

　病棟には曲面，曲線を多く用い，パステルカラーで柱，壁，天井などを細かく塗り分け，小さな窓をたくさん設け柔らかくて優しい空間を演出している。そして，海・河口の干満，潮の香り，風の音，雨の音など，自然を体感することができ，バルコニーでは船上にいる気分に浸ることができる（松岡，2002）。

　つまり，病室は「1人になれて，1人ではない空間」としてつくられており，陽光や水の揺らぎなど自然のリズムを取り込んだ癒しの空間となっているというわけである。そして，自然に多く接してもらう目的で，レクリエーションの中に，潮干狩り，魚釣り，蛍見学，山登りといった季節に応じた活動も取り入れられているという（http://www2. fukuokanet. ne. jp/sinkokai/shiranui/kihon. htm）。

## （2）認知症高齢者のグループホーム

　以前から気になってはいたのが,「痴呆」という語である。もっと適切な用語はないものかと考えていたところ,平成16年12月24日付厚生労働省老健局長通知において，行政用語としては，従来の「痴呆」や「痴呆性高齢者」という名称から，「痴呆」を「認知症」,「痴呆性高齢者」を「認知症高齢者」と呼ぶこととなった。そこで，本章でもそれにならうこととしたいが，環境臨床心理学から言えば，このような用語の問題は，当事者をとりまく言語的環境の問題であるとも言えよう。

　認知症高齢者のケアで近年注目されているのが，認知症高齢者向けグループホーム（認知症対応型共同生活介護）である。

　グループホームとは，5～9人程度の介護が必要な認知症のお年寄りが，家庭的な雰囲気の中で，24時間スタッフとともに共同生活を行うための施設である。その形態は多様であるが，一戸建ての「単独型」と，病院や老人福祉施設に併設される「併設型」がほとんどである。グループホームによる介護サービスは，大所帯の施設とは違い少数で生活していくため，認知症高齢者のケアに有効と言われている（高崎，2000）。

　これまでの特別養護老人ホームが普通は4人部屋であるのに対して，グループホームはお年寄り一人ひとりの個室と，居間や食堂など皆で過ごす空間とから成

り立っている。認知症高齢者のケアに関する名著のひとつに，このグループホームを取材したNHKの小宮英美氏による『痴呆性高齢者ケア』（小宮，1999）という著作がある。そこに，認知症高齢者にとって，いかに建物などの外的環境が重要かということについても述べてあるので，簡単に紹介しておきたい。

　認知症高齢者にとって，画一的で無機的な外観の居室が限りなく続くいわゆる「病院モデル」の施設は，ただでさえ認知能力が低下している認知症高齢者にとって，負担になり混乱させやすいものとなっているという。たとえば，各部屋に特徴がなく，自分の部屋がわからなくなり，徘徊が増加することにもつながりやすいという。

　また，認知症に伴うさまざまな問題行動の緩和に，個室があることは重要である。たとえば，認知症のお年寄りに典型的な症状に「物盗られ妄想」があるが，その緩和にも役立つし，排泄の失敗などに際しても，人に知られないですむなど，自尊心を守るうえでも重要である。

### （3）児童養護施設

　児童養護施設とは，なんらかの家庭の事情で保護者による養育ができない児童のための施設である。近年では，虐待などによる入所児童が増加している。筆者らは，ある児童養護施設の建て替えに際して，心理棟をどのようなものにしたらよいかを設計士と数回にわたり協議を重ね，いくつかの特徴ある建物とする試みを行っている。ここではその背景のコンセプトについて述べておきたい。

　児童養護施設はしばしば，恵まれない家庭に育った児童に家庭を提供するのだという，いわば「家庭モデル」が優位である。それは関係者間で共有するシンプルなモデルとしてある程度は有効であろう。しかし，もっぱらこの家庭モデルに依拠することは，スタッフがいくら努力しても，いかに濃やかに世話をしてもらえたとしても，「やっぱり本当の家庭には及ばない」という徒労感を残すことになりかねない。家庭モデルはいわばマイナスから一歩でもゼロに近づけようとするものであり，それが家庭モデルの限界であろう。にもかかわらず，一方でそういう徒労感を抱きつつも，なお家庭にいかに近づけるかということを闇雲に目指しているように思われる施設やスタッフも少なくない。

　筆者らがその際有用と考えたのは，心理室として有効に活用できるものにするという視点だけではなく，同時に「何かを失うことは，何かを得ることである」（田嶌，1992, 2004）という視点である。「一般家庭の子が体験できるようなこと」もむろん必要であるが，それだけではなく，ささやかなものであれ，「一般家庭にいたのでは持てない充実した体験」をいかに提供できるということがポイントであると私は考えている。できればそのために，建物や部屋などの物理的環境がそれにより役立つものであることが望ましい。入所児童が，家庭で育ったのではできなかったような，ここで生活したからこそできる体験を提供するために役立つ

のはどのような建物であるかという着想が必要である。

### （4） 発達障害児のための外的環境づくり

　現在，学校において重要な問題となっているのが，発達障害の子どもたちへの教育である。たとえば，ADHD（注意欠陥多動性障害——この語は適切ではないと思う）の子どもたちは，注意の集中が困難であり，たとえば教室にじっと座っていられなかったりなどの行動特徴を示す。わざとやってるわけでも，保護者がしつけを怠ったわけでもないのだが，周囲の理解が得られないと，本人がつらい目にあうし，指導する教師も大変である。

　ADHDの子たちに限らず，学習への集中が困難な子たちに有効な対応のひとつは，本人が落ち着いて学習に取り組みやすい環境をつくることである。たとえば，「机やロッカーの整理整頓なども，できるだけわかりやすくするために，色や場所で明確に区切る」，「注意が散漫にならないように，邪魔なものは机や教室から排除する」などがしばしば役立つ（田中，2001）。

　このように，子どもたちの抱える問題に応じて，外的環境のあり方をさらに検討していくことがまずは必要である。


## 3．ネットワーキングと居場所づくりによる心理援助

### （1） 介入の主要なレパートリーとしての居場所づくり：「場をつくる，つなぐ，支える」

　次に外的環境を軸としたネットワーキングによる援助について述べてみたい。上述のような建物や部屋や空間などの狭義の外的環境づくりに心理臨床家が関われることは，それほどしばしばあることではない。多くの場合，すでにある建物や部屋や空間などの外的環境をいかにアレンジして援助に役立つように活用するかということになる。

　私がしばしば行っているそのような活動のひとつが「居場所づくり」や「居場所活動」である。私は学生相談室や外来相談室，中学校や養護施設などさまざまな場でこの活動を行ってきた。要するに，たむろできる部屋を提供し，クライエントがそれぞれのニーズに応じて活用できるようにするわけである。

　そういう居場所に「つなぐ」ことが，しばしば大きな効果を生むものである。これもまた，特別な形のネットワークのひとつであると考えていいだろう。

　また，このようなセラピストがつくりあげた居場所ではなく，もっと別の場や場につながる活動につなぐ方がよいこともある。たとえば，ゲーム（ジェンガ等），テレビゲーム，スポーツ，塾，予備校，大検予備校・塾，家庭教師，習い事，○○教室，メンタルフレンド，部活，同級生と遊ぶこと，保健室，フリースクールなどがある。変わったところでは，競馬というのもある。

　このような場にうまくつなぐためには，本人がどんな活動に対してチャンネル

が開けているかを見立てることが必要となる。

　そこに出入りする者は，居場所，逃げ場，休息の場，憩いの場，暇つぶしの場，出会いの場，交流の場，勉強の場等，それぞれのニーズに応じた活用をする。自宅・自室以外に自分が安心していられる場所，避難できる場所，憩える場所を持つことはそれ自体，精神健康にはかりしれない効果を持つ。そのうえ，そこで仲間ができればなおさらである。そのこと自体が児童期・思春期のクライエントには発達援助的機能を持ち，経験を通して成長するための基盤を提供し得るものである。居場所感を持てるように，そしてそれを基盤として他者と交流する機会を持てるように配慮するだけで，濃やかな発達アセスメントなしに，大きな発達援助的効果を持ち得るというところに，この活動の妙味がある。

　「居場所」というのは近年さまざまな領域で使われている。心理臨床に限っても，「居場所」という語は，北山（1993）をはじめ幾人かの論者がこれを重要な概念として用いている。しかし，注目していただきたいのは，私がここでいう居場所とは「その人なりのニーズに応じて居心地よく時間を過ごせる場所」であり，「居場所づくり」「居場所の提供」「居場所につなぐ」「居場所活動」などという生活における物理的空間を活用した具体的な臨床実践活動とつながる概念であるということである。このことを強調しておきたいのは，必ずしもそうした臨床実践活動につながらない，いわば心的居場所論とでもいうべきものとは区別しておきたいからである。物理的居場所が提供され，それが居心地よく過ごせる場所となる時，それがいかに人の心理援助に役立つかということを読者に知ってほしいと思うからである。

　たとえば，病院で投薬等の治療を受けていながら状態の安定しなかった多くの統合失調症の学生が，学生相談室の居場所で過ごせるようになると，急速に状態が安定してきた。このことは，個人カウンセリングがさほど効果をあげなかったのに対して，非常に印象的であった。また，たとえば，私が関わった不登校児をはじめこのような活動がなければおそらく援助できなかったであろうと思われる例が多々ある。

　このように，「居場所づくり」（この語には「居場所の提供」「居場所につなぐ」「居場所活動」も含めている）は，時に他の手段では得られない効果をもたらすという感慨が私にあり，読者にぜひともそのことを伝えたいと思うのである。

　居場所活動はそれ自体で効果を持つものであるが，さらにこのような居場所を軸として，その人の見立てに応じたさまざまなネットワークを活用した介入を行うことで，その人なりの問題や悩み・症状に応じたさらなる援助効果をあげることができる。これが，私の心理臨床の基本的アプローチとなっている。これまでに，強迫性障害，境界例，統合失調症，不登校などについて，その援助の実際を報告してきた（田嶌，1991, 1995a, 1998a, b, 2001b, c, 2005）。したがって，それら

第10章　学校・施設等における人間環境臨床心理学的アプローチ

は基本的にはネットワークの活用（ネットワーキング）と連動したものであるが，ここでは私がさまざまな場で行ってきた居場所づくりと居場所の提供についてより具体的に述べることにする。

## 4．さまざまな場における居場所づくり

### （1）中学校における居場所づくり

#### i.「こころの居場所づくり」

まず，スクールカウンセラーとして公立中学校に非常勤勤務した経験から述べてみたい。カウンセリングルームの開設にあたって特に留意したのは，何か悩みがないと来れない部屋ではなく，生徒たちがふだんから気軽に出入りできるようにしたいということであった。そのために，面接用の応接セットとは別に作業机と椅子を置いて生徒が自由にたむろできる空間とし，昼休みは開放することにした。これはもともとは大学生を対象として学生相談で試みられている手法（峰松・冷川・山田，1984；保坂，1987；山崎，1991；田嶌，1991，1995a 他）を応用したものである。

最初はどうなることかと思ったが，しばらくするといろんな生徒たちが顔を出すようになった。昼休みになると，この部屋に生徒たちがぞろぞろと顔を出す。少ない時で数名，多い時は20名ほどにもなる。数名は，ただ座ってお互いにたわいのない話をしている。私の周りに集まってくる生徒もいる。生徒用に用意した本を眺める生徒もいるし，黒板に落書きしたり，画用紙に絵を書いたりして過ごす生徒もいる。特に皆で何かをすることにしているわけでもなく数人単位で思い思いに過ごす。要するにたまり場なのである。その中からあとで相談に来る生徒もでてきた。

#### ii. ツッパリの生徒たち

ツッパリの子たちの出入りも多い。髪をカラフルに染め，ファッショナブルな服装で現れる。「こんなこと（ボンタンや金髪）したことないあいつら（教師）にわかるわけないんよ」という。学校はどうと聞くと面白くないと言う。授業に出てもチンプンカンプン。もっとよく聞いてみると，それもそのはず，算数では掛け算・割り算で，すなわちだいたい小学校2，3年くらいですでにつまずいているのである。彼らにとって，授業は苦行以外の何ものでもあるまい。また，だれも遊んでくれないからつまらないと，知的にハンディがあると思われる生徒もやってくる。彼らにとっても，授業は苦行であるらしい。

あるツッパリの生徒が，「先生，俺の人生こんなもんよ」と言いながら卒業していった。

#### iii. 正面きらない相談

この年代の生徒たちの心性から言って，彼らはいわゆる大人に「正面きって相

談にのってもらう」というのは苦手である。したがって，比較的無難なのは「相手は心理的援助を受けているとは思っていないし，こちらもそういう意識は希薄であり，しかしなんとなく支え，いつのまにか相談にのっているということもある」といった関わりであろう。教師が時々遅れた勉強を教えているうちに家庭の事情を打ち明けられたり，部やクラブ関係の生徒から個人的な悩みの相談を受けたりすることがある。そうなりやすいのは，その際教師が「さあ，何か悩みはない。相談にのるよ」という姿勢を（少なくとも表面上は）とってはいないからである。同様のことは保健室の養護教諭についても言える。学校現場では養護教諭が実際には大変重要な相談機能を果たしている。そして，それを可能ならしめているのは保健室と養護教諭が「悩みの相談にのる」という役割を公に表だっては掲げてはいないからなのだと思われる。こういうふうに「居場所活動」をするのは，ひとつには，何か悩みを抱えた生徒が来やすい，相談に来やすいようにするということである。

## iv. 集団経験の重要性

いまひとつ重要なのはこの年代の生徒たちは，同世代の仲間同士の集団の中での経験を通して成長していくという側面が大きいということである。したがって，大人が直接相談にのるだけでなく，生徒同士の交流を促進する場を提供できることが重要である。家庭以外にこういうはっきりしない居場所があるというのは，彼らの成長や精神健康に大変重要なことである。したがって，ここで強調しておきたいのは，こういう活動自体に独自の意義があるということである。

たとえば，放課後いつも来るようになった5，6人のグループの生徒たちがいる。いつも受験勉強とか称してやって来るのだが，ほとんど勉強することもなく，いつもおしゃべりして帰っていた。彼らはなぜ来ていたのだろうか。ある時，5人のうち1人が，「あーあ，家に帰りたくないな」と言った。すると，もう1人が，「あんたんとこはいいよ。帰りゃあ，ご飯の支度がしてあんだから」と言った。聞いてみると，5人ともそれぞれに家庭や家族関係の問題を何かしら抱えていることがうかがわれた。

つまり彼らは，何か満たされないもの，何か精神的な飢えみたいなものがあって，そのまま家に帰るには忍びない。そういう気持ちを抱えるような場として，カウンセリングルームがあったものと思われる。この生徒たちは，何か相談するような悩みを抱えているわけでもないし，問題を起こす可能性もないかもしれない。しかし，それでも居場所があることが重要であったものと思われる。このように，こういうたまり場をつくること自体に意義がある。

ここで重要なことは，あくまでも居場所であって，何かをしなければいけない場ではないということである。ただそこにいるだけで，認められる場だということ。学校というものは，これは何をする部屋というのが決まっていて，そういう

無目的な部屋というのがないか，あっても非常に少ない。

## （2）大学の学生相談室における居場所づくり

私がかつて専任カウンセラーとして勤めていたある私立大学の学生相談室には，面接室とは別に「談話室」と称する，学生が自由に出入りできる部屋が設けてあった。お茶やコーヒーなどがセルフサービスで飲めるようになっていて，いくつかの雑誌や図書，コミック誌なども置いてある。そこでは他人に迷惑をかけない限りどんな過ごし方をしてもよいことになっている。私も時々出入りしてはいたが，主役は学生たちであり，またここに来たからといって，カウンセラーである私に個人面接を受けなければならないということはないし，私と全く顔を合わせないこともある。

お茶を飲んで他学生とおしゃべりする者もいるが，雑誌や授業関係の本を広げている者もいる。一人黙ってボンヤリしていたり，長イスに寝転がっている者もいる。この「談話室」のことを出入りの学生たちは「C・R・Y（クライと読む，英語の「叫び」と「暗い」とをかけている）」と呼んでいる。Communication Room for Young の頭文字をとったのだという。言い得て妙である（田嶌，1991）。

そこに出入りする者は，居場所，逃げ場，休息の場，憩いの場，暇つぶしの場，出会いの場，交流の場，勉強の場等，それぞれのニーズに応じた活用をする。したがって，ここでも特になんらかの問題を抱えた学生だけを対象とするものではない。

この部屋には精神科病院から退院したばかりの学生から，特に相談を必要とはしていないように見える学生に至るまで実にさまざまな学生たちが出入りするようになった。時に入院中に外出許可をもらって，出入りする学生もいた。私にとって最も印象的だったのは，さまざまな問題を抱えた学生たちが，この談話室が居場所になると急速に状態が安定してくるということであった。

病院での投薬等の治療を受けていながら，状態の安定しない統合失調症などの精神病圏の学生や境界性人格障害の学生が，ここで過ごせるようになると，急速に状態が安定してくることが多かった。彼らには個人カウンセリングがさほど効果をあげないか，時に逆効果とさえ思えるので，ことさら印象的であった。

現在でも私は統合失調症に最も効果的なのは，個人カウンセリングではなく，家以外に居場所を持つことであると考えている。

## （3）外来心理教育相談室における居場所づくり

### i.「なかよしスペース　ポレポレ」

これまで述べてきたスクールカウンセリングや学生相談室における居場所づくりの経験から，外来相談室に類似の部屋を設け，それを活用した関わりの試みを行っているので，以下に紹介したい。

1996年から「なかよしスペース　ポレポレ」という名称において，研究室内の

スペースを利用して，学習障害（LD）や不登校といった子どもたちを対象にボランティア活動を行っている。ここでは，基本的に子どもたちは数名のボランティアと一緒に，パソコンやテレビゲーム，勉強などをして自由な時間を過ごしている。部屋は子どもたちがくつろげるように工夫しており，壁には子どもたちが描いた絵なども掲示している。

ここでの活動は，スクールカウンセリングや学生相談室におけるものとは，次の２点が異なっている。第１に，ここでの活動はカウンセラーではなく，ボランティアが関わることにしているということ。なお，そのためボランティアの会を組織しているが，会員は九州大学の学部生，聴講生や一般市民である。第２に，ここで関わる事例は，すべて相談員等の専門家が関わっていて，その事例について把握していると同時に，必要に応じてボランティアが相談できる体制をとっているということである。こうしたボランティアによる関わりに際して問題となるのは，ボランティア自身が困難な事例を一人で背負込んで悩んだり，深刻な事態が起こってしまうことになりかねないことである。そうした事態を防ぐために，このような体制をとっている。

ii. ボランティア活動の基本方針

ボランティア活動は，基本的には「サポート志向」の活動である。クライエント側のニーズに「可能な範囲で」応じることで，クライエントのなんらかの手助けになることを基本的には目指している。しかしながら一方で，クライエントの非現実的な期待を膨らませすぎないようにするため，ボランティア側には「あくまでも自分のできる範囲での関わり」をしていただくようにお願いしている。もちろん，ボランティアには「専門家としての責任」を問うことはないが，しかし一方で「大人としての責任」は持ってもらうようにしている。

iii. 主な活動内容

ボランティア活動の実施にあたっては，メンバーのニーズに応じて，複数のグループ（チーム）を設け，部屋の予約表に記入した特定の曜日に毎週１回の定期的活動を行っており，その活動内容はチームによってさまざまである。たとえば，2000年のある時期では，５チームで以下のような活動を行った。

　Aチーム：メンバー　男子２名（17歳・18歳）；ボランティア　女性２名
　　主に，雑談をしたり，パソコンでインターネットを楽しんだりした。時には，メンバーの１人が得意な料理をつくって，パーティーを開くこともある。
　Bチーム：メンバー　男子１名（10歳）；ボランティア　女性４名
　　主に，前半は勉強をし，後半にボードゲームやテレビゲームで遊んでいる。
　Cチーム：メンバー　女子１名（16歳）；ボランティア　女性１名
　　主に，勉強をしたり，音楽を聴きながら，おしゃれのこと芸能界のことなどさま

第10章　学校・施設等における人間環境臨床心理学的アプローチ

ざまな雑談をしている。

Dチーム：メンバー　男子2名（18歳・18歳），女子1名（18歳）；ボランティア
男性2名，女性3名

主に，カードゲームをしたり，インターネットをしたり，ギターを弾いて皆で歌
ったり，時には外でキャッチボールをすることもある。

Eチーム：メンバー　男子2名（19歳・17歳）；ボランティア　男性2名，女性1
名

主に，雑談をしたり，パソコンを使って遊んだり，ギターを弾いたりしている。
また最近は，外に写真を撮りに散歩に出かけたりなど活動の範囲も広がってきて
いる。

　その他にグループ毎でメンバーの誕生会やクリスマス会などの催し物を行うこ
ともある。また，上記の毎週のチーム別活動に加え，年1回程度の浜辺でのバー
ベキュー大会，ソフトボール大会など全体でのイベントや会合を行っている。

# Ⅳ　不登校（登校拒否）への人間環境臨床心理学的アプローチ

　前節で述べたように，さまざまな居場所づくりや居場所活動はそれ自体で効果
を持つものであるが，さらにこのような居場所を軸として，その人の見立てに応
じたさまざまなネットワークを活用した介入を行うことで，その人なりの問題や
悩み・症状に応じたさらなる援助効果をあげることができる。ここでは心理臨床
家に最もしばしば相談が持ち込まれる不登校を例として述べることにしたい。

## 1．基本的視点

　不登校理解についてはさまざまな立場があるが，不登校では「本人はなんらか
の事情で元気をなくした状態にある」ので，不登校児童生徒援助の当面の目標は
「元気を引き出し，周囲との関係を育む」（田嶌，2001b，2005）ことであるとい
うのが私の不登校理解と援助の基本である。これを基本としつつ，教科学習だけ
に偏ることなく，社会性の発達を含む発達援助の視点からの成長援助的活動の推
進が必要であると考えている。

　当面の目標は元気になった結果として学校へ行けるようになる，あるいは学校
へ行くことを通して元気になるということになる。さらにすすんで，当面の目標
は「嫌なことを避けて，元気になること」であり，次いで「少しくらい嫌なこと
に触れつつも元気」というのが目標となる。バリエーションとしては，「元気にな
る」というのがぴったりこない人には，「これ以上元気をなくさないこと」という
のが通じやすいこともある。非行や怠学の場合は，「〇〇をしないでも，元気」と
いうのが目標となる。この〇〇の中には，個々の生徒の事情に応じて，窃盗，万

213

その場で関わる心理療法

引き，シンナー，深夜徘徊などが入ることになる。

　ここで重要なことは，このような視点から見れば，確かに，闇雲に登校を誘ったり，強いたりするなどの「登校促進的関わり」を行うことは控えるべきであるが，児童生徒がさらに元気になるために，そしてさらなる成長を援助していくためには，ごくきつい時期をのぞけば，教師をはじめ周囲からの（「登校促進的関わり」ではなく）本人との「関係を切らない，維持する，育む」関わりが必要であるということである。

## 2．家庭訪問と居場所につなぐこと

　また，長期化したひきこもりの事例では，外部になんらかのつながりをもっておくことが本人の成長と精神健康には重要であるし，克服のきっかけもつかみやすい。そこで，しばしば担任や同級生による家庭訪問と上記の居場所へつなぐことが援助活動の中心となる。また，外部機関や保護者の関わりまたは児童生徒本人の自助努力などによって，児童生徒が元気になってきたとしても，それだけで必ずしも教室へ復帰できるわけではない。その際，担任や同級生とのある程度の関係がとれていること，いわば「受け皿」との関係がきちんとできていることが基本的に必要である。極端な場合，学年が変わり，担任も変わったにもかかわらず，担任の顔も知らないということも起こっている。これでは，本人自身がかなり元気になってきても，教室復帰は困難であると言えよう。

　長期化した不登校生徒の場合，自宅からいきなり教室へ復帰というのは稀であり，たいていは自宅外のどこかの場あるいは学校内の教室以外の場で元気に活動できるようになり，その後に教室へ復帰するというパターンが多い。したがって，闇雲に登校を誘うのではなく，本人（と保護者）と学校・クラスとの間を「つなぐ」こと。そして，ある程度関係がとれてきたら，本人の主体的自助努力を引き出すように努める（田嶌，2001b，2001c，2005）。

## 3．校内夜間適応指導教室（「ステップスクール」）の実施

　不登校児に対しては，全国的には「適応指導教室」が設けられ，一定の成果をあげている。しかし，それらはいずれも学校外に設けられているため，生徒を学校や地域という生活の場から切り離した形での援助になっている点が利点でもあるが，同時に大きな限界でもあると私は考えている。学校や地域から離れた場で援助することが適切と考えられる生徒がいることは否定できないが，その一方でそのような生徒はむしろ少数であり，大多数の生徒は学校・地域との関係を切らない形での援助がむしろ望ましいものと私は考えている。適応指導教室はあくまでも学校や教師や同級生との関係がこじれきっている場合に活用するのが望ましい。というのは，もとの学校への復帰がかえって困難になる場合が少なくないと

いう印象があるからである。

そこで, 学校内に不登校生徒との関係を「切らない, 維持する, 育む」ための場や活動がいろいろな形であることが望ましい。そういう意味から注目されるのはいわば「校内適応指導教室」とでもいうべき活動である。これは適応指導教室から教室への復帰に際しても, 役立つものと思われる。

通常これは昼間に開設されるが, ここではある中学校でのいわば「夜間適応指導教室」とでもいうべき試みを紹介しておこう。これは私がスクールカウンセラーとして勤務していた福岡市の中学校で当時の校長の発案で始まり, 主に生徒指導専任の先生とボランティアの方々の尽力で実施でき, 私も若干の関与をした活動である。その特徴は, まず第1に週2回19時〜21時という夜間に開室したことである。第2に, 参加生徒のニーズに応じた活動を, たとえば①遊びやゲームを通じた交流, ②スポーツを通した交流と心身の健康促進, ③教科の基本的内容の学習, などを行ったことである。第3に, 私の研究室の学生たちと地域の保護者がボランティアとして, その活動に主に関わったことである。また, 第4にこれへの参加を「出席」と認めたことである。第5に, それと並行して保護者会を月1回行い, これは私が担当した。

このうち, なんといっても最大の特徴は, 夜間に開設したことである。昼間は他の生徒がいるから来られないというのなら, 夜に教室をやれば来られる生徒もいるのではないかというのがそもそもの発想である。すると, なんと, 活動の2年目には3年生の不登校生徒13名のうち11名も参加できたのである。

最初はコミュニケーションがボランティアと個々の生徒との間にわずかに生じる程度で, なんともしめやかな雰囲気で始まった。生徒同士のコミュニケーションが全く生じないのである。そのうち, 少しずつ生徒同士のコミュニケーションが生じるようになり, だんだん生徒たちが何人かずつで一緒に遊べるようになってきた。それに伴って, 生徒たちが少しずつ元気になってきた。バトミントンなどを機に, さらに明らかに元気になってきた。

もとの教室復帰に課題を残したものの, そして運営に労力がかかることも問題ではあるが, 傍目で見ていても, 生徒同士の交流を通して明らかに全員が元気になり, 大きな成果をあげ得るものであると私には感じられた。

この「校内夜間適応指導教室」では, 通常の学級とは異なり, 不登校児童生徒に居場所を提供し, 個々の児童生徒のニーズに応じた活動を行うものとし, その結果, ①心理的安定や元気の回復などの心理的効果, ②基礎的学力の向上, ③社会性の習得, ④学校・教室への適応, ⑤適切な進路選択, といった効果も期待できる。

なお, 筆者の不登校理解と援助についてのより詳細は田嶌（2005）を参照されたい。

# V おわりに

いかなるアプローチも万能ではないにしても，居場所づくりをはじめ，人間環境臨床心理学的アプローチは密室心理療法の限界を大きく広げるものとなるものと私は考えている。すでに述べたように，人間環境臨床心理学的アプローチは，「主体と内的外的環境とのより適合的な関係」をめざすものである。したがって，そのアプローチは多様であり，ここで述べたことにつきるものではない。このような視点から，今後さらに多様なアプローチが考案され，実践されることを期待したい。

【追　記】私が勤務してきた九州大学では，1998 年（平成 10 年）に人間環境学研究科ができた。2000 年（平成 12 年）には人間環境学研究院となった。そこでの最大の特徴は，私たち臨床心理学や心理学，教育学，社会学等の文科系の学問が理科系の建築学と一緒の部門になったことである。人間と環境との関係を総合的に見ていこうということであった。この「人間環境学」ということを意識して書いたものである。現在起こっている未曾有の大学改革の中で，この「人間環境学」の動きは今後どうなっていくのだろうか。

## 引用文献

濱口和博（2000）病は家から．ニューハウス出版．

保坂亨（1987）学生相談室を拠点とする学生たちのグループ．東京大学学生相談所紀要，5; 38-39.

http://www. med. kobe-u. ac. jp/psyneu/hospital/

http://www2. fukuokanet. ne. jp/sinkokai/shiranui/kihon. html

北島茂樹（1995）人と環境の適合．In：山本和郎・原裕視・箕口雅博・久田満編著：臨床・コミュニティ心理学．ミネルヴァ書房，pp.22-23.

北山修（1993）自分と居場所．岩崎学術出版社．

小宮英美（1999）痴呆性高齢者ケアーグループホームで立ち直る人々．中央公論社．

倉光修（1995）臨床心理学．岩波書店．

松岡高弘（2002）不知火病院「海の病棟」．In：大牟田市役所主査・主任会編：大牟田の宝もの 100 選．海鳥社，pp.80-81.

峰松修・冷川昭子・山田裕章（1984）分裂病圏学生と Psycho-Retreat．健康科学，6; 181-186. 九州大学健康科学センター．

中井久夫（1996）21 世紀の「医」を考える　第 2 回「『医』と『人間・文化』」中井久夫氏インタビュー．鉄門だより（514）1996 年 1 月号－ 2 月号，鉄門倶楽部．

中山公彦（2002）院生スクールカウンセラーについて語る—活動の展開とサポートシステム．日本心理臨床学会第 21 回大会自主シンポジウム．

多賀茂・三脇康生編（2008）医療環境を変える――「制度を使った精神療法」の実践と思想．京都大学出版会．

田嶌誠一（1991）青年期境界例との「つきあい方」．心理臨床学研究，9(1); 32-44. 日本心理臨床学会．

田嶌誠一（1992）イメージ体験の心理学．講談社．

田嶌誠一（1995a）強迫的構えとの「つきあい方」の一例．心理臨床学研究，13(1); 26-38. 日本心理臨床学会．

田嶌誠一（1995b）密室カウンセリングよどこへゆく．教育と医学，43(5); 26-33. 慶應義塾大学出版会．

田嶌誠一（1998a）強迫症状との「つきあい方」．心理臨床学研究，15(6); 573-584. 日本心理臨床学会．

田嶌誠一（1998b）暴力を伴う重篤例との「つきあい方」．心理臨床学研究，16(5); 417-428. 日本心理臨床学会．

田嶌誠一（2000）いじめ問題との「つきあい方」――現実に介入しつつ心を扱うことをめぐって．日本心理臨床学会大19回大会発表論文集，154.

田嶌誠一（2001a）事例研究の視点――ネットワークとコミュニティ．臨床心理学，1(1); 67-75. 金剛出版．

田嶌誠一（2001b）不登校・引きこもり生徒への家庭訪問の実際と留意点．臨床心理学，1(2); 202-214. 金剛出版．

田嶌誠一（2001c）相談意欲のない不登校・ひきこもりとの「つきあい方」．臨床心理学，1(3); 333-344. 金剛出版．

田嶌誠一（2002）現場のニーズを汲み取る，引き出す，応える．臨床心理学，2(1); 24-28. 金剛出版．

田嶌誠一（2003a）心理アセスメントと心理援助の基本的視点．臨床心理学，3(4); 506-517. 金剛出版．

田嶌誠一（2003b）臨床の知恵が生まれるとき．臨床心理学，3(5); 601-614. 金剛出版．

田嶌誠一（2003c）臨床心理行為の現状と課題――まとめに代えて．In：氏原寛・田嶌誠一編著：臨床心理行為――心理臨床家でないとできないこと．創元社，pp.242-269.

田嶌誠一（2004）心の営みとしての病むこと．In：池上良正・小田淑子他編：講座宗教5 言語と身体．岩波書店，pp.145-179.

田嶌誠一（2005）不登校の心理臨床の基本的視点．臨床心理学，5(1); 3-14. 金剛出版．

田中康雄（2001）ADHD の明日に向かって．星和書店．

高崎京子（2000）介護保険下でのグループホーム設立の要点と効果をあげる要素．痴呆介護，1(3). 日総研出版．

外口玉子他（1988）地域ケアの展開と支援システム．精神医学，30(6); 679-692. 医学書院．

當眞千賀子（2003）「発達の最近接領域」の概念的位置づけとその対話的展開：日常実践をくぐって．日本発達心理学会第14回大会会員企画シンポジウム：ヴィゴツキー「最近接発達領域論」にとって相互行為とは何か――相互行為論の再構築に向けて．

當眞千賀子（2004）問いに導かれて方法が生まれるとき――形成的フィールドワークとい

う構想. 臨床心理学, 4(6); 771-782. 金剛出版.

山崎恭子（1991）学生相談室の課題—談話室のこと. 広島大学総合科学部学生相談室活動報告書, 16; 4-12.

## エッセイ

# そこにいられるように
# なるだけで

　私がしばしば行っている活動のひとつが「居場所づくり」や「居場所活動」である。私は学生相談室や外来相談室，中学校や養護施設などさまざまな場でこの活動を行ってきた。要するに，たむろできる部屋を提供し，クライエントがそれぞれのニーズに応じて活用できるようにするわけである。

　そういう居場所に「つなぐ」ことが，しばしば大きな効果を生むものである。

　そこに出入りする者は，居場所，逃げ場，休息の場，憩いの場，暇つぶしの場，出会いの場，交流の場，勉強の場等，それぞれのニーズに応じた活用をする。自宅・自室以外に自分が安心していられる場所，避難できる場所，憩える場所を持つことはそれ自体精神健康にはかりしれない効果を持つ。そのうえ，そこで仲間ができればなおさらである。そのこと自体が児童期・思春期のクライエントには発達援助的機能を持ち，経験を通して成長するための基盤を提供し得るものである。そこにいられるようになるだけで，そしてそれを基盤として他者と交流する機会を持てるように配慮するだけで，濃やかな発達アセスメントなしに，大きな発達援助的効果を持ち得るというところに，この活動の妙味がある。

　私がここでいう居場所とは「その人なりのニーズに応じて居心地よく時間を過ごせる場所」であり，「居場所づくり」「居場所の提供」「居場所につなぐ」「居場所活動」などという具体的な臨床実践活動とつながる概念であるということである。このことを強調しておきたいのは，必ずしもそうした臨床実践活動につながらないいわば心的居場所論とでもいうべきものとは区別しておきたいからである。物理的居場所が提供され，それが居心地よく過ごせる場所となる時，それがいかに人の心理援助に役立つかということを読者に知ってほしいと強く願っている。

第11章

# 対人援助のための
# 連携の臨床心理学的視点
## ——ネットワーク活用型援助にあたって
## 心得ておくと役立つこと

## I　はじめに

　わが身を振り返って思うのだが，いわゆる他職種の専門家との連携が苦手である。こう言うとひんしゅくを買うかもしれないが，私だけでなく対人援助職は連携が苦手な人が結構多いように思う。臨床心理士や精神科医にはその傾向がさらに顕著であるように感じる。おそらく，個人（自分や他者）の内なる心のありように関心が深いため，外なる連携への関心が薄くなりがちだからではないかと推測している。

　こう言うと，医師は違う，医療ではチームアプローチが重要なのだと反論されるかもしれない。しかし，医療でいうチームアプローチは，ほとんどの場合，医師がリーダーとなってのものであり，ここでいう連携とは事情がかなり異なるように思う。

　すでに述べたように，私は連携が苦手であり，そのため苦労してきた。それでも必要に迫られて現場で鍛えられていくうちに，いくつかの視点や心得を持っておくと，ある程度役立つということがわかってきた。時には決定的に重要であることさえある。にもかかわらず，私の知る限りこういうことに触れているものは少ないように思う。

　そこで本章では，私が気づいたことについて述べることにしたい。

## II　一人で抱え込まないことと連携をはばむもの

　連携にあたって重要なのは，当然ながら，「一人で抱え込まない」ということで

第 11 章　対人援助のための連携の臨床心理学的視点

ある。このことは，重篤な事例や深刻な自傷他害の可能性のある事例の場合には
ひときわ大切であり，適切な他専門機関との連携が必須である。

　しかし，ここで連携の開始前から，連携を難しくしていることがある。関係す
る職種間でしばしばお互いに相手をよく思っていないことが少なくないというこ
とである。

　不登校を例に述べてみよう。

　私の印象では，外来で不登校の相談にのっているカウンセラーや臨床心理士に
は教師の受けがよくない。「教師はろくなことをしない」と言う。その臨床心理士
は精神科医に評判がよくない。これでは連携がうまくいくのは困難である。

　それにはこういう事情が影響しているのではないだろうか。

　たとえば，不登校生徒に対して，教師がいろいろ手を尽くす。そこでうまくい
った場合にはカウンセラーのところに相談には来ない。教師の関わりではどうに
もならなかった子どもたちや保護者が，臨床心理士に相談に来ることになる。し
たがって，臨床心理士は教師の「失敗例」ばかり見聞きすることが多くなるので
ある。同様に，臨床心理士が相談にのり，そこでなんとかなったら精神科や心療
内科には行かない。そこでどうにもならなかった場合やこれは薬や入院など医療
のケアが必要かもしれないという場合，精神科や心療内科に受診となる。すると，
医師は，「臨床心理士はろくなことをしない」というふうに思ってしまう。いずれ
も，その前の関わりではどうにもならなかった人しか行かないのである。「後続の
専門家は先発の専門家の失敗例に関わる」という現象であるとも，あるいは「後
続の専門家は先発の専門家の成功例を目にしない」という現象であるとも言えよ
う。

　むろん，これがすべてではないだろう。

　どの領域の専門家も一握りのすばらしい人がおられると同時に，その一方で信
じがたいほどひどい人がいるものである。教師であれ，臨床心理士であれ，医師
であれ，どのような職種でもそれは同様であるように思われる。実際にひどい対
応をしている専門家もいるものである。したがって，「後続は先発の成功例を目
にしない」ということがすべての原因ではむろんないにしても，教師・カウンセ
ラー・医師の間の連携を妨げている要因のひとつではないかと思われる。私たち
は，お互いにこういう事情について理解しておきたいものである。


## 分断化・対立化

　他職種との連携の開始前からのことを述べてきたが，連携の開始にあたって，
なんといっても覚えておきたのは「分断化・対立化」という現象である。施設内
暴力への対応や入院治療などのチームアプローチで，困難事例では決定的に重要
である。精神科医療において，ある種の患者が医療チームのスタッフを分断し，

221

対立化を引き起こすことは比較的よく知られているが，私の経験では，児童養護施設等においてもしばしば同様のことが起こっている。このような現象を，私は「分断化・対立化」現象と呼んでおきたい。

　典型的に見られるのは，暴力等の問題行動をしばしば起こす子がしばしば大人集団の分断化・対立化をもたらすことである。このことは施設での子どもによる暴力問題をはじめとするさまざまな問題行動への対応にあたって大変重要なことでありながら，これまで誰も指摘していないので，ここではそのことを述べておきたい。

　しばしば見られるのは，施設と児童相談所との分断化・対立化である。次いで目につくのは，職員集団内での分断化・対立化である。その子への処遇をめぐって，基本方針が対立するのである。また，時には学校と施設が分断化・対立化に陥ることもある。類似のことは施設の子についてだけでなく，家庭での非行少年について，学校と家裁と警察，さらには支援機関との間で起こることもある。

　むろん，「分断化・対立化」といっても，児童相談所も学校も施設もそこで働くのは大人であるから，表だってののしり合うような対立というのは稀である。しかし，お互いに内心では相手に非難がましい気持ちや不信感を抱き，有効な連携どころではなくなるといった事態は非常にしばしば起こっているように思われる。

　こうした現象が起こりやすいこととその背景を理解しておくことがまずは重要である。

### 情報の共有の遅れ　早めに相談することが必要

　そうした事態が起こるのにはさまざまな要因があり得ようが，ひとつには情報の共有が遅くなるためである。まずは施設側が，児童相談所に早めに相談することが必要である。そうでなければ，児童相談所は施設の状況を理解しようがないし，ましてや支援のしようがないからである。いよいよ暴力が深刻になってから，児相に急に一時保護等の支援を要請しても，児相側としては，「施設がもっと頑張るべきだ」という反応になるというのは全国でしばしば起こっている事態である。施設側ではこれまで早めに相談をしないことにはそれなりに理由があったものと思われる。

　施設側が児童相談所に早めに相談しない背景には３つの要因があるように思われる。第1に，施設の側が児童相談所に施設の実情を知られたくないという気持ちが働くことがある。第2に，かつて児童相談所に相談したことがあるが，その際施設が望むような対応をしてくれなかったという経験があるからであるという可能性もある。第3に，施設側がこういう相談は児童相談所にするものである，相談できることであるという認識がない場合もある。

しかし，今後はそれを改める努力が施設側にも必要である。


### 見せる姿の違い

　分断化・対立化が起こる要因のうち，特に見落とされやすいのは，暴力を振るう子がしばしば相手や状況次第で見せる姿が著しく異なるということである。思春期の子どもは一般にそういう傾向があるが，それがさらに極端に違うのである。

　実際，ある児童相談所職員の方は児童自立支援施設に異動になると，一時保護所では素直で言うことをよく聞いていたその同じ子が，児童自立支援施設ではちっとも言うことを聞かないという体験をしたとのことである。また，ある県で児童相談所の所長を務め，その後児童養護施設の施設長になった方が，「私は児童養護施設のことをよくわかっていなかった」との感想を述べられたのである。

　児童相談所に勤務していると，児童養護施設のことはよくわかっているような気になるが，実は児童相談所側から見た姿を知っているにすぎない。児童相談所へ施設から事故報告がなされるのは，現段階では少なくともほとんどの施設では，いよいよになってからであるため，児童養護施設等の施設の事態は，児童相談所が把握しているよりもずっと深刻である場合が多い。児童相談所はおろか施設職員でさえ気がついていないことが多いが，当事者の子どもたちからみれば，通常は事故報告以外にも大変なことがいろいろ起こっているものである。

　見せる姿が違うということに話を戻すと，最もよく見られるのは，児童養護施設から児童相談所に一時保護になった子どもは，稀に例外はあるものの，ほとんどの場合，おとなしくなり，また素直になる。そして，自分を正当化する巧みな発言をする。「先生（担当職員）はちっとも僕の気持ちを聞いてくれない」「僕を信じてくれない」などと言う。児童自立支援施設と児童養護施設の間でも似たことが起こっている。また，学校と施設の間でもたまにではあるが，同様のことが起こっている。

　このような場合，児童相談所の児童福祉司や児童自立支援施設の職員が，自分の前での手のかからない様子を見て，「どうしてこんな子に児童養護施設の職員は手こずるのだろう」と思ってしまう。実際，「あなたたちは，処遇力がないねえ」と面と向かって言われた児童養護施設は少なくない。

　このように，自分は関わる力が優れていて，児童養護施設の職員はよほど実力がないのだと児童相談所職員が判断すれば，これはもう最悪である。実際にそういうことが全国の児童相談所で少なからず起こっている。この場面や状況によって見せる姿に相当の違いがあることを理解することが，児童相談所と児童養護施設が連携するための最も重要な基盤である。


### 分断された自己を生きてきた

その場，その場を必死で生き抜いてきたこの子たちは，とりあえずその場その場を切り抜けることを優先的にやってきたので，相手や状況次第で，見せる姿が極端に違うのである。暴力やその他の問題行動を起こしても，その場その場で自分に都合のよい言い分を展開する。適当に言い逃れて，逃げ切れる体験をしてきている。

また，それと関係したことであるが，相手を「all good」と「all bad」とに分けてしまいやすい。施設職員や児童相談所職員，学校教師など，自分に関わる大人を，「all good」と「all bad」とに分けてしまいやすいのである。自分に都合のよい対応をしてくれそうな人や権力を持っていそうな人は前者に，そうでない人は後者になりやすい。そして，同様の指導や対応であっても，前者の言うことは比較的よく聞くが，後者に対してはひどく反発するといった具合である。つまり，それに対応する自分の側も相手に応じて，見せる姿も「all good」と「all bad」となるわけである。

長期的展望をふまえた連続性のある自己を生きるのではなく，その場その場での分断化された自己を生きているのだと言えよう。

ちなみに，こうした傾向は，大人であれば境界性パーソナリティ障害の診断がつく患者によく見られる心理機制であり，彼らが医療スタッフを分断しやすいことはよく知られている。にもかかわらず，子どもの心理臨床や児童精神科臨床においてそのような知見が生かされていないのは非常に残念なことである。

### スプリッティング

とはいえ，では両者は全く同じかと言えば，そうではない。大人と子どもという違いはもちろんだが，それだけではない違いがある。

「all good」と「all bad」とに分けてしまうという現象は，対象関係論では「スプリッティング（分裂）」と呼ばれ，原始的防衛機制の代表的なものであるとされている。つまり，早期の対象関係の障害によるもので，病理も重篤であるとされている。しかしそれは施設の子どもたちについて言えば，その場その場を生きざるを得なかったという環境要因が大きく作用しているものと考えられるし，さらにはそれに思春期心性も大きく重なっているものと考えられる。

そのためであろう，大人の側が一貫した対応をとるようになると，急速に問題行動は収まっていくことが多い。

## III 「分断化・対立化」に陥らないための対応の基本

対応の基本は大人集団の是々非々についての一貫した対応である。場合によっては，是々非々については崩さない範囲での役割分担方式が必要なこともある。

いずれにしても，まずはこの場面や状況によって見せる姿に相当の違いがあることを双方が理解しておくこと，それに基づく対応であることが肝要である。本人の言い分に十分に耳を傾けつつ，振り回されない態度が必要である。

　具体的には，一時保護を例にして，詳しく述べているので，参考にしていただければと思う（田嶌，2011）。

　ただし，ここで注意すべきは，子どもはその場その場で自分に都合のよい言い分を展開することが多いが，その一方で子どもの指摘が正しい場合もあるということである。とりわけ，閉鎖的な施設や学校等で職員（含，施設長）や教師等による暴力・虐待がないかどうかにも十分に注意を払うことが必要である。

　施設職員からの性的被害を訴えたが信じてもらえなかったとか，年長児からの暴力被害や性被害を訴えたが有効な対応をとってもらえなかったといったことを，成人した後に語る人がいることも肝に銘じておきたい。

### いい時に会っておく

　連携相手と顔を合わせるのは厄介なことが起こった時であるということになりやすいものである。そうなると，この人と会うのはいつも大変な時という，いわば条件付けが起こりかねない。私たちも生身の人間である。お互いに，またかということで，うっとうしい気分になり，お互いに盛り下がっていくことになりかねない。このようなことは，いろいろな領域で起こっているが，たとえば，児童養護施設等で問題行動をくり返す入所児童の担当職員と担当教師などがその一例である。そこで，難しい事例ほど，いい時に会っておくことを心がけることをぜひお勧めしたい。いい時とは，なんとかうまくいっている時期や特に大きな問題が起こっていない時期のことである。それは通常短いので，よほど自覚的に心がけておくことが必要である。多忙を極める対人援助職の人にこういうお勧めをするのは気が引けるが，しかし，それでも強くお勧めしたい。

### お互いの労をねぎらう，あるいは相手の労をねぎらう

　会って，状況を確認するだけでもよいが，できれば会ってお互いの労をねぎらえれば上々である。連携が難しそうな相手には，相手の役割をきちんとポジティブに評価していることを伝える。スクールカウンセラーと生徒指導担当教諭——非行系の問題行動の生徒指導をもっぱら担当している——との関係を例に挙げれば，スクールカウンセラーの側から，はっきりと「厳しい指導をしておられる先生方がおられるからこそ，スクールカウンセラーの仕事も効果をあげることができるのだと考えている」ということをなるべく早く伝えておくことが重要である。

　とはいえ，連携ができるのは，相手がすばらしい専門職である必要はないものの，一定の水準以上であることが前提である。あまりにもひどい専門家とは密な

連携をしない方がよい。後に述べるように，連携方式も「並行働きかけ方式」に留めるのがよい。

### 間接情報の活用

人は直接情報よりも，間接情報の方をより信用しやすい。連携のために，いまひとつ重要なのは，この間接情報の活用である。相手に伝えたい情報は，間接的に伝わる工夫をしておくことである。ただし，間接情報が虚偽に基づくものであっては意味がないし，また権謀術策を用いるというようなことではなく，あくまでも自然な形を心がけたい。

### 「顔の見える連携」と「行動連携」

いわゆる「顔の見える連携」が重要である。具体的には，よその機関や専門家へ紹介する場合でも，そのときでなくともかまわないから，できれば一度は相手と会っておくのがよいように思う。顔も見たことがない相手に電話一本で紹介するというのは，お勧めしない。また，紹介後もできることはするのを心がける。ただし，大きなお世話にならないように留意しつつ。

また，いわゆる「行動連携」を心がけたい。面接室でじっとしていての連携ではなく，行動を通した連携が望ましい。一緒に動けることがあれば，一度でもよいから一緒に動いてみる。行動は自らの態度表明であり，一緒に行動してみることは相手の役割や立場や苦労をお互いにより理解する機会となり，スムーズな連携のきっかけになるからである。

私自身，これがいつもできていたわけではないが，そして現場の都合でそうそう難しいこともあるだろうが，いわゆる「顔の見える連携」と「行動連携」が重要であると思う。

### 非専門家との連携

連携する相手は，いつも専門家とは限らない。ボランティアや周囲の人たちなどの非専門家や大学院生などの半専門家との連携が生きることは少なくない。その人たちは専門家以上の目覚ましい働きをしてくれることも少なくない。その際重要なことは，①専門家だからできることがあり，②その一方で専門家だからこそできないこと（またはしてはいけないこと）があり，そして，③専門家でも非専門家でもできることがあるということである。そして，さらに重要なことは，専門家だからできることだけでなく，専門家でもできることはなるべくやるように心がけることをお勧めしたい。

以上をまとめると，連携のための情報伝達の法則がいくつか指摘できる。

第11章　対人援助のための連携の臨床心理学的視点

　　1．先行情報が信頼されやすい→大事な情報は早く入れる
　　2．直接情報よりも間接情報が信用されやすい
　　3．静止連携よりも行動連携
　　4．顔の見える連携の重要性


## ネットワークの活用方式：3つのネットワーク活用方式

　連携にあたって，ネットワーク活用の方式と視点にはいろいろあり得ようが，先に私は心理的援助についてのネットワークの活用方式として，全員一丸方式，機能分担方式，並行働きかけ方式の3つを挙げた（田嶌，1995）。

　ひとつは生徒や患者さんなどの特定の援助対象に関わる全員が一丸となって「これこれこういうことを心がけて接しましょう」といった了解のもとに関わる方式である。これを私は「全員一丸方式」と呼んでいる。第2は「機能分担方式」である。これはたとえば，A先生は厳しく接し，B先生は優しく接する，あるいは医師が厳しく接し，看護師が優しく接するといった具合に役割を分担して臨む方式である。難しい事例に特に有効である。第3は関わる個々の人がそれぞれ相互に連絡をあまりとりあうことなく，それぞれの個性と考えで独自に働きかけるもので，これを私は「並行働きかけ方式」と呼んでいる。

　こうしたことは従来は「環境調整」などといった名称でその実践的価値が不当におとしめられてきたような印象が私にはある。もっと正当に評価されるべきであり，また，その技法も今後さらに洗練されることが望まれる。


### 引用文献

田匌誠一（1995）密室カウンセリングよどこへ行く．教育と医学，43(5); 26-33. 慶應大学
　　出版会．

田匌誠一（2001）児童福祉施設における暴力問題の理解と対応―続・現実に介入しつつ
　　心に関わる．金剛出版．

エッセイ

# 三大学院の頃

　その夜のことは鮮明に覚えている。酒に酔った河合隼雄先生が廊下をふらふら歩きながら、「コペルニクスは正しかった!! 地球が回っとるー！」と叫んでおられた。思わず、吹き出してしまった。これがあの名著『カウンセリングの実際問題』や『ユング心理学入門』の著者かと驚いた記憶がある。

　かつて私の大学院入学前後から、九州大学、京都大学、広島大学の大学院生の泊まり込み形式の事例研究会が毎年開催されるようになった。当時は、まだ心理臨床学会も設立されておらず、なかなか実践的な勉強の機会がなかったことから、始まったものであるらしい。冒頭のシーンはその夜の一幕である。おわかりのように、大学院生の事例研究会とはいっても、学生だけでなくそれぞれの指導教官もほとんど参加しておられたのである。九州大学からは成瀬悟策先生、前田重治先生、京都大学は河合隼雄先生、広島大学の鑪幹八郎先生といった豪華キャストである。正確な記憶ではないが、毎回総勢40〜50名だったのではないかと思う。その人数が、一同に会して、あるいはせいぜい2部屋か3部屋に分かれて事例検討をやるのだから、いかに恵まれたものであったか、またいかに大変なものであったかを想像していただきたい。めったにない機会だったので、激論が交わされ、その熱気は大変なものであった（その後ずいぶんと経ってからこの三大学院は、名古屋大学、東京大学が加わり、五大学院となって続いている）。

　私も発表したことがあるが、参加者20〜30人の中に、河合隼雄先生、鑪幹八郎先生、それに神田橋條治先生がおられたのだから、なんとも贅沢かつ大変なプレッシャーであった。昨今の学会や事例検討会では、ほとんどの場合コメンテーターが1人で、その先生の考え方に沿った議論が展開しやすいが、当時の三大学院は、立場や人柄がずいぶん異なる複数の教官が参加しておられたので、ずいぶんいろんな見方があるものだと勉強になった。

　また、いまひとつ特筆すべきことは、「参加者のほぼ全員が宿泊して飲む」という形式がとられていたため、お互いにずいぶんよく知り合うことができたということがある。だいぶ後に発足した「心理学臨床家の集い」、それが発展した「心理

臨床学会」でも，いずれも当初は「参加者のほぼ全員が宿泊して飲む」という形式がとられていたのも，三大学院の経験があったからではないかと思う。

　現在，あちこちで事例研究会，研修会などの機会に恵まれるようになった。いたずらに昔はよかったと言うつもりはないが，時には私たちは何を得て，何を失ったのかに思いをはせてみることは有益であろう。

第12章

# 多少の理論的考察
## ——臨床心理行為の現状と課題

　►► 「その場で関わる心理臨床」の具体例はすでに十分挙げてきたので，この辺で理論的に整理しておきたい。かつて，氏原寛先生から声をかけていただき，『臨床心理行為』（2003，創元社）という本の編集に携わったことがあり，そこに書いたものが理論的整理に役に立つと思うので，それを掲載させていただく。心理臨床の今後の方向を論じた本章の論文は，九州大学がわが国初の専門職大学院をつくる際の概算要求で活用された。なお，本章で「本書」とあるのは『臨床心理行為』を指しているので，ご注意いただきたい。

## Ⅰ　臨床心理行為とは

　臨床心理士は，教育，医療，福祉，司法・矯正，産業，その他さまざまな領域で活動しており，職場によって臨床心理士，心理療法士，カウンセラー，スクールカウンセラー，心理相談員，心理判定員，サイコセラピストなどの職名で呼ばれている。本書はこの臨床心理士の活動を臨床心理行為という名称で呼び，それはいったいどのようなものであると考えるのかを明らかにすることを意図したものである。

　東山（2002）は，臨床心理行為とは臨床心理士の専門的知識や技能を必要とする，心が関わる行動に対する援助活動の総称をいい，心理療法，心理面接，心理相談，心理検査，心理査定，心理的地域援助活動などがあるとしている。ここでは，この東山の論を参考にして，「臨床心理行為とは臨床心理士による臨床心理学の専門的知識や技能を必要とする心理的援助活動の総称をいい，具体的にはカウンセリング，心理療法，心理面接，心理相談，心理教育，心理検査，心理アセスメント，グループ・アプローチ，コミュニティ臨床心理援助などをさす」ものとしておきたい。

　しかし，その一方で，さらに踏み込んで「臨床心理士ってどんなことするの」「臨床心理行為と医行為はどう違うの」「臨床心理学と精神医学は何が違うの」「精

神科医もカウンセリングしているじゃない」「それって医師法違反じゃないの」といった問いに，私たち臨床心理士はどう答えたらいいのだろうか。これまですでにかなりの活動の実績を積みながらも，臨床心理士の活動すなわち臨床心理行為についてはあまりにも検討されなさすぎたと言えよう。個々にはともかく，全体としてどう考えるかについて，十分なコンセンサスをつくる努力が欠けていたと言えよう。

### 身体レベルの疾患ではなく病を抱えた人の体験が援助対象

臨床心理行為を考える際，重要なことは「いかなる対象に，何を目的として，どのような方法でアプローチするのか」が明らかになっていることである。その際，他の職種やそれらが背景とする学問とは異なる専門性を明確にしておくこと，そして同時に，その利用者の多様なニーズを汲み取ったものになっていることが必要である。

本書（『臨床心理行為』）の「はじめに」で，氏原が指摘しているように，臨床心理行為が医行為と同格の，しかし，領域の異なる専門領域であることを明確にしておくことは重要である。

そこで，まずは臨床心理行為と医行為との違いについて考えてみよう。この点については，すでに本書で成瀬（第1章）や下山（第3章）によって論じられているが，とりわけ重要なことなので，ここでも再度述べておきたい。言うまでもなく，臨床心理行為は臨床心理学を，医行為は医学をその拠所としている。したがって，ここで重要なのは，医学や精神医学との違いである。

後に述べるように，臨床心理学にもとづく臨床心理行為では必ずしも，医療領域のみに限定されるものでも病者だけを対象にするものでもない。しかし，それでもそれらは臨床心理行為の重要な一分野であり，それらを対象とすることは少なくない。そのため，病者を対象とする場合，特に臨床心理学・臨床心理行為と医学・医行為との違いが問題となる。

医行為は「病気の治療」が目的であり，病気とは「生物の全身または一部分に生理状態の異常をきたし，正常な機能が営めない」（『広辞苑』）状態をいう。したがって，ここでの重要なポイントは，医学・医行為が対象とするのは，身体や生理レベルの疾患や障害そのものであり，臨床心理学・臨床心理行為はたとえ病者を対象とする場合も，身体レベルの疾患そのものではなく心理レベルの不調や問題，さらには病を抱えた人の体験がその援助対象であるということである。そもそも「心の病」とか（「人格障害」をはじめDSMでいう）「〇〇障害」という時，それは何も脳の器質的なものまたはそれに由来することを前提としているのではなく，しばしばむしろ脳の器質的変化や障害が明確に発見できない場合に用いられているのであり，意味するところは「心の活動の機能不全」を表現しているの

である。したがって、身体の病気と同じ意味で病という語を使っているのではないことに留意する必要がある。そして、臨床心理行為の対象はこの「心の活動の機能不全」ないし「不調」であり、身体や生理レベルの疾患や障害そのものではない。(その意味では、臨床心理学でもよく用いられているDSMの「disorder」を「障害」と訳すのが適当とは思えない。)

成瀬は、「医学では生理学ないし生物学を基礎として、その疾患ないし障害への対応をするのに対して、心理学では人のこころの動きを基礎にして、日常の生活や習慣・健康、そのための生きる心構えなどへの援助をする」「身体が対象ではないから、その身体がやむ疾患なり病気は本来的には対象としない」としているし、下山は「精神医学が客観的な疾患(disease)としての病理を扱うのに対して、臨床心理学は患者の病理経験としての病い(illness)を扱う」としている。

この場合、その主要な方法はカウンセリングやいわゆる心理療法、そして心理テストを含む心理アセスメントなどである。心理療法は精神科医の間では精神療法と呼ばれることが多いが、外部からみて、ここでよく混乱を起こしやすいのは、「精神科医もカウンセリングや精神療法(心理療法)をやっているではないか」ということである。しかも、その優れた実践と研究を行っている精神科医が実際に少なからずいるという現実がある。しかし、大事なことは、上記のような視点から見れば、成瀬が指摘しているように、精神科や心療内科や小児科その他の医師が行っていても、それは臨床心理行為であると言えるということである。

### 臨床心理学の起源と流れ

臨床心理学は異なる源流と歴史を持つものの集まりであり、それはおおよそ3つに分けることができる。第1は、精神分析や分析心理学に代表されるように、フロイト、ユングに始まる力動的な流れで、これを継承・発展させてきた流れである。第2は、それらとは異なるものとして発展してきた非分析的または反分析的な流れで、行動療法やシステム論的アプローチ、ストレスマネジメントなどさまざまなものがある。そして、第3は、第1と第2の流れをふまえそれらを統合し、共通のものを創造していこうという流れである。

第1のものが歴史的には最も古く、臨床心理行為の始まりであると言えよう。そして、フロイトやユングが医師であり、その後も医療の中で活動する臨床心理士が少なくないことから、臨床心理行為と医行為の違いがあいまいになってきたものと思われる。医師の中には、このことをもって臨床心理行為は医行為であると断ずる人もいる。厚生省の研究班の主張はこの線に沿ったものであろう。しかし、ここで注意すべきは、フロイトやユングなどの精神医学者が精神医学の限界を感じて創始したものであり(フロイトがどう考えていたのかについては本書で一丸[第5章]が述べている)、しかも医学はもちろんのこと、精神医学において

もその後も十分な位置を得ていないということである。

　実際，臨床心理士で精神科医でもある山中（第9章）が指摘しているように，医学教育において，「精神医学の授業にさかれる時間はせいぜい30時間，しかもその内容は生物学的精神医学，薬理学，精神生理学がほとんどで，精神療法や患者の心理状態に充てられる時間は多くて数時間，ひどいところでは1〜2時間」というのが現実である。すなわち，国際的にもわが国でも精神医学の主流は生物学的精神医学であり，その治療の中心は薬物療法であり，カウンセリングや精神療法（心理療法）を行うものはごく少数である。弁護士の川人（第13章）が指摘しているように，「ごく例外的な医師を除いて，圧倒的多数の医師がカウンセリングの基本すら学んでいないのが日本の現状」なのである。まして，心理テストに至っては，できる医師はほとんどいないといってよい。

## いわゆる「心理治療」という語

　さらには臨床心理士自身が，とりわけ医療領域で活動してきた臨床心理士が「心理治療」とか「治療」「療法」などといった語をしばしば用いてきていることも混乱に拍車をかけているように思われる。しかしすでに述べたように，臨床心理士ないし臨床心理行為ではたとえ「治療」という語を使うにしても，医学でいう身体レベルの疾患や障害そのものの治療と同じではなく，それを抱えた本人自身がそれをどう体験していくかということについて心理レベルの援助を行うものであり，その意味するところは「臨床心理学的援助」ないし「（臨床）心理援助」とでも言うべきものである。

　したがって，今後も「心理治療」という語を用いるのが適切であるのかどうか検討の余地がある。私自身は，ある時期から「心理療法」や「治療」という語よりも基本的には「心理的援助」という語を用いてきた。医療・医学モデルから距離を置くことが必要と考えてのことである。

　しかし，その一方で「医学的治療」に対して，生理学的生物学的レベルの治療とは意味合いが異なる，病者の体験に働きかけることで心理レベルの不調の解決や低減をめざす，「心理レベルの治療」すなわち「心理治療」ないし「臨床心理学的治療」とでもいうものを提唱していくことにも意味があるようにも思う。臨床心理行為が医療領域から始まったものであり，病者の「心理レベルの不調の解決や低減」やいわゆる「人のこころの癒し」ということを含むものであることを示すのに，好都合であるかもしれない。実際，わが国では「箱庭療法」「動作療法」（そういえば「壺イメージ療法」というのもある）をはじめ，非医師や臨床心理学者によって考案された「○○療法」というものがすでに用語としても浸透している。とはいえ，「心理レベルの治療」すなわち「心理治療」ないし「臨床心理学的治療」といった語を積極的に使っていくことで，逆に医学や精神医学との違いが

あいまいに受けとられかねないという危惧も出てくる。

　したがって，いわゆる「心の病」を抱えた人たちを対象とする場合など，「（臨床）心理援助」のうちのごく限定された部分については「臨床心理学的治療」とか「心理治療」といった語を使用するのがよいのかもしれないし，あるいは極力「治療」といった語を避けるのがよいのかもしれない。いずれの道にも一長一短あり，「両刃の剣」といった観がある。

　この点について，コンセンサスを築いていく努力が必要である。いずれの道をとるにせよ，臨床心理士自身がこれまで論じてきたような医学ないし医行為との違いについて十分に認識しておくべきである。また，この「治療」や「心理治療」「心理療法」という語に限らず，専門性の確立という視点からの用語とその意味の整理とそれに関するコンセンサスの形成は今後の重要な課題である。本書の『臨床心理行為』もそうした試みのひとつである。

### 臨床心理学とは

　臨床心理学とは何かということについては，広義に捉える立場と狭義に捉える立場とがある。狭義に捉える立場からは，たとえば国分（1998）は，臨床心理学や心理療法を心の病を持つ人を対象としたもので，カウンセリング（心理学）は健常者（問題を抱えた健常者）を主たる対象とするというふうに区別している。同様に，発達臨床心理学や学校心理学など関連したものを狭義の臨床心理学とは区別する論者もいる。

　そうした区別に意味がないとは思わないが，しかし，従来の学問体系，社会の専門システムに新たなものを構築していこうとするにあたっては，そうした議論は専門家内部に留めておくことが必要であろう。内部では大いに議論すべきであるが，対社会的にはあまり細かい区分にこだわっている場合ではないように思う。また，実際にわが国で最大の心理学関係の学会である日本心理臨床学会（会員数約１万２千人［本論執筆当時］）では，その研究発表は狭義の臨床心理学に留まらず，現在の広義の臨床心理学のほとんどあらゆる領域にわたっている。そこで，ここではそうした区別をせず，むしろ医学など他の専門領域との対比で考える必要上，現時点では臨床心理学を広く捉えそれらをも含むものとして考える立場をとることにする。

　将来，たとえば，「（臨床）心理援助学」とでもいうべきものを上位概念とし，その下位に「（狭義の）臨床心理学」「カウンセリング心理学」「発達臨床心理学」などが並立する可能性もあろう。

### 「（臨床）心理援助」の対象

　次に，臨床心理行為の対象とニーズとは何かを考えてみたい。

第 12 章　多少の理論的考察——臨床心理行為の現状と課題

　まず言えるのは，このことを論じるにあたって，「心の病とその治療を対象とする」というのでは，あまりにも不適切な定義であり，また医学や精神医学との違いについてもあいまいにしてしまいかねないということである。

　それに対して，倉光（1995）はこの定義よりもさらに広げ，「『心の病』や『心の傷』とその癒しに関する実践的学問である」としている。このような定義はもっぱら病者を対象とする定義から，「心の病」だけでなく人が抱える「心の傷」にまで対象を広げたという点では一歩進んだものである。しかし，これもまた医学や精神医学との違いについてあいまいさが残るものと言えよう。これまでの論議から明らかなように，「臨床心理学的援助」または「（臨床）心理援助」というのがよりふさわしいであろう。

　また，この「心の傷」といった視点では，つまずきや被害による心理的問題を抱えた特定の人だけではなくすべての人々を対象とする生き方の支援や（生涯）発達援助や予防的領域などをカバーしきれないように思われる。

　また，関わる方法という点で言えば，心の傷であれ，心の病であれ，それを悩む人を相手に面接室の中でこころの内面に触れていく作業は，それ自体意義深い大変な作業であるにしても，それを中心とすることですむのは種々の条件に恵まれた一部の事例にすぎない。このことは特に強調しておきたい。そういう事例だけを選んで臨床活動を行うという道もあろうが，ごく一部の臨床家をのぞけばそんなことはとても望めない。先に述べたように現場のニーズを汲むという観点に立てば，ほとんどの臨床家は伝統的な心理療法モデルだけではとても対応できない種々の事例を対象とせざるを得ない状況にある。にもかかわらず，伝統的なカウンセリングや心理療法では「変わるべきは個人」あるいは「面接室で個人の内面に働きかける」ということを暗に前提としてきすぎたように思われる。

### 「主体と環境とのより適合的な関係」

　しかしながら，ある個人が抱える問題は，必ずしもその個人が変化すべきであると考える必要はない。このことは児童虐待やDV，犯罪・災害被害，深刻ないじめ等，従来の密室だけでの関わりではとても対応できない事例について考えてみれば，明らかであろう。そこで，私は次のように考えることにした。

### 「変わるべきは個人と環境との関係である」

　そこでは，コミュニティやネットワークという視点，エコロジカルな視点が有用な場合もが多い。要するに，変わるべきは「個人と環境との関係」であり，そのためには個人の変化が必要なこともあれば，周囲や社会の変化が必要なこともあれば，その両方が必要なこともあろう（田嶌，2001）。なお，実は後に知った

その場で関わる心理療法

表 12-1　臨床心理行為と医行為の相違点

|  | 臨床心理行為 | 医行為 |
|---|---|---|
| 背景の理論 | 臨床心理学 | 医学，生理学，生物学 |
| 対象 | 心理レベルの不調や問題や病気の体験 | 生理レベルの病理 |
| 目的 | 主体の内的外的環境とのより適合的な関係への（臨床）心理援助 | 生理レベルの病理の治療 |
| 活動領域 | 医療，福祉，教育，産業，司法・矯正等　（医療に限定されない） | 医療 |

ことであるが，コミュニティ心理学発展にとって節目となった 1975 年のオースティン会議の共通テーマは「人と環境の適合」であったとのことである（北島，1995）。

　しばらくは「個人と環境との関係」という語が気に入っていたが，なんだか個人心理療法を捨て去ったかのような誤解を受けかねないとも思えてきた。その後これはむしろ，

　「変わるべきは主体と環境との関係である」

　と表現し，

「環境には内的環境と外的環境とがある」

と考えるとしっくり収まると考えるようになった（田嶌，2002a）。つまり，臨床心理行為ないし臨床心理学とは「主体とその内的外的環境とのより適合的な関係」をめざす「臨床心理学的援助」ないし「（臨床）心理援助」であると現在私は考えている。すなわち，人が内的環境や外的環境とより折り合いがつく，じょうずにつきあっていけるようになるのを心理レベルの活動を通して援助することが私の考える臨床心理行為の対象・領域である。なお，いかなる心理療法や心理援助も多かれ少なかれ内的環境と外的環境の両者に関係しているが，伝統的カウンセリングや心理療法は前者に重きを置き，コミュニティ心理学的アプローチは後者に重きを置くものであると言えよう。そして，臨床家はその両者とその狭間にバランスよく注意を払っておくことが必要であるというふうに考えることにした。臨床心理行為と医行為の違いを，成瀬と下山の論と以上の私の論からまとめたのが，表 12-1 である。

第 12 章　多少の理論的考察——臨床心理行為の現状と課題

### 多面的援助方式による「つきあい方」

「変わるものを変えようとする勇気，変わらないものを受け入れる寛容さ，この二つを取り違えない叡智」というのは，このことをよく表現するものとなっているのではないだろうか[注1]。

私自身はこのような考えから，面接室内での個人面接だけでなく，その人をとりまく生活空間全体に注目し，その人の置かれた状況にあった幅広い多面的援助方式を行ってきた。こうした方式における臨床心理士の関わりは個人面接場面で本人が自分の内面のイメージや問題・悩みとどうつきあうかだけでなく，それ以外の場で臨床心理士や（保護者や教師や友人，ボランティアなど）周囲の人たちが本人とどうつきあうかということも重視する。そこで，そのような関わりをどう表現したらよいかと考え，「つきあい方」という日常語を使うことにした。もっとも，そうは言っても，当然ながら闇雲につきあえばいいというものではなく，そこに専門的見立てと配慮が働くことが必要である。そうした意味をこめて，つきあい方という日常語に「」をつけて，「つきあい方」と呼んでいる。それは，臨床心理士や周囲の者の本人との「つきあい方」が，本人が自分の問題や症状等とのじょうずな「つきあい方」をできるようになることを援助することにもつながるものである（田嶌，2000a）。

## II　多様な介入のレベルと方法：「（臨床）心理援助」の３つの層

このように考えると，臨床心理行為には多様な介入のレベルと方法があることになる。そして，その対象は「病める人」や「問題を抱えた人」だけでなく，一般の子どもたちの発達援助や非病者や一般人を対象とした予防的教育的援助や心理健康的援助も含むものということになる。実際，スクールカウンセリングの領域では，一般生徒を対象としたストレスマネジメント教育やアサーショントレーニングなどの心理教育が盛んになりつつある。したがって，多様な介入レベルと方法という点から研究が進められていく必要があるように思われる。

すなわち「臨床心理学的援助」ないし「（臨床）心理援助」の対象には次の３つの層があると言えよう。一次的心理援助とは，すでになんらかの症状や病を抱えた人々を対象とし，いわゆる「心理治療」を含むものであり，二次的心理援助とは，そこまでは至らないが，なんらかの不調や悩みを抱えた人々を対象とし，三

| 三次的心理援助 | 二次的心理援助 | 一次的心理援助 |
|---|---|---|
| （すべての人の適応援助） | （心身の不調，悩み，問題） | （なんらかの症状や病を抱える人） |

図 12-1　「（臨床）心理援助」の３つの層

次的心理援助とはすべての人の適応を対象とするものである（図12-1）。より具体的に言えば，（生涯）発達援助，生活支援的援助，予防的援助，心身の健康援助，適応援助，危機介入的援助の6つが対象と言えようか。

そして，松島（第11章）の言う「生に根付くことへの援助」や山中の言う「コアに関わる」というのも，そして一丸が精神分析の目標とされるようになってきていると言う「生きることの意味の探求」，あるいは行動療法・認知行動療法さらには心理教育的アプローチなどによる種々の行動の「学習」もこれらに含まれるものである。

また，領域としては，先述のように現在，教育，医療，福祉，司法・矯正，産業，その他さまざまな領域で臨床心理士は活動しているが，今後もその活動範囲はさらに広がっていくものと考えられる。

### 見立てと介入の視点——「ネットワークの見立て・心理アセスメント（心理診断）」と「ネットワーキング」

これまで臨床心理行為とは「主体とその内的外的環境とのより適合的な関係をめざす心理援助活動」であり，種々の領域の多様なニーズに応えようとするものであることを論じてきた。

その実践にあたっては，従来の面接室でもっぱら個人の内面だけを扱うという方式だけでは対応できないことが少なくない。そこで必要なのは，従来の個人の心理・病理の見立てだけでなく，ネットワークとコミュニティの視点からのアセスメント，すなわち問題や悩みを学級や家族，地域等の集団の場における個人の生活，個人と個人の相互作用のありようの問題として見ることである。つまり，その個人の心理診断だけではなく，その人がいかなるネットワークの中で生活しているのかといういわば「ネットワークの見立て・心理アセスメント（心理診断）」が基本的に重要なことであり，援助に際してはそれに基づいて，「ネットワーキング（ネットワークづくりとその活用）」，「場をつくる，場を支える」という観点から介入のアイデアを練ることが必要であると筆者は考えている（田嶌，1998,2001）。

### 臨床心理行為に必要な介入レベルと技能

したがって，臨床心理士ないし臨床心理行為に必要な技能としては，面接室内での「個人面接」や「集団面接」による援助活動だけでなく多様なネットワークを駆使して，つないだり支えたりすること，すなわち「ネットワーキング」による援助活動の視点と技能が必要である。なお，ここで言うネットワークとは公的・私的・民間のいずれも含むものであり，また顕在的なものだけでなく潜在的なものも含めて見ることが必要である。さらには，コミュニティという視点から言え

第12章　多少の理論的考察——臨床心理行為の現状と課題

| 個人レベル | ネットワークレベル | システムレベル |
|---|---|---|

図 12-2　臨床心理行為に必要とされる介入のレベル

ば，個人や組織へ影響を及ぼすシステムそのものの改善や，新たなシステムの提案とその実現をめざす「システム介入」による援助活動の視点と技能も必要となろう。このように，ごく大まかに見ても，個人レベル，ネットワークレベル，システムレベルの3層の介入レベル（図 12-2）があることになる。そして，これらそれぞれのレベルでの介入の技能とその有機的活用こそが今後の臨床心理行為に必要となろう。

### 介入しながら考える，動いてもらいながら考える，動きながら考える

　こうした視点からの実践にあたって重要なのは，面接室の内外で「介入しながら見立てる（考える）」ということである。従来多くの臨床心理士がなじんできた個人カウンセリングや個人心理療法を基本とした見立て・心理アセスメントのモデルだけでは不十分である。それをも含みつつも，さらにネットワークやコミュニティに注目したモデルが必要である。

　従来の方式は主に面接室でじっくり本人や家族や関係者から情報を聴き，様子を観察することから見立て・心理アセスメントを行ってきた。それに対して，ネットワークやコミュニティ重視のアプローチでしばしば必要なのは，「介入しながら見立てる」という姿勢である。このことは面接室内でも重要であるが，面接室外でも重要である。たとえば，本人や関係者に動いてもらい，その結果や感触をもとにさらに見立てと方針を考える，すなわち「動いてもらいながら考える」という姿勢である。あるいは，臨床心理士が面接室にじっとしているのではなく，面接室から出て行き「動きながら考える（見立てる）」（あるいは「動く→考える→動く」）という姿勢である（田嶌，1995）。

　そして，「ネットワークの見立て・心理アセスメント（心理診断）」と「ネットワーキングによる援助のための働きかけ」とはしばしばほとんど同時進行となることが多い。すなわち，その時点で把握できている情報の中から援助に役立つ可能性が高くしかも害の少なそうな介入——筆者の場合たいていは「まず支える」という介入になることが多い——をとりあえず行い，それに対する相手の反応を見て，それをさらなる見立て・診断の素材とするという方式である。つまり，「（“まず支える”という）介入→反応（を見る）→見立て→（それに基づく）介入→……」という方式である。また，相手になんらかの対処や課題を勧め，それに対する反応や実行の具合を見て，見立てるという方式をとることもある。

　このようなことは，面接室でも同様であり，面接室内外でのことをまとめて表

現すれば，「介入しながら見立てる（考える）」ということになる。

　実はこうした方式は臨床心理士とは異なる立場の専門家であるケースワーカーや教師がしばしばとる方式である。しかし心理臨床家がこうした方式をとる時，彼らとは異なる立場・視点からの心理的援助もでき得るものと考えられる。そこでは，蓄積してきた従来の個室面接における見立てや診断基準を活用することができるため，より適切な理解ができ，またより妥当な介入法が選択されやすくなるものと考えられるし，必要に応じて個人面接へと移行することもできるからである（田嶌，2001）。

### 個人心理をふまえたネットワーキング

　したがって，臨床心理士が関わるネットワークの見立てやネットワーキングには個人の心理（病理）や家族関係についての見立てをそこに生かすという視点が重要であり（田嶌，1998），どのように生かすか，両者の視点をいかに統合するかが今後の重要な問題である。

　また後に述べるように，介入はできればなんらかの本人の主体的自助努力が引き出される方向をめざすことが望ましい（田嶌，1998）。したがって，基本的には「ネットワーキング（NW）による援助→（状態の安定）→目標の共有→自助努力・工夫を引き出す」というモデルに沿って種々の介入を行うことになる（p.46 図2-1参照）。すなわち，本人をとりまく周囲のネットワーキングで支え，さらにできれば，自助努力や工夫を引き出すことを試みるというものである。また，初期介入や見立て・診断も含めて図示したのが図2-2（p.47参照）である。なお，多少順序が変わることもあるし，「NWによる援助→（ある程度の）状態の安定」に留まることもある（田嶌，1998）。このモデルは従来の個人面接を否定するものではなく，包含するものであるということを強調しておきたい。また，種々の臨床現場における相談意欲のないさまざまな事例にとりわけ有効なモデルでもある。

### 介入の主要なレパートリーとしての「傾聴」「共感」

　なお，ここで強調しておきたいのは，このような立場では，「傾聴」や「共感」といった従来の臨床心理専門家の最も主要な手段を否定しているわけではないということである。ここでいう介入の主要なレパートリーのひとつとして，「傾聴」や「共感」があるということになるのである。

### 共通の援助目標：「主体と内的外的環境とのより適合的な関係」

　医療における「チームアプローチ」がしばしば医師を頂点とするピラミッド構造であり，下山が指摘しているように，医師中心の権威構造にこだわる治療モデルでは，社会や現場の多様な援助ニーズには十分な対応ができないと言えよう。

第12章 多少の理論的考察──臨床心理行為の現状と課題

図12-3 対人援助と共通の援助目標

　それに対して，ここで言うネットワーキングとは，基本的には，対等の関係の協働によるものである。その際，共通の援助目標というものが必要となるが，それは先に述べた「主体と内的外的環境とのより適合的な関係」であると考えている。臨床心理学は心理レベルの援助活動を通して，それに貢献しようとするものであると言えよう。すなわち，さまざまな対人援助専門職が「主体と内的外的環境とのより適合的な関係」という共通の援助目標のもとに，「（臨床）心理援助」「福祉援助」「看護援助」等といった形で援助ネットワークを形成することが望ましい（図12-3）。その一方で，後に述べるように，実践的には，守備範囲を固く捉えすぎないように注意すべきである。

「エンパワーメント」概念の吟味
　いまひとつ共通の援助目標となる有用なキーコンセプトとして注目しているのは，「エンパワーメント」ということである。この概念については下山も言及しているが，しかし，そのまま採用するには問題もあると私は考えているので，以下にさらに論じてみたい。
　これはもともとは福祉領域やフェミニズム運動など社会的抑圧や差別にさらされた人々を支援する立場から生まれた語である。最初，黒人が生活している地域社会のソーシャルワークで用いられたが（ソロモン，1976），その後各種のソーシャルワークや社会運動に取り入れられ，さらには各種の対人（援助）サービスの考え方と技法をめぐるキーワードとして位置づける立場も出てきた。たとえば，久保（1995）はエンパワーメントの枠組みと技能を活用する各種の対人サービス専門職を「empowering profession」として捉えられることを示している（小田，1999）。なお，私は対人サービス専門職よりも，「対人援助サービス専門職」と呼ぶのがよいのではないかと考えている。
　小松（1995）はエンパワーメントについて，ソロモンの定義を引用しつつ，「エンパワーメントとはソーシャルワークもしくは，その他の（援助の）専門家がスティグマ化されている集団に所属しているために，差別されていることから生じるパワーの欠如状態を減らすことを目指して，クライエントの一連の活動にたず

さわる過程である」と定義している。

　この定義はソーシャルワーク領域のものとしては，これで十分なのかもしれないが，エンパワーメントという語が対人援助専門職の間で共有される援助目標となるためには，私は定義を再検討した方がよいと考えている。すなわち，第1に「スティグマ化されている集団に所属している」人だけでなくすべての人々を対象とすること，第2に「エンパワーメント」の意味をもっと広く捉えることが必要であると考えているのである。「エンパワーメント」とは「パワーを引き出す」ことであり，社会的な意味合いのパワーだけでなく，「活力，元気」といった意味合いも含めるのが妥当であろう。

### 「エンパワーメント」で汲み尽くせないもの

　このように考えればエンパワーメントは共通の援助目標となり得るし，このエンパワーメントという語を臨床家が時々思い浮かべることが臨床心理行為の実践にあたっては有用であろう。しかし，その一方で重要なことはそれでは汲みつくせないものが臨床心理行為にはあるということである。しかもそのことが，臨床心理行為の他職種とは異なる独自のものと深く関係しているように思われる。

　エンパワーメントという語には，積極的に何かを成し遂げる力を引き出すことをさすものと思われるが，たとえば，自己理解や自己の内面をこれまでとは違った体験の仕方で味わうことや，現実を受け止める力や「健全なあきらめ」（田嶌，1991, 2002b）に達する力や，自助のために周囲に適切な援助を求める能力などを引き出すことなどを含む多様なものが臨床心理行為の目標となる。ここでも先述の「変わるものを変えようとする勇気，変わらないものを受け入れる寛容さ，この二つを取り違えない叡智」ということが関係してくるものと思われる。

　「エンパワーメント」には，外的環境に積極的に働きかけ何かを達成する基礎となるものとしてのパワーをもたらすといった意味合いが強い。臨床心理行為ではそれが目標となる場合も少なくないだろうが，必ずしもそれを目標とせず主体の現実や内界に対する体験の仕方，すなわち「体験様式」（田嶌，1987, 2002b；成瀬，1988）の変化によって生まれる心的状態や行動の変化を目標とするものであると考えられる。臨床心理行為の基本は，筆者なりに言えば，心理活動を通していわば「いのちの活動に寄り添う」ことであり，その援助目標はエンパワーメント概念では全体をカバーしきれない。松島の言う「生に根付くことへの援助」，山中の言う「コアに関わる」，氏原（第1章）の言う「真の関係をよみがえらせる」といったことも，同様に「エンパワーメント」を援助目標とするという視点では汲み取ることは困難であるように思われる。

### 現場や社会のニーズを汲み取る，引き出す

第12章　多少の理論的考察——臨床心理行為の現状と課題

　臨床というものの原点に立ち返ってみれば，臨床心理行為は結局は臨床現場や社会のニーズに応えるということにつきるものであろう。臨床心理行為をこれまで述べてきたように捉えるとしても，個々の中身については，社会の個々人のニーズというものを汲み取りつつ，今後もさらにつくりあげていくことが必要である。ニーズに応えるためには，それ以前にニーズを汲み取ったり，潜在的なニーズを引き出したりすることが必要であるから，当然それらのことも含まれることになる。そして，臨床心理行為とは「（臨床）心理援助」によって臨床現場や社会や個々人のニーズに応えるのに寄与しようとするものであると言えよう。現場や社会のニーズを汲み取り，引き出し，応えることに努めるといっても，これには意外に落とし穴がある。「現場のニーズに応える」ことが容易ではないのは言うまでもないが，「ニーズを汲み取る，引き出す」ということだけでもなかなか困難なことである。その際，留意すべき点について，簡単に述べておきたい。

　「対話やイメージを介して，人の心に関わる」のが臨床心理士の基本的技能であることは言うまでもないが，心に働きかけるのは，何もそれにつきるものではない。

　たとえば，もう随分前のことだが，ある女性が以前つきあっていた男性にしつこくつきまとわれて困っているという相談があった。こういう問題は，相手のあることだから，基本的にはその人の心の内面や深層を扱うことでは解決できない。そこで，その時は面接室から出て，私のできる範囲で相談者のニーズに応えられるように努めた。私一人ではどうしようもないので，警察にも相談に行った。しかし，「民事不介入」ということで，大変苦労した（現在はストーカー規制法もでき，事情は随分変わっていると思われる）。結局は，いろいろな方々の助けでなんとかなったのだが，当時は，こうした問題が問題としては認識されていなかったのである。

　現在では，この種の問題は「ストーカー問題」ということになるし，「犯罪被害者へのケア」ということにもつながる問題である。同様に，現在注目されるようになってきた「児童虐待」「DV（ドメスティック・バイオレンス）」なども以前はこういう問題がなかったのではなく，以前からたくさんあったが専門家が以前に比べやっと社会や現場のニーズをある程度汲み取ることができるようになって，やっとその対象として認知されるようになってきたわけである。

### 現実を扱うことは心を扱うことである

　したがって，少なくともその人の現実の生活の切実なニーズに関心を払うことが必要であり，時にはその現実になんらかの形で介入することが必要である。こうした考えに対して，「そんな現実のことではなく，心を扱うのが臨床心理の仕事である」という反論がなされることがある。しかし，そういう主張に欠けている

のは，「現実を扱うことは心を扱うことである」（田嶌，2002a）という認識であると私は思う。

　こういうことを強調しておきたくなるのは，深刻ないじめや虐待に苦しみ，いまだその危険性が充分に回避できていないにもかかわらず，そのことに関心を払うことなく「プレイセラピー」や「心理面接」に没頭している事例を耳にすることがあるからである。おそらく，それはケースワーカーなどの他職種の仕事だと考えてのことであろう。しかし，その人のもっとも切実なニーズは，「いじめられなくなること」や「殴られなくなること」あるいは「またやられたりやられそうになった時に，どうしたらいいのか」ということである。こうした場合，そのことに関心を示さないセラピストにどうして心を開くことができようか。現実生活における切実なニーズに関わることは人の心に深く関わることである。

### 身体を扱うことは心を扱うことである

　もっと別の例を挙げよう。私の師は成瀬悟策で，私の最初の臨床体験は動作法による障害児への関わりであった。当時，心理学者が障害児に専門的に関わると言えば，もっぱら発達検査等の心理テストをする程度だった。そうした状況の中で，動作障害を抱えた脳性マヒ児に対して動作学習を働きかける実践と研究が始まったわけである。その後は脳性マヒ児だけでなくさまざまな障害児へ，そして周知のように現在では神経症的問題，スポーツ，ストレスマネジメントなどをはじめさまざまな領域や対象へと広範な広がりを見せている。動作法の発展には，従来心理学とは無縁と考えられてきた動作が実は心理現象そのものであるという成瀬の卓見があったわけである。つまり，この意味では「**身体を扱うことは心を扱うことである**」（田嶌，2002a）という面があると言えよう。いずれにしても従来の枠にとらわれていれば臨床心理学の守備範囲ではないということになっていたことであろう。

### 既成の枠にとらわれないこと

　つまり，自分がよって立つ心理療法の理論や枠組みでしか見ることができないと，その枠組みが通用しない事態やそこでのニーズを汲み取ることが困難になるのである。また，それ以前に，何を臨床現場と考えるかということにも影響を及ぼすことになる。つまり，既成の理論やモデルにとらわれすぎていると，「こんなことは心理の仕事ではない」「臨床心理学の研究課題ではない」ということになってしまい，本当のニーズや潜在的ニーズを汲み取ることが困難になることがあり得るのである。まして，それが他領域からの借り物であればなおさらである。さまざまな職種の対人援助専門職による協働ネットワークの一環を担うことを目指すべきである一方で，重要なことは，実践的には職種のカベにとらわれすぎない

ように留意することである。

### 「ニーズに応える」ことによる独自性・専門性の確立

特に，臨床心理士は精神医学モデルや伝統的な心理療法モデルにとらわれすぎていることが少なくないように思う。一方で臨床現場ではそれが必要なのはもちろんだし，その有用性を決して否定するものではないが，精神医学の枠組みだけで見てしまったり，安易に医師と同一化してしまったりするのは考えものである。それは知らず知らずのうちに染み込んでいくのでよほど注意しておく必要がある。そして，そうしたモデルだけにとらわれないで，ニーズを汲み取り，対応の工夫を研究していくことが最も重要かつ基本的な課題ではないかと私は考えている。それは真に臨床現場で必要とされるような地力をつけることこそが臨床心理学の急務であると私は考えているし，またそれが同時に新たな領域の開拓や独自性・専門性の確立に基本的に役立つのではないだろうか。

逆に言えば，「ニーズに応える」努力の結果，臨床心理学の独自性・専門性が確立されなかったとしたら，そもそも独自の学問または専門性としては必要とされなかったというだけのことであると考えている（田嶌，2002a）。

## III 臨床心理行為と学派

さて，この辺で下山の本書の構成についての批判に答えておくことにしたい。下山は，わが国の臨床心理学の特異な展開を指摘し，国際的な動向に通じ，その観点からさまざまな指摘や提案を行ってきており，その論には私自身教えられるところも多い。本書でも，従来の心理療法各学派単位でものを考えることの限界と弊害を指摘し，学派単位ではなく，臨床心理士に共通して必要な技能ということから，臨床心理行為を考えていくべきとの指摘をしている。それは筆者自身賛成であり，それをいささか志向してきているところでもある。しかし，だからといって本書第二部で学派別の構成をとったことが不適切であったとの下山の指摘には賛成できない。

第一部はいわば，総論とでもいうべき部分であり，第二部は各学派を含む各論的な部分であるが，このような構成は，学派ごとでない臨床心理学の共通した技能というものをつくりあげていくための過程として各学派と総論，そしてさらに言えば現場のニーズとの間にいわば循環的な相互作用が必要であると考えてのことである。

ここで私が思い出すのは，わが国を代表する臨床家の著作，たとえば，河合隼雄の『カウンセリングの実際問題』，土居健郎の『方法としての面接』，神田橋條治の『精神療法面接のコツ』といった著作である。これらの著作は一流の臨床家

が学派に徹し，それを突き抜けたところで生まれたものといった観があり，いずれも，特定の学派のものというより，学派によらず個人面接で必要とされる比較的共通したものを述べたものになっていると思われる。むろん，ネットワーキングやコミュニティの視点や障害児臨床等さらに補う必要があり，これだけで臨床心理行為の全体をつくしたものとは言えないにしても，共通のものをつくり上げるにあたって大いに貢献するものであると言えるのではないだろうか。

　また，その共通したものの基本的枠組みはそうそう変わらないとしても，具体的中身はいったんできあがれば固定して変わらないものではなく，今後変わり得るし，追加され得るものであろう。そして，それは各学派と臨床心理学共通のものそして現場のニーズの3つの間の循環的交流によって生まれる可能性が高いと私は考えている。さらに言えば，国際的スタンダードは取り入れつつも，わが国独自のものあるいはわが国から発信されるものが生まれる可能性もあろう。

　おそらく，下山と私とではめざすところはそう違わないのではないかと思うが，いかにしてそれを実現させていくかというプロセスやストラテジーについての認識が違っているのであろう。

## IV　法律の基礎知識

　わが身を振り返って思うのだが，どうも私たち臨床心理士は法律に弱いところがある。ごく基本的なところを押さえておきたい。

　弁護士の川人によれば，医行為とは，一般に，医師の医学的判断および技術をもってするのでなければ，人体に危害を及ぼし，または及ぼすおそれのある行為をいうと定義されている。医行為は医師法によって，医師でなければできず，その違反は処罰されることになっている。しかし，その一方で，医師法には医行為の具体的な規定はなく，そのためある行為が医行為に該当するかどうかは，社会通念で決めるほかはない。

　さらに言えば，佐藤（第12章）は昭和24年から施行されている少年法や少年院法に「心理学」の専門的知識を活用することが明記されていることなどを指摘し，いわばこれは社会通念上の準占有状態として消し去ることのできない事実であるとしている。

　ここで強調しておきたいのは，身体を扱うのは即医師法違反と思われがちだが，必ずしもそんなことは当たらないということである。臨床心理行為は心理レベルに働きかける援助活動であるが，しかし身体や動作を通してそれを行うこともあり得るのである。これは立派な臨床心理行為であると言える。身体を扱うのは医師の専売特許ではない。たとえば，学校教育では，体育の教師が生徒の身体に全く触れずして指導できるとは考えられないし，すでに一部の学校ではストレスマ

第 12 章　多少の理論的考察——臨床心理行為の現状と課題

ネジメント教育などでも身体を介したアプローチが広まりつつある。さらには，2003 年度から中学校の体育では，「体ほぐし」が行われることになった。それに限らず，また，齋藤孝（2002）の提唱する「齋藤メソッド」に見られるように，将来は国語や音楽などでも発声という活動に注目すれば，身体を通して働きかけることは大いに増えてくる可能性がある。

　また，動作法は全国の特別支援学校において，「自立活動」（かつては「養護・訓練」と呼ばれていた）の時間で取り入れられ，多数の教師がさまざまな障害を抱えた生徒に動作法を基本とした関わりを行っている。

　身体を通して関わるに際しては，慎重でなければならないのはもちろんだが，しかし，このようにすでに実績があるのであり，臨床心理行為についての基本的な視点が定まってさえいれば，「医師法違反」といった言葉に過剰に反応する必要はないのである。

　そもそも，学校教育や臨床心理学では，従来「身体を所有する主体」という視点がかなり欠如していたものと思われ，身体を通して関わることは今後ますます重要なものとなるべきである。

## 国家資格[注2] のあり方——ユーザーのために

　臨床心理職の国家資格への道はなお遠い。そうした中，医療分野に限って臨床心理職を診療補助職として医師の指示下で働く医療技術者として国家資格を認めようという動きがある。この点については，本書で乾（第 3 章）が詳細にその経緯をまとめているが，資格問題についてはそれを利用する人々，すなわちユーザーのためにどういうあり方が望ましいかという視点が最も優先されるべきであろう。これまで述べてきたことから，さまざまな領域で医行為とは異なる臨床心理行為を実践している臨床心理士の国家資格を医療現場に限定された資格からはじめるのがよいとはとても考えられない。臨床心理士を諸領域にまたがる独自の横断的基礎資格とし，さらに諸領域へ分化していくという形が望ましい。独自の横断的臨床心理士法の制定が望まれる。また，医療だけでなく，臨床関係の大小含むさまざまな学会が学校心理士，発達臨床心理士をはじめ資格化の名乗りをあげている。しかし，それだけたくさんの国家資格ができようはずがないことは，誰の目にも明らかである。

　ここはひとつ，臨床の原点に立ち返り，ユーザーの利益のために大同団結というふうにはいかないものだろうか。いわゆる精神療法やカウンセリングを実践している医師にも同じことを呼びかけたい。医師という立場から臨床心理士などを格下とみる風潮は根強いものがある。医療の中ではそれもうなずけるが，どうか医学という枠を超えてこの問題を見て考えていただきたいものである。ただし，心理職はこころという目に見えないデリケートものを対象とするだけに，高度の

トレーニングを前提とした資格が必要である。ここはやはり大学院の修士修了程度は必要であろう。

　また，資格問題に限らず，臨床心理行為の実践のうえで，システムの整備が望まれる。たとえば，東山（2002）は，臨床心理保険の制定という提案も行っている。また，菅野泰蔵は，開業にあたって，企業と提携し，その企業の社員とは5回までは個人負担なしで面接するというシステムをとっている（東，1997）。いわば民間レベルの「臨床心理保険」とでもいうべきシステムであり，臨床心理行為の今後注目されるあり方のひとつではないかと思われる。

**法律上守秘義務を有する職業として明記：刑法，刑事訴訟法および民事訴訟法**

　刑法，刑事訴訟法および民事訴訟法には，特定の職業に守秘義務が明記されている。刑法 134 条では，「医師，薬剤師，医薬品販売業者，助産師，弁護士，弁護人，公証人又はこれらの職に在った者」が秘密を漏らした場合の罰則が規定されているし，刑事訴訟法 149 条では「医師，歯科医師，助産師，看護師，弁護士（外国法事務弁護士を含む。），弁理士，公証人，宗教の職に在る者又はこれらの職に在った者」，そして民事訴訟法 197 条では「医師，歯科医師，薬剤師，医薬品販売業者，助産師，弁護士（外国法事務弁護士を含む。）弁理士，弁護人，公証人，宗教，祈祷もしくは祭祀の職にある者又はこれらの職に在った者」は守秘義務から証言を拒否できるとされている。

　将来，これらの職業に臨床心理士がつけ加えられるべきである。当面は，臨床心理士が何か裁判に巻き込まれたら，いまだ法律上は明記されるには至っていないが，上記の職業と同様に守秘義務を有する職業であるとして対応し，それに沿った主張をすべきであろう。

**臨床心理行為の将来に重要な視点：発達と生活とコミュニティ**

　最後に臨床心理行為の実践の将来を考えるにあたって，これまで述べてきたことと関連した重要な視点について触れておきたい。臨床心理学では，将来は，いわゆる「こころの病」や「障害」などがその人の生まれもった資質と環境との関係でより深く理解し援助するための実践と研究に寄与することが必要である。そして，それだけでなく，もっと広く適応や生涯発達上の問題なども含む病者に限定されない多様な問題についても発達の視点が重要なものとなるし，さらには（臨床）心理援助についても発達と生活とコミュニティという視点から多面的援助がなされることが望ましい。（ここで思い起こされることは，米国精神医学会によって作成され，臨床心理士にもよく利用されている診断と統計マニュアル DSM 体系は「発達」の軸が弱い［中井・山口，2001］ということである。）

　したがって，臨床心理行為の将来を語るにあたって重要な視点は，発達と生活

第12章　多少の理論的考察——臨床心理行為の現状と課題

とコミュニティであると私は考えている。それはひと言で言えば，「社会・文化・歴史的視点からみた発達と（臨床）心理援助」ということになろう。

　注１）この言葉のもともとの出典は明らかではないが，アルコール症者の自助グループ AA（アルコホリックス・アノニマス：Alcoholics Anonymous）の「平安の祈り」をもとにしているようである。斎藤学氏（『私は親のようにならない』［1989 誠信書房］の用語解説）によれば，次のようなものである。

　　　　　神様，私にお与えください
　　　　　変えられないものを受け入れる平安を
　　　　　変えられるものを変える勇気を
　　　　　そして，この二つを見分ける賢さを

　　　また，同氏によれば，この「平安の祈り」の出典は明らかではないが，紀元 500 年頃のイタリアの哲学者で，中世スコラ哲学に足跡を残したボエティウス（Boethius）の「哲学の慰め」にさかのぼれるであろうと言われているとのことである。

　注２）2015 年，学部卒を基準とする「公認心理師法案」が成立した。

### 引用文献

東山紘久（2002）心理療法と臨床心理行為．創元社．

東健太郎（1997）東京カウンセリングセンター（TCC）の開設．心理臨床，10(1); 52-53. 星和書店．

北島茂樹（1995）人と環境の適合．In：山本和郎・原裕視・箕口雅博・久田満編著：臨床・コミュニティ心理学．ミネルヴァ書房，pp.22-23.

国分康孝（1998）カウンセリング心理学入門．PHP 研究所．

小松源助（1995）ソーシャルワーク実践におけるエンパワーメント・アプローチの動向と課題．ソーシャルワーク研究，21(2); 22. 相川書房．

久保美紀（1995）ソーシャルワークにおける Empowerment 概念の検討—Power との関連を中心に．ソーシャルワーク研究，21(2); 22. 相川書房．

倉光修（1995）臨床心理学．岩波書店．

クラウディア・ブラック（斎藤学監訳，1989）私は親のようにならない－アルコホリックの子供たち．誠信書房．

中井久夫・山口直彦（2001）看護のための精神医学．医学書院．

成瀬悟策（1988）自己コントロール法．誠信書房．

小田兼三（1999）エンパワメントとはなにか．In：小田兼三・杉本敏夫・久田則夫編著：エンパワメント　実践の理論と技法．中央法規出版，pp.2-17.

斎藤学（1989）用語解説．In：クラウディア・ブラック著，斎藤学監訳：私は親のようにならない．誠信書房．

齋藤孝（2002）子どもの日本語力をきたえる．文藝春秋．

田嶌誠一（1998）暴力を伴う重篤例との「つきあい方」．心理臨床学研究，16(5); 417-428. 日本心理臨床学会．

田嶌誠一（1991）青年期境界例との「つきあい方」．心理臨床学研究，9 (1); 32-44. 日本心理臨床学会．

田嶌誠一（2000a）心理教育相談における多面的援助システムに関する研究．平成10〜11年度文部省科学研究費研究成果報告書．

田嶌誠一（2000b）学校不適応への心理療法的接近．In：岡田康伸・鑪幹八郎・鶴光代編：（臨床心理学大系第18巻）心理療法の展開．金子書房，pp.67-77.

田嶌誠一（2001）事例研究の視点—ネットワークとコミュニティ．臨床心理学，1(1); 67-75. 金剛出版．

田嶌誠一（2002a）現場のニーズを汲み取る，引き出す，応える．臨床心理学，2(1); 24-28. 金剛出版．

田嶌誠一（2002b）臨床心理学キーワード第11回．臨床心理学，2(6); 822-824. 金剛出版．

## エッセイ

# 成長の兆しとしてのキレること

### 問題行動とは

いわゆる問題行動と呼ばれているものは，基本的にはその子なりの「自助努力の現れ」や「成長の兆し」や助けを求める SOS である。それがどの程度成功しているか，そしてどの程度適切であるかということはあるにせよ，その子なりになんとかしたいという自助努力の現れやその子なりの成長の兆しである。

そういう視点からいわゆる問題行動というものを捉えることが問題行動の支援には有用である。

小学5年生の男の子の母親から，この子が最近になって教室で他の生徒に対してしばしば物を投げるなど「キレてしまう」ので困っているという相談があった。よく話をうかがってみると，この子はもともとはおとなしい子で，従来より同級生からいわゆるちょっかいを出されることが多く，以前は静かに泣いて，特に反抗することはなかったという。

次に，別の小学校3年生の男の子のことである。最近，嘘をつくことが多いというのである。よく聴いてみると，この子もこれまではおとなしい子で，引っ込み思案で，他の子たちにうまく関われない子だったという。

2人とも，学校でも家庭でも，最近の「キレること」「嘘をつくこと」は，もっぱら困った問題としてのみ見られていた。

しかし，「キレる子」について言えば，これまで我慢してきた人が「キレる」というのは，キレないでひたすら我慢する，あるいは直接の関係はない人にあたるとかいうのに比べると「キレる」ことができるようになったのだという見方もできる。「嘘をつく」子について言えば，友達に自分から話しかけることもできなかったが，最近では，嘘を使って話かけることができるようになったのだとも考えられる。

### 成長の兆しとしての「問題行動」

どちらも，不器用な自己主張という面がある。少なくとも我慢してきた人にと

ってはキレることは，新しい反応レパートリーができるようになってきたということになる。そして嘘をつくようになった子は自分から話しかけるという，新しい反応レパートリーが加わったことになる。その意味では，単に問題行動としてのみ見るよりも，その子なりの「自助努力の現れ」や「成長の兆し」や助けを求める SOS として捉えることが重要である。「自助努力としてのキレること」「成長の兆しとしてのキレること」，「自助努力としての嘘をつくこと」「成長の兆しとしての嘘をつくこと」ということであり，発達・成長の過程で起こることとして見るわけである。

　単に問題行動として見る場合，それは一刻も早くひたすらなくすべき悪いものという見方になりがちであるが，自助努力や成長の兆しとして見る場合，次のより適切な努力やさらなる成長へと支援するということになる。本書のテーマから言えば，次のさらなる学びや成長につながるような「体験支援的アプローチ」が必要ということになる。

　たとえば，このキレるという状態について言えば，これまでの「ただ我慢してきた」状態から，なんとか別の道へと軌道修正しようとしている本人なりの自助努力の現れである。その意味では，キレることができるようになったのであり，「キレる能力」がついてきたとも言えるわけである。周囲からは「問題行動」として見られているが，本人なりの自助努力やより成長してきている兆しでもある。そういう流れから言えば，次にめざすはキレなくなることではなく，「じょうずにキレる」あるいはキレたい気持ちとじょうずにつきあえるようになるようになることだと考えられる。

　「嘘をつく」にしても同様である。

　したがって，叱ることに終始するなどして抑えつけて，そうした行動がただ出なくなるようにするのでは，せっかく始まった自助努力や成長の過程を阻害することになりかねない。

## カウンセラーの陥りやすい誤り

　しかし，教師や保護者からはこうした行動は単になくすべきものとして見られていることが少なくない。そこで，もっぱら問題行動として見ている家族や学校の教師に，こうした見方の可能性を提示するのが臨床心理学や発達心理学等の専門家の重要な役割である。スクールカウンセラーの仕事でもそういうことがしばしば必要となる。

　ここで強調しておきたいのは，その際専門家が陥りやすい誤りがあるということである。

　周囲がこのように「成長の兆し」として見守るだけで，自然に次のさらなる学びや成長につながることもある。その場合は，自助努力や成長の兆しや助けを求

めるSOSという意義を理解して見守るだけで十分である。これが体験支援的アプローチの基本になる。しかし，ここで注意すべきは，それが基本ではあるにせよ，それだけではすまないことも少なくないということである。

## 問題行動として見ることの意義

ここでしばしば見落とされてしまいやすいのは，自助努力や成長の兆しや助けを求めるSOSという意義を認めることも必要だが，その一方で問題行動として見る視点もまた必要であるということである。すなわち，教師や周囲の人たちの中に，「問題行動」として見る人がいることも重要なのである。そういう見方は社会の現実であり，周囲の全員が，スクールカウンセラーなどの専門家と同じ見方にならないといけないというわけでは決してない。そうなった方が望ましいというわけでもない。成長の兆し等として見ることの意義がある一方で，問題行動として見ることの意義もあるのである。多面的体験支援アプローチでは，その両方の見方が本人のさらなる成長の力を引き出すのであると考えているのである。

## 児童養護施設での例

小学校2年生の女の子が虐待で保護されてある児童養護施設に入所してきた。入所当初はおとなしい聞き分けのよい，いわゆるいい子であった。それをその施設の心理士はその子が自分らしさが出せていないと見立て，プレイセラピーに導入した。まもなく，この子はわがままとも言える言動が出てくるようになり，その心理士は「やっと自分を出せるようになった」ということで，セラピーを終結した。その子はその後どうなったかと言えば，反抗的攻撃的になり，それは学年が上がるにつれてますます強固なものとなり，とうとうその施設で最も厄介な問題児となったのである。

この場合，この子が過度に抑え気味であり，この子らしさが出せていないという見方そのものが間違っていたわけではないだろう。ただ，わがままや反抗に見える行動を周囲がもっぱら成長の兆しと見る見方だけに終始したことが問題だったものと考えられる。「やっと自分を出せるようになった」という見方と同時に，それでも常識的に見ればそれは問題行動であるという是々非々で見る視点がどういうわけか欠落してしまったことが問題だったと考えられる。

## 両極にふれやすい

こうしたことが起こるのは，私たちの行動や考え方に「両極にふれやすい」という性質があるためであると考えられる。学校では少し前までは「体罰」があふれていた。その頃，施設では学校の比ではなく，すごい体罰が行われていた。こうした時代を経て，子どもの権利が高らかにうたわれるようになり，学校でも施

設でも体罰は激減した。このこと自体は，むろん望ましいことである。しかし，その陰で起こってきた憂慮すべきことが２つある。ひとつには，体罰は許されないのはむろんだが，それだけでなく，「叱ってはいけない」「怒ってはいけない」という風潮が出てきたことである。いまひとつは，そのこととも関連していると思われるが，子どもから（教師や職員など）大人への暴力が大変増えてきたということである。

　ほどよいところで留まるよりも，真逆にいく方が簡単なのである。それを防ぐにはどうしたらよいのであろうか。私たちの歴史を振り返る時，それはなかなかに困難なことであるように思われる。せめて，私たちは，真逆にふれてしまいやすい性質があるということを十分に認識しておくこと，さらには物事には，無条件によいことなどは基本的にはないということ，そのメリットとデメリットの両方をバランスよく見ていくことにしたいものである。それがいわば，「本当の知性」または「本当の学問の力」というものであろう。

　　【追　記】　これには続きがある。さらに，p.267 の「『成長の兆しとしてのキレること』という視点の限界」もぜひお読みいただきたい。

第13章　その場で関わる心理臨床を超えて──その1. 安全委員会方式の実践

第13章

# その場で関わる心理臨床を超えて
## ──その1. 安全委員会方式の実践

▶▶本章以降の目的は,「その場で関わる心理臨床」の先にあるものを示すことにある。それは,心を見据えたシステムの形成,すなわちより良き方向へのシステムの変化への寄与を目指すことである。それを私は「システム形成型アプローチ」と呼んでいる。ここでいうより良き方向とは,お互いに折り合いをつけて,より楽に共生できる方向ということである。その場で関わる心理臨床とは,通常のケースのスーパービジョンと違って,その場でやってみせることが中心になっている。したがって,その場で関わる心理臨床の先に展開するシステム形成型アプローチは,そういうシステムの必要性を単に提案するのではなく,「その場でやってみせるシステム形成型アプローチ」であることが必要である。

この10年程,児童養護施設等の暴力問題に取り組んでいる。本章では,その取り組みを紹介した論文を転載させていただくことにする。この問題は,特定の地域の問題ではなく,どの都道府県でも起こっているという意味で,全国的問題である。先にも述べたように,ひとくちにシステムと言っても,いくつかの異なるレベルのシステム形成がある。施設の暴力問題では,3種レベルのシステム形成がある。第1は単独の施設におけるシステム形成,第2に複数の施設に広げる形,つまり複数の施設に共有し得る形でのシステム形成,第3に法律の制定や改正をも含むシステム形成である。

また,よく誤解されることだが,このようなその場でやってみせるシステム形成型アプローチや一緒に取り組むシステム形成型アプローチでは,仕組みや制度や法律をつくればそれで足りるというわけではない。これまで述べてきた「その場で関わる心理臨床」や「体験支援的アプローチ」による個別の関わりの知恵や活動がそこには同時に必要である。

## I　はじめに

「なんで,もっと早く助けに来てくれなかったんですか‼」
悲痛な声で私に向かってひと言そう言うと,その男子高校生の目からは大粒の

涙がどっと溢れ出てきた。その声にはやり場のない怒りと悲しみがこもっていた。幼い頃にその施設に入り，以来年長の子たちからひどい暴力を振るわれてきたのだという。腕の骨を折られたこともあった，毎日，毎日，高校生に殴られてきた，今晩眠るな，と命令されたこともあるのだという。

　難しい現場であればあるほど，そこに関わっていく者は，当事者にとって何者かということが厳しく問われる。以下に述べるように，多くの児童養護施設の子どもたちの日々の生活には暴力と威圧があふれていると言っても過言ではない。子どもたちのそのような状況にもかかわらず，たとえば専門家が「面接室での個別の心理療法」や「愛着（アタッチメント）」や「心の傷（トラウマ）のケア」にしか関心を示さないとすれば，その専門家は子どもたちにとっていったい何者なのであろうか。

　なんと偉そうな書き出しであろうかと思うが，重要なことなので，自戒も込めてこのことを強調しておきたい。

　児童養護施設とは，児童福祉施設のひとつであり，事情があって保護者が育てられない2歳からおおむね18歳までの子どもたちが保護され，養育されている施設である。児童養護施設では，近年被虐待児の入所が多くなり，入所児童の心のケアの必要性が認められ，心理職が配置されるようになってきた。私も当初数年間にわたって，いくつかの児童養護施設で入所児童の成長・発達のための関わりをあれこれ実践したが，それなりの成果はあったものの，どれも今ひとつの観があった。そして，やっとわかってきたのは，児童福祉施設で非常にしばしば予想をはるかに超えた深刻な暴力（含，性暴力）があるということである。

　そこで私はその後，児童福祉施設の暴力問題に密かにそして慎重に取り組んできたが，その一方でこういう場で書くことをあえて控えてきた。しかし，最近ではもはやある程度は語る時期に来ていると考えるようになった。ひとつには，私たちの取り組みがすでに複数の施設で一定の成果をあげてきたこと，いまひとつは児童福祉法が改正され，施設内虐待の防止（被措置児童等虐待の防止等）が盛り込まれ，2009年4月から施行されたからである。

## II　2レベル3種の暴力

### 来週までに辞めろ！

「お前，来週までに辞めろ！ まだ居たら，ぶっ殺すぞ!!」

　ある児童養護施設でのことである。大勢の小中学生が見ている前で，その施設のボスである高校生が20代の男性職員をボコボコにした後で，こう言い放った。その職員は辞めてしまった。

　児童福祉施設における施設内虐待・施設内暴力と言えば，読者はどういうもの

第13章　その場で関わる心理臨床を超えて——その1．安全委員会方式の実践

を思い浮かべるだろうか。新聞等で時々報道されている「職員や施設長が入所児童に暴力」といったことを思い浮かべるのではないだろうか。むろん，それは児童養護施設をはじめとする児童福祉施設で起こっている深刻な事件である。

　しかし，それは，児童福祉施設で起きている暴力の一面にすぎない。

### 「2レベル3種の暴力」という理解が重要である

　児童福祉施設には，「職員から子どもへの暴力」だけでなく，「2レベル3種の暴力（含，性暴力）」がある。2レベルとは潜在的暴力と顕在的暴力であり，3種の暴力とは①職員（含，施設長）から子どもへの暴力（職員暴力），②子ども間暴力（児童間暴力），③子どもから職員への暴力（対職員暴力），の3つである（田嶌，2005, 2007, 2008, 2009）。いずれの暴力も子どもたちの安心・安全を脅かすものであり，いずれの暴力もなくしていかなければならない。そのためには，顕在的暴力だけでなく，潜在的暴力をキャッチする努力が必要である。

### 2レベル3種の暴力は関連している

　また，「2レベル3種の暴力」は，それらが相互に関連しているという理解が重要である。いずれかひとつの暴力だけを取り扱うのでは他の暴力が激化することがあるので注意を要する。たとえば，職員暴力だけを問題にすれば，かえって子ども間暴力（児童間暴力）や子どもから職員への暴力（対職員暴力）がひどくなる可能性が高い。したがって，これまでのように職員暴力だけがもっぱら注目され問題とされていることには大きな問題がある。

　「職員から入所の子どもへの暴力」は，これまでも新聞等でしばしば報道されているように，深刻である。しかし，それだけではなく，3種の暴力のいずれも，死亡者が出ており，いずれの暴力も深刻なのである。

## III　子ども間暴力（児童間暴力）

### 子ども間暴力（児童間暴力）による死亡事件

　たとえば，子ども間暴力（児童間暴力）では，以下のような死亡事件が起こっている（1997年（平成9年）の児童福祉法の改正によって，「養護施設」は「児童養護施設」と名称が変更になったため，①②では「養護施設」と記している）。

① 1982年（昭和57年）　岡山の養護施設で，入所児のリンチにより少女（6歳）死亡。

② 1986年（昭和61年）　大阪の養護施設で，小1女児が上級生の男子6人からリンチを受け死亡。

257

③ 2000 年（平成 12 年）　大阪の児童養護施設で，当時 17 歳の少女が，3 歳の女の子を 5 階から投げ捨て，死亡。

### 傷害による裁判も

また，裁判も起こっている。この領域では優良として評価が高い愛知県のある児童養護施設で，1998 年 1 月，当時施設で養育監護を受けていた 12 〜 14 歳の少年 4 人が，約 30 分間にわたって 9 歳男児の頭や腹を殴ったり蹴ったりして外傷性脳梗塞などのけがを負わせた集団暴行事件で裁判となり，2007 年 1 月に県に計約 3,300 万円の支払いの判決が確定した。

子ども間暴力（児童間暴力）について，報道されているだけでも以上のようなことが起こっている。その背後には，そこまでには至らない暴力がどれだけあることだろうか。

### 子ども間暴力（児童間暴力）の深刻さ

たとえば，私自身が知る限りでも，以下のような事件が起こっている。

### 事例①

ある児童養護施設のことである。

中学 3 年生の男子Aが，同室の子ども 2 人の顔や上半身にライターで焼いた針金を押しつけやけどをさせたことが発覚した。それを発見した職員が叱ると「ブッ殺してやる‼」などと叫び，キレて暴れ，手がつけられない状態となり，児童相談所に一時保護となった。この男子Aはそれ以前にも，他児童に再三にわたって，暴力を振るっており，以前にも一時保護になったことがある。

### 事例②

また別の児童養護施設での事件である。

小 5 の男子児童Cが腹痛を訴えたことから，次の暴力の実態が明らかになった。かねてから施設内のボス格であった中 2 の男子生徒Bが他の児童 10 名を集合させた。Cに向かって「調子に乗ってる」という理由で，まずBがCを 20 発ぐらい続けて腹部の同じ箇所を殴った。その際，他児童に両脇を押さえさせ，さらに声を出さないように口も押さえさせるという周到なものであった。

その後Bは他の児童にもCを「殴れ」と強要した。Bへの恐怖心から，それぞれがCを殴った。ひととおり殴り終わると，Bは今度は「殴り方が弱かったのは誰か」とCに聞き，CがD（中 1）の名を出すと，まずBがDを殴り，さらに他の児童にもDを殴るように強要した。他の児童もDを殴り，Dは計 30 発以上も殴られている。次いで，同じように，Dに「痛くなかったのは誰か」と聞き，DがE（小 4）の名を出すと今度は集中的にEを殴り，さらに他の児童にもEに集団で暴力を振るわせた。

第13章　その場で関わる心理臨床を超えて──その1．安全委員会方式の実践

この加害男子Bも児童相談所に一時保護となった。

### 性暴力も起こっている

こうした児童養護施設における子ども間暴力は，さらに痛ましいことに，同性あるいは異性間の性暴力を伴うことがある。

事例③

また別の児童養護施設でのことである。

小学校1年生の男子児童Fが中学2年生の男子Gから，「いいこと教えてやる」と言われ，ついていくと人気のないところでGが性器を出し，それを「なめろ」と言われた。嫌だというと，何度も殴られたので，嫌で嫌でたまらなかったが，仕方なくなめた。その後，それは約1年にわたって続いた。

このような事例は稀なものではない。以下に述べるように，先述の加害男子AもBも小さい頃年長男子から殴る蹴るの暴力だけでなく性暴力も受けていたことが後に明らかになった。たとえば，Bは小学校時代に，風呂場で上級生が並び，順番に何人もの性器をくわえさせられたという。

このように，性暴力は当事者の口からは極めて語られにくいが，実際には少なからず起こっているものと思われる。

## Ⅳ　3種の暴力に関する調査

先に，2レベル3種の暴力という理解（田嶌，2005，2007，2008，2009）が重要であると述べた。従来は，その理解がないため，3種の暴力を同時に調査するということ自体も行われていなかった。私は2005年から2レベル3種の暴力という理解が重要ということを各地の講演等で主張してきた。その結果，やっと近年，子ども間暴力（児童間暴力）も含めて児童福祉施設内の暴力を調査する研究が出てきた。

2007年3月14日の兵庫県児童養護連絡協議会で「子どもたちの安心，安全を育む──施設内暴力への対応」と題して講演を行ったが，その後兵庫県児童養護連絡協議会が3種の暴力について調査を行ったのである。その結果は，第61回全国児童養護施設研究協議会で報告されている（藤本，2007）。それによれば，平成18年（2006年）4月〜12月の間を対象期間として調査したところ，「職員から57件，職員へ70件，子ども間244件」であり，「14施設からの報告数は総数371件という予想以上の報告数であった」とのことである。

そして，酒井ら（2009）は，同じく兵庫県の児童養護施設14施設における3種の暴力についてアンケート調査を行い，平成19年1月から12月の1年間に，子から子582件，子から職員167件，職員から子45件であったと報告している。

また，東京都の社会福祉協議会の児童部会が平成19年（2007年）10月に，59施設を対象に実施し，48施設，保育士・児童指導員919人（有効回答916人）が回答した調査がある。同月15〜21日の1週間で，入所児童同士の身体的暴力トラブルは24施設で99件あったとのことである。過去に児童から暴力（身体，脅し，器物損壊など）を受けた職員は62%（569人）に上ったとのことである（黒田，2009）。

さらには，NPO法人「子どもサポートネットあいち」（長谷川眞人理事長）が2010年6月に全国約570の施設に郵送でアンケート調査を行った結果が報告されている（中日新聞2010年10月31日朝刊）が，そこでも3種の暴力について調べている。

このように，どれかひとつの暴力だけを取り上げるのではなく3種の暴力を調査するようになってきているのは，確実にこの問題の前進であると言える。このような調査を実施された施設関係者に敬意を表したい。そして，今後このような動きがますます広がり，他の地域でも同様の調査行われることを願っている。さらには，もっと重要なことは，単に調査のみに留まっていてはいけないということである。把握できているだけでもこれだけの現状がある以上，なんらかの対応策を実施し，さらにその後にも調査を行うことが必要である。

容易に把握できる暴力だけとっても，この数字である。しかも，子ども間暴力（児童間暴力）はその実態を把握するのが難しいので，潜在的暴力が確実に存在することを思えば，実態はもっとひどいものと思われる。暴力被害は，なかなか訴えにくいものなのである。中でも性暴力はさらに訴えにくいものである。したがって，児童養護施設の子どもたちの日々の生活は暴力と威圧に満ちていると言っても過言ではない。

## Ⅴ　暴力問題解決のための視点

### 暴力は連鎖する：被害者が加害者になっていく

以上のことから見て，暴力は特定の地域や特に荒れた児童福祉施設での話ではなく，かなりの数の児童福祉施設で全国的に起こっているものと思われるということを強調しておきたい。また被害児が長じて力をつけ加害児となっていく。すなわち暴力の連鎖が見られるのである。これは，まさに惨い事態である。

この児童福祉施設の暴力問題の解決のためには，従来の考え方を大きく変える必要がある。

第1に，暴力問題は数ある問題または問題行動のひとつとして見られてきたが，これは，実は大きな誤りである。暴力問題は，子どもたちの「**成長の基盤としての安心・安全**」という最優先で取り組まれるべき課題なのである。それは，子ど

もたちのもっとも切実なニーズである。

第2にどれかひとつの暴力への対応ではなく，2レベル3種の暴力への包括的対応が必要である。

第3に，多くの専門家は「愛着（アタッチメント）」を重視した養育を行えば子どもの暴力は自然になくなると考えているようだが，それははなはだ疑問である。子どもの成長・発達において「愛着（アタッチメント）」は大変重要ではあるが，その一方で「愛着（アタッチメント）」を重視した養育で，少なくとも児童福祉施設の暴力問題の解決はできないと考えられる（田嶌，2011）。

第4に，この問題は全国的に起こっている構造的問題であるにもかかわらず，もっぱら職員個人の力量をつけることで乗り切ろうとしてきたことに無理があるということである。個人の力量を伸ばすことは必要であるが，構造的問題には，施設を挙げた取り組みが必要である。暴力に対応するシステム（仕組み）をつくり上げることが必要である。さらに言えば，外部と連携して取り組みを「モニターしつつ応援する仕組み」が必要である。

## Ⅵ　暴力問題解決の取り組み──仕組みづくりの一例としての安全委員会方式の紹介

そして，児童福祉施設における暴力問題への取り組みには，このような認識の変化だけでなく，さらには，心理臨床のパラダイムや子どもの権利擁護の視点にも大きな転換が必要である（田嶌，2011）。

このような視点から，私たちは身体的暴力問題の解決のために，児童福祉施設版安全委員会方式（以下単に「安全委員会方式」と記す）という児童相談所や学校などの外部と連携した施設全体で取り組む方式を考案し実践してきたので，そうした仕組みづくりの一例としてその概要を紹介しておきたい。安全委員会方式とは，簡単に言えば，外部に委嘱された委員と職員から選ばれた委員とで「安全委員会」というものをつくり，そこを中心にして2レベル3種の暴力事件についての対応を行う方式である。その概要は，①安全委員会には，児相と学校に参加してもらうこと，②定期的に聞き取り調査と会議を行い，対応を協議し実行すること。③委員長は外部委員が務めること。④事件が起こったら緊急安全委員会を開催すること。⑤対応には4つの基本的対応があること，1番目「厳重注意」，2番目「特別指導」（または「別室移動」），3番目「一時保護（児相に要請）」，そして4番目が「退所（児相に要請）」である。⑥原則として，暴力事件と結果の概要を入所児童に周知すること，⑦暴力を抑えるだけでなく，代わる行動の学習を援助し，「成長のエネルギー」を引き出すこと，などである。

また，医療では職員間の暴力も入れて4種の暴力を問題としている（和田，

2011）。したがって，職員間の暴力を入れると，「2レベル4種の暴力」ということになる。現段階では，私たちの安全委員会方式では2レベル3種の暴力を対象としているが，将来は2レベル4種の暴力を対象とする可能性もあり得よう。

　なお，懲戒権は施設長にあり，措置権は児相にあることは言うまでもない。

　強調しておきたいのは，安全委員会の審議と4つの基本的対応だけが注目され，それだけが安全委員会活動であると思われがちであるが，実際には，それだけでなく同時にスタッフによる安全委員会活動が必須であるということである。すなわち，安全委員会活動とは，①安全委員会の審議と対応，および②スタッフによる安全委員会と連動した活動（「連動活動」）の両者を含むものであるということである。すなわち，生活場面でのスタッフによる暴力への対応や指導，ケース会議等をはじめ成長のエネルギーを引き出すための活動が同時に行われているのである。

　この安全委員会方式は一定の成果をあげ，2015年現在，北は北海道から南は九州に至る全国21カ所で導入されている。その内訳は児童養護施設17カ所，児童自立支援施設1カ所，情短施設1カ所，ファミリーホーム2カ所である。そして，「全国児童福祉安全委員会連絡協議会」（会長 小川喜代光）を結成し，全国大会を毎年開催している（ＨＰ　http://www2.lit.kyushu-u.ac.jp/~com_reli/safety/）。

　静岡県の県立情短施設「吉原林間学園」が安全委員会活動実施の全施設（当時6つの県の12カ所の施設）にアンケート調査を行った結果では，安全委員会方式を導入して以降に退所になった児童は，調査時の2008年6月20日の時点で全12施設全体で1名のみであり，退所も一時保護も極めて少ないと述べられている（吉原林間学園，2008）。

　いささかでも児童福祉施設の現場を知る人であれば，この数字がいかに並外れて優良なものであるかがおわかりいただけるはずである。

　安全委員会方式では，安全委員会による会議と対応だけでなく，こまやかな個別のケアや成長支援的関わりとがワンセットになっている。そのため，ケース会議が必要である。たとえば，ひと時私は，県外の6カ所の施設に毎月出かけ，安全委員会の会議とケース会議に出席し，助言・指導にあたってきた。施設によっては，それは3年にも及んだ。そして，それとは別に緊急安全委員会の会議にも出かけていった。そのため，ここまでの展開には，大変なエネルギーが必要であった。これほど，手がかかる方式なのである。この方式が安易な方式であるかのごとく誤解している方々には，ぜひともこのことを理解していただきたい。

　なお，このような活動の展開にあたっての私の動きを，當眞（2016）は「臨床的プロデューシング」と呼び，論じている。

　私たちの方式に賛同しない方々も，この問題の深刻さと重要さに鑑みて，事態改善のためのなんらかの取り組みを開始していただきたいと願っている。そして

私たちとは違うやり方であれ，比較的落ち着いた施設だけでなく，職員がボコボコにされている施設や潜在的暴力が密かに続いてきた施設でも実績を上げ，そのやり方を広めていただきたい。そして，その実績をもって私たちと議論していただきたい。

できれば，複数の施設で実績をあげていただきたい。複数の施設で実績をあげることができなければ，「共有可能な臨床の知恵」「共有可能な現場の知恵」にならないからである。カリスマ施設長やカリスマ指導員・保育士がいないと落ち着かないというのでは，他の施設が参考にすることが極めて難しいからである。全国の状況が変わるためには，「共有可能な臨床の知恵」や「共有可能な現場の知恵」が必要なのである。

# VII　おわりに

### 成長の基盤としての安心・安全

児童福祉施設では，しばしば子どもたちは「成長の基盤としての安心・安全な生活」が送れていない。したがって，この問題への取り組みなしには子どもたちへの成長・発達への援助はあり得ないと言えよう。また，この問題への取り組みなしには，ケアはおろか，子ども虐待からの保護さえも終わったことにはならない。

### 安心・安全のアセスメントが重要

児童福祉施設ではさまざまなケアや援助的関わりが実践されているが，あらゆる形の援助的関わりには暴力への対応すなわち安心・安全という基盤が必要である。したがって，発達障害や反応性愛着障害等のアセスメントも大切であるが，それ以前にまず何よりも重要なのは，現実の生活場面での「**安心・安全のアセスメント**」（田嶌，2008，2009，2011）である。心理療法，心のケア，トラウマの治療，アタッチメント（愛着）の再形成，発達援助，性教育等，いずれの援助的関わりも生活場面で子どもの安心・安全が守られているかどうかのアセスメントをしっかり行ったうえで，実施すべきである。とりわけ，施設に関わる臨床心理士や精神科医にこのことを強調しておきたい。

### かくも長き放置（ネグレクト）

児童養護施設等の児童福祉施設における暴力・虐待問題は早急に取り組まれるべき問題であるにもかかわらず，長年放置されてきた。かくも長き放置（ネグレクト）である（田嶌，2009，2011）。2008年に児童福祉法が改正され被措置児童等虐待の防止が盛り込まれたにもかかわらず，次章で述べるように子ども間の暴

力・虐待の深刻な実態を逆に覆い隠す結果となっている。したがって，事態はなお深刻である。

　子ども間暴力の実態が覆い隠されてしまっているという点については，決してこのままで終わらせてはならない。そして，安全委員会方式でなくともよいから，①2レベル3種の暴力の解決に向けて施設を挙げた取り組みをしていただきたい，②それを外部を入れた風通しのよい形で取り組んでいただきたい，③そのうえで，個々の子どもたちへの成長支援の関わりをしていただきたい。

## 過酷な現実への介入

　犯罪被害にせよ災害被害にせよ，臨床心理学や精神医学が介入するのは，これまで過酷な現実がすでに終わった後，あるいは終わりが見えてきた後がもっぱらであったように思う。しかし，本章で述べた児童福祉施設における暴力問題は，今なお全国的に続いている過酷な現実への介入である。そのため，従来のように対象となる人たちのもっぱら内面に関わるということだけでは，とても対応できない問題である。そこでは，「現実に介入しつつ心に関わる」という姿勢，そして「共有可能な知恵」として仕組み（システム）をつくっていくこと，すなわち「システム形成型アプローチ」（田嶌，2009）が必要である。そして，それはこれからの心理援助に必要とされることであると私は考えている。

　この児童福祉施設における暴力問題は大変重要な問題である。しかし，本章では十分に述べることができなかったことも多い。たとえば，筆者たちのもの以外にも施設内虐待・施設内暴力への取り組みや論考がいくつか出ているし，また私たちの活動への批判もある。それらについては，田嶌（2011）でかなり詳細に論じているので，参照していただきたい。

　【追記1】　現在では，初期の誤解はかなり解け，「懲戒権の濫用」などと主張する者はほとんどいなくなったが，誤解をふりまいてきた西澤哲氏だけは，相変わらず明らかに事実とは異なることを挙げて，「懲戒権の乱用」の可能性が高いと言い張っている（西澤，2015）。たとえば，「（安全委員会方式とは）児童養護施設での子ども間暴力を防止しようとするものである」と書いているが，それは明らかな誤りで，安全委員会方式は，子どもの暴力だけでなく，2レベル3種の暴力を対象としたものである。また，「暴力が4回あれば，退所になります」とも述べているが，それも全くの誤りである（たとえば，田嶌2009, 2011を参照）。再三，私がそうではないと述べているにもかかわらず，言い張っている。困った人である。他に，指摘しておきたいことはいくつもあるが，ここでは最低限の事実関係の間違いの指摘に留めておく。

　　この問題に関心のある方は，ぜひ両方の主張を読み比べていただきたい。
　＊西澤哲（2015）善意の小石．ＣＣＡニューズレター，東京虐待防止センター．
　＊田嶌誠一（2009）現実に介入しつつ心に関わる．金剛出版，p.36.

第13章 その場で関わる心理臨床を超えて——その1．安全委員会方式の実践

＊田嶌誠一（2011）児童福祉施設における暴力問題の理解と対応．金剛出版，第11章
　および p.663, p.724.

【追記2】 暴力問題ないし安心・安全という問題に取り組み始めて，はや10年ほ
どになる。その経験から最近思うのは，「安心・安全」という視点から心理臨床を見
直すことが必要なのではないかということである。

　逆に言えば，従来の心理臨床は「安心・安全」を自明のものとしてきた，換言すれ
ば「安心・安全」は当然できあがっているものであると暗に考えてきたのではないだ
ろうか。安心・安全が相談のテーマとなることはあっても，それはその人自身の内的
心理的不安からくるものであって，現実的な不安ではないと暗に考えてきたのではな
いだろうか。そうしたことになったのは，心理療法というものが，悩みを抱えた人が
お金を払って相談にくるという外来相談モデルないしクリニックモデルから始まっ
て，長い間それが中心になってきたからではないだろうか。悩みを自覚でき，相談意
欲があり，お金を払える人たちはおおむね現実の安心・安全が脅かされることは少な
かったため，現実の安心・安全は当然達成されていると暗に前提としてきたのではな
いだろうか。

　しかし，臨床心理士は今や，学校や施設や児童相談所など外来相談モデルが通用し
ない現場に関わることが増えてきた。また，外来相談でも，現実の安心・安全に留意
しなければならない相談が従来よりも増えてきたように思われる。そういう時代だか
らこそ，「安心・安全」という視点から心理臨床を見直すことが必要なのだと，私は考
えている。私の暴力問題への取り組みは，その一端を担うものであると考えている。

【追記3】 児童養護施設等の社会的養護の領域に関わっている臨床心理士や精神
科医の数はかなり増えてきたように思われる。また，臨床心理士会では数年前に社会
的養護専門部会ができた。こうした状況にもかかわらず，施設の暴力問題に関心を持
つ専門家は驚くほど少ない。今後，この問題に取り組む専門家がもっともっと増える
ことを願っている。

## 引用文献

中日新聞 2010年10月31日朝刊

藤本政則（2007）子どもの権利と施設ケアのあり方について——子育て支援基準を中心と
　　する兵庫県の取り組み．第61回全国児童養護施設長研究協議会報告書，86-90.

黒田邦夫（2009）「児童養護施設における児童の暴力問題に関する調査」の調査結果につ
　　いて．児童福祉研究，24; 30-42. 東京都社会福祉協議会児童部会.

酒井佐枝子・樋口耕一・稲垣由子・良原誠崇・加藤寛（2009）児童養護施設内における
　　暴力内容に関する調査研究——暴力の全体的傾向．心的トラウマ研究，5; 19-27.

田嶌誠一（2005）児童養護施設における児童間暴力問題の解決に向けて その3.「事
　　件」等に関する資料からみた児童間暴力，1-19. 心理臨床研究会.

田嶌誠一（2007）児童養護施設における施設内暴力への包括的対応——児相と連携して施

設全体で取り組む「安全委員会」方式．日本心理臨床学会 26 回大会発表抄録集，99. 東京国際フォーラム．

田嶌誠一（2008）児童福祉施設における施設内暴力の解決に向けて—個別対応を応援する「仕組みづくり」と「臨床の知恵の集積」の必要性．臨床心理学，8(5); 55-66. 金剛出版．

田嶌誠一（2009）現実に介入しつつ心に関わる—多面的援助アプローチと臨床の知恵．金剛出版．

田嶌誠一（2011）児童福祉施設における暴力問題の理解と対応—続・現実に介入しつつ心に関わる．金剛出版．

當眞千賀子（2016）田嶌心理臨床との対話が拓くもの〜『最も切実な声』に応え続ける姿に触れて〜．In：田嶌誠一編：現実に介入しつつ心に関わる−展開編．金剛出版．

和田耕治（2011）医療機関における暴力対策ハンドブック—患者も医療者も安心できる環境をめざして．中外医学社．

吉原林間学園（2008）安全委員会に関するアンケート調査．平成 20 年度児童養護施設等における暴力防止に関する研修会第 1 回講演抄録．

エッセイ

# 「成長の兆しとしてのキレること」という視点の限界

**児童養護施設における「キレること」**

先に問題行動と見えるものも，実は成長の兆しとして見ることが援助に有用であると述べてきた。キレることも，「成長の兆しとしてのキレること」として見るわけである。しかし，その有用性だけでなく，こうした見方にも限界はある。

「キレる」とは，別の言い方をすれば，暴力を振るうことであると言えよう。それも衝動的な暴力であると言えよう。私は児童養護施設等の施設での暴力問題の解決に携わっているので，その経験からその対応にあたって誤解されやすいことを述べておきたい。

暴力を振るうにしても，キレるにしても，そこにはなんらかのその子なりの理由と気持ちがある，したがって，ただ叱るのではなく，本人なりの言い分に耳を傾け，本人の気持ちに寄り添っていくことが重要なのだとしばしば専門家が主張している。

そういう研修を受け，施設現場で実行したがうまくいかないどころか，かえって暴力が激化したといった声を聞くことが少なくない。

**寄り添うだけでは**

児童養護施設等の施設では，「叱ってはいけない」，「受容と共感」，「本人の気持ちに寄り添う」だけでは暴力問題を解決できない。

例を挙げよう。

私が関わった施設X園では，安全委員会方式導入以前は，寄り添うことや子どもを思う情熱があれば問題が解決されるという考え方があった。その施設では，いけないことをいけないと言うことよりも，その子が暴力を振るうからには理由があったのではないか，傷つきを抱えた子どもたちが暴力を振るうのは，仕方のないことではないかという思いから，いけないことはいけないと指導するより，

子どもの気持ちに寄り添うという気持ちの職員が多くいた。しかし，それだけでは子どもの問題行動は改善されず，結果的にその児童を退所させることになってしまった。職員のそのような行動が，子どもの問題行動を助長させ，暴力を肯定することにつながっていたものと考えられる。

また私が関わった別の児童養護施設Y園においても，被虐待児が増える中，「加害児童は過去の虐待体験による深い心の傷があり，それが暴力を振るわせる原因になっているのだから，その傷を心理療法で癒すことにより他児に暴力を振るわなくなる」との見解に立ち，受容的関わりや心理療法を日常的ケアの柱に据え，トラウマや愛着に焦点をあてたプレイセラピーや箱庭療法に力を入れていた。しかし，この施設でも先のX園と同様に，児童の問題行動や気になる兆候は改善されず，施設内暴力は助長され，エスカレートしたのである。

意外に思われるかもしれないが，こうした暴力への対応にあたっては，本人の気持ちに寄り添うとか受容的関わりといったことだけでは，しばしば逆効果になりかねないのである。むろん，「受容と共感」「本人の気持ちに寄り添う」といったことが大事であるには違いないが，それにさらに「叱ってはいけない」とか「なるべく叱らない」といったことが加わると，事態は悲惨なことになる可能性が高い。

悪いことをしたのに，きちんと叱られないのは，その子にとっては「許された」「暴力を振るってもOK」という体験の蓄積になるからである。

先に挙げた2つの施設で子どもたちの暴力がひどくなり，それがどうやって収まったかと言えば，ごく簡単に言えば，早期発見と暴力ではなく言葉で表現するという学びにつなげたからである。そのために，子どもの気持ちを汲むだけでなく，きちんと叱るということを複数の大人が行ったのである。むろん，ここでいう「叱る」とは，体罰等の暴力を使わないで，「愛情をもって叱る」ということである。

### 体験の蓄積が足りない

なぜそれが必要かと言えば，それはこの子たちは成人期に向けて発達途上にあるため，暴力がいけないということを本人が実感する「体験の蓄積」がまだまだ足りないからである。

### 叱らなくても改善するのは

場合によっては叱らないことで，子どもが反省し行動が改まることがあることは，確かにあるものと思われる。実際，専門家の報告では，周囲の職員や教師が叱ってばかりいたが，問題は改善せず，臨床心理士が「叱らないで寄り添った」ところ，素直になり，問題行動が改善した例が時々報告されている。ここでよく

エッセイ　◆「成長の兆しとしてのキレること」という視点の限界

誤解されるのは,「だから大人は叱ってはいけない」というふうに考えてしまうことである。

　この場合,問題行動が改善したのは,２つの可能性がある。ひとつは,叱られなくとも,その子自身の中に,「本当は,暴力はいけない」といった感覚がすでにある程度育っている場合である。いまひとつは,他の大人がきちんと叱っているからであり,叱らないで寄り添うだけで改善したわけでは決してないという場合である。このあたりの状況を理解しておかないと,臨床心理士などの専門家が現場の教員や職員や保護者に対してひどくピントのはずれた一面的な助言をしてしまうことになりかねないので,特に注意が必要である。

　そもそもいじめ・暴力被害にあってきている子には「暴力はいけない」という感覚そのものは,育ってきていないのである。そういう子たちに,暴力や深刻な問題行動を誰も叱ることさえしないと,それは許された,認められたと受け取るものである。つまり,効果がないどころか,暴力に訴えることを認めることになりかねないのである。

　かといって,昔のように,体罰や暴力で抑えるのは,むろん許されることではない。体罰や暴力で抑えることは,一時的効果または表面的効果しか持ち得ないだけでなく,暴力を振るうことを誘発する。

### 正当な罪悪感を育む

　そもそも,施設でのサバイバルの渦中にあって,本当はその中で守られてこなかった子どもたちにとっては,「暴力はいけない」という感覚そのものが育ってきていない。その文化で認められている規範を破った時,おおかたの人たちが感じるであろう罪悪感をここで「正当な罪悪感」と呼べば,暴力を振るうことについてこの「正当な罪悪感」が育まれていないのである。

　そういう子たちに,暴力や深刻な問題行動を叱ることさえしないと,それは許された,認められたと受け取るものである。つまり,効果がないどころか,暴力に訴えることを認めることになりかねないのである。

　場合によっては叱らないことで,子どもが反省し行動が改まることがあることは,確かにあるものと思われる。しかし,それはすでに叱られなくとも,その子自身の中に,「本当は,暴力はいけない」といった感覚がすでにある程度育っている場合であると考えられる。

　こう言うと,「この子たちは多かれ少なかれ虐待を受けてきているので,叱るとこの子たちにとって虐待関係の再現になってしまう」としばしば反論されそうである。そう言われたこともある。しかし,実際には,そんなことはない。虐待関係の再現になるのは,殴る蹴るなどの暴力を使って叱るからである。悪いことをした際に,叱られるが,以前のように殴る蹴る等の暴力は振われないという体験

は，虐待関係の再現とは逆に，虐待関係とは異なる関係を経験することになるのであり，こうした体験を蓄積していくことで，いわば「関係の脱虐待化」が起こるのである。

　悪いことをしたら，叱られるが，以前のように殴る蹴る等の暴力は振るわれないという体験を蓄積していくことで，「正当な罪悪感」が育まれるのである。<u>ただし，ここで重要なことは，暴力の加害児がそうなるためには，その子が他の場面でも深刻な暴力から守られていることが必要だということである</u>。

　実はこのことは，施設で実現するのは容易ではない。

## 連鎖系暴力と習慣化暴力

　ここで注意すべきは，施設での暴力は，「連鎖系暴力」と「習慣化暴力」が多いということである。連鎖系暴力とは暴力の加害・被害の連鎖の中にある暴力であり，習慣化暴力とは，それが長年の暴力の習慣がすでにあり，いわば身にしみついた暴力である。連鎖系暴力と習慣化暴力は，とりあえずは本人の十分な理解や反省によって暴力がなくなるわけではない。

　暴力の連鎖がある施設では，そもそも施設そのものに「暴力はいけない」という文化ないし風土が育っていないのであるから，その子に罪悪感が育っていないのは無理からぬことである。その子はある意味ではそういう施設文化に努力して適応したのだとも言える。したがって，その子だけに，罪悪感を感じるようにというのは無理がある。施設を挙げて，安心・安全の取り組みを行い，施設のすべての子どもたちを暴力から守りつつ，愛情をもって叱ることが必要なのである。

　どの場面でも，深刻な暴力から守られ，そのうえで，悪いことをしたら叱られるが，以前のように殴る蹴る等の暴力は振るわれないという体験を蓄積していくことで，「正当な罪悪感」が育まれるのである。

## 叱るのも，寄り添うのも手厚く

　連鎖系暴力や習慣化暴力は「成長の兆し」として見て関わるには限界がある。しかし，それでも（適切な努力だとは言い難いものの）本人なりの自助努力であり，暴力の背後にあるのは成長のエネルギーであることに変わりはない。暴力を適切に抑えられれば，成長の兆しが出てくるものである。その兆しをキャッチしつつ，「叱るのも寄り添うのも手厚く」ということが関わりの基本であると，私は考えている。

第14章　その場で関わる心理臨床を超えて──2．児童福祉法改正と施設内虐待の行方

## 第14章

# その場で関わる心理臨床を超えて

## ──2．児童福祉法改正と施設内虐待の行方
### ～このままでは覆い隠されてしまう危惧をめぐって～

▶▶前章では「その場で関わる心理臨床」の先にあるものとして「システム形成型アプローチ」があり，そのシステムにもさまざまなレベルがあること，そして暴力問題では，3種レベルのシステム形成があること，第1は単独の施設におけるシステム形成，第2に複数の施設に広げる形，つまり複数の施設に共有し得る形でのシステム形成，第3に法律の制定や改正をも含むシステム形成であることを述べた。本章では，この第3のレベルにあたる法律の制定ないし改正について述べる。ここでは，私は日本ファミリーホーム協議会の機関誌に寄稿したものを転載させていただく。私が日本ファミリーホーム協議会の顧問を務めている関係で寄稿したものである。

これからの心理臨床は，もっぱら内面のみに関わる心理臨床だけでなく，「その場で関わる心理臨床」をも中心としつつも，その経験をもとに，新たなシステムの提案を行えることが重要であり，そのために必要な法整備についても，発言できるようになることを目指してほしいものである。

ただし，ここで注意すべきは，その提案が現実的で妥当なものでなければならないということである。いきなり天下国家を論じる人たちもいるが，私たち臨床家は，あくまでも現場での実践の積み重ねの経験をもとに発言していくべきである。実践をくりかえし，くりかえし，それに基づく提案や発言であるべきであると私は考えている。逆に，実践家は現場の活動に埋没しがちであるが，時には制度や仕組みや法律の改善にも思いをはせることが必要であると私は考えている。

本章で述べていることは，施設の暴力問題にこれでもかというくらい取り組んできた経験から見えてきたことについて述べたつもりである。また，いじめ防止対策推進法については第8章でも言及しているので，それも参考にしていただきたい。

なお，本書以前に，児童福祉法改正にあたっての私たちの活動と発言については，拙著『児童福祉施設における暴力問題の理解と対応』（金剛出版）第4章に述べてい

271

るので，ご参照いただきたい。

# I　はじめに

　子どもたちにとって，施設と里親とファミリーホームのどれがいいと思いますか？　児童養護施設にも，里親さんにも関わっていると，私はしばしばこう問われることがある。私はいつも，「暴力にさらされない安心・安全な生活を先に保障できたところです。残念ながら，まだどれもその点では不十分」と答えている。もっと正確に言えば，安心・安全な生活を保障できているだけでは不十分で，外部に対してそれをきちんと証明できることが必要である。むろん，施設であれ，里親であれ，安心・安全な生活を個々には実現できているところはあるだろう。しかし，全体としてはまだまだである。ましてや，外部にそれをきちんと証明できている（説明責任を果たせている）ところは稀である。

　家庭の事情から親元で暮らせない子どもたちが全国で約4万6千人いる（厚労省，2014a）。その中には家庭で虐待を受けてきた子どもも少なくない。彼らは保護された後に，家庭に戻すのが適当ではないと判定されると，多くは児童養護施設に措置される。また一部は，児童自立支援施設，情緒障害児短期治療施設，乳児院などの施設や里親やファミリーホーム（小規模住居型児童養育事業）に措置されることもある。

　しかし，ここで問題なのは，その措置先がしばしば安心・安全に暮らせる場ではないことである。痛ましい事件がこれまでも数々起こっていて，暴力・虐待の被害を受けた子どもたちは少なくない。児童養護施設等の児童福祉施設の暴力は関係者には広く知られていたにもかかわらず，長い間放置されてきた。「かくも長き放置（ネグレクト）」である（田嶌，2009, 2011a）。

　長き放置の時期を経て，2008年になってようやく画期的と思われることが起こった。児童福祉法が改正され，いわゆる施設内虐待の防止（正確には「被措置児童等虐待の防止等」）が明文化されたのである。

　虐待をはじめ過酷な状況から保護された子どもたちが，その保護先である施設等で暴力・虐待にさらされずに暮らせるというのは当然すぎるほど当然のことである。何よりも優先されるべきこの子たちの当然の基本的権利である。誤解を恐れずに言えば，2008年になってわざわざ児童福祉法に規定を入れなければならないようなことでは本来はないはずである。にもかかわらずそれがわざわざ「被措置児童等虐待の防止等」という形で明文化されたことは，実態がいかにひどかったかという背景があると言っていいだろう。

　「せめて安心・安全に暮らしたい」——それは施設等の子たちの長年にわたる切実な悲願であった。この改正案が成立した時，施設で暮らした経験のある人たち

がいかに喜んだことだろうか。その一端はネット上でもうかがい知ることができる。彼らがそれほどまでに喜んだのは，改正児童福祉法によって保護された子どもたちの状況が大きく改善されると期待したからである。だが，果たして，実際にはどうなのだろうか。

　児童福祉法が改正され，すでに数年が経過している。しかし，結論から言えば，現段階では残念ながらその効果は極めて疑わしい。このままでは施設内虐待・施設内暴力は，その深刻な実態すら正確には理解されないことになると言わざるを得ない。職員から子どもへの暴力・虐待や子どもから職員への暴力・虐待もさることながら，とりわけ非常に危惧されるのは，<u>このままでは他児童による虐待（子ども間暴力・虐待）による被害にはほとんど効果が期待できないであろうということ</u>である。それどころか，なんと改正児童福祉法が子ども間暴力・虐待の深刻な実態を覆い隠すことになってしまっているのである。改正児童福祉法に大いに期待してきた私としては愕然とする結果であり，長年この問題による被害にあってきた子どもたちを思えば痛恨である。

　この領域に関わってきた人ならば，子ども間暴力・虐待の深刻さはある程度わかっているはずである。にもかかわらず，児童福祉法改正後のこのような現状に関係者から疑問の声が全く上がってきていないのは，大変残念なことである。まさか現在のこのような事態を狙っての改正であったはずはないだろう。この法案が成立に至るには，それに向かって尽力してきた関係者の，この子たちがせめて安心・安全に暮らせるようにしたいという強い願いがあったはずである。私としてはそう信じたいところである。

　<u>この施設内暴力・施設内虐待問題の解決なしには虐待からの保護さえ終わったことにならないのである。</u>

　政治力もこの領域での発言力もない一臨床心理学者にすぎない私としては，せめてなぜそのようなことになってしまったのか，さらにはそれを改善するにはどうしたらいいのか，それを論じることこそが私の果たすべき役割であろうと考え，以下に述べていきたい。

## II　施設内暴力・施設内虐待の深刻さと広がり

　児童養護施設とは，児童福祉施設のひとつであり，事情があって保護者が育てられない2歳からおおむね18歳までの子どもたちが保護され，養育されている施設で，全国に2012年10月時点で589カ所あり，約3万人の子どもたちが暮らしている。あまり知られていないことだが，児童養護施設・児童自立支援施設・情緒障害児短期治療施設といった児童福祉施設の暴力・虐待は深刻であり，全国的な問題である。むろん落ち着いている施設もあれば荒れている施設もある。しか

し都道府県単位で見ればどの都道府県でも起こっているという意味で全国的問題であると言える。政令指定都市についても同様である。

　こう言うと読者はどのような事態を思い浮かべられるだろうか。それはおそらく，施設職員による体罰や虐待ではないだろうか。むろん，新聞報道に見られるように，その種の暴力・虐待は時に起こっており，取り組まれるべき問題である。しかし子どもたちにとって最もありふれていてしかも深刻なのは，子ども間の暴力・虐待である。

　ここでいう子ども間の暴力・虐待とはケンカなどではなく，強い子から弱い子への暴力・虐待であり，それは生活の場での暴力であるため，逃げ場のない惨いものである。この子たちは，逃げ帰る家がないのである。極端な場合，それは時にさらに惨い事態となる。たとえば，子ども間暴力についてだけ見ても，報道されているだけでも３件の死亡事件が実際に起こっている。紙幅の都合で詳しく述べることはできないが，いずれも凄惨な事件である。また，入所時に受けた暴力被害をめぐって裁判も起こっている。その背後には，そこまでには至らないものの，深刻な暴力が多数起こっている。

　これまであまりにも子ども間暴力が取り上げられてこなかったため，それを強調したのだが，むろんそれだけが問題なのではない。さらには，近年では子どもから職員への暴力もまた深刻である。強い子たちからの暴力被害にあっている職員や怖い思いをしながら勤務している職員も少なくない。

　児童養護施設・児童自立支援施設・情緒障害児短期治療施設といった児童福祉施設には「２レベル３種の暴力（含，性暴力）」がある。２レベルとは潜在的暴力と顕在的暴力であり，３種の暴力とは①職員から子どもへの暴力（職員暴力），②子どもから職員への暴力（対職員暴力），③子ども間暴力（児童間暴力），の３つである。これらの施設内暴力（含，性暴力）は，いずれの暴力でも死亡者が出ており，いずれも深刻であり，またそこまでは至らない暴力はどれだけあることかと思う。紙数の都合で，その詳細は田嶋（2010a, 2011a）をご参照いただきたい。いずれの暴力も子どもたちの安心・安全を脅かすものである。

　ここで重要なことは，それらはしばしば相互に関連しており，いずれかひとつの暴力だけを取り扱うのでは他の暴力が激化することがあるので注意を要するということである。


## III　国はどう対応してきたか


### 1.「懲戒権の濫用の禁止」

　以上のことは，児童養護施設をはじめとする社会的養護における児童福祉施設では，しばしば子どもたちは「成長の基盤としての安心・安全な生活」が送れて

いないということを示している。そして，それは子どもたちのもっとも切実なニーズである。こうした事態に国はどう対応してきたのだろうか。むろん，国も手をこまねいていたわけではない。

1997年の児童福祉法改正にあたって「懲戒権の濫用の禁止」が設けられ，同時に厚生省（現，厚生労働省）児童家庭局障害福祉課長，企画課長通知で「懲戒に係る濫用禁止について」という通知が出され，その後も幾度か類似の通知が出されている。

しかし，その通知の内容はもっぱら職員（含，施設長）からの暴力のみを対象としたものであったため，子どもたちは依然として施設での暴力被害に苦しんできた。特に深刻なのは強い子から弱い子への暴力や性暴力である。中でも多いのは男子間の殴る蹴るといった殴打系暴力と男子間の性暴力である。

## 2．改正児童福祉法における被措置児童等虐待

2007年になって，厚労省は児童福祉法改正に向けて「社会的養護専門委員会」を発足させ，ようやくそこで施設内虐待問題の議論が始まった。この児童福祉法改正の論議が始まったのを知った時，私が危惧したのは職員から子どもへの暴力・虐待だけが盛り込まれることになりはしないかということであった。3種の暴力は相互に関連していて，どれかひとつの暴力だけを問題とすると，しばしば他の暴力が激化することがある。したがって，施設内暴力・虐待の解決には3種の暴力への包括的対応が必要だということを私はかねてから主張してきたからである（田嶌，2005ab，2011a）。さて，実際には，どうなったのかを見てみよう。

長きネグレクトの末，2008年に改正され，2009年（平成21年）から施行された改正児童福祉法で「被措置児童等虐待の防止等」の項が設けられ，いわゆる施設内虐待の防止が盛り込まれた。いわゆる施設内虐待（「被措置児童等虐待」）は，児童福祉施設だけでなく，里親やファミリーホームなど社会的養護のさまざまな場での虐待の防止を含むものとなっており，次のように規定されている。

被措置児童等虐待とは以下の行為を言う。

1．被措置児童等の身体に外傷が生じ，又は生じるおそれのある暴行を加えること。
2．被措置児童等にわいせつな行為をすること又は被措置児童等をしてわいせつな行為をさせること。
3．被措置児童等の心身の正常な発達を妨げるような著しい減食又は長時間の放置，同居人もしくは生活を共にする他の児童による前二項目又は次の事項に掲げる行為の放置その他の施設職員等としての養育又は業務を著しく怠ること。
4．被措置児童等に対する著しい暴言又は著しく拒絶的な対応その他の被措置児童等に著しい心理的外傷を与える言動を行うこと。

ここで注目すべきは，従来のように職員から子どもへの暴力・虐待だけでなく，「職員が他児童による虐待を放置したら，職員によるネグレクトである」とされているということである。このような条項が入ったのは，職員からの暴力だけでなく，子ども間暴力の深刻さを認識し，それをも防ぐことが必要であるという認識からであると考えられる。ここに至ってやっと子ども間暴力への対応の必要性が公に認識されたかに思われた。

被害を受ける子どもの側から見れば，職員から殴られようが，年長の子から殴られようが同じく暴力被害である。職員からの暴力は痛いが，上の子からの暴力は痛くないなどということはあり得ない。ともに被害児を大変に脅かすものである。職員からであれ，他児童からであれ，子どもたちが暴力被害に怯えることなく暮らせるようにという視点から職員が他児童による虐待を放置したらネグレクトと見なすということになったものと考えられる。「職員が他児童による虐待を放置したら，職員によるネグレクトである」というのは，児童福祉法という児童のための法律で子ども間暴力をも規制するためのいわば「苦心の作」あるいは「苦肉の策」であったと考えられる。

私としては理想的とは言えないまでも，職員から子どもへの暴力だけが問題とされるという事態は回避されたので，ひとまず安心したのである。

このように，他児童による虐待（子ども間の虐待・暴力）を放置すれば職員によるネグレクトであるとした点では，施設内暴力・虐待問題の解決に記念すべき大きな前進であるはずであった。しかし，大変残念なことに，少なくとも現段階では，実際にはそうなっているとは言い難い。以下の資料をもとに見てみよう。

### 3．被措置児童等虐待の報告件数
児童福祉法の改正を受けて，平成21年度から全国で起こった被措置児童等虐待の件数が毎年公表されている。まずは平成23年度のものを見てみよう（「平成23年度における被措置児童等虐待届出等制度の実施状況」）。厚労省（2012）によれば，その概要は以下の通りである。

- 届出・通告受理件数総数は193件，そのうち虐待の事実が認められた件数は46件。
- 虐待の事実が認められた施設等は，「児童養護施設」が28件（60.9％），「里親・ファミリーホーム」が6件（13.0％）等であった。
- 虐待の種別・類型は，「身体的虐待」が37件（80.4％），「心理的虐待」が6件（13.0％），「ネグレクト」が2件（4.3％），「性的虐待」が1件（2.2％）であった。

最近発表された平成24年度の概要（厚労省，2014b）は，以下の通りである。

第 14 章　その場で関わる心理臨床を超えて──2．児童福祉法改正と施設内虐待の行方

- ・届出・通告受理件数総数は 214 件，そのうち虐待の事実が認められた件数は 71 件。
- ・虐待の事実が認められた施設等は，「児童養護施設」が 51 件（71.8％），「里親・ファミリーホーム」が 7 件（9.9％）等であった。
- ・虐待の種別・類型は，「身体的虐待」が 45 件（63.4％），「心理的虐待」が 10 件（14.1％），「ネグレクト」が 3 件（4.2％），「性的虐待」が 13 件（18.3％）であった。

## 4．他児童による虐待（子ども間暴力・虐待）の深刻さと広がり

　これを見て，どう思われるであろうか。職員からの暴力についてはある程度あがってきているようだが，これまで述べてきたように，他児童による虐待（子ども間暴力・虐待）もまた深刻である（さらには近年では子どもから職員への暴力［対職員暴力］も深刻であるが，対職員暴力は児童福祉法には規定がなく，ここでの報告対象にはなっていない）。全国の児童養護施設等の施設で暴力・虐待事件が起こると，それが限度を超えた深刻なものであると判断されると報告義務があり，所管課（「児童家庭課」「子ども未来課」等）と児童相談所に「事故報告」というものが提出される。事故の内容はさまざまであるが，その中には相当数の他児童による虐待（子ども間暴力・虐待）が報告されているはずである。性暴力被害も少なくない。とりわけ多いのは男子間の性暴力である。

　むろん，そういう事件が少ない施設もあれば頻発している施設もある。しかしどの県でも起こっているという意味で全国的な問題である。しかし，この報告から他児童による虐待（子ども間暴力・虐待）の深刻さを想像できる人はまずいないであろう。厚労省はこの他児童による虐待（子ども間暴力・虐待）の全国での発生件数を集計して公表すべきである。

　しかもそれらは，顕在的な暴力・虐待，すなわち容易に把握できた暴力・虐待なのである。その他にも多数の潜在的な暴力・虐待が，私の経験から言って相当数あるのは間違いない。

　<u>全国で今なお，深刻な他児童による虐待（子ども間暴力・虐待）が多数あるはずである。にもかかわらず，この被措置児童等虐待の報告件数からはその一端でさえうかがい知ることができなくなっている</u>のである。児童養護施設をはじめ社会的養護のあらゆる場で子どもたちを虐待から守ることを高らかに掲げたはずの改正児童福祉法が，他児童による虐待（子ども間暴力・虐待）から守ってほしいという子どもたちのもっとも切実なニーズをほとんど完璧に覆い隠す結果になっているのである。

## 5．「他児童による虐待」はどこにカウントされているのか

277

なぜこんなことになってしまったのだろうか。

他児童による虐待（子ども間暴力・虐待）——強い子から弱い子への暴力・虐待——はこの件数のどこに含まれているのだろうか。

改正児童福祉法では職員が「他児童による虐待を放置」していたらネグレクトに該当するものと考えられる。ならば他児童による虐待は，このネグレクトの件数にカウントされているはずである。平成23年度は2件，24年度は3件である。全国でわずかこれだけしかネグレクトは認定されていない。むろん，他児童による虐待を放置していた場合だけなく，職員が必要な世話をしないという文字通りのネグレクトもこれにカウントされるはずだから，この2件（23年度）と3件（24年度）というのは数字だけ見る限りでは実際にはそのどちらなのかはわからない。つまり，「他児童による虐待（子ども間暴力）の放置」という形のネグレクトというのは最大でも全国で平成23年度は2件，24年度は3件しか起こってはいないということになる[注]。

## 6．「他児童による虐待」と「他児童による虐待の放置」

これだけを見て，社会的養護における他児童による虐待（子ども間暴力・虐待）はたいしたことはないと誤解される危険性が高いことを私は大変危惧している。ここで注意すべきは，「他児童による虐待」と「他児童による虐待の放置」の違いである。この2件（23年度）と3件（24年度）にカウントされているのは，「他児童による虐待の発生件数」ではなく，「他児童による虐待を放置していた件数」であるとしか考えられない。

ここでの大きな問題は，発生件数が報告されていないということ，さらに言えば他児童による虐待ないし子ども間暴力の実態を把握しようという姿勢がないことである。

さらに問題なのは，「他児童による虐待（子ども間暴力・虐待）の放置」が最大でも全国で23年度は2件と24年度は3件しか起こっていないというのも，はなはだ疑問であるということである。問題なのは，何をもって放置（ネグレクト）と見なすかという基準が明確な形で示されていないということである。そのため，関係者の主観的判断によるものとなり，なるべくネグレクト（他児童による虐待の放置）とは見なさないという心理が働きやすくなることは想像に難くない。したがって，この2件（23年度）と3件（24年度）という数字は他児童による虐待（子ども間暴力・虐待）の実態を反映しているものとはとても考えられない。

他児童による虐待があったというだけではそれがいかに深刻な被害であっても，施設側がキャッチした後になんらかの対応をとった場合にはこの報告件数にはあがってこないということになっているとしか考えられない。また，施設では同じ子が暴力や性暴力の被害にくりかえしあうことは実際に少なくないが，暴力被

害が何件もくりかえし起ころうとも，施設側がキャッチした後になんらかの対応をしたならばそれはカウントされないということになっているものと思われる。

実際，ある県の所管課（児童家庭課）の職員に尋ねてみたところ，「職員による虐待はそれがあった場合はすぐに報告件数に入れるが，他児童による暴力・虐待があったというだけではカウントしていない」とのことであった。ではどういう場合に報告件数にカウントするのかと尋ねたところ，「施設側からの自発的報告ではなく，外部等からの通告によって他児童による虐待・暴力がキャッチされた場合」とのことであった。

たまたまその県がそうであるだけだとはとても考えられない。多くの県で担当者がそう理解しているのでなければ，他児童による虐待を含めて，ネグレクトが全国で（わずか）23年度は2件と24年度は3件という数字になってしまうはずがない。したがって，平成21年度以来毎年公表されている「被措置児童等虐待の報告件数」からは施設内虐待・施設内暴力の実態，社会的養護における虐待・暴力の深刻な実態はうかがい知ることはできないのである。

## 7．覆い隠されてしまった他児童による虐待（子ども間暴力・虐待）

以上見てきたように，改正児童福祉法によって歴史上初めて社会的に認知されると期待された他児童による虐待は，職員によるネグレクトというカテゴリーに入れられることで，被措置児童等虐待の報告件数の公表では，その実態がほぼ完全に覆い隠されてしまっているのである。

もともと子どもたちの安心・安全の実現に向けて改正されたはずの改正児童福祉法が，皮肉なことにこのままでは，子どもたちが最も苦労してきたと思われる他児童による虐待・子ども間暴力の実態を覆い隠す役割を果たし続けることになる可能性が高いのである。

それというのも，先にも述べたように，（かつてはともかく少なくとも）現在の厚労省には，他児童からの虐待（子ども間暴力・虐待）の実態を把握しようという姿勢が希薄だからであると考えられる。施設や行政も同様であるように思われる。

各都道府県や政令指定都市のしかるべき立場にある担当者は所管の施設でどれだけ痛ましい暴力事件が起こっているかを知っているはずである。それだけ見ても事態は深刻である。しかし，実際の事態はそれよりもはるかに深刻である。後に述べるように，ほとんどの施設で3種の暴力について子どもたちへの定期的聞き取り調査が実施されていない現段階では，厚労省も地方行政の所管課（児童家庭課等）もそして施設職員でさえ，施設内暴力の実態を十分には知らないのだと言えよう。いやそんなことはよく知っていると言われるかもしれない。しかし，あなた方が知っているのはほんの一部にすぎないと私は断言しておきたい。

このままでは，国と地方行政，そして施設等による「他児童による虐待」または「子ども間暴力」のネグレクトである。国家的ネグレクトである。

そうならないためには，「他児童からの虐待（子ども間暴力・虐待）の発生」と「他児童からの虐待（子ども間暴力・虐待）の放置」の両方の件数を調査し，報告することが必要である。また，その際「他児童による虐待の放置」において「放置」と判断する基準を国が明確にすることが最低限必要である。

また，覆い隠されてしまっているのは子ども間暴力・虐待だけではない。ほとんどの施設で入所児への定期的聞き取り調査をしていない現在の状況では，職員から子どもへの暴力も適切に把握されているという保証はないし，さらには「子どもから職員への暴力・虐待」に至っては最初からカウントさえされていないのである。3種類の暴力・虐待についての実態把握のための仕組みと努力が必要である。

## Ⅳ　社会的養護における安心・安全の実現に向けて

### 1．職員による虐待だけを問題とすることの問題

そうは言っても，職員による虐待についてはかなり報告されているのは大きな前進ではないかとの主張もあるかもしれない。しかし，それとてもはなはだ疑問なのである。私の経験では，先述の3種の暴力は相互に関連していて，どれかひとつの暴力だけを問題とすると，しばしば他の暴力が激化することがあるからである。たとえば，職員暴力だけを問題にすれば，かえって子ども間暴力（児童間暴力）や対職員暴力がひどくなる可能性が高い。

もう少し具体的に説明しよう。ひとくちに施設内暴力・虐待と言っても，さまざまな型（タイプ）があり，その現実は多様である。「体罰による管理」「暴力による支配」で職員が恐くて，子どもたちが訴えることができないような施設がある一方で，職員が当然注意すべき問題行動の指導にも腰が引けている施設もある。暴れる子を止めようとして，腕をつかめば，「体罰だ」，「セクハラだ」と訴える子がいるのもまた児童養護施設の実態の一側面である。その一方で，非常に多くの施設で見られる暴力として，子ども間暴力がある。このように，児童福祉施設の暴力問題への適切な対応のためには，児童福祉施設では，暴力について多様な現実があるということを出発点として認識しておくことが重要である。

### 2．包括的対応が必要

しかもこの現実は，しばしば変化する。3種の暴力のうちどれかひとつだけを中心的に対応していくと，しばしば他の種類の暴力が激化する可能性がある。たとえば，職員からの暴力が報道された施設では，ほとんどの場合，職員から子ど

もへの暴力は激減または消失すると同時に子どもから職員への暴力や子ども間暴力が激化する。また，たった1人の暴力的な子どもが新たに入所してきただけで，子ども間の力関係や子どもと職員間の力関係が瞬く間にがらりと変わってしまうこともある。

したがって，施設内暴力の解決には，2レベル3種の暴力への包括的対応が必要なのである。すなわち職員暴力，子ども間暴力，子どもから職員への暴力などのいずれかにのみ対応するのではなく，施設等におけるすべての暴力を同時になくしていくのに有効な包括的な対応システムをつくっていくことが必要なのである。それは，また同時に，先に述べた施設内虐待・暴力が起こりやすいどの型の施設にも役立つものでなければならない。

## 3．順番にやればよいというものではない

また，これまであまりにも職員暴力だけが強調されてきたことが問題であると指摘すると，関係者の中には，「子ども間暴力があることはわかっていました。まずは，職員暴力です。それから子ども間暴力や対職員暴力への対応をしていけばいいじゃないか」と主張されることがある。しかし先述のように，児童養護施設には2レベル3種の暴力があること，いずれの暴力も子どもたちの安心・安全を脅かすものであるということ，さらにはどれかひとつの暴力だけに対応していくとしばしば他の種類の暴力が激化するということから，そのように順番にやっていけばよいというものではないことがおわかりいただけよう。2レベル3種の暴力に包括的に対応することが必要なのである。

## 4．社会的養護における安心・安全の実現のために

以上述べてきたことから，施設等に保護された子どもたちの安心・安全の実現という点ではせっかくの改正児童福祉法が有効に機能しているとはとても言い難い。児童福祉法の改正に尽力してきた関係者はまさかこのような事態を予想していたわけではないだろうと思う。それでは，有効に機能するにはどうしたらいいのであろうか。

まず必要なのは，児童福祉法の改正にあたって，職員からの虐待だけでなく他児童による虐待を放置してはならないとする文言をあえて入れた当時の関係者の思いを適切に理解することであろう。そのうえで，関係者で，職員からの虐待はむろんのこと，改正児童福祉法の趣旨を実現し，子どもたちが安心・安全に暮せるためにはさらにどのような運用の工夫を考えたらよいかを検討することであろう。

それにあたって重要なのは，改正児童福祉法第33条の17では，「国は，被措置児童等虐待の事例の分析を行うとともに，被措置児童等虐待の予防及び早期発見

のための方策並びに被措置児童等虐待があった場合の適切な対応方法に資する事項についての調査及び研究を行うものとする」とされていることである。つまり，国がこの問題について事例の分析を行い，さらに早期発見と適切な対応方法に役立つ調査研究を行うことになっていることは特筆すべきことである。ぜひともこの調査研究を積極的に推進し，その成果を公表していただきたい。その際，本章でこれまで述べてきた問題点についても，ぜひとも検討していただきたい。

### 5．ガイドラインの見直しの必要性

2009年1月には国から施設内虐待対応ガイドラインが都道府県および児童相談所設置市向けに出されたが，その後も改定され取り組みが具体化してきたものと考えられる。しかし，そうした関係者の尽力にもかかわらず，大変残念なことにそのガイドラインが有効に機能しているとはとても言えない。本章で私がこれまで述べてきた視点からガイドラインを見直すことが必要である。

被措置児童等虐待への対応については，「都道府県（担当部署）はその内容等を速やかに都道府県児童福祉審議会へ報告すること」とされていることから，児童福祉審議会が重要な役割を担うものと考えられる。各地の児童福祉審議会の委員の方々には，本章で論じてきたことをふまえ，ガイドラインの改定も含めて，ぜひともこの問題の適切な理解と迅速な対応をお願いしたい。

私自身は以下のことが必要であると考えている。

**「他児童からの暴力・虐待の発生件数」も報告すること**

ガイドラインの改定にあたって，とりわけ重要と思われるのが，他児童からの暴力・虐待（子ども間暴力・虐待）の実態がわかるようにすることである。そのために，「他児童による虐待（子ども間暴力）の発生件数」と「他児童による虐待（子ども間暴力）の放置」の両方の件数を調査し，報告することである。ネグレクトとして一括するのではなく「他児童からの暴力・虐待の発生」および「他児童からの暴力・虐待の放置」といった独立した項を設けるべきである。

**報告義務の基準を具体的に明らかにすること**

また，その際，「他児童からの暴力・虐待の発生」と「他児童による暴力・虐待の放置」において，報告義務の基準を具体的に明らかにすることが最低限必要である。施設等や児童相談所から自治体の担当課を通じて国に報告が行き，それを集計して厚労省が公表しているのだろうが，その報告義務の基準を具体的に明らかにして，各自治体，児童相談所，児童養護施設等に周知することが必要である。このことは職員による暴力・虐待についても重要であるが，他児童からの暴力・虐待についてはとりわけ重要である。また，「他児童からの暴力・虐待は確かにあったが，施設としてはキャッチ後はすぐに対応したので報告する必要はない」などといったことが決して起こらないようにすべきである。

### 暴力から確実に守り抜かれること

要は，子どもたちが措置先の施設等において暴力・虐待から守り抜かれることである。そのためには，施設等における3種の暴力・虐待の実態が定期的に把握されることが必要である。したがって，職員から子どもへの暴力・虐待や子ども間暴力・虐待だけではなく，対職員暴力の件数や実態も報告しなければならないようにするべきである。

### 訴えにくい被害と仕返し

暴力被害は，なかなか訴えにくいものである。また，訴えたが仕返しをされ，その後訴えなくなった子も多い。また，潜在的暴力はキャッチが難しい。とりわけキャッチが難しいのは潜在的子ども間暴力である。中でも子ども間の性暴力はさらにキャッチが困難なものである。

### 早期発見し学びにつなげる

私はこうした集団生活における暴力への対応の基本は，深刻化しないうちに早期発見し，それを学びにつなげることだと考えている。そのためには潜在的暴力を早期に発見することが必要である。したがって，施設等において2レベル3種の暴力・虐待の早期発見の仕組みが必要である。

### キャッチする仕組みが必要

被害を受けた子はしばしば被害を訴えることができない。したがって，重要なことは潜在的暴力をキャッチすることである。顕在的暴力でさえ見ようとしなければ見えないし，また潜在的暴力はそれが見えやすくなる仕組みがないとキャッチしようがない。そのため，潜在的暴力をキャッチするためにどうしたらよいかを検討しておくのは非常に重要である。

### 定期的聞き取り調査を義務づける

さて，そのためにはどうしたらよいのだろうか。最もよく行われているのが，①「被害にあったら言ってきなさい」と伝えておく，というものである。子どもの権利ノートがそれである。しかし，それだけでは極めて不十分である。

それを伝えつつも，もっと有効なのは，②訴えてくるのを待つだけでなく，こちらから3種の暴力について聞き取り調査を行う，というものである。多くの都道府県で児童相談所がたいていは年1回程度すべての入所児に個別面接を行っている。しかし，年1回というのはいかにも少ない。児童相談所でも施設側でも第三者委員会でもよいから，もっと頻繁な定期的聞き取り調査を行っていただきたい。訴えることができないのは，訴えたら確実に守ってもらえるという実感が乏しいからである。

そこで，私がお勧めしているのが，③施設を挙げて暴力をなくす活動をしながら，3種の暴力についての定期的聞き取り調査を行う，ということである。つまり，表14-1の①→②→③の順で，効果的なやり方である。①よりも②はいくらか

その場で関わる心理療法

表14-1 潜在的暴力キャッチの方法

①「被害にあったら言ってきなさい」と伝えておく

②訴えてくるのを待つだけでなく，聞き取り調査を行う

③施設を挙げて暴力をなくす活動をしながら，定期的聞き取り調査を行う

ましな手法であるが，③は①，②よりもはるかに効果的な手法である。つまり，私のお勧めは，ダントツに③の「施設を挙げて暴力をなくす活動をしながら，定期的聞き取り調査を行う」ことである。聞き取り調査以外にも，ストレス調査等も有用であると考えられる。

### 6.「安全委員会方式」聞き取り調査の勧め

私が考案した「安全委員会方式」を導入している施設では必ず3種の暴力についての定期的聞き取り調査（通常は月1回）を行っている。「安全委員会方式」とは，簡単に言えば，子どもたちの成長のエネルギーを引き出すために，暴力を早期発見し，暴力を振るわないで言葉で表現できるようにするという学びにつなげていくことを実践する方式であり，施設を挙げて暴力をなくしていく活動を行っている。（2015年11月に全国児童福祉安全委員会第7回大会が愛知県で開催予定。全国児童福祉安全委員会連絡協議会のホームページ参照　http://www2.lit.kyushu-u.ac.jp/~com_reli/safety/）。しかし児童福祉施設版安全委員会方式を導入している施設は，全国約600カ所のうちわずか18カ所にすぎない。

その18カ所の児童養護施設等での私の経験では，相当に落ち着いていると思われる施設や優良で知られた施設でも，3種の暴力（含，性暴力）について月1回程度の定期的聞き取り調査を実施すると従来発見できなかった深刻な暴力がしばしばキャッチされるものである。ましてや，特に荒れているわけではないが非常に落ち着いているというわけでもない，普通の施設で3種の暴力（含，性暴力）ついて月1回程度の定期的聞き取り調査を行えば，深刻な暴力が相当程度発見される可能性は極めて高い。

つまり，私のこれまでの経験から言えば，定期的聞き取り調査を行っていない施設では，「他児童による虐待の放置」が発生している可能性が極めて高いのである。したがって，ガイドラインで，すべての施設に3種の暴力（含，性暴力）について月1回程度の定期的聞き取り調査を義務づけるべきである。

### 7．児童福祉法のさらなる改正が必要──子ども間暴力・虐待および子どもか

ら職員への暴力・虐待の防止

　従来のように職員から子どもへの暴力・虐待だけでなく，他児童による虐待を放置すれば職員によるネグレクトとみなすとした点では，2008年の児童福祉法改正は施設内暴力・虐待問題の解決にあたって大きな前進である。しかし，その運用の現状を見れば，いまだ極めて不十分な状況であると考えられる。したがって，将来の児童福祉法改正において子ども間暴力・虐待の防止が盛り込まれるべきである。そして，ガイドラインに記すだけでなく，児童福祉法ですべての施設に3種の暴力（含，性暴力）について月1回程度の定期的聞き取り調査を義務づけるべきである。

　また，子どもから職員への暴力（の放置）も被措置児童等虐待の対象とすべきである。先の改正児童福祉法では子どもから職員への暴力がその対象とならなかったのは，子どもが被害を受けているわけではないということからであろう。しかし，現在では子どもへの直接の暴力だけでなく，子どもの前で暴力を振るうこともまたトラウマとなり，虐待であるとされるようになってきている。2004年の改正児童虐待防止法では「児童が同居する家庭における配偶者に対する暴力」もまた児童虐待であるとされたのである。つまり，子どもの前での配偶者への暴力は「面前DV」として虐待であるとの認識が広がりつつある（東京新聞，2014年3月17日）。また，小児期にDVにさらされてきた経験が脳に影響を及ぼすことが示唆されている（友田，2013）。

　ここで施設の子たちについて言えば，本来なら自分を守ってくれるはずの職員が強い子から暴力を受けるのを見聞きすることは弱い子にとっては大きな脅威であり，面前DVと同様のものと見なすことができると考えられる。したがって，職員による虐待，他児童による虐待だけでなく，子どもから職員への暴力（の放置）も児童福祉法の被措置児童等虐待の対象とすべきである。

## 8．子どもの権利条約25条

　札幌市児童相談所の所長（現札幌市精神保健センター所長）築島健氏に教えられたことだが（築島，2012ab），子どもの権利条約第25条には，「締約国は，児童の身体又は精神の養護，保護又は治療を目的として権限のある当局によって収容された児童に対する処遇及びその収容に関連する他のすべての状況に関する定期的な審査が行われることについての児童の権利を認める」とある。これまで述べてきたように，現状では施設の暴力の状況を適切にモニターできている，審査できているとはとても言い難い。その点で，措置権を持つ児童相談所にも所管課にも責任がある（築島，2012ab）。にもかかわらず，当事者意識が希薄だと思われる児童相談所や所管課も少なくないのが現状である。改めてこの子どもの権利条約第25条を関係者は肝に銘じる必要がある。

## V 「いじめ防止対策推進法」と「被措置児童等虐待の防止」

　施設の暴力問題と関係が深いのが学校のいじめ問題である。いじめと暴力——どう定義しようとも，両者は重なるところが極めて大きいのは確かであろう。実際，類似点は大変多い。この両者に注目しておくことは，その有効な取り組みに役立つものと考えられる（田嶌，2012）。

　最近になって，学校のいじめ対策で画期的なことが起こった。2013 年に「いじめ防止対策推進法」が制定されたのである。基本的施策を要約すれば，次の通りである。

　　1．学校におけるいじめ防止：全ての教育活動を通じた道徳教育および体験活動等
　　　の充実
　　2．いじめ早期発見のための措置：定期的調査
　　3．関係機関等との連携
　　4．いじめ防止等の対策に従事する人材の確保
　　5．いじめ防止等の対策の調査研究の推進

　具体的には，たとえば，いじめ問題対策連絡協議会を置くことができる（第 14条），早期発見の措置を講じる：定期的な調査その他の必要な措置（第 16 条），いじめ防止等の対策のための組織を置く：複数の教員，心理，福祉に関する専門的知識を有する者その他の関係者により構成される（第 22 条），犯罪行為は警察と連携（第 23 条），出席停止制度の適切な運用（第 26 条），重大事態への対処：事実関係を明確にするための調査→被害児童と保護者への報告（第 28 条）などの対応が盛り込まれている。

　いじめ・暴力というのは構造的な問題であり，それゆえ仕組みに働きかけるという意味では，法律ができたのは大きな前進である。とりわけ，学校現場において「モニターしつつ支援する仕組み」ができそうな方向になっているのは，高く評価できる。しかしその一方でそれが十分に有用なものになっているかどうかは疑問もある。最も気になるのは，施設の暴力問題で私が再三主張しているように「2 レベル 3 種の暴力」を包括的に扱うものになっていないという点である。

　当然ながら，施設の子どもたちも学齢期の子は地域の学校に通っている。施設の子が学校でいじめ・暴力を受けた場合は「いじめ防止対策推進法」で守られ，施設でいじめ・暴力を受けた場合は「児童福祉法」で守られるという奇妙な事態に陥っているのである。「改正児童福祉法」は職員等の大人からの暴力を主としつつも，子ども間暴力も（極めて不十分ではあるが，間接的に）対象としたものであり，「いじめ防止対策推進法」は生徒間のいじめをもっぱら対象としたものであ

り，私から見れば，それぞれ，一長一短がある。ここはひとつ厚労省と文科省がいいところをお互いに学びあって，「2レベル3種の暴力」を包括的に扱う形で整合性のある対応ができないものだろうか。

## VI　取り組みの優先順位の重要性

　特に強調しておきたいのは，取り組みの優先順位が重要だということである。何を当たり前のことを，と思われたかもしれない。しかし，このことは施設関係者にも専門家にもなかなか理解してもらえないのである。たとえば，全国児童養護施設協議会が児童養護施設における養育の指針としてまとめた，「児童養護における養育のあり方に関する特別委員会報告書」（全国児童養護施設協議会，2008）においても，暴力問題が全く触れられておらず，さらには安心・安全な生活の実現ということが全くと言ってよいほど述べられていないのである。また児童養護施設等の児童福祉施設の発達障害児や愛着障害児について本や論文が出ているが，このことに触れているものはほとんどないのが現状である。今そこで暴力にさらされている子たちがいる可能性は高いにもかかわらず，残念なことに，ほとんどの施設では定期的聞き取り調査等によるその可能性の吟味や暴力への施設を挙げた対応もなしに，さまざまな個々の養育やケアが行われているのが現状である。

　その一方で，養育やケアの視点として近年注目されているのが，トラウマ・愛着・発達障害という視点である。さらには育て直し（または育ち直り）や性教育といった視点も注目されているように思われる。それらの視点そのものは大変重要であると私も考えている。しかし，ここで注意すべきは，先にも述べたようにそれに先立って成長の基盤としての安心・安全の実現が基盤に必要であり，そのためには現在の暴力状況への十分な対応が必要だということである。そうでなければ効果がないどころか，かえって逆効果になることもあり得ると考えられる。

　つまり，暴力の実態把握もなしに，入所の子どもたちの安心・安全は当然実現されているはずだという根拠なき前提で育て直し・トラウマ・愛着・発達障害・性教育といった視点からの個別のケアや心理療法等が実施されているのである。そして，その動向は今後もますます強くなっていくように思われる。そのことを私は大変危惧している（田嶌，2014）。

　しかし，優先されるべきは暴力状況の実態を把握すること，すなわち安心・安全のアセスメント（田嶌，2011a）と，それに基づく対応である。せめて児童福祉施設では暴力状況の実態把握のために子どもたちへの定期的聞き取り調査くらいは義務づけるべきであると私は考えている。

　「そうは言っても，育て直し・トラウマ・愛着・発達障害・性教育という視点は暴力問題の対応に役立つのではないか」との反論もあるかもしれない。私はその

可能性を一概にすべて否定するつもりはない。しかし，それは基本的には逆であり，暴力への対応によって安心・安全が実現されてこそ，育て直し・トラウマ・愛着・発達障害・性教育等の視点からの関わりも適切に行うことができるのである。それらの視点からのケアや関わりが，本来それよりも優先されるべき定期的聞き取り調査等による暴力状況の実態の把握，すなわち安心・安全のアセスメントと，それに基づく対応なしに行われていることが最も大きな問題なのである。

　育て直し・トラウマ・愛着・発達障害・性教育という視点だけではない。子どもたちへの養育・援助のあらゆる関わりは，暴力への対応，安心・安全の実現を基盤になされるべきである。施設関係者にも，育て直し・トラウマ・愛着・発達障害・性教育という視点での実践を指導・推奨している専門家にもこのことを理解していただきたい。

## Ⅶ　ファミリーホームへの提言

### 1．ファミリーホーム協議会における私たちの活動

　施設内虐待の防止が盛り込まれた2008年の児童福祉法の改正によって制度化されたのが，いわゆるファミリーホームである。正式には「小規模住居型児童養育事業」と言う。このファミリーホームでは，6人までの養育が認められるため，危惧されるのが職員による暴力・虐待だけでなく子ども間暴力・虐待や子どもによる対職員暴力である。日本ファミリーホーム協議会の設立時から顧問を務めている私はかねてからそのことを指摘し，個々の技量をあげるだけではなく，なんらかの仕組みが必要であり，早急に対応策を検討すべきであることを，以下のように日本ファミリーホーム研究協議会の分科会や講演等で折に触れて主張してきた。

　2005年に結成された日本ファミリーホーム協議会（当初は「日本里親ファミリーホーム協議会」という名称であったが，ファミリーホームの制度化に伴って，2009年に改称された）では，2006年から毎年研究協議会を開催しているが，たとえば，第2回大会（2007年）は，「子どもの安心・安全，里親の安心・安全」という分科会を行うなど，私たちは子どもの安心・安全や暴力問題を再三取り上げてきた（土井・菅野・田嶋，2008；田嶋，2010b 他）。そして，第5回大会（2010年）では大会テーマに「子どもの安心・安全をどう保障するのか」を掲げ，私が「子どもの安心・安全は成長のエネルギー」と題して特別講演を行い（田嶋，2011b)，分科会では「FHの今と明日を考える─子どもの安全を保障する上でFHが密室にならない為には何がどう必要かを考える」（佐藤・赤塚・入江・村田・田嶋，2011）を行った。

　しかし日本ファミリーホーム協議会では，執行部がどのように受けとめている

のかよくわからない。確かなのは，いまだに組織全体としての対策の具体的な動きがないということである。

## 2．ファミリーホームの危機

残念ながら，先述のように，ファミリーホームでも虐待が起こっている。平成24年度に虐待の事実が認められた71件のうち「里親・ファミリーホーム」が7件（9.9％）であったとのことである。これは，大変残念なことである。しかもそれは実態のごく一部であると私は考えている。こうした事態をこのまま看過することはファミリーホームの危機である。早急に仕組みづくりを含む対応策が必要である。

## 3．ファミリーホームにおける暴力防止の仕組みづくり

日本ファミリーホーム協議会の組織全体の動きはないが，それでもごく一部のファミリーホームが私の主張に賛同して暴力防止の仕組みをつくる具体的な活動を展開している。福岡県の吉田ホームと大分県の佐藤ホームがそれである。それは私たちが児童養護施設等で展開しているいわゆる「（児童福祉施設版）安全委員会方式」に準じたもので，①外部委員による関わり，②定期的聞き取り調査の2点がその骨子である。たとえば，吉田ホームでは，「吉田ホームを応援する会」が元児童相談所所長の紫牟田和男氏を会長として2012年から活動しており，私はその顧問を務めている。名称こそ「応援する会」としているが，その最も重要な目的はホームにおける暴力のモニターと防止である。また横浜市の赤塚ホームや広島県の稲垣ホームも独自に取り組んでいる。

私としては，たとえば，全国のファミリーホームに「〇〇ホームを応援する会」という形でこれに類する暴力防止活動が行われることを願っている。日本ファミリーホーム協議会が組織全体として推進してもらえないものだろうか。

# Ⅷ　社会的養護における安心・安全の実現

このような社会的養護の動向の中で，私がファミリーホームに関わってきたのも，ファミリーホームならば，子どもたちの安心・安全を守ることができるあり方を真摯に考えて実現してくれるのではないかと考えたからである。そしてそれはファミリーホームだけでなく，児童養護施設や里親をはじめ社会的養護のあらゆる場で子どもたちの安心・安全が実現するための大きな突破口になると考えたのである。そういう思いから，私はこれまで折に触れて安心・安全の実現の重要性についてファミリーホーム研究協議会で何度も発言してきた。しかしながら，その反応はあまりにも鈍いと言わざるを得ない。率直に言って残念ながら，この

その場で関わる心理療法

ままでは私はファミリーホームの今後には危機感を持っている。それは社会的養護の危機でもある。

自分のホームは大丈夫だと思わないでいただきたい。自分のホームさえ大丈夫なら他のホームのことはいいと思わないでいただきたい。あなたのホームでも，他のホームでも，施設でも子どもたちが安心・安全に暮らせるようにならないといけないのである。

そこを協議会全体の課題として考えていただきたいのである。ファミリーホームでは，これまで施設も里親も取り組むことができなった水準で，子どもたちの安心・安全を守り抜くことができるようにならなければファミリーホームが制度化された意味はないとさえ，私は考えている。そして，ファミリーホームでの取り組みが施設や里親や児童相談所（の一時保護所）にも広がり，社会的養護のあらゆる場で子どもたちの安心・安全が守られるようになることを願っている。

# IX　おわりに

本章が一人でも多くの社会的養護に関わる人々の目に留まることを願っている。とりわけ，厚労省の担当者の方や全国の各自治体で施設内虐待・被措置児童等虐待に関わっておられる方々，児童福祉審議会の委員の方々にはぜひとも読んでいただきたいと願っている。

先の児童福祉法改正は，何のための改正だったのか，誰のための改正だったのかが問われている。

　注）厚労省の報告の末尾に，「（別紙）虐待として報告のあった事案」が添えられており，そこには事件の概要が簡単にではあるが記載されている。それを確認したところでは，ネグレクトのうち他児童による虐待を放置した件数はH23年度1件，H24年度は2件であると考えられる（補足：後にも述べるように，H25年度は0件であると考えられる）。

【追記1】　つい先頃，2013年度（H25年度）の被措置児童等虐待の件数が厚労省から公表された。それによれば，届出・通告受理件数総数は288件，そのうち虐待の事実が認められた件数は87件。虐待の事実が認められた施設等は，「児童養護施設」が49件（56.3%），「里親家庭」が13件（14.9%）等であった。虐待の種類別・類型は，「身体的虐待」が55件，「心理的虐待」が17件，「ネグレクト」が2件，「性的虐待」が13件であった。

なお，この発表にも「（別紙）虐待として報告のあった事案」が添えられており，それによれば，平成25年度は他児童による虐待を放置した件数は，なんと0件である。

これを見れば従来と同様の集計であり，子ども間暴力をはじめ，施設内暴力の深刻

な実態は相変わらず覆い隠されたままになっている。こうした事態に，全養協をはじめ関係者が全く声をあげないのは，どういうことだろうか。

　本章での趣旨は，ごく短く簡単に言えば，「暴力の実態の正確な把握なしに，適切な対策も何もあったものではないはずだ。国は，厚労省は，まずは３種の暴力の実態を把握し公表する努力をすべきである」というものである。

　なお，本論では紙数の都合で割愛したが，念のために言えば，厚労省がその気になりさえすれば，とりあえず全国の児童養護施設等の深刻な暴力のおおよその概況を把握するのは，ごくごく簡単なことである。全国の児童養護施設等で限度を超えた深刻な事件や事故が起こると，施設は所管課と児童相談所に「事故報告」というもの提出しなければならないことになっている。この提出された事故報告のうち，暴力と性暴力によるものを集計して国に報告するように通達を出し，それを集計すればよいだけのことである。もっともそれは，各施設が把握できた顕在的暴力でしかも深刻なものに限定されるが，それでもおおよそのことはわかるはずである。

　【追記２】　つい最近知ったことだが，児童福祉法のさらなる改正が論議されているとのことである。そこでは，特別養子縁組の推進などが盛り込まれる予定であるという。それはむろん大歓迎である。しかし，本稿で私が指摘した問題はどうなるのであろうか。施設での暴力・性暴力のない安心・安全な生活——それは施設の子どもたちの長年にわたる悲願である。その実現のために，せめて施設内での子ども間暴力（児童間暴力）の実態の把握は，欠くことができないものである。施設の子どもたちの悲願が，国・厚労省によってこれ以上放置されることがないことを切に願っている。

## 引用文献

土井高徳・菅野恵子・田嶌誠一（2008）第２回里親ファミリーホーム全国研究協議会（2007 年）報告書．第２分科会「子どもの安心・安全，里親の安心・安全」，里親ファミリーホーム全国連絡会．

厚生労働省（2012）平成 23 年度における被措置児童等虐待への各都道府県市の対応状況について．

厚生労働省（2014a）社会的養護の現状について（参考資料）．

厚生労働省（2014b）平成 24 年度における被措置児童等虐待への各都道府県市の対応状況について．

佐藤哲造・赤塚睦子・入江拓・村田和木・田嶌誠一（2011）第４分科会「FH の今と明日を考える——子どもの安全を保障する上で FH が密室にならない為にはなにがどう必要かを考える」．社会的養護とファミリーホーム，2; 75-97. 福村出版．

田嶌誠一（2005a）児童養護施設における児童間暴力問題の解決に向けて　その２．施設全体で取り組む「安全委員会」方式，1-25. 心理臨床研究会．

田嶌誠一（2005b）児童養護施設における児童間暴力問題の解決に向けて　その３．「事件」等に関する資料からみた児童間暴力，1-19. 心理臨床研究会．

田嶌誠一（2009）現実に介入しつつ心に関わる——多面的援助アプローチと臨床の知恵．

金剛出版.

田嶋誠一（2010a）児童福祉施設の子どもたちの体験と「日常型心の傷」．In：丸野俊一・小田部貴子編：現代のエスプリ（特集：「日常型心の傷」に悩む人々），511; 86-95. ぎょうせい.

田嶋誠一（2010b）成長の基盤としての「安心・安全」の実現―社会的養護の場でもっとも重要な課題．社会的養護とファミリーホーム，1; 55-58. 福村出版.

田嶋誠一（2011a）児童福祉施設のおける暴力問題の理解と対応―続・現実に介入しつつ心に関わる．金剛出版.

田嶋誠一（2011b）子どもの安全は成長のエネルギー．社会的養護とファミリーホーム，2; 13-18. 福村出版.

田嶋誠一（2012）いじめ・暴力問題が私たちにつきつけているもの．In：現代思想12月臨時増刊号（特集：いじめ―学校・社会・日本），40(16); 94-107. 青土社.

田嶋誠一（2014）非行問題における暴力への対応の重要性―「安全委員会方式」の実践から．児童心理2014年6月号臨時増刊（特集：「子ども非行の現在」），117-124. 金子書房.

友田明美（2013）脳科学と子ども虐待．In：杉山登志郎編著：子ども虐待への新たなケア．学研教育出版，pp.39-54.

築島健（2012a）「児童相談所にとっての安全委員会活動」へのコメント．第3回児童福祉施設安全委員会全国大会（岩手県）報告書，58-60. 全国児童福祉安全委員会連絡協議会.

築島健（2012b）社会的養護の施設で生活することのリスク．教育と医学，60(8); 63-74. 慶應義塾大学出版会.

全国児童養護施設協議会（2008）この子を受け止めて，育むために―育てる・育ちあういとなみ．児童養護における養育のあり方に関する特別委員会（委員長 村瀬嘉代子）報告書.

東京新聞（2014）3月17日.

エッセイ ♦ もうひとつの人生

エッセイ

# もうひとつの人生

▶▶かつて星和書店から『心理臨床』という雑誌が出ていて，私はその編集委員をしていた。その雑誌に寄稿した文である。

編集部から新しいコラムを設けるから何か書けとのご依頼である。それも趣味や特技に関係したものをとのこと。こういう依頼は困る。本当に困った。私には趣味や特技などこれといってない。完璧にない。宴会で歌を歌え，それがだめなら何か芸をしろと言われ，いつも困り切っている。

歌は歌えない。発声には「大きい・小さい」だけでなく，さらに「高い・低い」というものがあると気づいたのは高校生の時である。ショックだった。カラオケの隆盛は私のような人間が生きる場を狭くしてしまった。だから，人から見て至って面白味のない男であろうし，本人自身も砂を噛み締めるような味気なさを感じている。ならば，何か趣味をつくればいいではないかと言われようが，要は不器用で無精なのである。面倒臭いのである。

だから趣味について書けることはない。ただ，その一時期仕事にしようと思っていたことならある。その仕事とはパチンコのプロ（パチプロ）である。ひょんなことから臨床心理士になってしまったが，私はひところ本気でパチプロになることを目指していたのである。

高校２年生でパチンコ屋に出入りを始め，こんなに面白いことがあるのかと，すっかりはまってしまった。放課後や休日はもちろん，そのうち時々学校をサボってまでパチンコ屋に入りびたるようになった。当時はまだ現在のように自動式ではなく，その前の連発式ですらなく，「完全な手打ち」であった。完全な手打ちというのは，左手で玉を適量わしづかみにして穴から親指で連続して入れ続け，同時に右手で弾き続けるのである。かなり熟練を要する技で初心者はぎこちないが，私たちくらいのベテランになると，そのスピードたるや今の自動式の２，３倍のスピードで弾くことができていた。盤面に玉が乱舞するさまはなかなか見事なものであった。連発式そして自動式に替わり，日本の伝統技術とでも言うべきこ

の技が消えてしまったのは残念なことである。

　それでも大学へは行くつもりでいたので，そこそこ勉強もしていた。東京教育大学（現，筑波大学）の国文科志望だった。古文が好きだったので，小西甚一先生のところへ行くつもりだった。ところが，当時吹き荒れた大学紛争のあおりで，その年東大と東京教育大学が入試中止になってしまったのである。そんなことがあったのかとお思いの方がほとんどであろう。たまに東大が入試中止になったのを覚えている人はおられるが，その方々もほとんどが同じ年に東京教育大学もまた中止になったのは忘れておられる。しかし，ともかくも中止である。急遽九大の経済学部に切り替えたが落ちてしまった。

　すっかりやる気をなくした私は，ある日パチンコをしながら考えた。こんなに面白いことで食っていけたらなんと豊かな人生が送れることか。そうだ，パチプロになろう。それから毎日パチンコ屋に通いつめた。現在のパチンコはフィーバーが導入されて以来，コンピュータ制御による確率あてゲームになりさがってしまったが，当時は釘さえ読めれば稼げた時代だった。

　朝9時半の開店から夜10時の閉店まで，ひたすら玉を弾きながら，研究を重ねた。釘を見るのは大層難しかった。それでもわかってきたのは，どの店でも通用する釘の見方は難しいが，通いつめた店のくせなら百発百中とまではいかないが，ある程度見分けられるようになりそうだということである。だんだん負けることが少なくなってきた。私の未来に明るい光。

　面白かったのは，毎朝開店前にほとんど同じ連中が来ていることだった。女性の常連は少なかった。パチプロという感じでもなく，いったいこの面々は何をしている連中なのかと内心不思議に思った。きっと，相手も同じことを思っていたのだろうが。いつの間にか自然と挨拶を交わすようになり，そのうち数人とはだんだん親しくなっていった。

　ある日いつものようにパチンコをしていると突然警察に連行された。その知り合いの中に不正を働いている者がいて，その一味と間違われたためである。パチンコ屋での不正といえば，当時は通常「ゴト師」であり，磁石を使うという古典的手口は磁石検出装置の登場でもはやすたれていたが，ピアノ線を使うピアノ師，細長いセルロイドを使うセル師などはまだ活躍していた。しかし，今回の連中のはそのような高級な手口ではなかった。実に簡単なものである。玉がよく出ている人が昼食やトイレなどでしばし席を立ったすきに箱ごとかすめとってしまうという荒技なのである。道具も熟練も要しないその手口の簡単さと収益率の高さとに思わず感心したものである。聞いてみれば簡単なものだが，それを思いつきしかも実行に移すとはやはり見上げたものである。

　結局，私はパチプロにはならなかった。なれなかった。なぜか。ある時気がついたのである。あんなに面白かったパチンコが，以前ほどには面白くはなくなっ

エッセイ ◆ もうひとつの人生

てしまった。勝ったらあんなにうれしくて一日気分よく過ごせていたのに，勝ってもうれしさがいまひとつなのである。

お仕事になってしまったからであろう。勝ってあたりまえで，その日のノルマを果たしホッとはするが，うれしいという感じではない。しかも，毎月収支決算してみると，ある程度稼げてはいるのだが，私程度の腕では（バイトとかで）ふつうにちゃんと働いた方がもっと稼げるということもわかった。12，3時間も働いているのにである。クタクタになったうえ，夜布団に入り目を閉じると，眼前にパチンコ玉が舞う。

しかも，この仕事，盆や正月は実入りが悪くなる。ボーナスはないし，保険もない，退職金もない。これはまずい。こう見えても，私は結構堅実なのである。かといって先の諸氏のような荒技で生きて行くのもどうかと思われた。以前にも警察のご厄介になったことがあり，警察は嫌いだったからである（こちらの方は身から出た錆で，全くの逆恨みです。警察関係の皆さんご免なさい）。かくして，パチンコ三昧で面白おかしく人生を送るという私の遠大な計画はあえなく挫折した。

やはりここはひとつ大学へ行くことにしたものの，国文科はやめにした。せっかく好きな古文も仕事にしてしまうと，パチンコの二の舞でこれまた面白くなるのを恐れたのである。そんなわけで，なぜか選んで入ったのが九州大学教育学部である。教育学部に心理学があるなどとはつゆ知らずに入学し，臨床心理学と出会ったのである。

以来，つきものが落ちたようにパチンコはしなくなった。

3年程前だったが，久しく忘却のかなたにあった小西甚一先生のお名前を耳にした。「大佛次郎賞」を受賞されたのである（その何年か前には河合隼雄先生が『明恵，夢を生きる』で受賞された）。大著『日本文芸史』による受賞であった。

しばし感慨にふけった。東京教育大学の入試中止がなければ，私には別の人生があったかもしれない。あるいは，パチプロに。それはどんな人生だったろう。

【追　記】　結局はかなわなかったが，私が小西甚一先生のもとに行こうとしたのは，『古文研究法』（洛陽社刊）という受験参考書を読み，深い感銘を受けたからである。最近になって知ったことだが，『古文研究法』を読んで，国文学の道に進んだとか，国語の教師になったという方も少なくないらしい。この本は，私にとっては受験にはあまり役に立たなかったが，学問というものに誘ってくれた名著である。この本は，「受験参考書」というジャンルをはるかに超えていると私は思う。畏友の宗教学者関一敏氏に教わったのだが，『古文研究法』はなんと「ちくま学芸文庫」に入っている。わが意を得たりという心持である。

# 第 15 章

# その場で関わる心理臨床を超えて

## ── 3．NPO 法人九州大学こころとそだちの相談室「こだち」の取り組み

▶▶現在では臨床心理士の開業もずいぶん出てきた。それはそれで重要な活動であるが，多くの臨床心理士の力を結集することで，一人二人の臨床心理士が街中で開業するのとは異なる活動ができないかと考えて，九州大学の臨床心理学の教員と卒業生が協力して NPO 法人をつくることにした。その活動について大学の広報誌に寄稿したものをさらに加筆修正したものを以下に掲載する。私は 2006 年の設立時から 8 年間理事長を務めてきたが，退職を控えて理事長を降り，顧問となった。

## I　はじめに

　私は，九州大学の臨床心理学関係の教員と卒業生が中心となって展開している，おそらくはわが国初と考えられるユニークな NPO 法人「こころとそだちの相談室（こだち）」の設立に関わり，発足以来 8 年間にわたって，理事長を務めてきた。本年から，従来の活動に加え，「臨床心理サービス事業」の中に「安心・安全支援事業」を新たに設けることになったので，これを機会にこだちの活動について，ごく簡単に紹介したい。

　私たちの出身母体である九州大学教育学部および大学院は，わが国の臨床心理学の発展に大きな役割を果たすとともに，多くの人材を輩出してきた。臨床心理士の資格取得のための指定大学院の認可第 1 号は九州大学であり，認定臨床心理士の第 1 号も，わが国の著名な臨床心理学者であり当時九州大学教授であった成瀬悟策先生である。また，臨床心理士養成のための専門職大学院も九州大学が第 1 号である。このように，九州大学は常にわが国の臨床心理学をリードしてきたと言えよう。

　そうしたこれまでの基礎をふまえ，私たち九州大学の臨床心理関係者有志の話し合いから，これまでわが国になかったような臨床心理関係の NPO（特定非営利

活動）法人を立ち上げようということになった。それは，多くの臨床心理士の力を結集し，これまで九州大学を中心に長年に渡って培ってきた高度な臨床心理の専門性を地域貢献することに役立てるというものである。さらには，従来の活動だけでなく，一人ひとりの臨床心理士の力だけでは困難な新たな事業展開をはかり，新たな活動拠点とし，わが国の臨床心理学のさらなる発展に寄与することを目指すものある。

　こうしてスタートとしたのが，『NPO法人九州大学こころとそだちの相談室（「こだち」）』で，2006年11月に法人として認証された。名称に「九州大学」とあるが，大学当局との直接的な関係はなく，「九州大学で臨床心理学を学んだ者が中心となって運営するNPO法人」である。九大当局では，私たちのこうした活動の意義に理解を示していただき，そのおかげで活動の拠点として九大西新プラザの産学交流棟を借りることができた。この建物はかつて外国人講師宿舎として使用されていた木造家屋で，福岡市重要文化財となっていることからもおわかりいただけるように，心のケアの拠点にこれ以上はない風情のある建物である。

## II　活動内容

　ここで，どのようなことに取り組んでいるかと言うと，「臨床心理サービス事業」「協働事業」「研修事業」「研究事業」の4つの事業を柱にさまざまな活動を行っている。

### 1．臨床心理サービス事業

　個別のカウンセリング活動を中心に据えながら，それだけでは援助困難な方々にもお役に立てるように，フリースペース「ここりーと」および「家庭学習支援事業」「心の電話」など，多面的な援助活動を行っている。本年より，さらに「安心・安全支援事業」を開始することになった。

### （1）カウンセリング活動

　活動の中心は，個別のカウンセリング活動である。カウンセリングを行う担当者（相談員）は40数名で，全員が臨床心理士の有資格者であり，またその多くが九州大学のOBである。これだけ臨床心理士の有資格者を抱えて活動している機関は，わが国では他にないものと思われる。

### （2）フリースペース「ここりーと」

　個別のカウンセリングだけでは援助困難な不登校や軽度発達障害，ひきこもりなどさまざまな適応上の困難を抱えた方々を対象にいわゆる居場所的活動を行うもので，活動スタッフが大学院生，学部生など臨床心理学の「半専門家」であること，また「専門家スタッフ」による支援が同時に行われているというのが大き

な特徴である。

### （3）家庭学習支援事業

不登校や軽度発達障害の子どもを主たる対象者として，いわゆる「家庭教師の派遣」を行っている。しかしそれのみではなく，「（臨床心理士による）保護者相談」，「家庭教師の研修」の3つの活動を1セットとして実施しているのが特徴である。

### （4）心の電話

従来，福岡市の精神保健福祉財団が行っていた「心の電話」を，財団の解散に伴って，2012年よりこだちが委託を受けることとなった。

### （5）安心・安全支援事業

現代社会のさまざまな場で「安心・安全」がゆらぎ，そのため，さまざまな領域で，安心・安全の実現が大きな課題となっている。たとえば，教育・医療・福祉等のさまざまな領域で暴力が大きな問題となっている。折しも，2011年3月には未曾有の巨大地震と津波という大災害がわが国を襲った。さらには原発問題が追い討ちをかけている。したがって，内的安心（心理的安心感）と外的安全（物理的安全）の双方を含む「安心・安全社会の構築」が，私たちの社会の最も重要なテーマとなってきていると言えよう。そうした時代の要請に応えるために2015年より，安心・安全支援事業を開始することとなった。九州大学人間環境学研究院では，かねてから建築専門家や心理専門家等による安心・安全を総合的に考えていこうとする動きがある。場合によっては，そうした動向と連携する可能性も考慮しつつ，当面は，児童養護施設等の施設での暴力問題や学校のいじめ・暴力問題への支援を中心に活動していく予定である。

## 2．協働事業

また，臨床心理学的知見の活用として種々の協働事業も展開している。高校や大学での心理教育支援，大学学生相談室の調査分析の協力，ストレスマネジメント・コミュニケーションスキル向上の研修会も企画実施している。また，2010年度には福岡市と協働事業「学校生活の適応に困難を抱える児童生徒へのメンタルサポート事業」を行った。

## 3．研修事業

臨床心理士・対人援助職のスキルアップ・資質向上のために，「事例から学ぶ箱庭療法研修会」「セラピスト・フォーカシング研修会」「こだちロールシャッハ研修会」等各種の研修事業を行い，いずれも好評を得ている。

## 4．研究事業

以上の活動と連動して，さまざまな研究活動も行っている。また，関係する九州大学教員や OB/OG そして現役の大学院生の研究活動を支援する研究協力支援事業の展開も行っている。中には，九州大学からの助成を受けた研究もある。

以上に加え，1周年，2周年といった具合に，設立以来の節目節目に記念講演や特別シンポなどのイベントを行っている。

## Ⅲ　おわりに

私たちの当初の予想よりも早いペースで多くの新しい要請が続いているというのが実感であり，当法人と臨床心理援助に寄せられる期待の大きさを感じている。その一方で，前例のない新しい活動を立ち上げ，それを発展させていくのは，思いがけない困難がある。九大当局をはじめ関係者の皆様のご支援とスタッフの献身的活動のおかげで，とりあえずなんとかここまで来ることができたことに感謝している。

ただ，不安もある。なんといっても，経済的不安がその第1である。さらには，私たちの母校の九州大学の移転がまもなく完了し，九州大学総合臨床心理センターがこれまでよりもかなりアクセスの悪い場所で活動することになる。そうした事態を受けて，こだちとの連携のあり方がお互いにとって重要になってくるものと考えられる。

ショートレポート

# 外来心理教育相談室における
# 居場所づくり

## Ⅰ　はじめに

　外来相談室では，カウンセラーが相談者に一対一で相談にのるという形が基本となっている。しかし，そのような形の関わりにはのりにくい場合が少なくない。そこで，スクールカウンセリングや学生相談室における居場所づくりの経験から，筆者は外来相談室に類似の部屋を設け，それを活用した関わりの試みを行っているので，以下に紹介したい。

　ここでの活動は，スクールカウンセリングや学生相談室におけるものとは，次の２点が異なっている。第１に，ここでの活動はカウンセラーではなく，ボランティアが関わるということにしているということ。なお，そのためボランティアの会を組織しているが，会員は九州大学の学部生，聴講生や一般市民である。第２に，ここで関わる事例は，すべて相談員等の専門家が関わっていて，その事例について把握していると同時に，必要に応じてボランティアが相談できる体制をとっているということである。こうしたボランティアによる関わりに際して問題となるのは，ボランティア自身が困難な事例を一人で背負込んで悩んだり，深刻な事態が起こってしまうことになりかねないことである。そうした事態を防ぐために，このような体制をとっている。

## Ⅱ　相談員と連携したボランティアによる心理的援助活動

### 1．ボランティアによる心理的援助活動

　田嶌研究室では，1996 年から「なかよしスペース　ボレポレ」という名称において，研究室内のスペースを利用して，LD や不登校といった子どもたちを対象にボランティア活動を行っている。ここでは，基本的に子どもたちは数名のボラ

ンティアと一緒に，パソコンやテレビゲーム，勉強などをして自由な時間を過ごしている。部屋は子どもたちがくつろげるように工夫しており，壁には子どもたちが描いた絵なども掲示している。

## 2．活動を支える視点——「ネットワーク」と「居場所づくり」

　本活動は，主として「ネットワーク」と「居場所づくり」という視点から援助活動を行うものだが，その基礎には次のような考えがある。「一見私という治療者とクライエントとの二人関係によってある程度の安定に至ったと見える場合でも，実は患者は主治医や友人などといった他の人たちとの関係を持っており，案外それが重要な役割を担っていた可能性も高い。控えめに見積もっても，治療者－患者という二人関係はそういう他の人々との関係——複数の人間関係——に支えられているということが言えるし，またそういう関係なしには個人心理療法は危ういと言えよう。それゆえ，治療者－患者，カウンセラー－クライエントという二人関係の外の関係，治療そのものを抱える場や背景も含めてみていく視点が必要であろう」（田嶌，1991）。

## 3．ボランティア活動の基本方針

　ボランティア活動は，基本的には「サポート志向」の活動である。クライエント側のニーズに「可能な範囲で」応じることで，クライエントのなんらかの手助けになることを基本的には目指している。しかしながら一方で，クライエントの非現実的な期待を膨らませすぎないようにするため，ボランティア側には「あくまでも自分のできる範囲での関わり」をしていただくようにお願いしている。もちろん，ボランティアには「専門家としての責任」を問われることはないが，しかし一方で「大人としての責任」は持ってもらうようにしている。

　以上のことから，ボランティア活動では，クライエントのなんらかの「治療的な変化」を目指しているわけではない。ボランティア活動を通して，相談者（メンバー）が「元気になった」といったことをはじめ，しばしばいろいろな効果が生じるが，それはあくまで「結果」であると考えている。

## 4．相談者（メンバー）受付

　このボランティア活動の相談者（メンバー）は，原則として九州大学総合臨床心理センターの心理教育相談室の相談員が担当しているケースに限っている。

　手続きの流れとしては，まず，相談員が一対一の密室で行うカウンセリングに加えて，ネットワークと居場所による援助が必要であると判断し，田嶌研究室に依頼する。その後，田嶌研究室でインテーク・カンファレンスを開き，ボランティア活動で受付可能なケースであるか否かを判断する。受付可能と判断した場合，

担当院生が相談者の年齢やニーズに最も適当だと思われるグループを紹介する。そして，担当相談員とともに実際の活動場面を見学してもらった後，本人の意志に基づいた上で，正式なメンバーとして受け入れることとなる。

## 5．ボランティア活動登録

　このボランティア活動を希望する人を募集し，登録していただくことにしている。登録は基本的に週1回程度，1年間継続して活動のできる人を対象にしている。

　登録にあたっては，ボランティア登録申込書，誓約書に記入の上，田嶌研究室宛に提出してもらっている。ボランティアの登録期間は1年としている。登録期間を超えた後も活動を継続する場合は，活動の意志を田嶌研究室ボランティア担当の大学院生まで申し出てもらい，活動を継続してもらっている。2000年3月時点での登録者は約50名で，大学生を中心に主婦やフリーター等多様な職種と幅広い年齢層によって構成されている。

　また，登録の際には以下のことを承諾してもらっている。

　　1．守秘義務：こうしたボランティア活動をしているということ自体は話してもかまわないが，ボランティアとして知り得たメンバーの個人的情報は口外しないこと。
　　2．大人としての責任：未成年を対象とした活動ということを意識し，「大人としての責任」を持った行動をすること。
　　3．担当相談員の個人情報をメンバーに伝えない：担当相談員自身についての個人情報を相談員の了承なしにメンバーに教えないこと。
　　4．登録即活動とは限らないこと：ボランティアとして登録しても，すぐに活動ということではなく，実際の活動をお願いする際にはこちらから改めて連絡をするという形を取っているということ。

## 6．活動の契約

　メンバー，ボランティアともに1年度ごとに更新という形にしている。毎年度末に，担当相談員からメンバー，保護者に次年度の継続について希望を聞き，田嶌研究室のカンファレンスで検討した上で，引き受けると決定した場合，契約を更新する。また，メンバーとして参加できるのは原則として，18歳までとしている。ただし，18歳を超えても，ボランティア活動の継続が必要であると担当相談員が判断した場合，田嶌研究室のカンファレンスで検討した上で継続を認めている。

## 7．相談員とボランティアの連携

原則として，３カ月に１回スタッフと担当相談員でミーティングを行い，簡単な活動報告書を提出してもらっている。その他，ボランティア側が希望する場合は，ボランティアのチーフが担当相談員に連絡を取り，臨時に行われることもある。また，ボランティア間の連絡名簿を作成し，緊急の場合はボランティア側からも担当相談員に連絡が取れるようにしている。

## ８．運営費の徴収
各メンバーから活動維持費として，１カ月に1,000円納入してもらい，ルーム内のゲーム，おもちゃを購入したり，後に述べるようなイベントの費用に充てたりしている。

## ９．主な活動内容
## （１）チーム別活動
ボランティア活動の実施にあたっては，メンバーのニーズに応じて，複数のグループ（チーム）を設け，部屋の予約表に記入した特定の曜日に毎週１回の定期的活動を行っており，その活動内容はチームによってさまざまである。2000年3月では，５チームで以下のような活動を行っている。なお，活動にあたっては，関係者によるメモ表を設けて，記録と相互コミュニケーションをはかっている。

Ａチーム：メンバー　男子２名（17歳・18歳）
　　　　　　ボランティア　女性２名
　　主に，雑談をしたり，パソコンでインターネットを楽しんだりしている。時には，メンバーの１人が得意な料理をつくって，パーティーを開くこともある。

Ｂチーム：メンバー　男子１名（10歳）
　　　　　　ボランティア　女性４名
　　主に，前半は勉強をし，後半にボードゲームやテレビゲームで遊んでいる。

Ｃチーム：メンバー　女子１名（16歳）
　　　　　　ボランティア　女性１名
　　主に，勉強をしたり，音楽を聴きながら，おしゃれのこと芸能界のことなどさまざまな雑談をしている。

Ｄチーム：メンバー　男子２名（18歳・18歳），女子１名（18歳）
　　　　　　ボランティア　男性２名，女性３名
　　主に，カードゲームをしたり，インターネットをしたり，ギターを弾いて皆で歌ったり，時には外でキャッチボールをすることもある。

Eチーム：メンバー　男子2名（19歳・17歳）
　　　　　　　　ボランティア　男性2名，女性1名
　　主に，雑談をしたり，パソコンを使って遊んだり，ギターを弾いたりしている。
　　また最近は，外に写真を撮りに散歩に出かけたりと活動の範囲も広がってきて
　　いる。

　その他グループごとでメンバーの誕生会やクリスマス会などの催し物を行うこ
ともある。
（2）全体活動
　上記の毎週のチーム別活動に加え，以下のように年1回程度のイベントや会合
を行っている。

　［1997年度］…浜辺でのバーベキュー大会
　Dチームが中心となり，自分たちで計画を立て，田嶌研究室の院生の協力を得て，
浜辺でバーベキューを楽しんだ。この時は，メンバーの家族にも参加してもらい，ボ
ランティアでの子どもの様子を見てもらうよい機会となった。

　［1998年度］…ソフトボール大会
　メンバーの希望により，田嶌研究室の院生，心理教育相談室の相談員に協力しても
らい，ボランティアチーム対相談員チームでソフトボールの試合を行った。普段の部
屋の中では見ることができないような子どもたちの姿に触れることができた。

　［ボランティア全体会］
　また，この他にも年に1回程度，ボランティア全体会を行っている。


10. 課　題
　課題としては，以下のことが挙げられる。
（1）活動の場に関する問題
　大学内の部屋を特定の時間帯だけ借りて行っているが，今後も部屋を確保でき
るかどうかが本活動の存亡に関わる重要な問題である。また，現状では専用の部
屋ではないため，活動にあたって種々の制約がある。これらの課題の解決のため
には，専用の部屋が確保できるのが理想だが，その見通しは立っていない。
（2）ボランティア活動の位置づけに関する問題
　このボランティア活動は，現時点では田嶌研究室内の活動として行っているが，
将来的にこの活動を，たとえば心理教育相談室の「公的な活動」という形で位置
付けた方がよいのかどうかという点について検討していくことが必要である。
（3）ボランティア活動の原則についての問題

このボランティア活動はまだ試行錯誤の段階で，実際の活動の中から原則を設けつつ「活動の枠組み」をまとめているところがある。したがって，ボランティアに対して課す責任，活動上のきまり等について，さらに検討していく必要がある。

（4）担当相談員とボランティアの連携をめぐる問題

担当相談員とボランティアの連携をより密に行う必要があるということが挙げられる。原則としては3カ月に1度の活動報告書の提出を求めているが，個々人の都合調整などがなかなか困難という実状があるので，このシステムの再検討または改善の工夫が必要である。実際には，何か心配なことがあった時に，適宜お互いに連絡を取り合っているが，担当相談員，ボランティアともにお互い安心して活動できるように，話し合いの場を持つことが今後も重要であると思われる。

【追　記】　この活動は20年近く続いたが，私の定年退職のため2015年に終了となった。相談室の活動ではなく，あくまでも田嶋研究室の活動であったためやむを得ないことだが，さみしいことである。終了のイベントである最後のバーベキューの会には，かなり遠方からも多くの関係者が駆けつけてくれた。


引用文献

田嶋誠一（1991）青年期境界例との「つきあい方」．心理臨床学研究，9(1); 32-44．日本心理臨床学会．

終　章

# くりかえし，くりかえし，
# その先に

►►　「くりかえし，くりかえし，その先に」という言葉が気に入っている。コーヒー好きの間で全国に名を馳せている福岡の名店のオーナーが著書を出版された（『モカにはじまり』森光宗男，2012，手間文庫）。それを友人からいただいたのだが，その本に著者がサインとともに書いてくださっていたのがこの言葉である。私たちもかくありたいものである。

## I　くりかえし，くりかえし，その先に

　第1章で，体験の蓄積と整理と活用を支援する体験支援的アプローチでは，1．生活場面での体験の支援と，2．面接場面での体験の支援とがあると述べた。こうした心理臨床をくりかえし，くりかえし実践していくうちに，その先に見えてきたことは「仕組みをつくる（システム形成）」ということである。それはいわば，3．「心を見据えた仕組みづくり（システムづくり）」による体験支援ということになろう。

　その場で関わる心理臨床とは，通常のケースのスーパービジョンと違って，その場でやってみせることが中心になっている。したがって，その場で関わる心理臨床の先に展開するシステム形成型アプローチは，そういうシステムの必要性を単に提案するのではなく，「その場でやってみせるシステム形成型アプローチ」であることが必要である。

　この「心を見据えた仕組みづくり（システムづくり）」にはいろいろなものが含まれている。①関わりの仕組みやルールや組織づくり，②法律や制度や規定の策定といったもの，③建物や街づくりといった外的物理的環境づくり，といったものまで含まれる。①には，さらに，1）個々の場での関わりの仕組みやルールや組織づくりと，2）複数の場で共通した関わりの仕組みやルールや組織づくりと

306

終章　くりかえし，くりかえし，その先に

がある。そして，そこでは人間と環境の相互作用という視点からの体験支援が必要である。たとえば，建物ひとつとってもそれがそこで暮らす人たちにとってのより暮らしやすいものであることを考えてつくることが望ましい。つまり人間と環境との関係性を考慮することが必要となる。したがって，先に述べた3つのものだけでなく，それらの相互のつながりをつくっていくことも含まれることになる。単に「仕組みづくり」ではなく，「心を見据えた仕組みづくり（システム形成）」と呼んでいるのは，そのためである。その具体例としては，関わりの仕組みとその展開については第13章を，制度や法律については第14章を，「心を見据えた外的物理的環境づくり」については第10章を参照していただきたい。

　以上に述べてきたように，体験支援的アプローチ（または多面的体験支援アプローチ）は，これまで主に述べてきた，1.生活場面での体験の支援と2.面接場面での体験の支援とに加えて，3．心を見据えた仕組みづくり（システム形成）による体験支援も含むものである（表1）。

　また，ここで挙げた，「心を見据えた仕組みづくり（システムづくり）」も「心を見据えた外的物理的環境づくり」も生活場面での体験にも面接場面での体験にも影響を及ぼしあうものである。したがって，そのような視点からまとめると，表2，表3のようになる。

　ここで強調しておきたいのは，体験支援的アプローチでは，表1について言えば，「3．心を見据えた仕組みづくり（システム形成）」による体験の支援では，1〜3をある程度含むものであるということである。たとえば，安全委員会方式はシステム形成型アプローチの具体的例であるが，そこでは，「3．心を見据えた仕組みづくり（システム形成）」による体験の支援だけでなく，1〜3のすべてを含むものであるということである。

　表2について言えば，④だけでなく，①〜③もすべて含むものである。

表1　多面的体験支援アプローチ──「体験の蓄積・整理・活用」

```
1．生活における体験の支援
　（含．その場で関わる心理臨床）
　　　　↓↓　　　　↑↑
2．面接室における体験の支援

3．心を見据えた仕組みづくり（システム形成）による体験の支援
　①関わりの仕組みやルールや組織づくり
　　1）個々の場での仕組みやルールや組織づくり
　　2）複数の場で共通した関わりの仕組みやるルールや組織づくり
　②法律，制度，規定の策定
　③建物や街づくり等の外的環境づくり
```

その場で関わる心理療法

表2　生活場面での多面的体験支援アプローチ
——「体験の蓄積・整理・活用」のために

①その場で関わる
②希望を引き出し応援する
③複数で支援する：
　　ネットワークの活用（複数で抱える，ネットワーク活用型援助）
④心を見据えた仕組みづくり（システム形成）

表3　面接場面での多面的体験支援アプローチ
——「体験の蓄積・整理・活用」のために

①体験的面接技法による関わり
②心を見据えた仕組みづくり（システム形成）


# II　システム形成の必要性とその困難さ

　第13章では，児童養護施設等の暴力問題解決のためのシステム形成型アプローチとしての安全委員会方式について述べ，さらに第14章では，法律の改正について言及した。第10章では，建物などの外的物理的環境づくりについて述べた。

　全国で起こっている問題は構造的問題がある。そのため，当面は個々の事例に一つひとつ対応の努力を重ねるしかないであろう。しかし，それだけでは，いつまでたっても，「モグラ叩き」ないし「イタチごっこ」である。基盤には個々の関わりを支える仕組みづくり（システム形成）が必要である。このことは，言うまでもないくらい自明のことであろうと私には思われる。

　にもかかわらず，多くの臨床家はシステム形成（仕組みづくり）の必要性といったものへの理解があまりによくないという印象がある。そうなってしまう要因はいくつか考えられる。ひとつには，それはおそらく臨床心理士などの対人援助職を志向する人たちには，具体的に誰かのお役に立ったという手ごたえを圧倒的に求めているからであり，そういう意味では被援助者との二人関係に浸ることに関心がもっぱら向かいやすいのだと考えられる。

　また，専門家であればあるほど，その専門性から見たいものしか見えない，「それしか見ようとしない姿勢」が顕著である。いずれにせよ，自戒を込めて言えば，臨床家は現場に埋没しがちであると言えよう。

　しかし，現場の経験があるからこそ，見えてくる制度やシステムの改善の視点というものがある。

　その一方で，システムづくり自体は，コミュニティ心理学でもしばしば言及さ

れているところである。わが国では，コミュニティ心理学はそれほど盛んという
わけではないが，それでももっぱら個々人ということではなくシステム形成やコ
ミュニティという視点を持った専門家が少ないながらいるということは，救いで
ある。

　しかし，ここで強調しておきたいのは，それが体験の蓄積と整理・活用のための
体験を支援することが目的であり，その種のシステムづくりは，いきなりシステ
ムづくりに挑んでもうまくいかないことが少なくないだろうということである。
ここはやはり，臨床家にとっても，その場で関わる心理臨床やネットワーク活用
型アプローチの実践という体験の蓄積から体験の整理・活用へと向かう動きが必
要なのではないだろうか。対人援助ないし人が生きていくことに関連した領域で
は，くりかえし，くりかえし地道にそのような臨床を重ねることでその先に生ま
れるものが大事なのではないかと私は考えている。そうであってこそ，システム
の必要性を単に提案するのではなく，「その場でやってみせるシステム形成型アプ
ローチ」や「一緒に取り組むシステム形成型アプローチ」が可能になるのだと考
えられる。

　また，法律や制度をつくっていくのに通常主導的役割を果たすのは，政治家や
行政担当者である。そちらの方々は，逆に現場感覚が希薄である。逆に，実践家
は現場の活動に埋没しがちであるが，時には制度や仕組みや法律の改善にも思い
をはせることが必要であろう。

　生きやすい社会の構築には，政策づくり（システム形成）の視点と現場感覚の
両方が必要なのである。ところが，その両方を持った人は少ない。政治家や行政
担当者の方には現場感覚を，現場の人にはシステムやコミュニティの視点を持つ
ことが必要であると私は考えている。政治家や行政担当者からは，いや，そのた
めに各種の審議会や諮問委員会があるのだと反論されそうである。より正確に言
えば，政治家や行政担当者の方には，適切な委員を見分けるために必要な現場感
覚を求めたいのである。政策づくり（システム形成）の視点と現場感覚の両方を
バランスよく持っている専門家を選ぶ目を持ってほしいのである。

　本書では，体験の蓄積・整理・活用のための体験支援的アプローチのうち，生
活場面で関わる体験支援的アプローチについて主に述べてきた。本書で述べてい
ることは，あくまでも現時点で私が基本と考えていることであり，それだけで十
分と考えているわけでは決してない。こうした方向性に賛同する方々が本書で述
べたことを叩き台として，さらにさまざまな工夫と実践を行い，知恵を集積して
いっていただくことを願っている。

## Ⅲ　よくある批判・疑問

　心理臨床の保守本流とでもいうべき人たちからよく言われる批判というか疑問というのに,「心理臨床家としてのアイデンティティはどうなっているのか」あるいは「(面接室の外で) こういう関わりをするのは,ケースワーカーの仕事であって,心理の仕事ではないのではないか」「心理士ならではの独自性は？」といったものがある。

　何も私は心理士のアイデンティティのために仕事をしているわけではないし,また援助される側が実際に助かるのであれば,別に同様の関わりや活動であってもかまわないと考えている。しかし,そう言ってしまえば身も蓋もないかもしれない。

　いま少しだけ弁明をしておこう。それは,本書で述べたことは,心理臨床の視点がなければ,生まれようがなかったものであるということである。たとえば,「複数で抱える」にしても「連携サポート」にしても「暴力への対応」にしてもそうだし,他の関わりの多くが心理臨床の視点から生まれたものである。よくお読みいただければ,おわかりいただけるものと思う。ただし,今後本書で述べた視点や関わりが心理臨床以外の領域に取り入れられるということはあり得るだろうし,それは学問や専門性の健全な発展と言えるだろうと私は考えている。

## エッセイ

# いじめ・暴力と
# 「専門家によるネグレクト」

　私の本音だが，いささか過激なことを書いてみたい。

　虐待には，よく知られているように，①身体的虐待，②性的虐待，③心理的虐待，そして④ネグレクトの４種がある。このネグレクトの中には，ご飯を食べさせない等日常必要な生活の世話をしないというネグレクトだけでなく，教育ネグレクトや医療ネグレクトなどもある。

　「教育ネグレクト」とは保護者が子どもに義務教育を受けさせないことを言い，同様に子どもに必要な医療を受けさせないことを「医療ネグレクト」と言う。こうした類のネグレクトは言わば，必要な専門性による関わりをさせないものを「専門性ネグレクト（プロフェッショナル・ネグレクト）」とでも総称することにしたらよいのではないかと思う。私は臨床心理を専門としているので，たとえば，子どもに必要な心理療法や心理的ケアを受けさせないのを「心理療法ネグレクト」「心のケアネグレクト」あるいは「臨床心理ネグレクト」と呼ぶこともできよう。

　本論で私が最も述べたいのはここからである。「プロフェッショナルネグレクト（専門性ネグレクト）」というものはまだまだ不十分とはいえ，それでも割合知られてきているように思われる。しかし，その一方で，「プロフェッショナルによる虐待（専門家による虐待）」や「プロフェッショナルによるネグレクト（専門家によるネグレクト）」というものがある。「専門家による虐待」の中でも直接的な身体的虐待などは最近では話題に上り，意識も高まっているが，「専門家によるネグレクト」の方は案外見落とされやすいのではないかと思われる。

　「医療従事者によるネグレクト」や「教育従事者によるネグレクト」「臨床心理従事者によるネグレクト（心理療法従事者によるネグレクト）」さらには，それらを「プロフェッショナルによるネグレクト（専門家によるネグレクト）」と総称したらよいのではないかと思う。「専門性ネグレクト（プロフェッショナル・ネグレ

その場で関わる心理療法

表1　専門性ネグレクトと専門家によるネグレクト

○専門性ネグレクト（プロフェッショナル・ネグレクト）
　　1）医療ネグレクト
　　2）教育ネグレクト
　　3）臨床心理ネグレクト
　　　・・・・・
　　　・・・・・
○専門家によるネグレクト（プロフェッショナルによるネグレクト）
　　1）医療従事者によるネグレクト
　　2）教育従事者によるネグレクト
　　3）臨床心理従事者によるネグレクト
　　　・・・・・
　　　・・・・・

クト）」と「専門家によるネグレクト（プロフェッショナルによるネグレクト）」
をまとめると，表1のようになる。

　私の専門の心理療法を例にとって，考えてみたい。

　深刻な虐待がキャッチされた場合，私たち大人はどうすべきだろうか，まずは
虐待から救い出すことを最優先に考えるはずである。いや，私は臨床心理士で心
理療法が専門だから，心理療法や心のケアをやります，ということはないであろ
う。心理療法や心のケアは虐待から保護されるなどして，その後に検討されるべ
きことだからである。

　では，いじめの場合はどうだろうか。いじめはその程度も深刻さもさまざまで
あるから，いつもただちに現実に介入しなければならないとは限らない。しかし，
現実が過酷な場合は，まずはその現実がある程度変わらないといけない。私は，
いじめの中でも，「身体への暴力」（殴打系暴力および性暴力）は優先的に介入が
必要であると考えている。

　たとえば，学校で殴る蹴るなど深刻ないじめにあっている生徒が相談に来たら，
スクールカウンセラーはどうするだろうか。まだいじめが続いているのに，「心の
ケアをしましょう」というわけにはいかないだろうし，あるいはあなたはいじめ
られやすいから，カウンセリングやプレイセラピーや箱庭療法をやりましょうな
どということではなく，基本的には，殴る蹴るなどの深刻ないじめをなくすこと
を優先的に尽力すべきであろう。

　虐待では，心のケアに前に，まずは虐待から救い出すことが必要である。不登
校生徒の中には，登校すれば学校でひどい暴力を受けるので，不登校になってい
る子がいる。そういう場合は，まずはその事態そのものが変わらないといけない。
心理士にもまずそのための関わりが必要とされるのである。

312

エッセイ ◆ いじめ・暴力と「専門家によるネグレクト」

　むろん，臨床心理士だけですべてなんとか対応しなければいけないということはない。しかし，虐待やいじめや暴力からその人が守られることを最優先に尽力すべきであり，それをしないで，カウンセリングや心理療法をもっぱら行うというのは，「臨床心理士によるネグレクト」「スクールカウンセラーによるネグレクト」ということになるのではないだろうか。

　同様に，児童養護施設等の児童福祉施設での暴力・虐待についてはどうだろうか。児童養護施設とは，児童福祉施設のひとつであり，事情があって保護者が育てられない2歳からおおむね18歳までの子どもたちが保護され，養育されている施設である。2歳未満の子は乳児院に措置される。以前は保護者がいない子どもが多かったが，近年では虐待による入所が増えている。児童養護施設は全国に595カ所（平成26年3月）あり，約2万9千人の子どもたちが入所している（厚労省，2014）。

　この児童養護施設では，入所児の心のケアの必要性が強調されるようになってきた。平成11年度から虐待を受けるなど心理的ケアが必要な子どもが10人以上入所していることを基準に，心理療法の常勤職員1人を配置することが認められるようになり，全国の多くの児童養護施設で，常勤や非常勤の心理士によるケアが行われるようになっている。

　しかし，ここで問題なのは，第13章で述べているように，この児童養護施設でしばしば予想を超えた暴力があるということである。あまり知られていないことだが，児童養護施設・児童自立支援施設・情緒障害児短期治療施設といった児童福祉施設の暴力は深刻であり，全国的な問題である。むろん落ち着いている施設もあれば荒れている施設もある。しかし都道府県単位で見ればどの都道府県でも起こっているという意味で全国的問題であると言える。

　こう言うとどのような事態を思い浮かべられるだろうか。それはおそらく，施設職員による体罰や虐待ではないだろうか。むろん，新聞報道に見られるように，その種の暴力は時に起こっている。しかし子どもたちにとって最もありふれていてしかも深刻なのは，強い子たちからのいじめ・暴力あるいは威圧である。

　こうした児童養護施設における子ども間暴力は，さらに痛ましいことに，同性あるいは異性間の性暴力を伴うことがある。そのような事例は稀なものではない。性暴力は当事者の口からは極めて語られにくいが，実際には少なからず起こっている。全国的にそうした状況がある中で，心理士は仕事をしているわけである。

　もしその施設でその子が深刻ないじめや暴力や虐待にさらされているのなら，心理療法や心のケアの前に，そうした事態の解決を図ることが必要であろう。そうでなければ，心理療法や心のケアも効果があがらないだけでなく，それ自体が「心理士によるネグレクト」であると言えよう。むろん，施設でのいじめも学校でと同様に，内容も程度もさまざまであり，いつも直ちに介入しなければならない

とは限らない。しかし，少なくとも，その必要性の有無の検討なしに，自動的に「自分は心理士だから心理療法をします」というのでは，お話にならないだろう。

　何を当たり前な話をくどくどとしているのだと思われそうだが，実はこういう話が臨床心理士に極めて理解されにくいという印象を私は持っているのである。

　最近では，児童養護施設をはじめとする児童福祉施設においてプレイセラピーや箱庭療法などの個人心理療法を行った事例論文が報告されるようになってきた。そこで気になるのは，その施設で子どもたちが安心・安全に暮らせているのかということ，すなわち安心・安全のアセスメントのうえで実施したと思われる論文がひとつもないということである。中には，子ども自身が「いじめられている」と訴えているにもかかわらず，「この子はいじめられやすい」ということで，プレイセラピーや箱庭療法を行っているものまである。そういう事態はもはや「心理士によるネグレクト」と言ってよいのではないだろうか。

　学校のいじめであれ，施設でのいじめであれ，私は「身体への暴力」（殴打系暴力および性暴力）は優先的に介入が必要であると考えている。そしてその解決に向かって尽力しないのは，「心理士によるネグレクト」であると私は思う。

　そもそも，いじめは，非現実的空間で起こっているのではない，現実生活で起こっているのである。いじめられている子に，プレイセラピーや箱庭療法を行うといじめられなくなるという根拠はいったい何なのだろうかと私は疑問に思う。

　もし，それでいじめが収まったとしたら，プレイセラピーや箱庭療法の効果と考える前に，何か他の生活場面での要因を先に検討すべきである。心理療法の効果ではなく，担当職員が変わった，施設職員の子どもたちへの関わりが変わったなど，生活場面でのなんらかの望ましい方向の変化があってのことかもしれない。そうであればよいが，最も憂慮すべきは，その子に代わって他の子がいじめられるようになった可能性である。そういう可能性もあり得るのである。また，年長になるにしたがって，被害児が加害側になっていくというのも児童養護施設ではかなりありふれたことである。したがって，いじめられていた子が長じてたまたまそういう時期にあたったということもあり得るのである。

　ましてや，日常生活で暴力にさらされている子に対して，それへの対応なしにもっぱらその子のトラウマを扱おうとするのは，「心理療法ネグレクト」だけでなく，もはや「心理療法虐待」になりかねないとさえ言えるのではないだろうか。

　2006年のことだったと思う。当時，日本臨床心理士会の会長をされていた河合隼雄先生とある会のパーティーでお会いした。その時に，私が施設の暴力の実態についてお話したところ，「それは，やらんといけませんね！」と即座に言われたことを思い出す。それからまもなくして河合先生は脳梗塞で倒れられ，その翌年逝去されたのは，この問題にとっても大変残念なことであった。日本臨床心理士会では数年前に「社会的養護部会」が発足したが，その意味ではこの部会の活動

のあり方が今後問われるものであると私は考えている。ここでは，臨床心理士の場合について述べてきたが，同様のことは教師や医師などさまざまな専門家や専門家機関にも起こり得ることである。

　難しい現場であればあるほど，そこに関わっていく者は，当事者にとって何者かということが厳しく問われる。すでに述べたように，多くの児童養護施設の子どもたちの日々の生活には暴力と威圧があふれていると言っても過言ではない。子どもたちのそのような状況にもかかわらず，たとえば専門家が「面接室での個別の心理療法」や「愛着（アタッチメント）」や「心の傷（トラウマ）のケア」にしか関心を示さないとすれば，その専門家は子どもたちにとっていったい何者なのであろうか。

　我ながらなんと偉そうな書きぶりであろうかと思うが，重要なことなので，自戒も込めてこのことを胸に刻んでおきたいのである。難しい現場であればあるほど，そこに関わっていく者は，当事者にとって何者かということが厳しく問われることを肝に銘じておきたいものである。

　人はしばしば「自分が見たいものしか見えない」ということがあるのだと思われる。自戒も込めて言えば，専門家であればなおさらそういう危険性があるように思われる。たとえば，「トラウマ」や「アタッチメント（愛着）」に関心を持って施設に入っていく人は，しばしばトラウマやアタッチメント（愛着）しか目に入らないし，なんでもトラウマやアタッチメント（愛着）という視点から理解してしまうことになってしまいがちである。たとえば，「子どもの権利擁護・権利侵害」を見たい人は子どもの権利侵害しか目に入らないし，子どもの権利侵害という視点からのみ理解してしまいがちになる。念のために言えば，「トラウマ」も「アタッチメント（愛着）」も「子どもの権利擁護」も重要な概念であると，私は考えている。ただ，すべてその視点からしか現実を見ないことの問題性を指摘しているのである。「それしか見ようとしない」という姿勢（田嶌，2008, 2009）が施設の子どもたちの現実の苦難を見るのを妨げてきたという側面があるのではないかと私は考えている。それしか見ようとしない姿勢が思いがけない道を開くことがあることも，私は理解しているつもりである。しかし，この施設の暴力問題または安心・安全という問題は，そう言ってすませてしまうにはあまりにも子どもたちに深刻な犠牲を強いるものである（田嶌，2008, 2009）。

　被虐待児の心のケアであれ発達障害児の発達援助であれ，まず何よりも「安全の確保」が重要であり，それらは子どもたちがすでに安心して安全な生活が送れていることを大前提として行われているはずのものである。もし安全・安心が保障されていないとしたら，プレイセラピーであれ，生活の中での援助であれ，砂上に楼閣を建てようとするに等しい。

　言うまでもなく，被虐待児や発達障害児に限らず，安全で安心な生活は心のケ

アに必要であるというに留まらず，すべての子どもたちの健全な成長の基盤であり，それなくしては健全な成長はあり得ないと言えよう。

　あるいは，なんとも過激な主張をしていると思われるかもしれない。しかし，セクハラ，パワハラ，いじめ，子どもの権利擁護，DV，児童虐待，犯罪被害なども，かつては全く顧みられなったのだということに思いをはせていただきたい。同様に，「専門家によるネグレクト」も「専門家による虐待」も今後理解が進み，それに対する適切な対応と防止の活動が展開することを期待したい。

　しかし，同時にそれらの概念は誰が見ても適正さをひどく欠く場合にのみ適用されるべきであり，限度を超えて厳しく適用されることがないようにとも私は願っている。

### 引用文献

厚生労働省（2014）　社会的養護の現状について．（参考資料）

田嶌誠一（2008）児童福祉施設における施設内暴力の解決に向けて─個別対応を応援する「仕組みづくり」と「臨床の知恵の集積」の必要性．臨床心理学，8(5); 55-66. 金剛出版．

田嶌誠一（2009）現実に介入しつつ心に関わる─多面的援助アプローチと臨床の知恵．金剛出版．

# あとがき

「その場で関わる心理臨床」，いかがだっただろうか。

こういうものが必要だと思われた方が，一人でも多くおられることを願いたい。そういう方は，ぜひともこうした臨床も実践していただきたい。逆に，こんなものは心理臨床の仕事ではないと思われた方もおられよう。そういう方は，ぜひとも対案を出していただきたい。本書で述べたような事例に対して，どのようにアプローチしていかれるのかを示していただきたい。あるいは，別の職種のすることだと思われた方もおられるかもしれない。そういう方は，せめて困っている人がそういうところにうまくつながるように尽力していただきたい。

相手の「もっとも切実なニーズを汲み，それに応える」ことは，そうそうできることではないかもしれない。かくいう私自身の心理臨床を振り返れば，恥ずかしい思いである。しかし，その方向に向けて努力していくのは，専門家の責務である。先述のようなことを言いたくなるのは，私がそう考えているからである。

とはいえ，言うまでもないことだが，個室での心理療法（個人心理療法）に意義を認めないわけでは決してない。実際，個人心理療法については，効果をあげた事例報告が多数なされている。ちなみに，私が考案した壺イメージ法はあまたある心理療法の中でも密室性の極めて高い技法，そして心の深いところを扱う技法である。

しかし，それでもなお「その場で関わる心理臨床」という視点がもっともっと重視されるべきだというのが私の主張である。この「その場で関わる心理臨床」が心理臨床家の基本的技能として認知されるようになれば，従来の個人心理療法が必要とされる事例ははるかに少なくなるのではないかと考えられる。その一方で，「その場で関わる心理臨床」がこれまで以上に普及し，成果をあげれば，逆にその先に個人心理療法がより着実に成果をあげ得るものになるだろうし，また新たな心理療法へのニーズを掘り起こすことにつながる可能性もある。

ただし，「その場で関わる心理臨床」がこの領域で生き残るならば，個人心理療法が必須の事例とそうでない事例をどう見立てるかが今後の課題となる。現時点でも，相談意欲のない事例はそれこそ当面は「その場で関わる心理臨床」しかないであろう。しかし，その場で関わる心理臨床は相談意欲のある事例にも有効である。本書は，定年退職を数ヵ月後に控え，心理臨床の領域に私なりの種を播くつもりで出版したものである。今後のさらなる展開を期待している。

最後に，これまで私の実践と研究を支えてくれた家族に深く感謝したい。

2016年　睦月

# 索　　引

## 人名索引

土居健郎　31, 245
フロイト　31, 232
ユング　228, 232
神田橋條治　48, 228, 245
河合隼雄　82, 228, 245, 295, 314
小西甚一　294, 295
前田重治　228
宮本亜門　76, 77
村田豊久　50, 51
中井久夫　20, 28, 204, 216, 249
成田善弘　153
成瀬悟策　28, 49, 50, 60, 61, 130, 228, 244, 249, 296
大野清志　135, 136
齋藤孝　247, 250
鑪幹八郎　228, 250
徳永雄一郎　204, 205
八ッ塚実　181

## A〜Z

ADHD　101, 102, 105, 107, 116, 127, 139, 140, 169, 207, 217
DSM　101, 231, 232, 248
DV　198, 235, 243, 285, 316
　面前―　285

## あ行

愛着（アタッチメント）　20, 22, 105, 106, 115, 147, 161, 164, 168, 177, 256, 261, 263, 268, 287, 288, 315
アウトリーチ→訪問援助活動
アスペルガー症候群　101, 105
「遊び方」チェックシート　95
「遊び」の形態チェックシート　95
アプローチ
　構造介入的―　165
　システム形成型―　18, 128, 151, 157, 164, 165, 255, 264, 271, 306-309

体験支援的―　13, 17-21, 27, 102, 252, 253, 255, 306, 307, 309
多面的―　18, 19, 27, 41
多面的援助―　29, 129, 180, 192, 200, 201, 266, 291, 316
多面的体験支援―　18, 19, 21, 253, 307, 308
内面探究型―　157
人間環境臨床心理学的―　196, 199, 200, 203, 204, 213, 216
ネットワーク活用型―　14, 18, 21, 128, 157, 309
非密室的―　41, 43, 52, 58
安心・安全　20, 25, 26, 33, 103-105, 110, 113, 125, 127, 129, 143, 178, 257, 260, 263, 265, 270, 272-274, 279-281, 287-292, 296-298, 314, 315
　―のアセスメント　113, 143, 263, 287, 288, 314
安全委員会方式　109, 112, 118, 119, 121, 128, 129, 146, 165, 166, 172, 180, 255, 261, 262, 264, 267, 284, 289, 292, 307, 308
安全弁　35, 42, 48, 146
医行為　230-232, 234, 236, 246, 247
医師法　231, 246, 247
いじめ　15, 103-105, 110, 124, 128, 139, 147, 150, 155-165, 170-180, 182-184, 187-190, 192, 198, 217, 235, 244, 269, 271, 286, 292, 298, 311-314, 316
いじめの定義　173
いじめ防止対策推進法　170, 178, 271, 286
一次障害　104, 105
一次的心理援助　197, 237
一次的ニーズ　104-106, 128
一時保護　149, 168, 222, 223, 225, 258, 259, 261, 262, 290
居場所活動　88, 90, 158, 201, 207, 208, 210, 213, 219
居場所づくり　14, 17, 21, 36, 39, 43, 58, 90, 196, 200, 201, 207-209, 211, 213, 216, 219,

319

300, 301
イメージとしてのからだ 192
右往左往する 175, 176
動いてもらいながら考える 201, 202, 239
動きながら考える 28, 43, 58, 201, 202, 239
海の病棟 204, 205, 216
エンパワーメント 241, 242, 249
応援集会 111-113, 143
応援する会 21, 111-113, 128, 143, 289
殴打系暴力 162, 168, 179, 275, 312, 314
大人としての責任 212, 301, 302

## か行

改正児童福祉法 178, 273, 275, 277-279, 281, 285, 286（児童福祉法改正も参照）
介入しながら見立てる 143, 201, 202, 239, 240
介入レベル 197, 200-202, 237-239
外来相談室 57, 187, 207, 211, 219, 300
顔の見える連携 226, 227
学習障害 101, 104, 105, 212
学生相談 33, 34, 43, 46-49, 59, 130, 207-209, 211, 212, 216, 218, 219, 298, 300
　一室 33, 34, 49, 207, 208, 211, 212, 216, 218, 219, 298, 300
課題の共有 111
肩抑え 135-138
学級崩壊 114, 116, 128, 133, 139, 140, 145, 146, 150-152, 160, 179
学校版安全委員会 172
学校寮 161
葛藤が少ないタイプ 82
家庭訪問 16, 29, 34, 41, 43, 45, 46, 49, 52-54, 56-61, 84, 85, 87, 91, 97-99, 157, 214, 217
感覚過敏 135
感覚の麻痺 180
危機介入 15-17, 47, 48, 59, 198, 238
記念集会 170
機能分担方式 43, 227
希望・目標 25, 38, 45-47
希望を引き出し応援する 21, 22, 25, 33, 75, 76, 80, 105, 106, 108, 308
希望を引き出す 23, 38, 80, 91

基本ルール 105, 108, 115, 142, 143, 145, 151, 164, 166, 172
虐待
　施設内一 180, 256, 264, 271-273, 275, 279, 281, 282, 288, 290
　児童一 198, 235, 243, 285, 316
　　心理療法一 314
　他児童による一 273, 276-282, 284, 285, 290
　他児童による一の放置 278, 280, 284
　被措置児童等一の防止 178, 256, 263, 272, 275, 286
キャッチし，引き出し，育む 18, 22, 33
境界性パーソナリティ障害 147, 148, 224
共感 55, 57, 117, 126, 154, 240, 267, 268
教師 14, 16, 17, 23, 28, 44, 49, 52-55, 57, 59, 60, 75, 76, 83, 85, 102, 107, 110, 111, 113, 115-117, 122, 124, 125, 127, 133, 135, 138-141, 144-149, 151, 156-160, 171, 173, 177-179, 181-183, 185, 186, 188, 203, 207, 209, 210, 214, 221, 224, 225, 237, 240, 246, 247, 252-254, 268, 295, 298, 315
共有可能な知恵 264
緊急対応 149, 150, 166, 167, 171, 172
クールダウン 106, 107, 133, 138, 142-146
工夫する能力 25, 45, 48, 55
クラーク記念国際高校 62, 63
傾聴 240
ケースワーカー 44, 182, 203, 240, 244, 310
権威のゆらぎ 178
元気になること 23, 54, 81, 87, 92, 94, 99, 100, 213
現実に介入しつつ心に関わる 15, 19, 29, 128, 129, 152, 180, 187, 192, 227, 264, 266, 291, 292, 316
現実への介入 174, 175, 188, 190, 264
厳重注意 106, 167, 168, 261
健全なあきらめ 24, 25, 185, 242
高機能自閉症 109
攻撃性の法則 176
構造化 21, 106, 108
構造介入的アプローチ 165
行動連携 226, 227
心のからくり 160, 161, 180

# 索　引

個人と環境との関係　198, 235, 236

個性　91, 92, 102, 128, 227

こだち　63, 296-299

個と集団という視点　114, 118

子ども間暴力　157, 163, 257-259, 260, 264, 273, 274, 276-286, 288, 290, 291, 313

子どもの教育支援財団　62

子どもの権利条約25条　285

子どもの権利ノート　283

子どもの権利擁護　178, 261, 315, 316

古文研究法　295

個別のケア　262, 287

コミュニティ心理学　47, 58, 61, 128, 129, 198, 216, 236, 249, 308, 309

コンサルテーション　52, 59

困難事例　87, 114, 115, 117, 221

## さ行

三次的心理援助　197, 237

三大学院　228, 229

叱ること　125, 126, 142, 252, 269, 270

仕組みづくり　21, 151, 157, 261, 266, 289, 306-308, 316（システム形成も参照）

　心を見据えた—　306-308

自己愛性パーソナリティ障害　147, 148

自己育成力　18, 25

思考停止　160, 180

自己治癒力　18, 194, 195

自助のための工夫　25, 45

自助のための注文　25, 33, 39, 42, 45, 52, 55, 56, 127

システム形成　18, 21, 128, 151, 157, 164, 165, 255, 264, 271, 306-309（仕組みづくりも参照）

　—型アプローチ　18, 128, 151, 157, 164, 165, 255, 264, 271, 306-309

施設内虐待　180, 256, 264, 271-273, 275, 279, 281, 282, 288, 290

施設内暴力　221, 256, 259, 264-266, 268, 273, 274-276, 279-281, 285, 290, 316

児童虐待　198, 235, 243, 285, 316

児童自立支援施設　166, 223, 262, 272-274, 313

児童相談所　111, 128, 143, 148, 149, 165, 168, 169, 222-224, 258, 259, 261, 265, 277, 282, 283, 285, 289-292

児童福祉施設　29, 102, 128, 129, 146, 152, 178-180, 227, 256-266, 271-275, 280, 284, 287, 289, 292, 313, 314, 316

児童福祉法改正　180, 271, 273, 275, 285, 290（改正児童福祉法も参照）

児童養護施設　20, 22, 102, 112, 114, 115, 139, 140, 156, 161, 163, 165, 166, 170, 178, 206, 222, 223, 225, 253, 255-260, 262-268, 272-274, 276, 277, 280-282, 284, 287, 289-292, 298, 308, 313-315

自分で自分を育む力　18

自閉症　50, 109, 128

自閉療法　46

嗜癖性　177

社会的養護　129, 180, 265, 274, 275, 277-281, 289-292, 314, 316

社会的養護専門部会　265

習慣化暴力　270

主体的自助努力　44, 53, 55, 57, 59, 203, 214, 240

主体と環境　15, 116, 198, 235, 236

　—との関係　15, 116, 198, 235, 236

呪縛性　177

初期対応　96-98

尻押し　135, 136

神経発達障害　101

深刻な事例　33, 34, 42

身体への直接的働きかけ　133, 135, 136, 138, 145, 146

心的構え　19, 28, 29

心理アセスメント　27-29, 43, 44, 58, 59, 128, 200-202, 217, 230, 232, 238, 239

心理治療　197, 233, 234, 237

心理療法　13, 16, 18-20, 30, 31, 44, 45, 48, 53, 58, 60, 114, 117, 128, 132, 153, 193-196, 198, 199, 201, 216, 230, 232-236, 239, 244, 245, 249, 250, 256, 263, 265, 268, 287, 301, 311-315

　—虐待　314

心理臨床のパラダイム　15, 261

心理レベル　199, 231, 233, 236, 241, 246

321

スクールカウンセラー　16, 28, 49, 52, 53, 59,
　　60, 78, 90, 91, 154, 155-159, 161, 164, 165,
　　172, 176, 179, 186, 209, 215, 216, 225, 230,
　　252, 253, 312, 313
スクールカウンセリング　33, 43, 46, 47, 49,
　　52, 59, 60, 112, 128, 157, 197, 211, 212,
　　237, 300
ステップスクール　90, 96, 214
ストレスマネジメント　29, 171, 197, 232, 237,
　　244, 246, 298
スプリッティング→分裂
生活における関係　14, 16
生活における体験　15, 17, 18, 21, 307
性教育　263, 287, 288
精神科　28, 35, 36, 46, 50, 53, 59, 97, 103, 104,
　　113, 114, 116, 117, 141, 142, 154, 165, 196,
　　204, 211, 220, 221, 224, 230, 232, 233, 263,
　　265
精神分析　30-32, 153, 232, 238
成長のエネルギー　24, 134, 138, 165, 261, 262,
　　270, 284, 288, 292
成長の兆し　26, 27, 126, 135, 138, 251-254, 267,
　　270
成長の基盤　25, 26, 33, 104, 105, 110, 129, 179,
　　260, 263, 274, 287, 292, 316
　　―としての安心・安全　110, 260, 263, 274,
　　287
正当な罪悪感　126, 269, 270
性暴力　119, 162, 165, 168, 179, 256, 257, 259,
　　260, 274, 275, 277, 278, 283-285, 291, 312-
　　314
清明寮　204
生理レベル　231, 232, 236
節度ある押しつけがましさ　41, 42, 56, 84-86,
　　91, 92
全員一丸方式　43, 111, 227
全国児童福祉安全委員会連絡協議会　170,
　　262, 284, 292
選択的不注意　160, 180
専門家によるネグレクト（プロフェッショナ
　　ルによるネグレクト）　311, 312, 316
専門性ネグレクト（プロフェッショナル・ネ
　　グレクト）　311, 312

相互の関係を育む　115
育ちたがっている力　18, 22
育て直し　20, 287, 288
育とうとする力　18, 21
措置権　262, 285
その場で関わる　13-21, 27, 33, 101-103, 126,
　　144, 145, 230, 255, 271, 296, 306-309

### た行

体験
　　―支援的アプローチ　13, 17-21, 27, 102,
　　252, 253, 255, 306, 307, 309
　　―の活用　17, 19
　　―の仕方（体験様式）　19, 28, 45, 49, 57, 58,
　　60, 61, 242
　　―の整理　17, 19, 309
　　―の蓄積　15, 17, 19-21, 28, 83, 84, 102, 111,
　　268, 306-309
　　―の蓄積・整理・活用　17, 19-21, 28, 111,
　　306-309
退所　169, 261, 262, 264, 268
他児童による虐待　273, 276-282, 284, 285, 290
　　―の放置　278, 280, 284
縦割り取材　178
多動　101, 102, 118, 119, 127, 128, 136, 141, 152,
　　207
たまり場　39, 42, 46, 48, 166, 209, 210
多面的アプローチ　18, 19, 27, 41
多面的援助アプローチ　29, 129, 180, 192, 200,
　　201, 266, 291, 316
多面的体験支援アプローチ　18, 19, 21, 253,
　　307, 308
担任の対応　174
談話室　39, 40, 42, 45, 46, 48, 49, 211, 218
チック　187, 188, 190-192
知的障害　101, 105-107
中学校　29, 49, 63-67, 69, 71, 73, 74, 78, 88-92,
　　97, 149, 151, 156, 158, 159, 176, 182, 185,
　　207, 209, 215, 219, 247
注文をつけられる関係　45
注文をつける能力　25, 45, 48, 55
懲戒権　125, 126, 136, 262, 264, 274, 275
　　―の濫用　125, 126, 136, 264, 274, 275

# 索 引

治療構造 16

つきあい方 17, 28, 33, 34, 41, 42, 46, 49, 61, 127, 128, 217, 237, 250, 305

―モデル 46

壺イメージ療法 16, 28, 45, 49, 55, 61, 233

定期的聞き取り調査 122, 123, 279, 280, 283-285, 287-289

適応指導教室 93, 96, 214, 215

校内夜間― 214, 215

登校拒否 61, 77, 82, 213

統合失調症 20, 41, 43, 44, 208, 211

動作法 50, 130, 135, 137, 190, 191, 244, 247

動作を介した働きかけ 133, 135, 136, 138, 145, 146

当面の対応 146, 171, 172, 175

独特の個性 91, 92

土曜学級 50

トラウマ 115, 161, 256, 263, 265, 268, 285, 287, 288, 314, 315

トリアージ 179

取り組みの優先順位 179, 287

## な行

内面探究型アプローチ 157

なかよしスペース ポレポレ 211, 300

慣れ 41, 67, 78, 96, 97, 137, 180

二次障害 104, 105

二次的心理援助 197, 237

二次的ニーズ 104-106, 128

日本ファミリーホーム協議会 271, 288, 289

2レベル3種の暴力 156, 164, 171, 172, 179, 256, 257, 259, 261, 274, 281, 283, 286, 287

人間－環境学的視点 196

人間環境臨床心理学的アプローチ 196, 199, 200, 203, 204, 213, 216

認知症高齢者 205, 206

ネットワーク

ネットワーキング（ネットワークづくり） 27, 28, 36, 37, 39, 40, 42-46, 48, 185, 200-204, 207, 209, 238-241, 246

―援助型援助 84

―活用型アプローチ 14, 18, 21, 128, 157, 309

―のアセスメント 200

―の活用 21, 43, 57, 58, 111, 209, 227, 308

―の活用方式 43, 111, 227

―の見立て 27, 28, 42-44, 200, 202, 203, 238-240

## は行

発達障害 15, 22, 76, 91, 101-108, 113, 114, 119, 125-129, 135, 142-144, 151, 161, 169, 179, 207, 263, 287, 288, 297, 298, 315

―児 15, 101-106, 108, 113, 126-128, 135, 142, 151, 207, 287, 315

発達の偏り 101, 102

反抗性集団化 128, 133, 147-151

万能感的期待 48

反応性愛着障害 22, 105, 106, 263

ひきこもり 46, 52-56, 59, 60, 75, 82, 84, 85, 93, 94, 198, 214, 217, 297

非現実的期待 48

非指示的 84

被措置児童等虐待の防止 178, 256, 263, 272, 275, 286

1人になれて，1人ではない空間 205

否認 160, 180

非密室的アプローチ 41, 43, 52, 58

病院モデル 206

病理水準 34, 48

ファミリーホーム 29, 112, 128, 129, 180, 262, 271, 272, 275-277, 288-292

複数応援方式 21, 111

複数対応 148, 166, 171

複数で抱える 21, 42, 112, 308, 310

複数で支援する 21, 27, 111, 151, 308

服薬 36, 38, 40, 127, 141

不登校 16, 20, 22, 23, 29, 46, 49, 52-54, 61-64, 68, 71, 72, 75-87, 90-94, 96-99, 104, 105, 129, 164, 170, 182-184, 208, 212-215, 217, 221, 297, 298, 300, 312

不登校・ひきこもり状態チェックシート 94

不本意集団 161, 165, 170, 176, 177

―化 165, 170

プレイセラピー 103, 126, 141, 244, 253, 268, 312, 314, 315

323

その場で関わる心理療法

プロフェッショナルによるネグレクト→専門家によるネグレクト
プロフェッショナル・ネグレクト→専門家ネグレクト
分断化・対立化 148, 221-224
分裂（スプリッティング）43, 147, 148, 224
並行働きかけ方式 43, 111, 226, 227
閉鎖的不本意集団 161, 165
別室移動 113, 133, 136, 138, 142-146, 151, 261
訪問
　—援助活動（アウトリーチ）59, 60
　—活動 60
　—面接 52, 59-61
暴力 20, 23, 26, 29, 33-36, 38, 39, 41, 44, 48, 71, 102-104, 109, 110, 113, 117-129, 133-136, 138-141, 144, 146, 147, 149-152, 155-172, 176-180, 183, 217, 221-225, 227, 250, 254-292, 298, 308, 310-316
　殴打系— 162, 168, 179, 275, 312, 314
　子ども間— 157, 163, 257-259, 260, 264, 273, 274, 276-286, 288, 290, 291, 313
　施設内— 221, 256, 259, 264-266, 268, 273, 274-276, 279-281, 285, 290, 316
　習慣化— 270
　性— 119, 162, 165, 168, 179, 256, 257, 259, 260, 274, 275, 277, 278, 283-285, 291, 312-314
　2レベル3種の— 156, 164, 171, 172, 179, 256, 257, 259, 261, 274, 281, 283, 286, 287
　—への対応 134, 135, 180, 221, 259-263, 268, 276, 281, 283, 288, 292, 310
　利用者から従事者への— 178
　連鎖系— 270
ホールディング 135, 137

ま行

マインド・コントロール 193-195
見せる姿の違い 223
見立て 14, 15, 17, 27, 28, 42-44, 46, 47, 58, 59, 103, 108, 114, 143, 144, 154, 173, 188, 192, 200-203, 208, 213, 237-240, 253, 317
密室型援助 84
無気力タイプ 82

面接構造 16
メンタルフレンド 54, 55, 57, 60, 207
目撃情報 175
問題を絞る 107, 108, 146
もっとも切実なニーズ 105, 244, 261, 275, 277, 317
モニターしつつ支援する 146, 164, 172, 179, 286
問題行動 15, 18, 23, 26, 27, 33, 59, 103, 106, 113, 119, 125, 127, 133, 134, 138-140, 142, 144, 146, 148, 151, 164, 206, 222, 224, 225, 251-253, 260, 267-269, 280
問題の過小評価 160

や行～

寄り添うこと 24, 125, 126, 267
来談者中心 84
離席 102, 128, 133-136, 138, 140, 144, 146, 151
リラクセイション 29, 137, 138, 190, 191
臨床心理学 154, 198, 199, 204, 230-237, 241, 244, 245-248, 264-298
臨床心理行為 202, 217, 230, 231-234, 236-239, 242, 243, 245-249
臨床心理士 60, 103, 104, 113, 114, 116, 128, 141, 142, 154, 155, 158, 160, 179, 180, 187, 220, 221, 230-234, 237-240, 243, 245-248, 263, 265, 268, 269, 293, 296, 297, 298, 308, 312-315
連鎖系暴力 270
連絡ノート 106, 108, 109, 110, 122, 123
わかりやすい伝え方 106-108

# 初出一覧

第1章　「その場で関わる心理臨床」と「体験支援的アプローチ」．書き下ろし

第2章　暴力を伴う重篤例との「つきあい方」．（1998）心理臨床学研究，16(5); 417-428. 日本心理臨床学会.

第3章　スクールカウンセリングにおける家庭訪問の実際―不登校・ひきこもり生徒の場合.（1998）『シンポジアム：「学校」教育の心理学』（高橋良幸編），pp.137-147. 川島書店.

第4章，第5章　希望を引き出し応援する―不登校・ひきこもりの理解と援助（H 24 年度精神保健福祉夏期講座）.（2013）ふくおか精神保健，58; 31-57. 福岡県精神保健福祉協会.

第6章　発達障害とその周辺．書き下ろし

第7章　学校・学級での問題行動―暴力と離席，学級崩壊，反抗性集団化．書き下ろし

第8章　学校のいじめ，施設の暴力―それがつきつけているもの．（2014）子どもの心と学校臨床，11; 19-45. 遠見書房.

第9章　いじめ問題との「つきあい方」．（2000）日本心理臨床学会第 19 回大会，京都文教大学.

第10章　学校・施設等における人間環境臨床心理学的アプローチ．（2006）『環境心理学の新しいかたち』（南博文編著），pp.274-301. 誠信書房.

第11章　対人援助のための連携の臨床心理学的視点―ネットワーク活用型援助にあたって心得ておくと役立つこと．（2015）子どもの心と学校臨床，13; 93-101.

第12章　臨床心理行為の現状と課題―まとめに代えて．（2003）『臨床心理行為―心理臨床家でないとできないこと』（氏原寛・田嶌誠一編著），pp.246-273, 創元社.

第13章　児童福祉施設で起きていること．（2011）井原裕編「こころの科学　精神科臨床はどこへいく」，78-84. 日本評論社.

第14章　児童福祉法改正と施設内虐待の行方―このままでは覆い隠されてしまう危惧をめぐって．（2014）社会的養護とファミリーホーム，5; 12-24, 福村出版.

第15章　（2010）九大広報，68; 22.

終　　章　くりかえし，くりかえし，その先に．書き下ろし


精神分析批判――私からみた精神分析．臨床心理学，5(5); 666-667. 金剛出版，2005.

村田豊久先生飲酒記．村田豊久先生喜寿記念文集『皆に支えられて七十七年』．2012.

障害児（者）とのつきあい．心理臨床，6(4); 254-255. 星和書店，1993.

書評『セラピストのための面接技法（成田善弘著，2003)』．臨床心理学，4(4); 569-570. 金剛出版，2004.

臨床家のためのこの 1 冊『思春期という節目（八ッ塚実著，1989)』．臨床心理学，2(3); 426-430. 金剛出版，2002.

書評『マインド・コントロールの恐怖（スティーヴン・ハッサン著，1988 ／ 1993　浅見定雄訳)』．催眠学研究，38(2); 57-58. 日本催眠医学心理学会，1994.

そこにいられるようになるだけで．臨床心理学，6 (2); 184. 金剛出版，2006.

三大学院の頃．臨床心理学，7 (1); 23. 金剛出版，2007.

成長の兆しとしてのキレること　書き下ろし

「成長の兆しとしてのキレること」という視点の限界　書き下ろし

もうひとつの人生．心理臨床，10(1); 54-55. 星和書店，1997.

外来心理教育相談室における居場所づくり．心理教育相談における多面的援助システムに関する研究，平成 10 ～ 12 年度文部省科学研究費補助金基盤研究研究成果報告書（課題番号 10610214), 1-132, 2000.

いじめ・暴力と「専門家によるネグレクト」．書き下ろし

著者略歴

田嶌誠一（たじま・せいいち）

　　九州大学大学院人間環境学研究院教授（臨床心理学）。博士（教育心理学）。臨床心理士。全国児童福祉安全委員会連絡協議会顧問。日本ファミリーホーム協議会顧問。NPO 法人九州大学こころとそだちの相談室「こだち」顧問。こども教育支援財団ディレクター。1951 年生まれ。九州大学教育学部（心理学専攻）で心理学を学び，広島修道大学，京都教育大学等を経て，現職。

　　専門は臨床心理学（心理療法・カウンセリング）で，「現場のニーズ汲み取る，引き出す，応える」を目標として，さまざまな臨床活動を展開している。「壺イメージ法」と称するユニークなイメージ療法を考案し，さらには不登校やいじめをはじめ青少年のさまざまな心の問題の相談活動や居場所づくりとネットワークを活用した心理的援助を行っている。また，児童養護施設にも関わっており，施設内暴力を解決する取り組みとして，児童福祉施設版安全委員会方式を考案・実践し，全国の児童養護施設やファミリーホームで導入されている。大学の研究室のスローガンは「心はアマチュア腕はプロ，補おう腕の不足は体力で」。

著　書

　　『心の営みとしての病むこと─イメージの心理臨床』（岩波書店），『児童福祉施設における暴力問題の理解と対応─続・現実に介入しつつ心に関わる』（金剛出版），『現実に介入しつつ心に関わる』（金剛出版），『現実に介入しつつ心に関わる─展開編』（金剛出版）『不登校─ネットワークを生かした多面的援助の実際』（金剛出版），『イメージ体験の心理学』（講談社現代新書），『学校教育の心理学』（川島書店），『日本の心理療法』（朱鷺書房），『壺イメージ療法』『臨床心理行為』（創元社）『臨床心理面接技法 2』（誠信書房），『イメージ療法ハンドブック』（誠信書房），『心理臨床の奥行き』（新曜社）などがある。

## その場で関わる心理臨床
多面的体験支援アプローチ

2016年1月31日　第1刷
2025年2月25日　第2刷

著　者　田嶌誠一
発行人　山内俊介
発行所　遠見書房

〒181-0001 東京都三鷹市井の頭2-28-16
株式会社 遠見書房
TEL 0422-26-6711　FAX 050-3488-3894
tomi@tomishobo.com　http://tomishobo.com
遠見書房の書店　https://tomishobo.stores.jp/

ISBN978-4-86616-003-0　C3011
© Tajima Seiichi 2016
Printed in Japan

※心と社会の学術出版　遠見書房の本※

## 臨床心理学中事典
（九州大学名誉教授）野島一彦監修
650超の項目，260人超の執筆者，3万超の索引項目からなる臨床心理学と学際領域の中項目主義の用語事典。臨床家必携！（編集：森岡正芳・岡村達也・坂井誠・黒木俊秀・津川律子・遠藤利彦・岩壁茂）7,480円，A5上製

## 心拍変動バイオフィードバック
こころを「見える化」するストレスマネジメント技法
（愛知学院大学教授）榊原雅人編著
心を"見える化"し，自律神経の調節機能を向上させるストマネ技法・心拍変動バイオフィードバック。この第一人者である編者らの一冊。3,080円，A5並

## 心理アセスメントの常識
心構えからフィードバックまで基礎と実践の手引き
（東海学院大学教授）内田裕之 著
心構えから行動観察，ロールシャッハ，バウム，SCT，知能検査，質問紙等のアセスメント手法のコツ，解釈，バッテリー，フィードバックまで，心理アセスメントの教科書です。2,200円，四六並

## 学校における自殺予防教育のすすめ方［改訂版］
だれにでもこころが苦しいときがあるから
窪田由紀・シャルマ直美編
痛ましく悲しい子どもの自殺。食い止めるには，予防のための啓発活動をやることが必須。本書は，学校の授業でできる自殺予防教育の手引き。資料を入れ替え，大改訂をしました。2,860円，A5並

## スピノザの精神分析
『エチカ』からみたボーダーラインの精神療法
（精神分析家・精神科医）川谷大治著
フロイトにも影響を与えた哲学者スピノザ。同じ精神分析家によるスピノザの哲学を真っ向から扱った一冊。長年の治療経験と思索から，「エチカ」と精神分析の世界を解き明かす。3,300円，四六並

## 思春期心性とサブカルチャー
現代の臨床現場から見えてくるもの
（島根大学教授）岩宮恵子 著
子どもたちとの心理カウンセリングを重ねる中，話題に出てくる「サブカル」とその背景から見えてきた，いまどきの子どもたちの真の姿を思春期臨床の第一人者が読み解く一冊。1,980円，四六並

## エンカウンター・グループの理論と実践
出会いと成長のグループ体験を学ぶ
（九州大学名誉教授）野島一彦 著
エンカウンター・グループを50年以上にわたって実践と研究を牽引してきた著者による論集。グループのダイナミズムや特長を描き出し，理論と方法を余すところなく伝えます。3,080円，A5並

## ダイアロジカル・スーパービジョン
リフレクションを活用した職場文化のつくりかた
カイ・アルハネンほか著／川田・石川・石川・片岡監訳
本書は，スーパービジョン文化とオープンダイアローグ哲学との合算で，リフレクションからダイアローグを育て，チームビルドや職業人生の確立にどう生かすかをまとめた。3,300円，A5並

## 動作法の世界：動作法の基本と実践①
## 動作法と心理臨床：動作法の基本と実践②
大野博之・藤田継道・奇恵英・服巻豊 編
動作法の入門から，他のアプローチとの異同，心理学的な位置づけ，スポーツ動作法，発達障害，思春期，PTSD，身体障害，さまざまな場面で生きる動作法を描く。
① 2,420円／② 2,750円（共に四六並）

## N：ナラティヴとケア
ナラティヴがキーワードの臨床・支援者向け雑誌。第16号：ナラティヴの政治学──対人支援実践のために（安達映子編）年1刊行，1,980円

価格は税抜です